# COACHING
# AGILE TEAMS

애자일 팀 코칭

# COACHING
# AGILE TEAMS

# 애자일 팀 코칭

스크럼 마스터, 애자일 코치, 프로젝트 관리자를 위한

리사 앳킨스 지음
용환성·김낙일·오민정·이두표 옮김

에이콘

새롭게 코칭의 길에 입문하셨거나 경험 많은 애자일 코치 모두에게
도움이 될 만한 정보를 이 책에서 찾을 수 있기를 바랍니다.

에이콘출판의 기틀을 마련하신 故 정완재 선생님 (1935-2004)

이 책의 부제는 '스크럼 마스터, 애자일 코치, 프로젝트 관리자를 위한' 책이지만, 그 지침과 조언은 애자일(스크럼) 팀과 관련된 모든 사람에게 적용된다. 또한 팀원들이 스크럼 마스터, 애자일 코치 및 프로젝트 관리자가 팀을 위해 수행하는 업무를 더 잘 이해할 수 있도록 도와준다. 이 책은 애자일을 바탕으로 한 노력 이상으로 책의 적용 범위를 확대해 모든 그룹의 사람들과 함께 코칭 역량을 갖추고 일하는 누구에게나 유용할 수 있다.

— 스콧 던컨Scott Duncan, 애자일 코치

리사는 전문 코칭 기술을 애자일 소프트웨어 개발 팀 코칭에 어떻게 적용할 수 있는지를 훌륭하게 설명한다. 이 책의 좋은 점은 우리 모두가 인식하는 일상적인 경험과 연관시켜 삶에 실제적인 조언을 제공하는 방식이다. 모든 애자일 관리자의 책장에 꼭 있어야 할 필수 안내서다.

— 레이첼 데이비스Rachel Davies, 『Agile Coaching』(Pragmatic Bookshelf, 2009)의 저자

이 책을 읽으면서 나를 이끄는 목소리를 들었고, 소중한 '깨달음의 순간a-ha moments'을 경험했다. 이는 경험 많고 현명한 코치가 옆에 앉아 당신이 팀을 위해 할 수 있는 최고의 코치가 될 수 있도록 돕는 차선책이다.

— 크리스 블레이크Kris Blake, 애자일 코치

리사 앳킨스는 확고한 토대를 바탕으로 한 부드러운 스타일의 애자일 코칭을 제시한다. 그녀는 코칭이 팀의 자기 조직화에 어떻게 도움이 되는지에 대한 역설을 해결하고,

팀이 과거보다 더 나은 성과를 낼 수 있는 환경을 어떻게 조성해야 하는지를 보여준다.

— 빌 웨이크<sup>Bill Wake</sup>, 애자일 컨설턴트

나는 애자일 코치인 리사의 세 가지 자질, 즉 애정과 연민, 타협하지 않는 다정함이 마음에 든다. 모든 장에서 애자일 관련 서적이 갖춰야 할 철학과 행동, 프레임워크와 자유, 접근과 회피의 매력적인 조합을 찾아볼 수 있다. 『애자일 팀 코칭』은 책장에 고이 모서 놓는 책이 아니라 필요한 내용을 참고하기 위해 책상에 올려놓을 만큼 훌륭한 책이다. 리사가 자신의 코칭 여정을 경험하면서 찾아내고, 시도해보고, 갈무리한 전문지식의 깊이와 품질을 자신만의 경험의 목소리에 종합해 녹여냈다.

— 크리스토퍼 에이버리<sup>Christopher Avery</sup>, 책임 프로세스 멘토(www.LeadershipGift.com)

애자일 프로젝트를 수행한 내 경험상 애자일 코치는 프로젝트에서 매우 중요한 역할 중 하나다. 『애자일 팀 코칭』은 훌륭한 애자일 코치가 되기 위해 필요한 세부사항과 실용적인 통찰력을 제공한다.

— 데이브 핸드릭슨<sup>Dave Hendricksen</sup>, 톰슨 로이터<sup>Thomson-Reuters</sup> 미디어 그룹의 소프트웨어 아키텍트

올랜도에 있는 스크럼 모임에서 리사를 처음 만났을 때 그녀가 애자일 커뮤니티에 얼마나 많은 영감을 줄 수 있는지를 금방 깨달았던 기억이 난다. 이 책은 그녀의 생각과 아이디어를 담고 있으며, 우리 커뮤니티의 공백을 메우고 있다고 생각한다. 우리는 코치의 역할이 필요하다는 점은 알고 있었지만, 오랫동안 그 역할이 실제로 무엇인지 확신하지 못했다. 우리는 커뮤니티 내에서 무엇을 해야 하는지, 언제 해야 하는지, 다음에는 무엇을 해야 하는지 설명하기 위해 부단히 노력했다. 리사는 코치로서 우리가 열망한 모든 내용을 이 책에 종합했을 뿐만 아니라 팀을 위해 최고의 코치가 되는 방법에 대한 현실적인 방향과 함께 훌륭한 조언을 제시한다.

— 마틴 컨스<sup>Martin Kearns</sup>, CSC+CST, 이노데브<sup>InnoDev</sup> 사의 최고 디지털 책임자<sup>CDO</sup>

시카고에서 열린 2008 스크럼 모임에서의 화제는 온통 모임에서 첫 선을 보인 한 연사에 대한 것이었다. 그녀는 월요일 오후 세션에서 '프로젝트 관리자에서 애자일 코치로 가는 길'이라는 제목으로 발표했고, 모든 사람은 화요일까지 해당 내용에 대해 이야기하고 있었다.

이 세션의 발표자였던 리사 앳킨스가 이러한 파문을 일으킬 수 있었던 이유는 그녀가 애자일 코칭이라는 중요한 주제에 대해 갖고 있는 열정, 지식과 경험 때문이었다. 애자일을 접하기 전까지 전통적인 방식으로 훈련된 프로젝트 관리자와 대기업 프로젝트 관리부문 이사였던 리사는 노련한 애자일 코치가 되기 위한 완벽한 본보기다.

애자일 코치를 보는 것은 마술사를 보는 것과 같다. 아무리 자세히 봐도 그녀가 어떻게 하는지 알 수가 없다. 이 책에서는 마술사이자 애자일 코치인 리사 앳킨스가 우리를 무대 뒤로 데리고 가 마술의 비법을 공개한다. 더욱 놀라운 것은 그녀가 손이나 소매에 속임수를 숨기고 있지 않다는 사실이다. 단지 여러분이 발견하게 될 것은 팀을 더 큰 성공으로 이끌기 위한 훌륭한 기술이다.

리사는 코칭이라는 마법을 구체적인 용어로 구분했다. 그녀는 가르치기<sup>teaching</sup>, 코칭하기<sup>coaching</sup>, 조언하기<sup>advising</sup>의 차이점을 설명할 뿐만 아니라 다양한 코칭 유형을 언제, 어떻게 적용해야 하는지 알려준다. 리사는 한 개인 또는 팀 전체 코칭 중 하나를 선택하는 방법에 대한 가이드도 제공한다. 또한 팀에 강력한 영향을 미칠 수 있는 코칭 기회를 파악하는 방법도 설명한다.

리사는 의도된 강력한 질문을 통해 팀원들이 당면한 문제에 대해 건설적인 방법으로 토론하면서 많은 유혹과 난관을 헤쳐 나가기 위한 방법을 공개한다. 이는 내가 이 책에서 가장 좋아하는 부분 중 하나다. 협업에 관한 많은 책은 단지 협업이 필요하다고 언급만 하고 이를 실천하는 방법에 대한 조언은 하지 않는데 반해, 리사는 협업에 대한 실제적인 조언을 한다. 하지만 그녀가 우리에게 알려주는 모든 방법만큼 중요한 것은 코치의 역할 중 하나가 언제 뒤로 물러서서 그들을 관찰하고, 팀이 직접 일을 처리하도록 하는 것임을 상기시켜주는 것이다.

애자일 코치 역할도 실패할 수 있기 때문에 리사는 우리가 빠질 수 있는 8가지 실패 모드에 대해서도 훌륭하게 설명하고 있다. 나도 코칭하던 초창기에 종종 전문가 및 허브 실패 모드Hub failure mode에 빠지곤 했다. 솔직히 말하면 과거에 그런 모드에 빠지지는 않았다고 말할 수 있지만, 여전히 의견가 모드opinionator mode에서 벗어나는 것에는 어려움을 겪고 있다. 아마 여러분도 간혹 스파이나 갈매기 혹은 나비 모드에 빠질 수도 있고, 그녀가 묘사한 다른 실패 모드 중 하나 때문에 괴로워할 수도 있다. 다행히도 리사는 우리가 모델링해볼 만한 8가지 성공 모드를 제시한다. 어떤 모드가 있는지 알아보려면 11장 '애자일 코치의 실패, 회복 및 성공 유형'을 읽어보라.

뛰어난 애자일 코치와 스크럼 마스터는 팀이 자체적으로 이뤄낼 수 있는 것보다 더 많은 성과를 달성하도록 돕는다. 숙련된 애자일 코치가 되는 일은 마술사가 되는 것처럼 일련의 기술을 배우는 것에서부터 시작한다. 거기서부터 필요한 것은 연습과 연습 그리고 더 많은 연습이다. 연습은 여러분에게 달렸지만, 이 멋진 책은 마스터 애자일 코치가 자신의 기량을 어떻게 발휘하는지를 보여주면서 여러분을 올바른 방향으로 이끌어 줄 것이다.

— 마이크 콘Mike Cohn

『경험과 사례로 풀어낸 성공하는 애자일Succeeding with Agile』(에이콘, 2012)의 저자이 책은 두 말할 필요 없이 훌륭하다! 나는 애자일과 관련된 책, 서적 출판에 대한 제안서, 원고를 수없이 많이 읽어봤다. 읽어본 수많은 책과 원고에는 좋은 아이디어가 있었지만 업계에 도움될 만한 확실한 내용은 없었다. 그러나 리사 앳킨스의 책은 그 이상이었다.

나는 애자일 책에서 '새로운 아이디어가 있는가? 이 책은 기존의 생각을 새로운 방식으로 정리하고 있는가? 이 책은 기존의 아이디어를 뛰어 넘는가? 문체가 좋은가?' 같은 네 가지 사항을 찾아본다. 예를 들어 켄트 벡Kent Beck의 획기적인 저서『익스트림 프로그래밍Extreme Programming Explained』(인사이트, 2006)은 아이디어를 결합하고 기존 아이디어를 새로운 방식으로 구성했다. 어떤 사람들은 애자일에 새로운 내용이 없다고 말하지만, 켄트의 구체적인 실천법과 가치의 조합은 새로운 주장이었다. 내가 마이크 콘의『불확실성과 화해하는 프로젝트 추정과 계획Agile Estimating and Planning』(인사이트, 2008) 책을 처음 받았을 때 내 반응은 "어떻게 이 주제에 관한 책이 통째로 있지? 켄트 벡과 마틴 파울러Martin Fowler가 쓴 『Planning Extreme Programming』(Addison-Wesley, 2000)에서 충분히 다루지 않았나?"였다. 나는 마이크의 책이 기존 아이디어를 흥미로우면서도 새로운 방식으로 확장해 새로운 아이디어를 추가했다는 사실을 금방 깨달았다.

『애자일 팀 코칭』은 기존 아이디어와 실천법을 체계화하는 효과적인 프레임워크를 소개한다. 또한 기존의 아이디어를 확장하도록 자극한다. 마지막으로 이 책은 읽기 편하며 설득력이 있고, 실용적이며 경험에 기반한 사례를 제공하고 있다.

특히 내가 공감한 리사의 아이디어 중 하나는 코칭을 교사teacher, 멘토mentor, 문제 해결자problem solver, 갈등 중재자conflict navigator, 성과 코치performance coach 등 여러 가지 역할로 정의한 것이다. 이러한 역할 간의 차별화는 코치 역할을 더 깊이 있게 만들었다. 예를 들어 멘토는 애자일 실천법을 가르치는 반면, 성과 코치는 개인과 팀이 자신들에 대해 더 깊이 성찰하도록 독려한다. 라이프 코치로서의 리사의 경험이 코칭의 다양한 차원을 통해 그녀의 코칭 업무와 이 책을 풍부하게 했다. 많은 애자일 코치는 애자일 실천법을 가르치는 멘토다. 이 책은 그들이 효과적인 성과 향상 코치가 되도록 도울 수 있다.

이 책의 독자는 애자일 코치, 애자일 리더 및 일반 개인이다.

첫째 이 책은 스스로를 애자일 코치, 트레이너, 멘토 또는 퍼실리테이터라고 생각하는 모든 사람이 발전하는 데 도움을 줄 수 있는 풍부한 아이디어와 실천법 그리고 도움이 되는 사례를 포함한다. 예를 들면 리사는 책에서 "팀이 실천법을 배우는 것 이상으로 애자일을 세심하게 적용하도록 이끌며, 즐거운 마음으로 높은 성과를 추구하도록 이끄는 스크럼 마스터는 애자일 코치다."라고 언급했다. 그리고 10장 '협업 지휘자로서의 코치'에서 리사는 팀의 성과 개선을 위한 중요한 차별화 요소로 협력과 협업을 설명했다. 이러한 각각의 아이디어는 애자일 코치라는 역할에 깊이를 더해줬다.

이 책의 두 번째 독자는 관리자, 제품 책임자, 스크럼 마스터, 코치, 프로젝트 관리자 또는 반복주기 관리자 등과 같이 애자일 조직에서 리더십을 발휘하는 사람들이 대상이다. 코칭은 애자일 코치에게는 전일제 업무$^{full-time}$이지만, 모든 리더에게는 시간제 업무$^{part-time}$가 된다. 자기 조직화 팀에 대해 서술한 책은 많지만, 실제로 자기 조직화 팀이 되는 방법이나 그런 팀이 생겨날 수 있도록 돕는 방법에 대한 책은 그리 많지 않다. 리더들은 업무 환경에 영향을 주지만, 리사의 책은 팀이 스스로 더 애자일화함으로써 자기 조직적인 팀의 성숙도를 높이는 데 큰 도움을 줄 수 있다.

마지막으로 효과적인 애자일 팀원이 되기를 열망하는 사람에게도 도움이 될 수 있다. 나는 크리스토퍼 에이버리$^{Christopher Avery}$의 팬인데 그가 쓴 『Teamwork is an individual skill』(ReadHowYouWant, 2011)이라는 책에는 "팀워크를 향상시키기 위해 나를 개선할 필요가 있다. 나는 내 프로젝트 커뮤니티 안에서의 모든 관계에 대해 책임이 있다."라고 적혀 있다. 이는 팀의 성과 향상이 단순히 리더나 코치에게만 책임이 있는 게 아니라 모든 팀원에게도 있다는 뜻이다. 리사의 책은 팀원들 자신이 개선함으로써 팀을 개선시키는 것 같이 개인이 애자일 코치가 되도록 스스로를 개선하도록 돕는다. 3장 '자기 자신을 완전히 파악하라'의 내용은 애자일 코치뿐만 아니라 팀 구성원 개개인에게도 적용된다.

나는 이 책의 열혈한 팬이다. 이 책은 내가 가장 아끼는 애자일 관련 서적의 10위 안에 들어간다. 『애자일 팀 코칭』은 소위 하드 스킬$^{hard-skill}$보다 배우고 적용하기 더 어려운 소프트 스킬soft-skill에 초점을 맞추고 있다. 이 책은 개인, 리더, 코치들을 위한 아이디어, 실천법, 체크리스트 및 귀중한 생각을 모아 놓은 보물창고다.

— **짐 하이스미스**Jim Highsmith

애자일 프랙티스Agile Practice 이사, 커터 컨소시엄Cutter Consortium 명예 연구원

## 지은이 소개

리사 앳킨스<sup>Lyssa Adkins</sup>

15년 이상 성공적으로 프로젝트 관리를 해온 프로젝트 리더로서 애자일을 접했다. 그 많은 경험에도 불구하고 애자일의 강력함과 단순함을 잘 알지 못했다.

수많은 애자일 팀을 코칭했고, 지난 수년 간 초보 코치들의 마스터 코치로 활동했다. 1:1이나 소규모 그룹으로 코치를 가르쳤으며, 훌륭한 애자일 코치로 성장시키고 계속해서 그들이 코칭하는 팀이 최상의 성과를 내도록 지도하는 데 중요한 역할을 했다.

전문 코칭 및 훈련 능력과 함께 팀과 애자일 리더가 애자일을 경쟁 우위 무기로 활용하도록 안내하는 데 필요한 관점을 제시한다. 그녀는 변화의 길이 험난하다는 사실을 알고 있다. 대규모 프로그램 관리자와 PMO의 책임자에서 애자일 코치와 트레이너로 변신한 삶을 살아왔다. 이러한 경험을 통해 그녀는 다른 사람들이 현재의 세계를 애자일 세계로 바꿀 수 있도록 돕는다.

공인 스크럼 트레이너<sup>Certified Scrum Trainer</sup>, 프로젝트 관리 전문가<sup>Project Management Professional</sup> 및 6시그마 그린벨트<sup>Six Sigma Green Belt</sup>의 3가지 자격증을 보유하고 있으며, 훈련된 코액티브 코치<sup>coactive coach</sup>이기도 하다.

홈페이지: coachingagileteams.com
트위터: @lyssaadkins
이메일: lyssaadkins@cricketwing.com

## | 감사의 글 |

마이크 콘이 없었다면 이 책은 세상에 나오지 못했다. 그는 내가 책을 쓰도록 8개월 동안이나 설득했다. 이제 완성된 책을 통해 사람들이 업무를 하면서 더 많은 기쁨과 의미를 찾게 될 것이라 믿으며, 마이크에게 감사의 마음을 전한다.

마이크가 애디슨-웨슬리Addison-Wesley 출판사 편집장인 크리스 구지코프스키Chris Guzikowski를 면담한 후 내게 출간 기회를 마련해줬고, 책을 집필해야 한다고 확신하게 됐다. 편집장인 크리스에게도 감사인사를 드린다. 그 후 마이크 콘의 시그니처 시리즈에 저서를 기고하는 재능 있는 작가와 애자일 실무자인 리사 크리스핀Lisa Crispin, 재닛 그레고리Janet Gregory, 클린턴 키이스Clinton Keith, 로만 피슬러Roman Pichler, 케니 러빈Kenny Rubin 그리고 위르헌 아펄로Jurgen Appelo의 도움을 받았다. 내가 겪은 많은 일을 이들은 이미 모두 겪었다는 사실을 알고 있기에 집필의 긴 여행이 덜 외로웠다.

집필하면서 내 생각의 흐름을 유지하고 내면에서 흘러나오는 나태함의 유혹에 빠지지 않도록 도움을 준, 일과 삶의 코치인 샌드라 에녹Sandra Enoch, 피닉스 라이징 요가 치료사인 베벌리 존슨Beverly Johnson, 지역 여성 서클의 리더인 엘리너 루즈Eleanor Rouse 그리고 책에 소개한 내 소소한 경험이 코치들이 이 책을 읽어야 하는 이유라며 격려했던 캐시 하먼kathy Harman에게도 감사의 인사를 전한다. 이 모든 분 덕분에 큰 힘을 얻었다. 여러분의 격려와 함께 B-트라이브B-Tribe[1]의 음악 소리가 계속 귓가에 들려오는 것 같다.

남편이자 편집자인 존 앳킨스John Adkins가 없었다면 독자 여러분은 이 책을 읽는 만족감이 덜 했을 것이다. 그는 마지막에 각 장을 반복해 읽으면서 내가 새로운 자료를 만들어 추가하게 함으로써 책 내용에 무게를 실어줬다. 그리고 마지막 편집이 끝나갈 때 우리는 그가 책에 메모해 놓은 내용을 확인할 수 있었고, 그 이후 책은 더욱 좋아졌다. 영

---

1   독일 출신의 음악가이자 프로듀서 3명이 결합한 프로젝트 음악그룹 – 옮긴이

어 선생님이셨던 시어머니도 자랑스러워 하셨을 것이다. 그리고 사랑하는 존, 당신이 이 일에 기여한 방법은 셀 수 없이 많고, 하나하나 깊이 감사한다.

리 데빈Lee Devin과 그의 사랑하는 아내이자 재능 있는 감독인 아비가일 아담스Abigail Adams 는 스타트업 앙상블에서 함께 일하는 배우들의 사례를 통해 진정한 협업을 경험할 수 있도록 연극을 관람시켜줬고 진심 어린 마음도 보여줬다. 그 경험을 통해 본격적으로 사고하면서 책 집필을 아주 멋지게 시작할 수 있었다. 그리고 그 모든 뒤에는 꾸준하고, 통찰력 있고, 경험이 많으면서도, 어떤 변명도 통하지 않았던 리 데빈이 있었다. 처음 처녀작을 내놓는 작가로서 그보다 더 나은 멘토는 없었다.

나는 책을 집필하는 내내 만났던 새로운 사람들과의 협업, 그리고 과거에 만난 사람들 과의 기억이야말로 이 책을 살아 숨쉬게 한 원천이라 믿고 있다. 토비어스 메이어Tobias Mayer, 크리스틴 블레이크Kristen Blake, 엘렌 브라운Ellen Braun, 애런 샌더스Aaron Sanders, 리치 셰리던Rich Sheridan, 마이클 스페이드Michael Spayd, 마이크 비즈도스Mike Vizdos 그리고 내가 꽃을 피우도록 도왔던 모든 초보 코치와 다른 애자일리스트에게도 감사인사를 전하고 싶다.

일단 책의 조각이 모이기 시작하자 인터넷에서 이 책을 검토해 보겠다는 사람들이 갑 자기 나타나 책의 각 장을 더욱 좋게 만들 수 있게 도움을 줬다. 바찬 아난드Bachan Anand, 브래드 애플턴Brad Appleton, 수잔 데븐포트Suzanne Davenport, 레이첼 데이비스, 스콧 던Scott Dunn, 에이프릴 존슨April Johnson, 로버트 미드Robert Mead, 댄 메지크Dan Mezick, 벤트 멜러업Bent Mellerup, 마이클 사호타Michael Sahota, 크리스 심스Chris Sims에게도 진심으로 감사를 드린다.

일단 각 장을 취합한 후에는 전문가 그룹이 내용을 검토했다. 그들의 질의와 격려를 통 해서 책은 더욱 더 좋아졌다. 켄 아우어Ken Auer, 데이브 핸드릭스Dave Hendricksen, 마이클 페더스Michael Feathers, 짐 하이스미스와 빌 웨이크에게도 감사의 마음을 전한다.

이제 막 떠오르는 분야를 위해 놀라운 결과를 만들어내면서 직장 생활에서 더 큰 의미 를 찾을 수 있는 작업 방식을 만들어 낸 제프 서덜랜드Jeff Sutherland, 켄 슈와버Ken Schwaber, 알리스테어 콕번Alistair Cockburn, 켄트 벡, 짐 하이스미스 그리고 몇몇 알려져 있거나 혹은 알려지지 않은 다른 많은 분께도 감사를 드린다.

이 책의 서문을 써준 짐 하이스미스와 마이크 콘에게 특별히 감사의 인사를 전한다. 누구에게 서문 작성을 부탁할지 고민하던 때 마이크는 "책 표지에 누구 이름이 적혀 있으면 좋겠어요? 그 사람에게 부탁하세요."라고 조언해줬다. 정말 그 두 사람의 이름이 있으니 감격스럽다. 감사합니다.

지속적인 사랑을 보여주시고, 열심히 노력해서 실패한 사람은 없다는 사실을 몸소 보여주신 부모님 자넷<sup>Jeanette</sup>과 존 클라크<sup>John Clark</sup>께도 감사의 마음을 전한다. 그들의 노력과 희생을 통해 이 책이 탄생했고, 내가 선택한 삶과 일을 즐기게 됐다.

마지막으로 딸 카일리 앳킨스<sup>Kailey Adkins</sup>에게도 감사의 뜻을 전하고 싶다. 카일리는 당연히 내가 이 책을 써야 한다고 생각하고 있었는데, 딸의 확고한 믿음 덕분에 작업을 마칠 수 있었다.

| 옮긴이 소개 |

**용환성**(hsyong71@naver.com)

소프트웨어공학과 프로젝트 거버넌스로 석·박사 과정을 수료했다. 1997년부터 현재까지 e비즈니스, 공공, 국방, 게임, 콘텐츠 분야에서 엔지니어 및 프로젝트 관리자 역할을 수행했다. 소프트웨어를 기반으로 프로젝트 및 애자일 관련 국제 자격을 갖고 있으며, 다양한 중소 기업과 IT 전문기업에 실무 강의 및 컨설팅과 코칭을 수행했다.

현재 e비즈니스 전문기업 이플라츠(주)의 기술이사로 있으며, 중앙대학교 창업경영대학원 겸임교수로 활동 중이다.

**김낙일**(nakil.kim@gmail.com)

석·박사 과정으로 컴퓨터공학과 경영공학을 전공했다. 1996년부터 지금까지 공공, 제조, 금융, 통신, 유통, 포털, 국방, 게임, 콘텐츠 등 다양한 ICT 분야에서 엔지니어, 프로젝트 관리자, 제품책임자, 컨설턴트, 아키텍트 역할을 수행했다. 6시그마 마스터 블랙벨트로서 과학적으로 일하는 방식에 대한 기본적인 이해를 바탕으로 프로젝트 관리와 애자일 관련 국제 자격을 갖추고 있으며, 프로젝트 관리, 애자일, 소프트웨어공학, 콘텐츠 기술에 관련된 8권의 저서와 번역서를 출간했다.

현재 건국대학교 산업경영공학부 겸임교수로 재직 중이며, 슈타겐에서 대표 및 아키텍트로 활동 중이다.

**오민정**(mj44oh@yonsei.ac.kr)

연세대학교 글로벌엘리트학부 문화산업관리전공 조교수로 재직 중이며, ISO/TC 258의 전문위원, 한국프로젝트경영학회의 이사, 원주시 기획예산 평가위원으로 활동하고 있다. 제약 바이오, 화학, 소재, 식품관련 기업 연구소와 지멘스[Siemens]에서 R&D 효율성을 위한 PMIS 설계 및 조직 혁신 컨설팅을 주로 수행해왔다. 프로젝트경영, PMO, 프로세스혁신 관련 연구와 활동을 중심으로 하고 있으며, 특히 R&D와 문화산업에서 프로젝트 관리를 바탕으로 개인과 조직의 역량을 향상시키는 데 관심이 있다.

**이두표**(tomasldp@empal.com)

1988년부터 2014년까지 자동차 부품개발 분야에서 근무했으며, 1999년부터는 글로벌 기업 보쉬코리아에서 16년간 재직했다. 프로젝트 관련 분야에서 PMP, RMP, ACP, PBA, DASM 등 총 12개의 자격증을 보유하고 있으며, 재미있는 프로젝트 이야기, 프로젝트 관리의 이해 등 총 12권의 관련 저서를 출간했고, 월드클래스 300 및 중소기업 컨설팅을 수행했다.

현재 아주대학교 공학대학원 물류 SCM 겸임교수로 재직 중이며, 올포피엠 대표로 활동하면서 프로젝트 관련 교육 및 PM 및 PMO 분야 멘토링과 코칭을 수행하고, 컨설팅 분야에서 SW200 프로그램을 컨설팅 중이다.

애자일을 처음 접한 것은 2007년 어느 여름, 한 교육 과정에서였다. 대기업과 벤처기업에서 일하면서 애플리케이션 개발자와 프로젝트 리더를 거쳐 나름 유능한 프로젝트 관리자로 경력을 잘 쌓고 있을 때였다.

스크럼 교육을 받으면서 계속 들었던 의문은 "전통적인 프로젝트 관리 방법론이 아닌 이런 방식으로 프로젝트를 진행하는 것이 과연 가능한가?"라는 점이었다. 그러나 교육 후 실제 업무에 적용하면서 다양한 난관에 부딪히기는 했지만, 그 과정을 통해 애자일에 대한 확신은 더욱 커졌다.

애자일에 한창 익숙해졌을 때 "앞으로 더 나갈 수 있는 무언가가 없을까?"라는 생각을 했다. 그때 접한 단어가 애자일 코칭이다. 지금 생각해보면 코칭도 아닌 코칭이었다. 매번 개발자 및 스크럼 마스터와 갈등의 연속이었다.

생각해보면 애자일에 대해 많이 안다고 생각한 나는 그들에게 여전히 애자일스러운 코칭이 아닌 전통적인 방식의 지휘와 통제의 관리기법을 사용했던 것이다. 그 당시엔 코칭이 뭔지도 몰랐고, 내 주변에서 이 난관을 헤쳐나갈 수 있는 조언을 들을 곳도 없었다. 그야말로 맨땅에 헤딩하면서 코칭이 무엇인지를 깨우치는 수 년의 시간을 보냈다.

진정한 애자일은 기업 문화에 뿌리내려야 한다는 사실을 알고 있지만, 아직까지 많은 애자일리스트는 여전히 애자일 프로세스를 정착시키고 애자일을 기업 문화로 변화시키는 데 애를 먹고 있다. 그만큼 애자일은 간단한 것처럼 보이지만 실제로는 어렵다는 반증이라고 생각한다.

또한 애자일 코치라는 타이틀로 컨설팅하는 코치들은 팀 하나 혹은 두세 개의 팀을 코칭한 경험밖에 없으며, 애자일 컨설팅 기업 역시도 기업 문화로서의 애자일보다는 애자일 프로세스나 프레임워크에 대한 컨설팅과 함께 애자일이나 데브옵스를 원활히 수행하는 데 필요한 여러 시스템적인 도구를 많이 제안하고 있는 것으로 보인다.

이러한 이유로 애자일을 코칭하는 코치들에 대한 본격적인 양성은 미진한 듯 보이지만, 이에 대한 욕구는 상당히 많은 것 같다. 그런 점에서 애자일을 도입함으로써 창출되는 성과를 강조하는 것도 중요하지만, 문화적 측면에서 애자일을 전반적으로 코칭하는 코치의 양성도 이제 본격적으로 시작해야 할 시점이다.

리사 앳킨스의 책은 나와 같이 전통적인 프로젝트 관리 방법론에 익숙했던 전문가, 테크<sup>tech</sup> 기반의 기술 전문가, 이미 한창 스크럼 마스터로 애자일을 자유자재로 구사하는 전문가들이 자신의 욕구에 의해 또는 기업의 요구에 의해 애자일 코치로 한 단계 도약하거나, 애자일 코칭이 무엇인지 궁금한 이들에게 훌륭한 동반자가 될 것이다.

각 전문가들이 애자일 코치로 성장하는 과정은 서로 다르지만, 코치는 멘토, 퍼실리테이터, 교사, 문제 해결자, 갈등 중재자, 협업 지휘자 같은 역할을 한다. 리사는 자신의 경험을 토대로 이 역할을 어떻게 수행했는지 말하고 있다. 또한 리사가 들려주는 애자일 코칭의 실패 유형과 이를 극복하고 회복하는 이야기를 듣다 보면 동병상련도 느낄 것이다.

그런 측면에서 이 책을 번역하면서 스스로 애자일 코칭에 대해 많은 내용을 배울 수 있었고, 새로운 시각으로 애자일 코칭을 바라보게 됐다.

특히 책의 마지막 장에는 리사 앳킨스를 포함한 6명의 애자일 코치들이 자신들의 위치에서 유능한 애자일 코치로 변화되는 자신만의 여정을 소개했는데, 독자들도 이 책을 통해 애자일 코치로 향하는 나만의 여정을 출발하길 바란다. 물론 그 과정에서 수많은 실패가 도사리고 있겠지만, 도전하고 성공하기 위해서는 성공에 대한 열망이 실패에 대한 두려움보다 더 커야 한다. 그 두려움을 이길 수 있는 방법은 연습하고 또 연습하는 것이다. 그 여정에서 이 책과 함께하는 독자들에게 행운이 함께 하시길 바란다.

용환성

# 차례

## 1부 — 당신으로부터 시작한다

### 1장     좋은 코치가 될 수 있을까     37

## 3부 — 자신을 더 많이 파악하라

도입부의 이 몇 페이지는 책의 다른 장을 쓸 때보다 무척 힘이 들었다. 몇 년 전에 내게서 애자일 코치 훈련을 받았던 애자일 코치 동료에게 이런 사실을 털어놓았다. 그녀는 나를 쳐다보며 슬며시 얼굴에 미소를 지었고, 간단명료하게 "팀에 물어보세요."라고 말했다.

"팀에 물어보라고?"라고 계속 되뇌었다. 그녀가 수습 애자일 코치일 때 내가 그녀에게 이 말을 얼마나 자주 했던가? 셀 수 없을 만큼 그녀에게 이 말을 많이 했다. 내가 그녀를 지휘-통제 성향에서 벗어나게 해 이제 그녀는 혼자서 문제를 해결하는 것이 아니라 팀과 함께 문제를 해결하고 있다.

그래서 문제가 된 이 도입부에 직면했을 때, "팀에 물어보세요."라는 말은 현명한 조언처럼 들렸다. 나는 이 책이 탄생하기 전까지 나와 한걸음 한걸음을 함께 했던 사람들에게 '들어가며' 페이지에서 반드시 포함돼야 할 두 가지가 무엇인지 물었다. 그들의 대답과 내 생각을 도입부의 나머지 부분에 함께 정리하고 설명했다.

애자일 코치가 되는 것이 무엇인지를 상기시키는 이 도입부에는 이 책의 목적이 담겨 있다. 예전에는 성공적이었지만 더 이상 작동하지 않는 팀이나 사람들과 함께 일하는 과거의 방식에서 벗어나고 있는 자신을 발견하는 것은 어쩌면 나와 같을지도 모른다. 혹은 다른 사람들과 함께 일하도록 훈련받은 방식이 효과가 없거나, 심지어 비인간적이라고 느낄 수도 있다. 당신은 애자일 리더십의 역할을 받아들임으로써 변화되기를 원하지만 어디서부터 시작해야 할지 모를 수 있다.

나는 최근 몇 년 동안 과거의 성향으로부터 벗어났지만 그것은 여전히 내게 남아 있다. 이제는 내가 자유, 책임감, 가능성으로 가득 찬 전혀 새로운 애자일 환경에 있음에도 불구하고, 여전히 내 주위를 어슬렁거리고 있다. 도입부의 글을 작성하는 것도 그랬다. 이 문제를 혼자서 해결해야만 "혼자 다 해결했어!"라고 말할 수 있다는 생각이 여전히 나를 붙잡고 있었다. 난 그 사실을 이미 알고 있었지만 잠시 잊고 있었다. 바로 이런 부분에 애자일 코칭이 도움을 준다. 즉 코칭의 범위와 영향을 개선할 수 있도록 끊임없이 재인식하고 집중하는 것이다. 그렇게 했을 때만이 사람들은 훌륭한 애자일리스트가 될 수 있고, 팀은 그들이 자랑스러워할 만한 제품을 만들며, 기업과 국가는 모든 혁신과 우수성이 가능한 세상에서 살고 있는 자유롭고 책임감 있는 팀의 혜택을 누리게 된다.

'지속적으로 개선'해야 한다는 것은 다양한 애자일 코칭 아이디어를 수용하게 하며, 팀과 사람들을 코칭할 때 그러한 아이디어가 매일매일의 반응에 융합되도록 하는 것을 의미한다. 이 책은 아주 도발적이면서도 실용적이고 다양하며 꽤 괜찮은 코칭 아이디어를 제공한다. 어떤 아이디어는 오랫동안 곱씹어봐야 할 것이고, 심지어 이해하기 힘들 수도 있다. 또 어떤 생각은 즉각 당신의 것으로 만들 수도 있으니 이 둘 모두를 기대해도 좋다.

## 왜 이 주제가 중요한가?

내가 가르치고 코칭한 대부분의 팀은 보통 애자일을 적용해서 제품을 더 빨리 만드는 그저 그런 결과를 창출했다. 맞다. 애자일은 이런 데 쓸모가 있다. 아마도 과거에 했던 방식보다는 더 빠르겠지만 이게 애자일의 전부는 아니다. 좀 더 살펴보면 얻을 수 있는 것이 더 많다! 애자일 코치는 자신들의 기술을 갈고 닦으면서 지속적으로 개선해 나가는 사람들만 돕는다.

비록 나는 애자일 팀의 코치로서 일을 했지만 늘 "애자일 코치가 되는 게 정말 무엇일까? 그게 내게 어떤 의미일까? 내가 습득해야 할 것은 또 뭐가 있을까? 내가 무엇을 버려야 하는 걸까?" 같은 질문을 스스로에게 던지곤 했다.

이 책은 그런 질문에 대한 답을 제공한다. 그에 대한 대답은 애자일 프레임워크 자체로부터 올 수도 있고, 애자일 코치의 도구 상자를 자연스럽게 보완해주는 촉진, 갈등 조정, 협업, 업무와 삶에 대한 코칭, 가르침 같은 서로 연관된 교육으로부터 나오기도 한다. 이 책의 각 장은 이러한 훈련과 기타 다른 분야에서 얻은 마인드 셋과 도구를 제공해 코칭에 통합할 수 있게 해준다. 예상되는 결과는 탁월한 성과를 달성하는 팀이다.

## 누가 이 책을 읽어야 하는가?

이 책은 애자일 프레임워크와 애자일의 기본을 익히고 사용하기 위한 것이 아니다. 여러분은 이미 애자일이 무엇이고 실천법이 어떻게 작동하는지 알고 있을 것이다. 만약 그렇지 않다면 ScrumAlliance.org 또는 mountaingoatsoftware.com 같은 온라인 사이트를 참고하라.

내가 사용하는 애자일이 여러분의 것과는 다르겠지만 이 책에서 이야기하는 애자일의 핵심과 모든 애자일 프레임워크의 핵심 개념은 별반 다르지 않을 것이다. 내 애자일 경험은 스크럼으로 시작했고, 여전히 스크럼을 기본으로 다른 애자일 방법론과 애자일이 아닌 도구 및 기법을 혼용해서 사용 중이다. 이 책에서 확인할 수 있다.

다음 중 어느 항목이라도 해당된다면 이 책을 잘 선택한 것이다.

- 스크럼 마스터나 XP<sup>Extreme Programming</sup> 코치 또는 기타 애자일 팀 리더로 몇 번의 코칭 경험은 있지만 별 도움이 되지 못했다. 혹은 그 경험이 좋았지만 그 이상의 내용이 있으리라 느꼈다.
- 코칭 업무가 일상화됐고, 코칭하는 팀도 애자일을 잘 수행하고 있는 것 같다.
- 팀이 애자일 실천법을 습득했고 또 잘 하고 있지만 기대하는 탁월한 성과는 아직 내고 있지 못하다.
- 관리자가 애자일 코칭은 전일제<sup>full-time</sup> 업무가 아니라고 생각해서 당신을 여러 애자일 팀에 배속시켰고, 그들이 잘못 생각하고 있다는 사실을 어떻게 증명해야 할지 모르겠다.
- 애자일 코치 역할이 내게 적합한지 확신하지 못해 실전에 들어가기 전에 애자일 코치에 대한 실체를 느껴보고 싶다.

## 이 책을 통해 무엇을 얻을 수 있는가?

이 책을 통해 뛰어난 애자일 코치가 되는 이면의 세계를 둘러볼 수 있다. 책을 읽으면서 애자일 코치가 팀과 사람들을 관찰하고, 관찰에 대한 생각을 체계화하며, 개인적인 편견과 감정을 처리하는 방법에 대한 광범위한 세계에 주목하라. 이 책은 지금보다 더 나아지기 위해 끊임없이 노력하고 있는 애자일 팀을 위해 최상의 서비스를 제공하도록 관찰과 반성을 실천하게끔 안내하는 것에 초점을 두고 있다.

이 책은 고성과를 창출하는 애자일 팀을 구성하기 위한 한 사람의 접근 방식, 즉 내 접근 방식을 설명한다. 이 책은 정답을 알려주지 않는다. 오히려 내 여정을 통해 코치로서 자신의 길을 찾는 데 도움이 될 만한 좋은 방법을 알려준다. 이 책에서 소개하는 패턴과 아이디어를 성공적으로 활용하면서 애자일 코치를 꿈꾸는 많은 코치를 지도했고, 그 결과 각 코치들은 자신만의 길을 찾았고, 그 후 자신만의 목소리를 내게 됐다.

아마도 이 책을 통해 성공적인 애자일 코치의 역할이 팀에 기본적인 애자일 프로세스와 원칙을 심어주는 것 그 이상임을 알게 될 것이다. 아마도 이 책은 팀이 훌륭한 애자일 코치에게 무엇을 기대해야 하는지를 알게 해 충분히 만족하지 못할 때 그들이 필요로 하는 것을 구체적으로 말할 수 있도록 도와줄 것이다. 또한 이 책을 통해 중상위 관리자들은 애자일 코치의 일이 시간이 많이 걸리고, 많은 에너지를 소모하는 가치 있는 공헌임을 이해하고, 애자일 코치를 여러 팀에 걸쳐 일하지 않게 할 것이다. 이 책은 애자일 코치를 지망하는 사람들이 자신의 동기부여와 의도가 자신이 아닌 팀을 위한 것이야 한다는 깨달음을 향한 개인적인 여정을 시작하게 만들어줄 것이다.

나는 이 책을 읽고 그 아이디어를 실행에 옮기면서 당신과 당신이 영향을 주는 모든 사람에게 나타날 최상의 혹은 최소의 결과 모두를 있는 그대로 받아들일 것이다.

## 이 책은 어떻게 사용해야 하나?

각 장은 서로 독립적이기 때문에 내용이 마음에 와 닿는 장부터 읽어도 좋다. 아마도 팀에서 벌어지는 일에 대해 대책이 없을 경우 이 책의 목차를 훑어보면서 "아하! 오늘 내가 필요한 부분이 이거네."라고 하게 될지도 모른다. 혹은 하루를 회고하는 의미에서 책의 아무 곳이나 펼쳐서 해당 페이지의 단어가 도움이 된다고 생각된다면 읽어도 좋다. 혹시라도 마음에 든다면 이 책을 처음부터 끝까지 읽어도 된다. 다만 이 책을 어떻게 하면 잘 사용할 수 있을까를 너무 고민하면서 헤맬 필요는 없다. 이 책은 당신의 여정에서 옆에 꼭 필요한 동반자가 될 것이고, 지금 당장 필요하지는 않더라도 혼자 떠난 여정에서 되돌아올 때까지 여전히 기다려 줄 것이다.

각 장에는 아이디어를 행동으로 옮길 때 더 나은 코칭 단계를 확실히 밟는 데 도움이 되는 '시도해 보기' 내용이 포함돼 있다. 각 장은 서로 독립적으로 구성돼 있고, 책의 다른 유용한 부분에 대한 언급은 책 전체에 걸쳐 있는 '찾아보기'에 언급했다. 또한 놀라운 애자일 코칭의 특성을 되짚어 보도록 유도하는 인용문도 배치했다. 이 책은 3부 13장으로 구성돼 있고, 각 장에는 이야기, 비법 및 시도해야 할 내용을 다루고 있다.

## 1부 당신으로부터 시작한다

**1장 좋은 코치가 될 수 있을까** 우리가 애자일 코치라고 부르는 사람은 누구이며, 내가 이미 그런 사람인지 어떻게 알 수 있을까? 애자일 코치로의 변신에 성공했다는 증거인 '네이티브 와이어링native wiring'의 10가지 특성은 무엇일까?

**2장 고성과를 기대하라** 고성과 팀이 탄생하는 기반을 설명하고, 그 기반을 애자일 팀의 업무 환경에 배치한다. 비법은 팀이 고성과를 창출할 수 있다는 사실을 믿는 것이다.

**3장 자기 자신을 완전히 파악하라** 코칭은 당신으로부터 시작되지만 코칭이 당신에 관한 것은 아니다. 코칭은 팀이 더 나아지도록 돕기 위해 팀에 무엇을 줄 수 있는지에 대한 것이다. 이를 위해서는 지휘-통제 성향에서 벗어나 자신을 제대로 알아야 한다.

**4장 스타일을 변경하라** 4장에서 설명하는 리더십 스타일 프레임워크는 코치가 코칭하는 팀이 진화하고 발전할 때마다 어떤 스타일을 사용할지 결정할 수 있도록 돕는다.

## 2부 팀이 더 많은 것을 얻도록 지원하라

**5장 멘토로서의 코치** 팀원, 제품 책임자 및 애자일 관리자뿐만 아니라 팀 전체에 대한 코칭의 세부사항과 함께 애자일 팀 세팅에 대한 전문적인 코칭의 기본 사항을 소개한다.

**6장 퍼실리테이터로서의 코치** 애자일 계획 세션 같은 스탠딩 미팅과 비정형적으로 행해지는 협업에서 대화를 용이하게 하는 실용적인 퍼실리테이팅 도구를 소개한다.

**7장 교사로서의 코치** 당신과 함께했던 친절했던 선생님, 힘들게 했던 선생님, 당신이 더 잘 할 수 있다는 사실을 아는 선생님 그리고 당신에게서 더 좋은 결과를 기대했던 선생님 같은 최고의 선생님이 되라. 그런 다음 7장의 기술을 사용해 애자일, 특히 애자일에서의 역할에 대해 가르쳐라. 팀 셋업, 스탠드업 미팅 같은 가르침이 필요한 순간과 임의의 어떤 순간을 대비하며, 누군가가 필요로 할 때 바로 가르침을 주어라.

**8장 문제 해결자로서의 코치**  팀을 하나의 생태계로 보면 코치의 역할은 '시스템 공개자'로서의 역할이다. 애자일을 기반으로 업무를 수행한다는 점을 염두에 두고, 팀이 문제에서 회복해 건강과 활력을 되찾을 수 있도록 한다.

**9장 갈등 중재자로서의 코치**  갈등은 고성과 애자일 팀에 꼭 필요한 요소로써, 코치는 팀이 갈등을 극복하고 바람직하며 건설적인 의견 불일치의 상태로 나아갈 수 있도록 도와야 한다.

**10장 협업 지휘자로서의 코치**  팀의 협업 근육을 만드는 것은 애자일 코치의 중요한 역할이지만, 그건 코치들이 놀라운 결과를 기대할 때만 만들어진다.

## 3부 자신을 더 많이 파악하라

**11장 애자일 코치의 실패, 회복 및 성공 유형**  애자일 코칭의 일반적인 실패 및 성공 유형이 설명돼 있다. 실패 유형에서 회복하기 위한 단계도 소개한다. 성공으로 가기 위한 실패에 너무 몰입하진 말자.

**12장 언제 그 경지에 오를 수 있을까**  역량에 대한 '로드맵'을 소개한다. 여기에는 기법, 마인드 셋, 도구 및 기술 목록이 포함돼 있으며, 이 모든 목록은 애자일 코치로의 성공적인 변화를 달성했는지 나타낸다.

**13장 당신만의 여정이다**  모든 코치의 여정은 이전과 다르며, 애자일 코칭에서 찾아야 하는 가장 소중한 것은 코치의 역할에 대한 나만의 최고 표현을 찾아내는 것이다. 13장에서는 다른 코치의 여정 이야기를 통해 당신의 코칭 여정을 새롭게 바라볼 수 있다. 이제 시작할 준비가 됐는가? 바로 시작해보자.

# 1부

# 당신으로부터 시작한다

# 좋은 코치가 될 수 있을까

15년간의 프로젝트 관리 경험이 있었지만 애자일을 실제로 접하기 전까지는 애자일의 강력함과 단순함을 제대로 알지 못했고, 애자일이 효과가 있을 거라고는 믿지 않았다. 내가 생각한 프로젝트 모델은 개별적인 기계장치가 동일한 방식으로 작동하면서 원재료를 다른 기계장치에 투입되는 재료로 변환시켜 완성품을 만들어 내는 기계장치 세트라고 생각했다. 프로젝트 관리자는 전체 기계장치의 작동을 조율하기 때문에 프로젝트 관리는 필수적이고 매우 중요한 업무였다. 따라서 프로젝트를 완료하기까지의 과정은 매우 복잡하고 규모가 컸고, 당연히 이렇게 해야 한다고 확신했다. 나는 작은 규모의 팀이 업무를 계획하고 함께 작업을 진행하는 것은 불가능하다고 생각했다. 더욱이 애자일은 업무를 완료하는 데 있어서도 뭔가 부족해 보였다.

**1장을 끝내면 다음 질문에 답할 수 있다.**

- 애자일 코칭은 왜 중요한가?
- 애자일 코치가 팀에 적용할 수 있는 다른 훈련법에는 무엇이 있고, 왜 그 훈련법을 팀에 적용해야 하는가?
- 애자일 코치가 되는 것과 애자일 코치의 역할을 수행하는 것의 차이점은 무엇인가?
- 애자일 코치와 스크럼 마스터, 프로젝트 관리자 혹은 테크니컬 리더 간의 차이점은 무엇인가?
- 애자일 코치가 되는 방법은 무엇이고, 애자일 코치가 됐음을 어떻게 알 수 있을까?
- 네이티브 와이어링(native wiring)은 애자일 코치의 성공에 어떤 영향을 줄까?

마스터 애자일 코치 지원 업무가 끝나고 30일 정도 지난 후, 애자일 코치로서 첫 번째 팀을 조직하고 운영하면서 팀이 어떻게 일을 하는지 지켜봤다. 이 과정에서 애자일에 대한 기존의 생각은 완전히 잘못됐고 프로젝트 관리에 대한 생각도 시대에 뒤떨어져 있다는 사실을 깨닫게 됐다. 애자일 팀은 아무것도 없는 상태에서 시작했지만 곧바로 중요한 기능을 만들어냈고, 해당 기능을 통해 회사는 곧바로 수익을 발생시켰다. 기존의 프로젝트 관리에서는 몇 개월이 지나야만 만들어낼 수 있는 '실제 결과물'을 애자일 팀은 시작한 지 얼마 되지도 않아 만들어냈고, 품질도 훨씬 더 뛰어났다. 가장 놀라운 것은 애자일 팀이 이 일을 30일 만에 해냈다는 사실이다.

이 결과에 대한 반응은 엄청났다. 회사의 부사장이 갑자기 사무실을 방문해 감사 표시를 했고, 그들의 결과물이 회사에 얼마나 가치가 있는지 알려주면서 애자일 팀이 다음에 수행할 과제도 함께 전달했다. 애자일 팀은 불과 30일 만에 회사가 제시한 그 어떤 과제라도 수행할 준비를 갖췄으며, 모두가 합심해 만들어낸 결과물에 고무돼 무엇이든 해낼 수 있다는 자신감으로 충만했다.

나는 모든 애자일 팀이 이들이 경험한 것 이상으로 경험하길 바라며, 애자일이 주는 모든 장점을 활용해 가장 결정적인 순간에 모두의 기대를 뛰어넘는 가장 혁신적인 제품을 만들어 내길 바란다.

만약 팀이 애자일을 통해 뛰어난 경험을 하고 싶다면 그것이 가능하도록 제대로 된 가르침이나 코칭 혹은 멘토링할 코치가 필요하다. 바로 그 이유 때문에 이 책을 선택했을 것이다.


## ▌ 애자일 코칭이 중요한 이유

내가 함께 일한 애자일 코치들처럼 되는 데 있어 학력이나 경험은 큰 도움이 되지 않을 것이다. 처음 팀을 맡은 초보 애자일 코치들은 "자기 조직화된 팀에서 내가 어떤 역할을 해야 하지?" 또는 "아직 준비가 되지 않은 팀을 어떻게 도와줘야 하지?"라고 전전긍긍하면서 모든 상황에 너무 극단적으로 대응하는 경향이 있다. 극단이 아닌 중간 지점에서 적절한 코칭을 제공하기 위해 가장 먼저 해야 할 일은 내가 코칭할 세계와 그 세계에 있는 사람들을 이해하는 것이다.

요즘 프로젝트에서 마주하는 문제는 우리가 과거에 사용했던 전통적인 프로젝트 관리 방법으로는 해결할 수 없다. 대부분의 사람들은 기계적인 형태의 프로젝트 관리 방법론을 사용해 복잡한 문제를 다루기 쉬운 여러 개의 요소로 분할하고, 각각을 독립적으로 만든 후에 프로젝트 후반에 모든 것을 하나로 통합할 수 있다고 믿는다. 이것이 바로 서로 다른 작업 흐름을 가진 다양한 프로그램을 하나의 제품으로 묶어 완성했던 과거의 방식이다. 지금까지 해온 방식대로 일을 해도 문제가 거의 발생하진 않겠지만 여전히 일정 지연과 고객 불만족이라는 문제는 남아 있다. 그러나 세상은 지금까지 경험하지 못했던 속도로 변하고 있고, 그게 우리가 사는 세상이 움직이는 방식이다.

지금까지 내가 코칭했던 사람들은 자신의 문제점을 알고 싶어했고, 더 이상 기계의 부속품이 되길 원치 않았다. 또한 자신들의 노력이 가치 있는 것을 만들어내는지 그리고 그러한 공헌이 실제로 가치 있는 것인지 알고 싶어했다. 이런 부류의 사람들은 당근과 채찍보다는 가치와 목적에 의해 동기부여가 된다. 과거의 삶에서 탈피해 의미 있는 삶을 살고자 하는 사람들에게는 "우리는 왜 이런 방식으로 일하지?", "이게 과연 좋은 방식인가?"라는 질문이 삶을 전환시키는 데 있어서 매우 중요하다. 애자일 팀의 팀원들이 요가 수업을 수강하거나 익스트림 스포츠를 즐기고, 예술과 관련된 작업을 하고 사회봉사나 육아 등과 같이 개인적인 시간을 어떻게 사용하는지 살펴보면, 그들은 완전한 인간이 되기 위해 삶의 모든 측면을 경험하고 탐험하는 과정에 있음을 알 수 있다.

애자일 코칭은 복잡하고 불확실한 현실 세계에서 제품을 생산하는 것과 사람들의 사회생활에 의미를 더하는 두 가지 측면에서 모두 도움이 되기 때문에 중요하다. 전통적인 프로젝트 관리 방법론의 대체 역할로도 애자일은 훌륭하지만 사실 그 이상의 의미가 있다. 강력하면서도 간결한 완료를 위해 애자일은 가장 중요한 제품을 만드는 데 집중한 후 그 다음으로 중요한 제품을 차례로 만들도록 하는 동시에, 높은 수준을 충족하고 역동적인 개인적 목표를 추구할 수 있도록 한다. 하지만 이 모든 것은 결과가 좋아야 함을 전제로 하는데, 이는 애자일에서 이야기하는 완료에 대한 명확한 관점과 팀에 활기를 불어넣을 다양한 기술을 제공할 코치가 필요하다는 것을 의미한다.

## ▎애자일 코칭 환경

애자일은 그 자체로도 충분하지만 코칭은 애자일의 깊이를 더해준다.

경량 <sup>lightweight</sup> 방법론이라고도 불리는 애자일 프레임워크는 배워야 할 실천 방법이 적고, 최소한의 기본만 익혀도 팀을 빠르게 준비시켜 운영하도록 만들 수 있다. 경험상 애자일에 대해 아무것도 모르는 팀에 애자일을 사용하도록 만드는 것은 일반적으로 하루면 충분하다. 애자일은 믿을 수 없을 정도로 가볍고, 빠르며, 간단하다.

애자일은 시작하기는 쉽지만 많은 이유로 인해 제대로 하기는 어렵다. 그중에서 가장 큰 이유는 애자일이 수년 동안 사람들이 숨겨둔 좋지 않은 것을 끄집어내기 때문이다. 누구도 그걸 보고 싶어하지 않겠지만 우리는 해야만 한다.

실제로 일을 해보면 애자일은 우리가 아는 것과 상반되는 개념으로 가득 찬 것 같다. 애자일은 간단한 것 같으면서 어렵고, 가벼운 것 같으면서도 강력하며, 일반적인 것 같지만 섬세하고, 접근하기 쉬운 것 같지만 심오하다. 애자일 팀이 애자일을 잘 수행하도록 코칭하기 위해 사용하기로 선정한 애자일 프레임워크에 새로운 산출물이나 이벤트 혹은 역할을 추가할 필요는 없다. 대신 프레임워크에 이미 존재하는 각 요소의 도전적이고 강하며, 섬세하면서 심오한 측면을 표현하는 데 도움이 되는 것을 다른 훈련 과정에서 찾아보자.


## 애자일 코칭 수행

그림 1.1은 애자일을 제대로 사용하도록 팀을 코칭할 때 가져야 할 일련의 가치, 실천법, 원칙과 역할의 연속적인 순환 고리를 설명하고 있다. 애자일 코치가 되려는 사람들은 관련된 많은 분야의 훈련을 자신만의 것으로 만듦으로써 애자일 코치로 한발 더 가까이 다가갈 수 있다. 애자일 코치는 팀의 퍼실리테이터, 교사, 코치이자 멘토, 갈등 중재자, 협업자, 문제 해결자가 될 수 있다. 애자일 코치는 다른 훈련에서 배운 기술을 팀에 전달함으로써 팀원들이 어렵지만 막강하며, 섬세하면서 심오한 애자일의 특성을 표현하도록 도울 수 있다.

또는 내가 배운 것과는 다른 훈련 과정이나 이론을 찾아 배우고, 애자일 코칭에서 배운 기술을 적용해볼 수 있다. 그림 1.1에는 새롭게 배운 내용을 선택해서 넣을 수 있는 여유 공간이 준비돼 있다. 새로운 훈련을 도입하고 애자일 팀과 함께 기술의 유용함을 증명했다면 해당 훈련방법을 "여기에 당신이 선호하는 것을 적으세요."라는 공간에 추가할 수 있다. 코치로서 자신만의 모델을 만들고 새로운 기술을 배우고 확장하며 다른 사람들과 공유함으로써 애자일 코칭을 더욱 발전시킬 수 있다.

이 책에서는 이와 관련된 다양한 훈련을 실제 애자일에서 사용할 수 있도록 상황별로 살펴본다. 예를 들면 애자일 코치들은 가치 있는 실제 결과물을 만들어 내는 것을 방해할 정도로 애자일 팀원들의 각 업무나 개인사까지 코칭하지는 않는다. 그 대신 코치들은 일과 삶에 대한 코칭 기술을 활용해 팀원 각자가 최고의 애자일리스트가 되도록 도와주며, 그러한 코칭 기술이 애자일 세계를 위해 사용되도록 상황에 맞게 만든다.

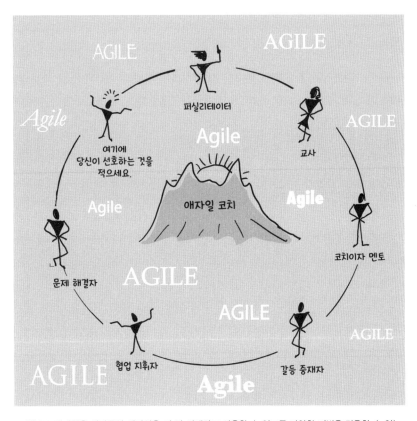

**그림 1.1** 애자일은 사람들이 애자일을 더 잘 이해하고 사용할 수 있도록 다양한 기법을 적용할 수 있는 연속적인 순환 고리를 제공한다.

## 애자일다운 코칭

지금까지 팀을 가이드하고 촉진하며, 협업하고, 멘토 역할을 하는 것 같은 애자일 코치의 역할에 대해 알아봤다. 이 과정에서 많은 일이 추가되는데 가장 중요한 것은 실제 행동으로 옮기는 것이다. 애자일 코치는 코치로서의 역할과 함께 애자일 자체에 관해 알아야 하며, 팀이 임무수행 중 직면할 난관을 돌파할 아이디어를 지속적으로 찾아야 한다. 하지만 애자일 코칭을 '수행하는 것' 만큼 중요한 것은 '애자일다운 코칭이 되도록' 하는 것이다.

애자일 코칭은 팀에 제공하는 특정 기술이나 아이디어보다 당신이 누구이며 어떤 행동을 모델로 삼는지가 더 중요하다. 대략적인 수치를 살펴보면 애자일 코칭 수행이 40%이고, 애자일다운 코칭은 60% 정도다. 당신이 누구인지, 애자일의 가치가 당신의 일거수일투족을 통해 얼마나 발현되는지 등 코치가 지니고 있는 강력하면서도 조용한 영향력을 과소평가해서는 안 된다. 즉 코치의 존재는 애자일 기법 전체를 완벽하게 적용하는 것보다 훨씬 더 강력하고 지속적인 영향을 사람이나 팀 혹은 조직에 줄 수 있기 때문이다.

애자일 코치는 항상 애자일 모델을 만들고 가르친다. 이는 코치가 팀 내 개인을 코칭하는 방법과 팀 전체와의 상호작용 방식에서 나타난다. 그러한 상호작용은 코치가 자신의 행동과 영향을 얼마나 의식하고 있는지, 그 영향을 어떻게 책임지는지를 간단하고 명확하게 보여준다.

애자일 코치는 유무형의 애자일다운 코칭을 통해 애자일의 깊이와 유용성에 대한 생생한 사례와 함께 결정이 필요한 모든 순간에 적용하고 존중해야 할 중요한 가치를 만들어 낸다. 훌륭한 애자일 코치는 팀이 따라올 수 있는 길을 만들어 간다. 애자일 코치는 팀에게 훌륭한 애자일리스트가 해야 할 주요 행동을 직접 솔선수범해 보여줌으로써 애자일 팀을 지도한다.

코치는 목표를 항상 달성하지 못할 수도 있고, 아마 실수도 할 것이다. 코치도 침착함을 잃고 소리칠 수도 있다. 스탠딩 회의를 하는 내내 마음이 혼란스러울 수도 있다. 코치가 능숙하게 사람들에게 업무를 지시하면서 팀에게 적합하다고 생각하는 일을 하도록 할 수도 있다. 실수 앞에서 할 수 있는 가장 중요한 일은 애자일의 열린 가치를 지표로 삼는 것이다. 실수가 초래한 결과를 솔직하게 인정하고 진심으로 사과하라. 팀이 코치의 실수를 통해 배울 수 있도록 하기 위해서는 어떤 애자일 가치나 원칙이 훼손됐는지 과감하게 드러내야 한다.

팀이 실수를 인정하고 공유된 가치를 다시 강화하며, 서로를 용서하면서 앞으로 전진하는 모습을 상상해보라. 그런 팀이 놀라운 아이디어를 내는 것은 당연하다.


## ▌우리만의 공용어를 직접 만들자

애자일 실천법의 적용을 뛰어넘어 애자일을 주도면밀하게 운영하면서 높은 성과를 추구하는 팀을 만들어낸 스크럼 마스터<sup>scrum master</sup>는 애자일 코치라고 할 수 있다. 애자일 코치로 불리기 위해서는 코칭하는 팀이 다수였고, 여러 상황에서의 가능성과 제약사항 및 성공과 실패의 경험이 있어야 한다.

애자일 코치라는 용어에 대한 내 편견은 단순히 과거 경험에서 비롯됐다. 내가 처음 애자일을 배운 회사는 스크럼의 다양한 프로세스와 역할 중에 애자일 코치가 있었지만 그 역할을 활용하지는 않았다. 시간이 지나면서 내가 코칭한 팀은 스크럼을 사용해 린 개발, 6시그마, 익스트림 프로그래밍 그리고 사용자 중심 디자인을 적용했는데, 애자일 코치의 역할은 이런 상황에서 더 정확한 용어로 보였다.

---

**애자일 매시업**

애자일 팀은 애자일 프레임워크나 애자일 선언을 지키면서 스크럼과 함께 린 개발이나 사용자 중심 디자인 같은 다른 기법을 혼합해 사용할 때 성공을 이뤄냈다. 반면에 스크럼 프레임워크나 애자일 선언을 지키지 않고, 자신들이 처한 상황과 일에 맞는 방법론을 찾아 적용한 팀은 실패하지 않기 위해 악전고투하거나 처참히 실패했다.

실패의 가장 큰 원인은 팀이 자신들의 업무 방식에 들어맞는 방법을 찾는 데 있다. 그렇게 함으로써 팀은 시험하고 적응하기(inspect-and-adapt)의 순환고리를 불필요한 것으로 몰아세우고, 결국 자신들을 지속적으로 개선시킬 수 있는 공식적인 구조가 더 이상 필요 없다고 믿게 된다. 그 결과 팀은 자신들의 치부를 들어내기를 거부하거나 숨긴다. 따라서 팀이 성공할 때까지 시험하고 적응하기의 순환고리를 계속 유지하고 있는지와 스크럼과 다른 방법론의 기법을 함께 매시업해서 사용하고 있는지를 주의 깊게 살펴봐야 한다.

애자일 코치라는 역할은 다양하게 사용될 수 있지만, 용어의 사용은 신중해야 한다. 하나의 애자일 프레임워크가 다른 방법론으로 교체된다면 일반적인 대화에서는 포괄적인 단어를 사용하는 편이 좋다. 스크럼을 기본으로 사용하고 추가적으로 다른 기법을 상황에 맞게 매시업해 적용한 경험은 큰 도움이 됐다.

## ▌ 애자일 코칭에 한 걸음 더 다가가기

애자일 코치가 되기 위해서는 현재의 역할에서 여정을 시작해야 한다. 상당히 많은 경험을 쌓은 코치들도 사람들이나 팀 그리고 팀을 둘러싼 조직을 동료 코치들이 어떻게 코칭하는지 지켜보게 되면 무엇을 새롭게 배워야 하는지 알게 된다. 즉 그들과 내 애자일 코치를 향한 여정은 끝난 게 아니다.

**찾아보기**    13장 '당신만의 여정이다' 편에서는 서로 다른 배경과 경험을 가진 코치들의 개인적인 여정을 소개한다.

애자일 코치를 향한 여정은 코칭을 막 시작한 사람이건 아니면 어느 정도의 경험이 있는 사람이건 모두 다를 수밖에 없다. 그 여정은 각각 다를 수 있지만 만약 코치 역할을 하려는 사람이 스크럼 마스터나 프로젝트 관리자 혹은 테크니컬 리더 같은 경력이 있다면 그 여정 중에 만나게 되는 공통된 이정표는 같을 수 있다. 그림 1.2는 몇 가지 이정표의 사례를 보여준다.

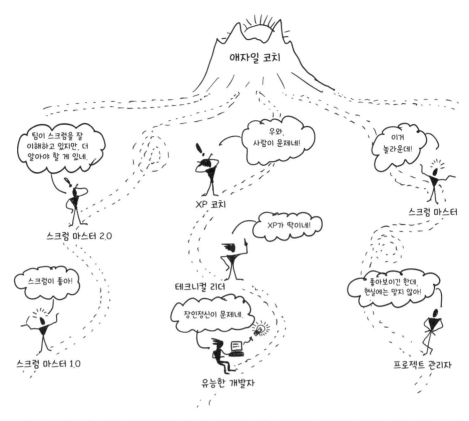

그림 1.2 애자일 코치를 향한 각자의 여정은 다를 수 있지만, 유사한 경력이 있는 사람들은 비슷한 공통의 이정표를 만날 수 있다.

## 스크럼 마스터에서 애자일 코치로 가는 길

스크럼 마스터는 팀을 준비시키고 스크럼 실천법과 애자일 원칙을 통해 팀을 운영한다. 이런 변화는 모든 팀과 조직이 해낼 수 있다. 대부분의 조직에는 짧은 타임박스 내에서 매우 빈번한 의사소통을 통한 협업과 팀의 헌신을 통해 실제 제품을 개발하는 것 자체가 매우 혁신적인 변화다. 몇 번의 스프린트가 끝난 후에는 스크럼 마스터조차도 스크럼 실천법의 적용이 심오해졌음을 깨닫는다.

예를 들면 스프린트의 회고 세션을 통해 팀원들은 자신들의 업무를 전혀 다른 각도에서 바라보고, 획기적인 의견제시를 통해 업무를 지속적으로 개선할 수 있다. 또는 누군가의 블로그에 적힌 게시물의 내용을 적용해보면서 팀의 스프린트 계획 수립을 위한 최적의 방법을 찾도록 도울 수 있다. 이런 방법을 시도하다 보면 협업이나 갈등이 발생하게 되는데 이런 문제는 팀이 잘 해결하지 못할 수 있다. 이런 경우 팀은 매일 발생하는 문제를 해결할 새로운 의견을 제시해 달라고 지속적으로 스크럼 마스터에게 요청하게 된다.

스크럼 마스터는 스크럼에 대한 깊은 통찰과 함께 다양한 방법론으로부터 도구나 기법을 가져와 팀이 스크럼 실천법이나 원칙, 가치 및 역할을 잘 흡수할 수 있도록 도와줘야 한다. 동시에 스크럼 마스터는 더 많은 조직이 애자일 팀을 지원하고, 그들 자신이 애자일스럽도록 사람들을 코칭하는 데 많은 시간을 투자해야 한다.

그 외에도 스크럼 마스터는 또 다른 팀을 준비시키거나 새로운 관점을 제시하면서 여러 팀을 위한 스크럼 마스터 역할을 동시에 수행할 수 있다. 그런 새로운 관점을 적용하다 보면 팀이 겪는 공통적인 장애물이나 성공 패턴이 나타난다.

---

### 스크럼 마스터에서 애자일 코치로 가는 일반적인 단계

스크럼 마스터에서 애자일 코치로의 변화 =
> 공인 스크럼 마스터 교육 +
> 다수의 팀과 함께 스크럼 마스터 경험을 쌓음 +
> 더 많은 경험을 쌓은 스크럼 마스터에게 멘토링을 받음 +
> 다른 방법론의 다양한 도구와 방법을 적용 +
> 팀을 방해하는 외부인의 접근을 막는 것이 아니라 외부인들을 코칭 +
> 팀을 둘러싼 조직의 방해물을 해결

---

다수의 팀이 정상적으로 운영되고 있다면 다른 사람들도 스크럼 마스터링을 해 달라고 요청할 것이다. 이런 요청은 스크럼 마스터가 멘토로서 새롭게 태어나는 시점이 된다. 요청을 받은 스크럼 마스터는 새로운 스크럼 마스터가 업무를 익히도록 도와주고, 해당 업무를 잘 하기 위해 필요한 변화를 이끌어내야 한다. 스크럼 마스터는 이제 막 자신의 업무를 시작한 스크럼 마스터들이 애자일 팀을 준비시키고, 그들에게 스크럼 실천법과 가치, 규율을 알려주며 멘토링하면서 그 자신은 애자일 코치로 변신하게 된다.

애자일 코치는 다음과 같은 역할을 한다.

- 애자일 실천법과 원칙의 진의를 깨닫고 팀도 그 진수를 깨닫도록 도와주는 사람

- 큰 문제나 조직의 방해물을 직면하고 해결하는 과정에서 조직 내부의 관리자나 외부인들의 코치가 되는 사람

- 애자일답게 일하는 장점을 조직 내 모든 위치에 있는 관리자들이 이해하도록 도움을 주는 사람

- 팀을 모든 사람이 원하는 높은 성과를 창출하는 팀으로 변화시키기 위해 전문적인 퍼실리테이션, 코칭기법, 갈등관리, 중재, 역할연기 등 다양한 방법론으로부터 필요한 도구나 기법을 가져오는 사람

## 프로젝트 관리자에서 애자일 코치로 가는 길

프로젝트 관리자와 애자일 코치는 집 고양이와 야생 재규어를 비교하는 것처럼 서로 다른 개념으로, 종種이 다르다. 프로젝트 관리자는 프로젝트를 계획하고 통제하고 감독하지만 코치는 가이드를 한다. 프로젝트 관리자의 성공은 프로젝트 성공이지만 애자일 코치의 성공은 팀의 지속적인 개선과 높은 성과의 추구로 볼 수 있다. 이 둘은 완전히 서로 다른 데에 초점을 두고 있기 때문에 그에 따른 행동도 완전히 다르다. 그렇기 때문에 프로젝트 관리자에서 애자일 코치로 가는 길은 다른 여정보다 더 오랜 시간이 걸린다. 적어도 나는 그랬고 내 경력에서 이뤄낸 최고의 일이었다.

그 첫걸음은 애자일 프레임워크로 무엇을 하려고 계획을 했던 간에 애자일 교육을 받는 것에서 시작한다. 교육을 받은 후에는 교육 내용을 팀에 적용해보고 연이어 다수의 팀을 계속 이끌어 나가야 한다. 팀과 함께 일할 때는 이미 프로젝트 관리자에서 애자일 코치로의 전환을 이뤄낸 사람으로부터 멘토링받는 것이 매우 중요하다. 성공한 애자일 코치가 되기 위해서는 계획을 중시하는 프로젝트 관리 방법론의 원칙을 허물어야 하는데, 멘토는 그러한 변화를 도와줄 것이다. 표 1.1은 애자일 코치가 버려야 할 계획 중심의 프로젝트 관리 방법론의 일부다.

표 1.1 교체해야 할 프로젝트 관리 방법론의 핵심 원칙

| 프로젝트 관리 방법론 원칙 | 바람직한 원칙 |
|---|---|
| 우리는 일을 계획할 수 있고, 계획한 대로 일할 수 있다. | 계획은 중요하지만 실전에서 쓸모가 없다. * |
| 3중 제약(일정, 원가, 범위)은 상호 조정 가능하다. | 일정과 예산은 고정돼 있고 범위만 유동적이다. |
| 계획은 시간이 지날수록 정확해지기 때문에 요구분석, 설계, 개발, 테스트 등의 단계마다 계획을 더 구체화할 수 있다. | 계획은 시간이 지날수록 정확해지는 데 이는 항상 팀의 실제 성과를 기반으로 수정하고 현실화하기 때문이다. |
| 성공이란 의미는 납기 일정과 원가 준수 그리고 범위 만족이다. | 고객이 원하는 비즈니스 가치를 얻었는지가 성공 측정의 유일한 방법이다. |
| 종료 일정에 대한 변경요청을 처리하기 위해서 나중에 추가된 범위는 제한될 수 있다. | 범위는 여전히 변경될 수 있고 심지어 프로젝트의 마무리 시점에서도 어떤 변경이라도 수용 가능하다. |
| 프로젝트 계획을 통제하는 것은 프로젝트 관리자의 업무다. | 계획에 의한 통제는 불가능하다. 오직 팀을 애자일의 안전함으로 이끄는 것만이 통제 수단이다. 따라서 팀이 애자일을 잘 사용하도록 코칭해야 한다. |
| 작업을 완료하고 결과물을 전달하는 것이 업무의 진행 상황과 가치 전달의 척도다. | 오직 최종 제품의 인도만이 업무 진행 상황과 가치 전달의 척도다. |

* 드와이트 데이비드 아이젠하워(Dwight David Eisenhower)는 대통령으로서의 임기를 끝낸 후 "전투를 준비하면서 계획은 쓸모없지만, 계획하는 것이 꼭 필요하다는 것을 항상 발견해왔다."라고 말했다. 일종의 전투인 프로젝트도 예측 불가능한 것으로 애자일 같은 경험적 접근법이 필요하다.

일반적으로 계획 중심의 관리 방법론에서 작용하는 근본적인 신념은 중력의 법칙 같은 간단한 사실로 대체된다.

암벽 등반가들은 중력의 존재를 알고 있으며, 이를 이해하고 받아들이고 또한 중력에 대비한다. 최근 이 평범한 진리를 한 무리의 암벽 등반가들 옆을 지나면서 깨달았다. 그 사람들은 암벽 등반을 위한 모든 장비를 철저히 준비했고, 로프를 걸어가면서 내 머리 위의 수직 암벽에 매달려 오르고 있었다. 그런 모습을 뒤로하고 주차장에 세워진 그들의 자동차 근처를 지나가면서 자동차 범퍼에 붙어 있는 "중력은 작용한다Gravity Works." 는 문구가 적힌 스티커를 봤다. 암벽 등반가들은 중력의 의미를 알고 있었고 준비를 한 것이다. 애자일 코치들도 마찬가지다.

나는 이 사례를 우리의 물리적인 환경에서 어떤 것은 단순히 주어진 그 자체로 받아들여야 한다는 의미로 사용한다. 그리고 우리가 일하는 업무 환경에서도 그 법칙은 항상 변하지 않고 명확하게 적용된다. 다음은 그러한 중력의 법칙이 적용되는 사례다.

고객의 요구는 변한다.

팀이 할 수 있는 것은 팀만이 알며, 매번 변한다.

세상은 엄청나게 빠른 속도로 움직이며, 그 누구도 경험하지 못한 상황을 만든다.

다른 사람을 위해 헌신할 수 없고, 그들의 열성적인 행동도 기대할 수 없다.

애자일은 이러한 중력을 인정하고 애자일 실천법과 원칙에 적용함으로써 그 힘을 인정한다. 애자일 자체에 중력을 다루는 방법이 포함돼 있는 것이다.

계획 중심의 전술을 사용하는 프로젝트 관리자들은 중력의 작용을 거스르기 위해 노력한다. 따라서 프로젝트 관리자로부터 애자일 코치로 전환하려는 사람은 "중력은 작용한다."라는 진리와의 대결을 피할 수 없으며 결국에는 받아들여야 한다.

### 프로젝트 관리자에서 애자일 코치로 가는 일반적인 단계

프로젝트 관리자에서 애자일 코치로의 변화 =

    애자일 교육 +

    스크럼 마스터 경험 (혹은 애자일 프레임워크 관련 경험) +

    프로젝트 관리자에서 애자일 코치로 전환한 사람으로부터의 멘토링 +

    다른 방법론의 다양한 도구와 방법의 적용 +

    팀을 방해하는 외부인의 접근을 막는 것이 아니라 외부인들을 코칭 +

    팀을 둘러싼 조직의 방해물을 해결

이 변화가 점차 진행되면서 진심으로 애자일 코치로 변화를 원하는지 아닌지 알 수 있을 것이다. 아마도 제품 책임자의 역할이 범위를 정의하고 결과물을 비저닝하는 프로젝트 관리자의 역할과 유사하다고 느끼고, 오랫동안 잊고 지냈던 개발 관련 기술을 다시 꺼내 애자일 코치나 프로젝트 관리자보다는 팀원이 되고 싶어할 수 있다. 혹은 애자일 코칭이 적성과 딱 맞아 더 열심히 몰입할 수도 있다.

그와는 반대로 애자일 코치로의 변화를 거부하고 예전과 같이 계획 중심의 방법론을 사용해 팀을 운영하기로 결정할 수 있다. 애자일로 작업하다 보면 미리 정의하는 계획 중심의 접근법에 적합한 프로젝트에 대해 더 잘 이해할 수 있거나, 중력을 덜 거부해도 되는 프로젝트를 찾을 수 있을 것이다.

애자일 코치로의 전환을 도와줄 멘토가 있다는 사실은 매우 중요하다. 애자일 코치의 멘토는 애자일이 어떻게 작동하는지 현장에서 즉시 보여줄 수 있고, 애자일 코치가 무심코 계획 중심의 마음가짐으로 돌아가려 할 때 주위를 환기시켜 줄 수 있다. 계획 중심의 마음가짐은 우리 마음속에 깊이 내재돼 있다가 팀원들에게 업무를 지시할 때나 고객의 최근 요구사항에 대해서 "네, 알겠습니다."라고 자동적으로 대답하고 팀이 알아서 해 주길 기대하거나 혹은 이미 고객과 날짜를 약속하고 팀에게는 나중에 알려주는 등의 방식으로 다양하게 표출된다.

심지어 코치나 팀조차도 프로젝트 관리에 대한 기존의 마음가짐으로 여러 번 회귀하고 있음을 깨닫지 못할 수 있다. 멘토는 이런 부분을 지적해주고 애자일 코치는 그런 행동이나 마음가짐이 없어야 한다는 사실을 확인시켜줄 것이다. 애자일 코치는 단순한 애자일 실천법을 제대로 수행만 해도 이러한 모든 상황에 대한 해결책이 된다는 것을 알고 있다. 애자일 코치는 팀이 애자일을 잘 수행하는데 초점을 둔다. 애자일을 잘 수행하면 그 외의 장점은 자연적으로 따라오기 마련이다.

## 테크니컬 리더에서 애자일 코치로 가는 길

때로는 애자일 코칭 기법이 사람들의 기술적 역량을 개발하는 데 도움을 주는 다양한 수단 중 하나로 쓰일 수 있다. 테크니컬 리더에서 애자일 코치로의 전환이 바로 여기에 해당한다. 테크니컬 리더들은 흔히 능력이 출중한 개발자로부터 출발해서 소프트웨어 개발에 관한 기술을 계속 연마하고 다른 개발자들의 멘토링을 시작한다. 그 과정에서 XP[extreme programming] 같은 새로운 기법이 유행하면 해당 기법을 배우고 익혀 자신의 기술 목록에 추가한다. 그 후에 곧바로 다른 개발자들과 함께 작업하면서 그들에게 XP를 가르치며 제대로 적용하도록 도와준다. 테크니컬 리더들은 자신들을 XP 코치라고 부르는데 마치 농구팀의 코치처럼 보인다. 농구팀 코치는 농구 경기의 모든 내용을 속속들이 파악하고 있으며, 각 선수들에게 농구의 기본 기술을 반복 교육 및 코칭함으로써 선수들에게 다져진 기본기가 경기를 승리로 이끌 전략과 융합되도록 한다. 농구팀 코치가 가진 가장 큰 자산은 특정 문제에 대한 전문 지식과 그 전문 지식을 선수들에게 전달할 수 있는 수단을 가진 것이다. XP 코치가 가진 큰 자산도 역시 마찬가지다.

교육과 멘토링은 팀 단위를 넘어 대규모의 소프트웨어 개발에서 탁월함을 추구하는 데 도움을 주는 것으로 확장될 수 있다. 이런 규모에서는 조직에 내재된 문제가 소프트웨어 개발 역량을 향상시키는 데 장애가 되기도 한다. 테크니컬 리더는 병목현상으로 작용할 수 있는 여러 가지 제약사항과 기능 장애를 처리하기 위해 조직에 내재된 문제점을 미리 경고해 많은 팀에 즉각 도움을 주고, 특정 프로세스를 활성화시키거나 다른 사람들에게 영향력을 끼치는 것 같은 새로운 기법을 적용해보면서 그 유용성을 검증한다.

어느 순간부터 테크니컬 리더는 애자일 코치를 자신을 설명하는 용어로 사용하기 시작한다. 비록 테크니컬 리더에게는 여전히 기술의 우선순위가 높지만, 이제 팀을 둘러싼 경영 프레임워크와 항상 존재하는 것처럼 보이는 '사람들에 대한 문제'에도 똑같이 관심을 갖기 때문에 그가 수행하는 업무는 기술적인 기법을 가르치는 것 이상이다. 팀 안팎에 존재하는 다양한 어려움을 능숙하게 찾아내 팀이 기술적인 탁월함뿐만 아니라 모든 수준에서 높은 성과를 추구하도록 변화시킬 때 비로써 테크니컬 리더는 애자일 코치라는 명칭을 얻을 수 있다.


## ▌ 애자일 코치의 탄생

애자일 코치가 되기로 결심한 사람은 선택한 경로와 배경이 어떻든 상관없이 애자일 팀과 함께 일하면서 변화하기 시작한다. 표 1.2는 애자일 코치로 새롭게 변신하고 있다는 신호의 사례다.

표 1.2 애자일 코치로 변신하고 있다는 신호

| 코치가 벗어나야 할 행동 | 코치가 나아가야 할 행동 |
| --- | --- |
| 개인의 공헌 조정하기 | 협업을 위해 팀 전체 코칭하기 |
| 특정 문제 전문가 되기 | 팀을 위한 퍼실리테이터 되기 |
| 특정 결과물에 집중하기 | 팀의 전반적인 성과 향상에 집중하기 |
| 답을 알려주기 | 팀에게 답을 질문하기 |
| 지시하기 | 팀이 그들만의 방법을 찾게 하기 |
| 팀을 마음대로 움직이기 | 팀을 가이드하기 |
| 마감 기한과 기술적인 선택사항을 이야기하기 | 비즈니스 가치의 전달에 대해 이야기하기 |
| 최적화하기 위한 작업을 이야기하기 | 당장의 비즈니스를 위해 올바르게 해야 할 것을 이야기하기 |
| 문제 해결하기 | 팀에 문제를 제기하기 |

코치로서 무엇을 해야 하는지 그리고 무엇을 말해야 하는지에 대한 질문은 관리 업무에서 코칭 업무로 옮길 때 함께 움직인다. 표 1.2에서 '코치가 나아가야 할 행동'이 더 자주 일어나고 자연스럽게 다가오기 시작할 때 애자일 코치가 되는 길을 제대로 가고 있는 것이다.

## ▌ 네이티브 와이어링

오랫동안 애자일 코칭으로의 전환에 확실히 성공한 사람들에게는 그들이 미처 깨닫지 못할 수도 있는 일반적인 공통점 몇 가지를 발견할 수 있는데, 이 공통점을 네이티브 와이어링이라고 부른다. 이는 내가 처음으로 관찰했던 사람들에게도 존재했고, 그것을 통해 "맞아, 그는 아마도 변신에 성공할 것 같다."는 예측까지 할 수 있었다. 그와는 반대로 애자일 코치로의 변신에 실패한 사람들의 이유를 돌이켜 생각해보면 그들에게는 공통적으로 그 특성이 없었다. 그러나 때로는 변화의 성공과 실패에 대한 예측이 틀리는 경우도 있었기 때문에 그 특징도 규칙이 아닌 일반적인 가이드로 사용해야 한다.

이 특징 목록은 애자일 코치 초보 시절에 대한 회고와 애자일 코치로의 자연스러운 전환을 가능하게 만든 것을 기반으로 작성했다. 그중 일부는 애자일 코치로 전환하면서 무난하게 얻었고, 매우 고되지만 가치 있었던 여정을 뒤돌아보면 비교적 쉽게 체득했다. 지금도 그 목록을 보면 지금까지도 네이티브 와이어링이라는 마음가짐을 반복적으로 채택해 왔음을 알 수 있다. 10년 전만 해도 다음 목록의 절반 정도만을 갖고 있었지만, 지금은 모든 특성이 내 안에 존재하며 애자일 팀을 코치할 때도 확고부동한 핵심으로 자리 잡았다.

네이티브 와이어링을 가진 사람들에게 존재하는 10가지 역량과 마음가짐을 검토하면서 훌륭한 애자일 코치가 되기 위한 핵심으로 삼아보자.

1. 사무실 분위기를 읽어내는 초자연적인 능력이 있다. 사무실에 들어오자마자 어떤 일이 벌어졌는지 분위기를 읽어낼 수 있다. 그들은 순간적으로 공기 중에 퍼져있는 감정을 읽고 모든 것이 잘 진행되는지를 안다.

2. 제품보다는 사람에 관심을 둔다. 물론 여전히 제품에 초점을 두고 있지만 사람

들에 대한 배려를 통해 제품이 완성되도록 한다. 즉 사람들은 관심을 받고 있고, 그들의 성장을 위한 지원을 받고 있다고 느낄 때 위대한 제품을 창조한다.

3. 호기심을 통해 알지 못하는 지식을 학습한다. 그들은 사람들이 무엇을 생각하고 있고, 무엇을 느끼고 있는지, 왜 일이 그렇게 돼야 하는지 모른다. 그래서 그들은 질문을 한다.

4. 사람들은 기본적으로 선량하다고 믿는다. 그러나 그렇지 않은 경우도 있음을 알고 있다. 가장 까다로운 사람들조차도 그 내면에 선함이 존재하기 때문에 조금만 관심을 가져주면 완벽한 인간이 되리라 믿는다. 그래서 그들은 사람들을 만나 자신들이 할 수 있는 여러 조치를 취하도록 도와준다.

5. 계획은 실패한다는 것을 알고 있고, 어떤 아이디어나 일이 어떻게 될지에 대한 희망을 품지 않고 그 순간에 바로 팀과 함께 행동한다.

6. 배움에 대한 갈증이 있다. 그들은 자신들이 아직 충분히 성숙되지 않았음을 안다.

7. 어떤 집단의 사람들이든 성장할 수 있는 환경과 대담한 목표가 주어지면 훌륭한 일을 해낼 수 있다고 믿는다. 그들은 탁월함이 존재하며 추구할 가치가 있다고 믿는다.

8. 탁월함으로부터 사람들을 후퇴시키는 "단지 늘 그렇게 해왔기 때문에 했다."라는 제도적인 원인을 잘 참지 못한다. 누군가 "맞아요, 시간 낭비라는 것은 알지만 그게 우리가 여기서 일하는 방식이에요."라고 말하면 그 말이 그들을 화나게 만든다.

9. 불안정함이 필수적이라 믿는다. 혼란스러움은 예상되지만 혼란과 파괴는 그저 더 나은 것을 위한 기초가 된다.

10. 그들도 틀릴 위험이 있다. 그들이 틀렸을 때 잘못을 인정하고 계속 전진한다.

애자일 코치가 되려는 사람이 테스터, 프로젝트 관리자, 비즈니스 프로세스 전문가, 교육 또는 훈련 전문가 혹은 성직자이든 그 배경은 그다지 중요하지 않다. 만약 네이티브 와이어링이 그의 내면을 관통하고 있거나 시간이 지나면서 그의 삶에 도입될 수 있다면 그는 훌륭한 코치가 될 가능성이 있다.

## 나만의 애자일 코칭 방법 만들기

이 책은 다른 방식으로 생각하는 것에서부터 팀과 함께 사용할 특정 모델과 도구에 이르기까지 도발적이면서 실용적인 방법을 제공한다. 이 모든 정보와 많은 제안 속에서 애자일 코치로서 자신의 목소리를 찾아야 한다. 그 누구도 애자일 코칭을 같은 방식으로 하지 않는다. 이 책은 경험을 기반으로 애자일 코칭에 대한 한 가지 좋은 방법, 즉 나만의 방법을 기반으로 애자일 코치가 되는 관점을 제시한다.

애자일 코칭에 대한 연습과 관심을 기울이다 보면 애자일 코치로서 나만의 방법을 찾아낼 것이고, 독자적인 목소리도 내게 될 것이다. 이 책은 직설적인 화법으로 쓰였지만 그 어떤 것도 무엇을 어떤 절차로 하라는 지시나 조리법이 가득한 요리책으로 오해해서는 안 된다. 이 책에 있는 어떤 내용도 종교 의식처럼 받아들이거나 혹은 융통성 없이 충실하게 따라 해서는 안 된다.

이 책에서 배운 모든 내용을 나만의 것으로 만들어서 해당 방법으로 애자일 팀에 접근하고 코칭해야 한다. 오직 본인만이 자신이 처한 상황과 자신을 가장 잘 안다. 이 책에 제시된 아이디어를 참고하고, 애자일 팀과 실제 수행하면서 더 많은 생각이 솟아날 때 이 책의 지식을 맨 먼저 찾아보길 바란다.

내가 처한 상황과 자신을 존중하고 안락한 곳에 머물지 않도록 도전해야 한다. 코칭을 받은 애자일 팀이 애자일 코치의 탁월함을 칭찬하도록 만들어야 한다.


## 요약

1장에서 학습한 주요 내용을 정리해보자.

- 애자일 코치가 되기 위해서 교육, 경험 및 연습이 필요하다.
- 내가 하는 모든 일에서 애자일 코치가 되는 것이 내가 코칭하는 모두에게 강력한 본보기가 된다.
- 최고의 애자일 코치가 되겠다는 끊임없는 소명은 팀의 애자일 표현을 제한하는 태도나 행동으로부터 벗어나야 함을 의미한다.

- 애자일 코치가 되는 길은 어디서부터 시작하는지에 따라 종류가 많고 다양하다.
- 가장 성공적인 애자일 코치에게서 나타나는 자질은 개방성, 사람 지향성 그리고 개인적이고 전문적인 탁월함을 깊고 열정적으로 추구하는 것이다.

## ▎추가 자료

- Lyssa Adkins, "The Road from Project Manager to Agile Coach", You Tube(https://www.youtube.com/watch?v=TvYqhYEaqMs), 2008. 4. 30
- 다니엘 핑크Daniel H. Pink, 『새로운 미래가 온다(리커버 특별판): 예측 불가능한 미래를 대비하는 6가지 생각의 프레임A Whole New Mind: Why Right-Brainers Will Rule the Future』, 한국경제신문, 2020
- Margaret Wheatley, 『Leadership and the New Science: Discovering Order in a Chaotic World』, Berrett-Koehler, 2006

# 2장

# 고성과를 기대하라

팀은 처음 몇 차례의 스프린트를 수행하면서 애자일에 대한 기본적인 내용을 배운다. 애자일 프레임워크는 단순하게 설계됐기 때문에 정말 간단하고 쉽게 시작할 수 있고, 잘 정리된 실천법은 실전에 적용하기도 용이하다.

몇 번의 스프린트를 끝내면서 팀은 애자일을 수행하며 실시하는 다양한 의식이 다람쥐 쳇바퀴 돌 듯 하나의 스프린트에서 다음 스프린트로, 또 그 다음 스프린트로 무한 반복되고 있다고 생각한다. 팀은 제품 개발에 진척을 보이고 있음에도 불구하고 여전히 무한 반복되는 쳇바퀴 위에 있다고 느낄 수 있다.

팀은 회사에서 요구하는 결과를 만들어내는 것 이상으로 제품을 개발하는 과정에서 다람쥐 쳇바퀴를 벗어날 수 있는 변화가 필요하다. 애자일로 제품을 개발하는 과정에서 접하는 반복적인 의식보다는 애자일 팀이 프로젝트의 진정한 가치를 깨닫고 높은 동기부여를 받을 수 있는 이정표가 필요하다. 바로 그것은 고성과$^{high\ performance}$를 추구하는 것이고, 그들이 최고가 되기 위해 함께 노력하는 일상적인 행동이 돼야 한다.

---

**2장을 끝내면 다음과 같은 질문에 답할 수 있다.**

- 팀이 고성과를 달성하리라는 믿음은 어떻게 가질 수 있을까?
- 팀이 고성과에 대한 정의를 내리게 하려면 어떤 참고자료와 이미지를 사용해야 할까?
- 팀이 고성과를 달성할 수 있는 그들만의 방법을 만드는 데 어떤 도움을 줄 수 있을까?

지식의 시대에서 사람들은 자율성과 탁월함 그리고 목적 의식이 고취될 때 동기부여가 된다(Pink 2009). 기대의 하한선을 높여 성과를 높게 조정하거나 팀이 목표로 하는 바를 달성할 수 있는 방법을 제공함으로써 강력하게 동기부여를 시킬 수 있다. 이는 팀에 활기를 불어넣어 결국 모두가 목표를 달성할 수 있도록 하며, 그 결과 기업은 더 나은 제품을 생산해낼 수 있다. 결국 기업은 무엇이든 해낼 수 있는 팀을 보유하게 되며, 팀과 팀원들은 그들의 삶에서 더 많은 자율성과 탁월함 그리고 삶의 목적을 달성하게 된다. 즉 모든 사람이 고성과의 달콤한 열매를 누릴 수 있다.

## ▌기대치 설정

팀에게 고성과를 기대한다고 해서 강요한다는 것은 아니다. 고성과를 기대한다는 의미는 단지 고성과 달성이 가능함을 알고 있다는 것이며 그건 자연스러운 것이다. 고성과를 기대하는 것은 팀이 목표를 달성할 수 있다고 믿는 것을 의미하며, 팀은 온 힘을 다해 기대에 부응하려고 한다. 즉 믿음을 줌으로써 팀이 함께 노력해 비전을 달성하고 지금보다 더 나아질 수 있도록 격려하는 것이다.

이 믿음을 기반으로 팀은 스프린트 후에 다음 스프린트, 릴리스 후에 다음 릴리스로 한 걸음씩 전진한다. 그 모든 과정에서 팀은 함께하는 것의 위대함을 경험하고, 해당 경험은 팀의 여정을 지속시키는 밑바탕이 된다. 또한 팀은 그들을 고성과로부터 뒷걸음치게 만드는 환멸과 심리적 고통을 경험하겠지만, 그 모든 과정을 통해 팀과 코치는 고성과와 함께 팀에 대한 신뢰를 굳건히 지킨다.

그런데 과연 고성과라는 것은 무엇일까? 수많은 사람이 정의한 고성과 모델, 측정방법 및 정의가 있지만 고성과라는 개념은 파악하기 어려울 뿐 아니라 모든 것을 다 충족하는 사전적 정의는 아직까지 없다. 이 책에서도 고성과에 대한 정의 같은 것은 없다. 다만 고성과는 달성하려는 목표가 아니라 고성과를 향한 과정으로 설명함으로써 여지를 남겨 놨다. '모든 가능한 기대 사항을 초과 달성'하거나 '놀랄 만한 성과를 창출'한 팀은 아마도 그러한 과정에 있을 수 있다(Katzenbach and Smith 2003). 이 과정에서 팀은 고성과에 대한 의미를 조금씩 파악하게 된다.

애자일 코치는 팀이 달성할 기대 사항을 설정하고 고성과를 향한 여정을 시작할 수 있도록 돕는다. 그런 다음 애자일 코치는 팀이 도달 가능하다고 여기는 합리적인 고성과에 대한 정의를 내릴 수 있도록 다양한 자료를 제공한다. 그 후에는 팀이 자극을 받아 고성과에 지속적으로 몰입할 수 있는 적절한 방법을 선택해 코칭한다.

먼저 고성과를 향한 여정에 대한 기대감 및 흥분을 애자일 코치 자신의 것으로 만든 후 팀에 전파해야 한다. 결국 애자일 코치가 팀이 고성과를 달성할 수 있다는 믿음을 가져야 그들 역시도 믿음을 갖는다는 의미다.

## ▌고성과에 대한 메타포 소개

메타포는 강력하다. 전문 코치는 메타포의 강력함을 오래 전부터 알고 있었다. 사실 메타포는 전문적인 코칭 교육에서 가르치는 핵심 기법 중 하나다(Whitworth et al. 2007).

> "나는 가족을 하나로 묶는 접착제다."
> "나는 당신에게 조심해서 걸으라고 상기시켜주는 신발 속의 자갈이다."
> "나는 그 길을 밝히는 수천 개의 촛불이다."
> "나는 모든 것을 바라보며 높게 나는 새다."
> "나는 당신을 이끄는 횃불이다."

코치는 고객이 직관적이고 깊은 울림이 있는 자신만의 메타포를 만들도록 도와야 한다. 고객들은 삶에서 발생하는 사건에서 그들을 인도할 도구로 메타포를 사용한다.

빠르고 예측 불가능한 변화의 소용돌이 속에서도 냉정함을 잃지 않기 위해서는 아마도 "나는 모든 것을 바라보며 높게 나는 새다."라는 메타포가 모든 곳에서 들이닥치는 변화의 물결 속에서도 중심을 잡도록 해 줄 것이다. 또한 고객은 세상과 공유할 중요한 가치가 있을 수 있다. 그런 경우에는 "나는 그 길을 밝히는 수천 개의 촛불이다."라는 메타포가 목표를 더욱 명확히 하고, 그들의 작업을 발전시키는 윤활유 역할을 할 것이다.

팀도 같은 방식으로 메타포를 사용한다. 팀은 코칭을 통해 그들만의 메타포를 만들어 파란만장하고 흥미진진한 프로젝트에서 중심을 잡기 위한 가이드로 삼을 것이다. 팀을 운영하기 시작하면 고성과에 대한 비전을 만들도록 메타포를 촉발시킬 수 있는 몇몇 이미지를 제공하면 좋다. 그중 하나가 '고성과 나무high performance tree'라는 이미지다.

## 고성과 나무

고성과 나무는 애자일 팀을 몇 차례 코칭하는 과정에서 탄생했다. 애자일 팀은 일일 스크럼 미팅 같은 애자일의 기본적인 실천법을 잘 수행했고, 스프린트 목표를 달성하면서 결과물을 일관되게 전달했지만 관리자들은 그 정도에 만족하지 않았다.

그 당시 애자일 코치로서 어떻게 해야 애자일 팀이 고성과를 창출할 수 있는지에 대한 아이디어가 없었고, 각 팀은 무엇을 제공하든 상관없이 자신들의 방법으로 일을 했다. 쭉 뻗은 고속도로를 제공하든, 구불구불한 오솔길을 제공하든 효과가 없었다. 애자일 코치로서 팀이 그들만의 고속도로를 찾아내든, 오솔길을 만들든 고성과를 향한 욕망을 불타오르게 할 새로운 무언가를 제시해야 했다. 메타포의 강력함을 깨닫고 나서 그림 2.1의 고성과 나무를 만들어 냈다.

시간이 될 때마다 고성과 나무를 팀에 소개하기 시작했다. 고성과 나무는 팀을 새롭게 정비하는 시점에서 목표를 수립하는 데 도움이 됐고, 느닷없이 발생하는 문제나 결함을 바라볼 수 있는 관점을 제공했다. 특히 팀에서 발생하는 새로운 상황이나 회고 세션에서 유용하게 사용됐다.

팀에 고성과 나무를 소개할 때는 스크럼의 가치에 대한 의미를 조목조목 설명하듯이 고성과 특성을 나무의 밑동부터 하나하나 그려 나갔다. 그림을 보면 알겠지만 고성과 나무를 정성 들여 그릴 필요는 없다.

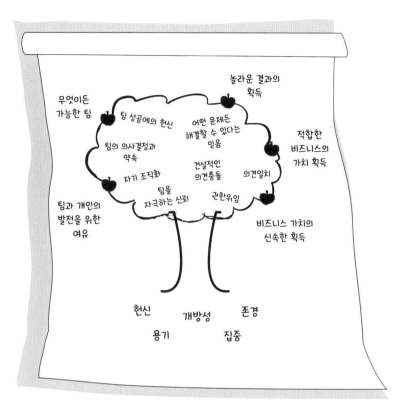

그림 2.1 고성과 나무

나무 뿌리 쪽에 적은 단어는 스크럼의 가치를 설명하는 용어다. 간단하게 설명하면 다음과 같다.

**헌신**: 목표에 헌신하라. 스크럼은 헌신에 필요한 모든 권한을 사람들에게 제공한다.

**집중**: 네 일을 하라. 모든 노력과 역량을 완료하기로 약속한 업무에 집중시켜라. 그 외의 것은 신경 쓰지 말아라.

**개방성**: 스크럼은 프로젝트에 관한 모든 내용을 모든 이에게 투명하게 공개한다.

**존경**: 개인은 그가 가진 배경과 경험에 의해 만들어진다. 팀을 구성하는 다른 사람들을 존경하는 것은 매우 중요하다.

**용기**: 헌신하고 행동하고 솔직하고 존경할 수 있는 용기를 가져야 한다(Schwaber and Beedle 2001).

스크럼을 사용하지 않지만 이런 가치가 유익할 것이라는 생각만 한다면 스크럼의 용어는 잊어라. 앞에 나온 단어는 스크럼에서만 나온다. 만약 애자일 팀이 소프트웨어를 개발한다면 익스트림 프로그래밍의 가치를 스크럼의 가치를 대신해서 사용하거나 추가해서 쓸 수 있다. 다음과 같은 익스트림 프로그래밍의 가치가 소프트웨어 개발 팀의 가치로 볼 수 있다.

**의사소통**: 의사소통 없이 할 수 없는 많은 실천법을 적용함으로써 올바른 의사소통이 되도록 유지해라. 프로젝트에서 발생하는 문제는 항상 중요한 사항을 다른 사람과 이야기하지 않는 누군가로 인해 생긴다.

**단순성**: 최대한 단순하게 만들 수 있는 업무는 무엇일까? 사용하지도 않을 복잡한 업무를 개발하는 것보다는 업무를 단순하게 만들어 필요한 경우 다음 번에 약간씩 수정하는 편이 낫다.

**피드백**: 시스템의 현재 상태에 대한 구체적인 피드백은 매우 중요하다. 프로그래밍에서 낙관론은 매우 위험한데 피드백이 그 처방전이다.

**용기**: 용기를 갖는다는 것은 개발의 마지막 단계일지라도 좋은 소프트웨어를 만들기 위해 지금까지 만든 코드를 내다버리고 방향을 변경하는 것이다. 지금까지 자신을 궁지로 몰아넣어본 적이 있는가? 그것이 바로 용기다(Beck and Andres 2004).

지금까지 살펴본 여러 가치와 회사에서 만든 가치가 잘 들어맞지 않는다면 다음에 설명하는 가치를 사용하는 게 좋다. 코치가 사용할 가치는 추상적인 개념이나 비즈니스적으로 유행하는 용어가 아니라 정의가 분명하며 애자일과 관련되면서도 쉽게 이해되고 많은 사람이 공감할 수 있어야 한다. 또한 팀원들의 열망을 일으키는 가치여야 한다. 훌륭한 가치는 팀원들이 가치에 대한 정의를 듣고 "네, 정말 내 자신이 그렇게 되고 싶고, 우리 팀이 그렇게 되고 싶고, 우리 회사가 그렇게 됐으면 합니다."라고 말하는 것이다.

고성과 나무를 그린 후에는 애자일 팀에 비전을 제시해야 한다. 튼튼한 나무의 뿌리는 영양분을 잘 흡수하며, 좋은 영양분은 나무를 하늘로 곧고 높게 자라게 한다. 잘 자란 나무는 더 많은 햇볕을 받고 잎을 쫙 틔우며 더 많은 영양분을 공급할 것이다. 나무의 모든 부분이 점점 더 강해지고 더 커지고 더 울창해질 것이다. 이 나무를 바라보면서 팀은 그들이 높은 수준의 협업과 고성과의 싹을 틔웠다는 사실을 깨닫게 된다(Tabaka 2006).

- 팀은 역할이나 직함 기반이 아닌 **자기 조직화**로 운영된다.
- 팀은 **권한위임**을 통해 의사결정한다.
- **하나의 팀으로써 그들은 어떤 문제든 해결할 수 있다**는 믿음을 갖는다.
- 팀은 개인의 성공보다는 **팀의 성공**에 헌신한다.
- 팀은 그들이 한 **결정과 약속을 지킨다**.
- 두려움이나 분노보다는 **신뢰**를 통해 동기부여된다.
- 팀은 의견의 차이와 수렴을 통한 **합의 주도 방식**으로 일한다.
- 그리고 팀은 늘 **건설적인 의견 충돌**의 세상에서 살고 있다.

이런 특성이 나무의 잎을 구성한다. 뿌리가 튼튼하고 잎이 햇볕을 충분히 받으면 나무는 열매를 맺는데, 결국 팀은 고성과로 인한 열매를 수확할 것이다.

고성과로 인한 첫 번째 열매는 비즈니스 가치를 더 빠르게 전달함으로써 목표로 한 비즈니스 가치를 더 자주 달성하는 것이다. 뿌리(가치)와 잎(고성과)이 계속 성장할수록 팀은 경쟁사를 훌쩍 뛰어넘거나 애자일이 원래 만들어내는 것 같은 아주 놀라운 결과물의 열매를 맺을 수 있다. 이를 통해 두 가지 다른 열매가 열린다. 첫 번째는 진정으로 무엇이든 할 수 있는 팀이고, 두 번째는 팀이 팀 자체와 개인 성장을 위한 여유를 제공한다. 이 두 가지 과일은 나무 전체를 활력 넘치게 하며, 계속해서 더 많은 열매를 맺는 반복적이고 지속적인 성장의 원동력이 된다.

이 고성과 나무를 팀에 언제 알려주든 상관없이 그냥 팀이 일하는 장소에 붙여 놓는 것만으로도 충분하다. 그것만으로도 팀은 고성과와 애자일 코치의 열렬한 기대치를 자연스럽게 떠올린다. 그림 2.2 같은 그림이 벽에 걸려있다면 문제가 발생했거나 일상 업무가 틀에 박힌 듯이 돌아간다고 느낄 때, 그림을 보면서 "어떤 뿌리(가치)가 약한 거지?"라고 자문할 수 있다. 혹은 고성과를 내는 팀이 그림에 있는 모든 가치를 갖고 있으며 역량이 충분함에도 불구하고 여전히 그들의 결과물이 지극히 평범할 때는 그들에게 "지금 바로 수확하기를 원하는 열매(가치)가 뭔가요?"라고 질문할 수 있다.

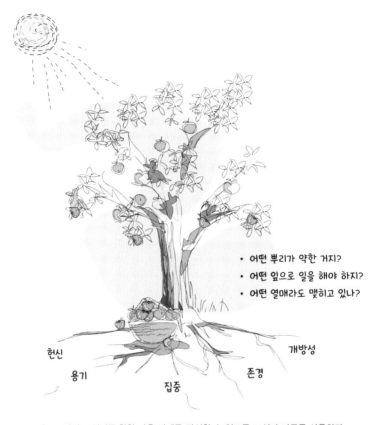

**그림 2.2** 팀이 고성과를 향한 다음 단계를 달성할 수 있도록 고성과 나무를 사용하라

이런 방법으로 나무를 이용하면 코치가 던지는 질문은 애자일 팀에게는 도전이 되고, 그들이 함께 도달할 수 있는 것에 대한 더 나은 비전을 만들도록 한다. 그들이 도전을 받아들이면 고성과를 향한 그들의 여정은 다음 단계로 진입한다. 그렇게 함으로써 그들은 자신들의 길을 만들기 시작한다.

예를 들어 팀은 자신들이 만들어 낸 제품의 품질에 실망한 후, 고성과 나무를 바라보며 자신들이 진정으로 합의를 통해 업무를 진행하지 않았다는 결론을 내릴 수 있다. 그들은 모든 팀원으로부터 다양한 아이디어를 경청하지 않았고, 가능해 보이는 첫 번째 아이디어로 곧장 달려들었다는 사실을 깨닫는다. 팀은 그들이 다양한 아이디어를 끌어모아 하나로 합의했다면 제품의 품질이 높아졌을 수 있다고 생각할 것이다. 따라서 그들은 고성과 나무에서 '합의 주도'라는 단어에 동그라미를 그리고, 이것을 잘 하려면 우선 많은 아이디어를 모으고 듣는 것이라고 메모를 해 놓을 것이다. 이 팀의 고성과를 향한 다음 단계는 더 나은 합의를 이뤄내는 것이 된다.

최근 두 번째 팀은 자신들의 스프린트 목표를 달성하지 못했다. 어느 한 사람이 고성과 나무의 뿌리에서 '헌신'이라는 단어를 발견하고 큰 소리로 "우리의 문제는 우리가 하기로 한 업무에 헌신하지 않았기 때문일까?"라고 혼잣말을 한다. 그 뒤에 이어지는 대화에서는 팀이 불필요한 요구를 처리하기 위해 얼마나 많은 시간과 에너지를 허비했는지 그리고 그것이 팀이 헌신하고 있다는 느낌까지 없애 버렸는지 논의한다. 해당 논의에서 팀이 깨닫는 것은 하나의 방해물을 계속 방치하면 그들이 쏟아 부을 수 있는 최대한의 모든 노력을 넣을 때까지 수많은 방해물이 계속해서 온다는 것이다. 그래서 그들은 서로 "지금부터 업무 집중을 방해하는 것을 제거해서 우리가 만들기로 한 제품에 전념한다면 우리가 약속한 결과물을 전달할 수 있을 겁니다. 이제 우리는 편안함을 버리고 일에 집중할 수 있도록 서로 격려합시다. 앞으로 우리가 업무에 집중하는 데 방해되는 것을 장애물이라고 부릅시다."라고 약속한다. 이 약속을 고성과 나무의 꼭대기에 배너처럼 적어 넣는다. 이 팀의 고성과를 향한 다음 단계는 진정한 헌신이다.

애자일 팀이 그들의 단점을 해결하고 더 나은 계획을 수립하도록 하려면 생각을 하도록 만들고 가벼움과 무거움의 균형을 찾도록 독려해야 한다. 애자일 팀은 누군가에게 자신들이 향상되는 과정에 있음을 증명하기 위해 애를 쓸 필요가 없다. 업무에 대한 고성과는 유머, 호기심 및 감사한 마음가짐을 기반으로 이뤄진다는 것을 애자일 팀에 각인시켜야 한다.

> 지나치게 진지하다는 것은 평범함과 관료적 사고를 나타내는 신호다. 숙달과 고성과에 진지하게 전념하는 사람들은 평범함과 관료적 사고의 수위를 충분히 낮출 수 있다.
>
> – 마이클 겔브(Michael J. Gelb)

재미와 괴로움, 빠르게 움직이거나 느리게 걷는 접근법은 서로가 명확히 다르며, 그 길을 걷고 있는 팀의 종착점이 같지도 않을 것이다. 따라서 최선의 방법은 억지로 그들에게 길을 만들어주는 것이 아니라 팀 스스로 자신들에게 맞는 길을 만들도록 하는 것이다.

팀이 고성과를 향한 여정을 선택하고, 자신들이 선택한 고성과 나무에 대해 다음과 같이 말한다면 고성과 나무가 팀에서 메타포로 자리를 잡았다고 말할 수 있다.

"뿌리가 튼튼하면 우리는 강해질 수 있어."

"우리는 나무야, 우리는 방향을 바꿀 수 있어."

"바람이 우리를 흔들겠지만 우리를 부러뜨릴 순 없어."

이게 바로 강력한 메타포의 힘이 빛을 발하고 유용해지는 시점이며, 애자일 팀이 격한 변화의 소용돌이 속에서 생존하거나 다음의 목표를 달성하는 데 도움을 준다.

## 또 다른 메타포: 기본원리 만들기

고성과 나무가 마음에 와 닿지 않는다면 다른 이미지로 자신만의 메타포를 만드는 방법도 좋다. 메타포는 예쁘거나 복잡할 필요도 없고, 단순하면서 직관적인 이미지가 좋다. 스크럼 강사이자 멘토인 토비아스 마이어Tobias Mayer는 '기본원리 만들기building a foundation'라는 이미지를 강의에서 사용한다. 그것은 스크럼과 그 외의 다른 애자일 방법론의 뼈대를 이루는 다섯 가지 원리를 단순히 나열한 목록이다. 그는 사람들에게 만약 여러분이 이 다섯 가지의 기본원리를 갖고 있다면 원하는 것은 무엇이든지 할 수 있으며, 그 외의 것은 저절로 이뤄질 것이라고 말한다(Mayer 2009).

> **실증주의:** 빠른 실패를 통해 성공하라. 먼저 예측하지 말고 나중에 깨달아라.
>
> **자기 조직화:** 문제에 가장 가까이 있는 사람이 문제의 해결방법도 가장 잘 안다.
>
> **협업:** "네, 그리고…"라는 마음가짐을 키워라. 새로운 방식으로 생각하고 절대 타협하지 말라(Austin and Devin 2003).
>
> **우선순위화:** 집중하라! 그 다음 제대로 된 일을 하라.
>
> **리듬:** 심호흡을 하라. 나머지는 저절로 해결될 것이다.

마이어는 이러한 기본원리를 사용하면서 "저는 이 5가지 기본 원리가 나타나기 시작한 것을 은유적으로 표현하자면 스크럼이라는 꽃이 활짝 피었다고 생각합니다. 그때부터는 스크럼에서 아이디어, 팀, 프로세스, 설계, 아키텍처, 제품 등 모든 것이 나올 겁니다."라고 설명한다.

'기본원리 만들기'라는 개념을 팀에 소개하면 팀은 메타포를 위한 다양한 은유적 표현을 생성해서 팀이 위대함으로 가는 여정에서 필요한 그들만의 비전을 만들 것이다. 만약 기본원리가 사람들을 하나로 뭉치게 한다면 그것을 고성과라고 말할 필요도 없고, 위대함을 향한 여정도 순항할 것이다. 아마도 제공한 이미지를 사용해서 아주 획기적인 메타포를 만들어내는 팀을 목격할 수도 있다.

"우리 원칙 중에 약한 곳이 어디지?"

"최근에 우리 정신력이 좀 무너졌었나?"

"우리가 오늘 새로운 초석을 깔았다면 거기에 어떤 말을 새겨 놓을까?"

## ▎종착점은 절대 오지 않는다

애자일 팀의 고성과를 향한 여정은 그저 단지 여행일 뿐이다. 팀이 지금 당장 고성과를 달성할 수 있고, 해당 고성과를 당분간 유지할 수 있겠지만 고성과라는 여정의 최종 종착점에는 결코 도달할 수 없다. 고성과에 대한 여정은 계속 이어진다.

거의 대부분의 팀이 고성과를 달성하자마자 곧 그들을 후퇴시키는 일을 겪게 될 것이다. 예를 들면 팀원 중에 한 명이 승진해서 동료들을 사사건건 관리하기 시작하거나 회사의 조직개편으로 인해 새로 영입된 부사장이 팀의 방향성에 자신의 주장을 싣거나 팀원의 누군가 임신을 하거나, 결혼해서 이사를 가거나 단순히 자리를 옮기는 것 등의 상황이 발생할 수 있다. 팀의 역동성을 변화시키는 이런 일이 매 순간 발생해서 팀이 고성과를 유지하는 데 방해물이 된다.

이런 상황에서 팀을 다양한 장애물로부터 완전하고 빠르게 회복시키기 위해서는 팀이 지금까지 만들어 온 놀라운 성과를 존중하게 하거나 또는 그들이 여정의 어느 곳에 도착해 있는지를 알게 함으로써 자신들의 역량을 스스로 존중하도록 가르쳐야 한다. 분명한 사실은 여러 가시 다양한 장애물이 발생한다는 것이다. 그들이 함께 위대함을 성취할 것이라는 애자일 코치의 기대와 그렇게 되리라는 팀의 믿음은 그들이 가는 길이 아무리 험난해도 팀을 지탱하는 힘이 될 것이다.

## ▌요약

2장에서 학습한 주요 내용을 정리해보자.

- 애자일 코치는 팀이 고성과를 달성하길 기대하고 원하고 있음을 알도록 해야한다.
- 메타포 같은 이미지와 고성과를 향한 자신들만의 길을 만들게 함으로써 여정을 시작하도록 한다.
- 그들의 목표 달성에 도움이 되는 코칭과 그들이 쏟아내는 노력과 열정에 대한 믿음을 통해 그들이 선택한 다음 단계를 지원한다.

## ▌추가 자료

- 켄 슈와버, 마이크 비들M. Beedle, 『스크럼: 팀의 생산성을 극대화시키는 애자일 방법론Agile Software Development with Scrum』, 인사이트, 2008
- 다니엘 핑크Daniel Pink, "The Surprising Science of Motivation", https://www.youtube.com/watch?v=esvaP9LehB4

## ▌참고 자료

- Robert Austin, Lee Devin, 『Artful Making: What Managers Need to Know About How Artists Work』, Prentice Hall, 2003
- 켄트 벡, 신시아 안드레스Cynthia Andres, 『익스트림 프로그래밍Extreme Programming Explained』, 인사이트, 2006
- Jon R. Katzenbach, Douglas K. Smith, 『The Wisdom of Teams: Creating the HighPerformance Organization』, HarperCollins, 2003
- Tobias Mayer, Private communication with Tobias Mayer on September 23, 2009

- 다니엘 핑크[Daniel Pink], "The Surprising Science of Motivation", https://www.youtube.com/watch?v=esvaP9LehB4

- 켄 슈와버, 마이크 비들, 『스크럼: 팀의 생산성을 극대화시키는 애자일 방법론[Agile Software Development with Scrum]』, 인사이트, 2008

- Jean Tabaka, 『Collaboration Explained: Facilitation Skills for Software Project Leaders』, Addison-Wesley, 2006

- 로라 휘트워스[L. Whitworth], 카렌 킴지하우스[K. Kimsey-House], 헨리 킴지하우스[H. Kimsey-House], 필립 샌달[P. Sandahl], 『코액티브 코칭: 고객과 코치가 함께 성공하는 코칭의 기술[Co-Active Coaching: New Skills for Coaching People Toward Success in Work and Life]』, 김영사, 2016

# 3장

# 자기 자신을 완전히 파악하라

나는 지휘-통제 중독자로 회귀하고 있다고 스스로 고백한다. 나는 내가 과거로 돌아가고 있다는 사실을 알고 있지만, 나를 만나는 사람들이 "아니! 네가? 지휘-통제중독자? 믿기지 않는데?"라고 말할 때마다 그 동안 애써 얻은 변화가 자랑스러워 미소를 지으며 그들에게 감사해한다. 그럼에도 불구하고 지휘-통제 성향이 깊다는 것을 알고 있기 때문에 애자일 팀을 지도하기 시작할 때 팀원들에게 만약 지휘-통제적인 행동이 나타나면 상기시켜 달라고 부탁한다. 그런 일을 하게 되리라고 팀원들은 상상하지 못하겠지만 스트레스를 많이 받는 상황에 처하면 나는 그들이 무엇을 어떻게 해야 할지를 통제하기 시작한다. 그런 상황이 오면 그들은 내게 "코치님! 방금 지휘-통제 괴물로 변했어요, 우리의 코치님으로 다시 돌아오길 바랍니다."라고 말한다. 비록 지휘-통제 성향

---

**3장을 끝내면 다음과 같은 질문에 답할 수 있다.**

- 갈등에 대한 자연스러운 반응, 남에게 해를 끼치지 않고 말하는 능력, 기꺼이 서번트 리더가 되고자 하는 의지 그리고 내 자신의 감정적 반응을 갖고 일하는 능력을 가진 나는 어느 위치에 있는가? 왜 이런 게 중요한가?
- 내 안에 얼마나 많은 지휘-통제 성향이 남아 있는가? 어떻게 대처해야 하는가?
- '자기 자신을 완전히 파악하라'는 의미가 무엇이며, 그것을 하기 위한 실용적인 방법은 무엇인가?
- 팀의 요구에 부응할 수 있는 역량을 향상시키기 위해 팀과 함께하는 그 순간에 무엇을 할 수 있을까?
- 의식적으로 팀원들과 듣고, 말하고, 함께 한다는 것은 무엇을 의미하는가?

이 대부분 사라지긴 했지만 애자일 팀은 지휘-통제 성향이라는 괴물이 배후에서 기회를 노리며 숨어 있음을 또 한 번 상기시켜줬다.

내가 지휘-통제 성향을 억제하기 위해 많은 경고 메시지가 필요하듯 팀을 코칭하기 위해 자신을 온전히 아는 것도 한 번의 시도로 끝나지 않는다. 즉 "코칭은 나로부터 시작하지만 나에 대한 것은 아니다."라는 개념에 대한 끊임없는 인식, 실천 및 강화가 필요하다.

애자일 코칭은 애자일 팀이 자신들의 숨겨진 잠재력을 찾는 것을 돕기 위해 팀에게 무엇을 줄 수 있는가에 대한 것이다. 그렇게 함으로써 그들은 자신의 역량과 재능 그리고 기술을 팀이라고 불리는 새로운 조직과 통합하는 것이 무엇을 의미하는지 알게 된다.

그렇다. 코치들은 해당 팀을 가르치기 위해 유용하고 필요한 많은 아이디어와 도구를 발견할 것이다. 하지만 코치들이 팀에 줄 수 있는 가장 유용한 것은 간단하다. 바로 당신 자신이다.

코칭할 때는 온전한 자기 자신을 가져와야 한다. 완벽하게 코칭할 준비를 하고, 순간마다 팀이 필요로 하는 것을 제공해야 한다. 그러기 위해서는 명확하고 분명하게 자신의 존재를 팀에 알려야 한다.

항상 쉼 없이 바쁜 일상 속에서 뿔뿔이 흩어지는 의미 없는 날을 보내는 것이 정상으로 느껴질 수도 있다. 애자일 팀에 둘러 쌓인 환경에서 코치는 아이디어와 경험, 희망과 두려움, 계획과 제안 그리고 팀과 자신을 위한 꿈으로 가득 차 있는 본인을 발견할지도 모른다. 이런 일로 가득 차 있다는 것은 애자일 팀원 한 명 한 명이 누구인지, 그들이 어떤 상황에 처해 있는지 볼 수 있는 여지가 없음을 의미한다. 하지만 만약 코치가 팀원들과 그들이 처한 상황을 진정으로 명확히 볼 수 있다면 그들을 위해 무언가 할 수 있은 일이 분명히 있을 것이다.

이것은 자신을 완전히 파악해 명확하며 확실한 존재감으로 팀에 참여해야 한다는 것을 의미한다. 즉 개인적인 제안이나 감정, 생각을 비워야 한다. 일단 비우면 팀은 코치 자신을 새롭게 볼 수 있는 투명한 거울처럼 비춰지고, 일단 비워지면 코치 자신의 필요보다는 팀에게 가장 최선인 행동을 하게 된다.

만약 자신이 지금 그런 생각으로 가득 차 있다고 느낀다면, 당장 어떻게 시작해야 할지 궁금할 것이다. 그럴 때는 자기 자신을 인식하는 것부터 시작하면 된다.

체중 감량 프로그램, 약물 치료 프로그램, 리더십 수련회 등에서는 자신을 자각함으로써 회복과 개인의 성장을 자극하는 모든 노력을 '1단계'로 보는데, 코칭도 마찬가지다. 3장에서는 이 아이디어가 현재의 세계관과 어떻게 맞아떨어지는지, 아이디어 실행을 위해 어떻게 변화돼야 하는지, 어떤 실천법을 선택해야 복잡하지 않고 현실 감각에 기반을 두며, 다양한 제안에 개방적인 코칭을 준비할 수 있을지 등 자신을 되돌아보는 몇 가지 핵심 질문을 통해 뛰어난 애자일 코칭에 대한 다양한 아이디어를 제시한다.


## ▌자신에 대한 인지부터 시작하라

특정 상황에서 어떻게 반응하는지, 무엇이 행동을 유발시키는지를 아는 것은 자기 자신과 앞으로 자신이 누구로 성장해 가는지를 아는 데 중요하다. 자기 자신을 인지하는 것은 애자일 코치로서의 성숙도를 보여주는 현재 역량에 대한 측정뿐만 아니라 개선을 향한 다음 단계를 알려준다.

다음은 성장 우위를 찾는 단계다. 애자일 코치로서 팀을 위해 끊임없이 자신을 향상시키는 것에 도전하고, 자신의 성장 우위를 파악하고, 자신의 한계를 넘어서는 것을 두려워하지 말아야 한다. 코치로서 현재 환경에서 불편한 점을 찾았다면 성장시켜야 할 영역을 발견한 것이다. 일부 코치들에게는 사람 자체를 업무 완료를 방해하는 장애물이 아니라 인간 자체로 보게끔 연습하는 것이 성장 우위가 될 수 있다. 나의 성장 우위는 내가 완료해야 할 것이 정확히 진행되지 않을 때 지휘-통제 성향이 나타나는 것을 억제하는 것이다. 두 가지 경우 모두에서 코치는 자신의 단점을 거부하지 않고 의식적으로 마주해 팀이 엄청난 성공을 거두는 데 도움이 될 수 있는 연습을 선택해야 한다.

자신의 성장 우위를 찾기 위해 다음 영역을 한 번에 하나씩 살펴보도록 하자.

- 갈등에 대해서 어떻게 반응하는가
- 일상의 대화에서 어떤 단어를 사용하는가
- 서번트 리더가 되기 위한 내 태도는 어떠한가

- 감성지능을 대하는 정도

애자일 코치로서 자신을 더 잘 이해할 수 있도록 시간을 들여 다음 몇 개의 단원을 차분히 읽어보길 권한다. 그렇게 함으로써 본능적으로 나오는 행동을 인식하고 의식적으로 그것을 따르거나 완전히 다른 것을 선택할 수 있다. 어떤 아이디어는 지금 당장은 마음에 들지 않거나 전혀 내게 맞지 않을 수도 있음을 알아야 한다. 만약 그렇다면 현재의 성장 우위를 고수하는 방법도 괜찮다.

## 갈등에 대처하는 방식은 무엇인가?

다수의 진단 도구를 활용하면 갈등 상황에 어떻게 대응하는지 파악하거나 구분하는 데 도움을 받을 수 있다. 진단 도구의 대다수는 토마스-킬먼Thomas-Kilmann이 제안한 갈등 유형도구TKI를 기반으로 갈등 대응 유형을 경쟁형, 협력형, 타협형, 적응형 및 회피형(Kilmann, 2007)으로 구분한다. CPP사(2009)에 따르면 5가지 유형은 두 가지 차원으로 설명되는데, 첫 번째는 자신의 요구나 관심사항을 만족시키기 위한 자기 주장의 강도이고, 두 번째는 다른 사람의 요구를 만족시키기 위한 협력의 정도다. 갈등 유형을 다음과 같이 분류할 수 있다.

- **경쟁형**: 자기 주장이 강하고 비협조적
- **협력형**: 자기 주장은 강하나 협조적
- **타협형**: 두 축의 중간 정도에 위치
- **적응형**: 협조적이며 자기 주장을 하지 않음
- **회피형**: 자기 주장이 강하지도 않고, 비협조적이지도 않음

과거의 경험 중에서 마지막으로 갈등을 겪었던 때를 생각해보자. 갈등이 일에 관한 것이든 무엇이었든 상관없다. 그 갈등에 어떻게 대응했는가? 자신의 욕구를 만족시키기 위해 자기 주장을 했는가 아니면 다른 사람의 욕구를 만족시키려 했는가?

이제 추가적으로 몇 가지 갈등 시나리오에 대해서도 같은 사고 과정을 진행해보자. 상황이 중요하므로 어떤 시나리오에는 타협형 유형을 사용하고, 다른 시나리오에는 경쟁형 유형을 사용했다고 해서 놀라지 않길 바란다.

이러한 대응 유형 중 무엇이 진짜 당신의 '자연적인 성향'인지 알기 위해서 수많은 온라인 도구 중 하나를 선택하거나 단순히 짐작해 볼 수도 있다. 또는 친구나 가족에게 물어보는 등의 방법을 사용할 수 있다. 나를 가장 잘 알고 제일 사랑하는 사람들은 내가 갈등에 대해 갖고 있는 본능적인 반응을 파악하는 데 도움이 되는 통찰력을 갖고 있다.

자신의 갈등에 대한 반응 유형이 무엇이든 상관없다. 목표는 자신의 고유한 갈등 대응 유형을 알고, 갈등이 발생할 때 그것이 언제 나오는지 아는 것이다. 이러한 지식을 기반으로 자신의 고유한 갈등 대응 유형을 선택하든 혹은 의식적으로 다른 것을 선택하든 그 모든 것은 코칭하는 사람들과 코칭 상황에 도움이 될 것이다.

## 의사소통은 얼마나 과격한가?

아마도 우리가 코칭하는 사람들에게 폭력을 행사한다고 말하는 사람은 거의 없을 것이다. 적어도 대부분 팀이 상주하는 사무실에서는 신체적인 종류의 폭력은 발생하지 않는다. 하지만 언어 폭력은 어떨까? 비록 우리가 말하는 방식이 비폭력적이라고 생각하더라도, 우리가 사용하는 단어가 사람들을 다치게 하거나 고통을 줄 수 있다.

실무적인 코칭에서 이를 확인하려면 다음 질문에 솔직하게 생각해보고, "예" 혹은 "아니오"라는 대답이 얼마나 많이 나오는지 분석해보자(Baran and Center for NonViolent Communication 2004).

- 매일 조용히 자신이 다른 사람들과 어떤 관계를 맺고 싶어하는지 고민하는가?
- 모든 인간이 같은 욕구를 갖고 있다는 점을 알고 있는가?
- 모든 대화를 하기 전에 내 의도는 다른 사람들의 욕구를 충족시키는 것인지 혹은 내 욕구를 충족시키는 것인지를 확인하는가?
- 누군가에게 무엇을 부탁할 때 내가 부탁을 하는 것인지 아니면 요구를 하고 있는 것인지 확인하는가?
- 다른 사람에게 무엇을 하지 말라고 하는 대신 무엇을 했으면 한다고 말하는가?
- 어떤 사람이 되기를 바란다고 말하는 대신 어떤 사람이 되기 위한 행동을 하길 바란다고 말하는가?

- 누군가의 의견에 동의하든 혹은 동의하지 않든 그 사람이 느끼고 필요로 하는 것을 이해하고자 하는가?

- "아니오"라고 잘라서 말하는 대신 무엇 때문에 "네"라고 말하지 못하는지를 상대방에게 설명하는가?

- 만약 심기가 불편해진 상황이 발생하면 다른 사람이나 자신에게 무엇이 문제인지를 생각하는 대신 어떤 욕구가 충족되지 않았고, 그것을 충족시키기 위해 무엇을 할 수 있는지를 생각하는가?

- 내가 좋아할 만한 일을 한 사람을 칭찬하는 대신 내 욕구가 충족됐다고 사람들에게 감사의 표현을 하는가?

이러한 질문 중 몇 개 이상을 "아니오"라고 대답했다면, 누군가와의 의사소통에서 의도치 않게 상처를 줬을 가능성이 크다. 상처를 줄 의도가 있든 없든 간에 그것은 폭력인 것이다. 애자일 코치는 자신이 말하는 언어와 감정에 주의를 기울이며 그에 대한 책임감을 느낌으로써 사람들이 훌륭한 애자일리스트가 되도록 좋은 영향을 줘야 한다 (Scott 2007). 타인에게 해로운 영향을 의도적으로 주려고 했든 아니든 그리고 상대방이 상처를 받아야 한다고 생각을 했든 아니든 해당 영향에 대해 책임져야 한다.

> 리더는 사소한 논평 같은 것은 하지 않아야 한다. 내가 기억조차 하지 못할 수 있는 어떤 말이 내 가이드와 승인을 바라는 누군가에게 엄청난 영향을 미쳤을 수 있다(Scot 2007).

초반에는 애자일 팀이 애자일스럽게 일한다는 것 자체가 흥분되지만, 곧 공포에 떨게 되는데 이때 그들은 애자일 코치에게 가이드와 승인을 바라게 된다. 우리가 코치하는 사람들은 우리가 그들을 진단하거나 판단하거나 회피하거나 또는 조종했다는 등의 상처를 줬다고 느낄 때 그들 스스로 변화하거나 위험을 감수하려고 하지 않을 것이다. 질문 목록으로 되돌아가서 "아니오"라고 대답한 문항을 살펴보자. 대답을 "예"로 바꾸는 것이 내가 코칭하는 사람들에게 영향을 미치고 그들에게 다가갈 수 있는 역량을 향상시킬 수 있는지 생각해보라.

진단하고 판단하기보다는 관찰하고, 느끼고, 필요한 것을 명확히 하는 데 초점을 맞추면 우리 자신의 연민의 깊이를 알게 된다.

- 마샬 로젠버그(Marshall Rosenberg) 박사

그렇게 한 후 비폭력적 의사소통을 얼마나 내재화했는지, 사람들과의 상호작용에 얼마나 자주 관심을 기울였고, 얼마나 자주 자신의 감정에 책임을 졌는지에 대해 한 걸음 물러나서 생각해봐야 한다.

그 대답은 애자일 코치가 되고 있는 자신의 단편적인 모습을 통합하는 데 도움을 주는 단초가 될 것이다.

## 나는 서번트 리더가 될 수 있는가?

서번트 리더라는 용어는 사람들이 애자일 코칭을 설명할 때 자주 언급한다. 처음 그 말을 들었을 때 나는 팀이 코치를 섬기는 것보다 코치가 팀을 섬기는 단순한 정의를 상상했다. 이것은 내가 여러 해 동안 함께 일했던 프로젝트 관리 리더십에 대한 설명과는 확실히 달랐다. 확실히 프로젝트 관리 리더십 모델에서는 팀이 나를 위해 봉사했다. 나는 진행 확인 회의에 참석하기만 하면 됐기에 나로서는 코치가 팀을 위해 봉사한다는 간단한 정의가 꽤 오랫동안 고민거리였다.

만약 사람들에게 무엇을 어떻게 하라고 지시한 이력이 있다면 아마도 이 간단한 정의를 이해하기까지 꽤 많은 변화가 필요할 것이다. 만약 그렇다면 이해할 때까지 잠시만 기다려보자.

> 자각은 위안을 주는 것이 아니다. 그것은 정반대로 방해꾼이며 무언가를 깨우치는 것이다.
>
> - 로버트 그린리프(Robert Greenleaf)

만약 서번트 리더십과 주요 개념을 얼마나 이해하고 있는지 판단할 준비가 됐다면 이 용어를 만든 1970년대에 작성된 다음 에세이를 읽어보자.

### 타인을 개발하는 주제:

"…… 다른 사람들의 최고 우선순위에 있는 욕구가 충족되고 있는지 확인하라. 가장 확실한 확인 방법이지만 시행하기 어려운 것은 섬김을 받는 한 사람을 인격체로 성장시키는 것이다. 만약 섬김을 받는 동안 그들이 더 건강해지고, 현명해지고, 더 자유로워지고, 더 자율적이 되면 섬기는 자가 될 가능성이 높아지는가?"(Greenleaf 1991)

"성장하고 있는 사람들의 의무에 대해 어떻게 느끼는가?", "애자일 팀을 코칭하는 자신의 생각과 얼마나 부합하는가?", "내가 코칭하는 사람들이 처음 왔을 때보다 더 발전해서 떠나는가?"라는 질문을 스스로 던져보고 깊이 생각해보라.

**다른 사람이 반응할 수 있는 여유를 제공하고 경청하는 주제:**

"...진정으로 섬기는 자의 천성은 어떤 문제가 닥쳐도 자동적으로 먼저 경청하고 그 다음에 대응한다. '내 마음 속에 있는 것을 다른 사람들에게 말하지 않고 정말 그들을 향상시킬 수 있을까?'라고 자신에게는 묻는 것이 충격적이긴 하겠지만, 때로는 매우 중요한 질문이다." (Greeleaf 1991).

"타인과 대화할 때 그들의 이야기를 경청하는 시간은 대략 어느 정도인가?", "내 주변에 있는 사람들이 내게 말할 여유를 주는가?"라는 질문을 고민해보라.

**서로를 받아들이는 주제:**

"리더들이 공감해 줄 때 그리고 있는 그대로의 그들을 받아들일 때, 심지어 사람이 아닌 수행한 업무 성과에 대해 비판을 받을 때 사람들은 성장한다." (Greenleaf 1991)

"사람들을 있는 그대로 받아들이며 그들이 여정의 어디에 있든 존중할 수 있는가?", "코칭할 때의 판단이 나 자신과 그들 사이에 보이지 않는 장벽을 만드는가?" 같은 질문을 깊이 생각해보라.

애자일 코칭에 사용할 수 있는 강력한 모델인 서번트 리더십은 사람들의 역량을 키운다(Greenleaf 1991). 강해진 역량은 팀의 역량을 키워 더 훌륭하고 혁신적인 아이디어로 이어진다. 타인의 역량을 발전시키고 경청하고 마음의 여유를 주며, 수용하는 것 등 서번트 리더십의 핵심 개념 중에서 서번트 리더가 되기 위해 나는 무엇에 집중할 것인가? 내가 개발해야 할 성장 우위를 아직 파악하지 못했다면 아직은 서번트 리더가 되지 못한 것이다.

## 계산적으로 대응할 것인가?

의심할 여지없이 사람들은 코치를 지적인 사람으로 묘사한다. 물론 IQ가 높을 수도 있지만 EQ라면 어떨까? 감성지능 지수인 EQ는 감정이 생겨날 때 해당 감정을 인지하는 능력이고, 어떤 감정인지 알아차리고 해당 감정을 가장 잘 사용하는 방법을 결정할 수 있는 능력을 나타낸다(Bradberry and Greaves 2005).

EQ를 높이면 코칭 능력이 커진다. EQ에 대한 좋은 소식은 다른 형태의 지능과는 달리 감성지능은 배울 수 있다는 것이다(Goleman 1998). EQ를 소개하는 책이나 온라인을 통한 EQ 측정 혹은 세미나가 매우 많으며, 이것은 EQ의 핵심 기술을 이해하는 데 도움을 줄 수 있다. 이 중 일부는 3장 끝부분에 있는 '추가 자료' 부분에 나와 있다. 이는 기술이기 때문에 EQ를 잘 발휘할 때까지 연습하고 실력을 키워야 한다. 운이 좋다면 애자일 팀이 EQ를 연습할 수 있는 많은 기회를 제공할 수도 있다.

갈등에 어떻게 반응하며 소통하는지, 팀을 위해 섬기는 자가 되는 것을 얼마나 잘 수용하는지 그리고 어떻게 감정적인 반응을 이끌어 내는지는 코치로서 내가 어떤 사람이 되고 있는지를 보여주는 것이다. EQ 기술을 적용할 기회를 찾지 못했다면 그 기술을 어떻게 그리고

> 자극과 반응 사이에는 성격이 자리잡고 있는 어떤 세계가 있다.
>
> – 제임스 헌터(James Hunter)

얼마나 팀 코칭에 적용하느냐는 선택의 문제다. 자신을 완전히 파악하는 데 더 능숙해질수록 팀은 더 자기 조직적이고 자기 점검에 능숙해질 것이다. 만약 내가 이러한 것을 잘 할 수 없거나 하지 않더라도 결과가 그렇게 끔찍하지는 않을 것이다. 다만 팀이나 자신을 위해 가능한 한 많은 것을 얻지 못할 뿐이다.

3장에서 강조하는 내용은 갈등, 언어, 서번트 리더십, 감성지능을 통해 즉각적으로 반응을 느끼고 알아차려 의식적으로 그것을 어떻게 활용할지를 결정하는 것이다. 이 역량은 자기 자신을 제대로 파악하는 역량을 보유하고 있는지에 대한 직접적 지표가 된다.

비록 내가 훌륭한 애자일 코칭의 네 가지 요소를 통해 애자일 코치로 성장할 충분한 시간이 있다고 하더라도 지휘-통제 성향은 가급적 빨리 버려야 한다.

## ▌지휘–통제 성향으로부터의 회복

내 몸 안에 지휘-통제 성향이 뼈 속 깊이 박혀 있지는 않을 수 있다. 그리고 코치라고 부르는 사람들인 제품 책임자, 애자일 관리자 또는 애자일 팀원으로써 새로운 역할을 찾은 과거 기술 리더 등도 지휘-통제 성향이 있을 수 있다. 그러나 개인적으로 지휘-통제 성향을 경험하지 않았더라도 다른 사람들이 그런 성향에서 벗어나도록 도울 필요가 있다.

비행기에서 위기가 닥쳤을 때 다른 사람들을 돕기 전에 자신의 산소 마스크를 먼저 챙겨야 하는 것처럼, 자신의 삶에서 지휘-통제 성향이 있다고 느낀다면 이 글도 자신을 먼저 염두에 두고 읽은 후 다른 사람들을 도와야 한다.

내가 지휘-통제 성향으로부터 벗어나기 시작했을 때는 지휘-통제 성향이 아닌 다음의 생각에 대해 편안함을 가져야 한다.

**결과물에서 멀어져라:** 팀이 최고의 아이디어를 제안하고, 최고의 제품을 만들 수 있는 충분한 시간적 여유를 줘라. 팀이 어떤 제품을 만들어야 할지에 대해 구체적으로 말해줄 사람은 애자일 코치인 당신 밖에 없다. 하지만 그건 일의 일부분이고 코치로서 해야 할 더 큰 역할은 팀이 협업하도록 함으로써 현재뿐만 아니라 모든 작업에서 품질과 완성도를 높일 수 있도록 도와주는 것이다. 만약 코치는 애자일 프로세스에 집중하면서 팀에서 이뤄지는 각각의 의사결정과 상세 계획으로부터 멀어진다면 결과물에 집착하지 않을 것이다. 내가 결과물에서 멀어지면 오히려 팀이 자신들의 결과물에 몰입하게 된다. 이것이 그들에게 부여된 목표를 달성하도록 돕는 방법이다.

**팀에 전적으로 맡겨라:** 믿거나 말거나 팀이 만드는 제품에 문제가 있든지 아니면 팀이 함께 일하는 방식에 문제가 있든지 간에 코치는 해당 문제를 해결할 수 있는 최고의 사람은 아니다. 코치가 무언가를 해결해줘야 한다고 생각할 때마다 생각을 멈추고, 그 대신에 관찰 결과를 팀에 전달해야 한다. 그들에게 문제의 근본 원인이 무엇인지 말해주고, 원인에 대해 어떤 행동을 할지 질문해야 한다. 문제를 진단하고 해결책을 알려주면 핵심을 벗어나는 위험을 무릅쓰는 것이다. 더 나쁜 것은 코치가 그렇게 함으로써 팀의 자체적인 문제해결 능력을 미묘하게 손상시켰다는 점이다.

**거울이 돼라:** 코치는 인지한 행동이나 증상을 판단하지 말고 그들이 깊이 생각할 수 있도록 해야 한다. 관찰을 통해 그들이 자신을 바라볼 수 있게 해야 한다. 단순히 내가 관찰한 점을 말하고 "음... 그게 어떤 의미라고 생각해?"라고 물어보기만 하면 된다. 그리고 그들의 이야기를 들어라.

**말과 얼굴 표정을 숙달시켜라:** 이를 잘하기 위해서는 목소리 톤과 선택한 어휘뿐만 아니라 얼굴에서도 비폭력적 의사소통을 실천해야 한다. 만약 코치가 옳고 그름을 판단하면 팀원들이 주위에 모여들겠지만 팀 내부에서 발생하는 핵심은 파악하지 못할 것이다. 그렇게 되면 사람들은 내가 듣고 싶어한다고 생각하는 사실만 말해 줄 것이다. 만약 팀원들을 위한 것이라고 확신하면서 그들을 위해 판단을 내려야 한다면 실망, 슬픔, 기쁨 및 패기를 그대로 표현해야 한다.

**침묵을 지키자:** 불편한 침묵에 익숙해져라. 그 침묵을 코치가 아닌 팀의 누군가가 이야기하도록 하라. 그들은 그렇게 할 것이다.

**별난 모습을 보여줘라:** 팀을 방해하는 요소를 알면 놀랄 것이다. 그것은 팀이 무엇을 할 수 있고 무엇을 할 수 없는지에 대한 그들의 믿음에 작용하고 있다. 그들은 "여기서 일은 이렇게 돌아가요." 혹은 "이런 종류의 일을 끝내려면 5일 정도 걸리는 건 보통이에요."라고 말할지 모른다. 이런 말을 듣는다면 "이런 것이 일을 끝내는 데 방해되는 것인가요?"라고 묻거나 "만약 그런 제약이 없다면 지금 무엇을 할 건가요?"라고 질문하라. 코치는 거칠고 대담해져야 한다. 코치가 먼저 별난 모습을 보이고 별난 것을 말할 수 있어야 팀원들도 코치에게 다양한 아이디어를 터놓고 말할 수 있다.

**팀이 실패하도록 내버려 둬라:** 팀이 절벽에서 막 떨어지려고 할 때 멍하니 있지 말고, 스프린트마다 발생하는 실패를 경험할 수많은 기회를 놓치지 말아라. 함께 실패하고 함께 회복하는 팀은 보호받는 팀보다 훨씬 강하고 빠르다. 그리고 그 팀은 코치를 놀라게 할지도 모른다. 내가 그들에게 해를 끼칠 거라고 생각했던 사실이 실제로 그들에게 효과가 있을지도 있으니 관찰하면서 기다려라.

**항상 그들의 가장 큰 팬이지만 조심하라:** 공허한 칭찬이나 '그들이 한 일'에 대해 칭찬하지 말아라. 일이라는 것은 팀에 주어지고 완료되는 것일 뿐, 일 자체가 팀을 정의하지 않으며 그들을 위대하게 만들지도 않는다. 개인으로서 더 발전하고 팀이 더 건강해지는 것이 그들을 위대하게 만든다. 그들이 한 팀으로서 얼마나 잘 하고 있는지를 팀 및 마주친 다른 모든 사람에게 이야기해라.

만약 충격을 준 아이디어가 하나라도 있다면 지휘-통제 성향이 여전히 살아있는 것이다. 하지만 이런 일은 시간이 걸리니 너무 걱정하지 않아도 된다. 지휘-통제 성향으로부터 회복됐다면 그것을 부드럽게 휘두를 수 있다는 점만 알고 있으면 된다. 지휘-통제 성향에 사로잡혀 폭군이 될 필요도 없고, 심지어 시끄럽게 소리칠 필요도 없다. 인생에서 그런 성향을 제거했다고 생각하겠지만, 조금 더 깊이 들여다보면 아마도 그것은 여전히 거기 있을지도 모른다.

## 시도해 보기

지휘-통제 성향에서 벗어나기 위해서는 팀을 신뢰해야 한다. 지휘-통제 성향으로 인해 발생한 행동은 신뢰를 잠식하는 악순환을 일으키기 때문에 여기서 벗어나려면 많은 노력이 필요하다. 지휘-통제 성향이 작동하는 방법은 다음과 같다. 팀을 신뢰하지 않기 때문에 그들이 해야 한다고 생각한 대로 하도록 두는 것이 아니라 무엇을 어떻게 해야 할지 일일이 알려주게 되고, 그들은 지시받은 대로 행동한다. 그 결과는 원했던 것이 아니므로 이번에는 무엇을 해야 하는지 더 자세히 알려주게 되면서 이 악순환은 계속된다. 이 악순환 속에서 모든 사람은 상호 간의 신뢰를 잃는다.

신뢰가 무너진 세상에서 애자일 코치는 제 기능을 발휘하지 못한다. 이때는 자신에 대해 빠르게 판단을 해야 한다. 한두 번의 스프린트를 진행하는 동안 신뢰를 주면서 팀에 대한 판단은 유보해야 한다. 즉 무엇을 해야 할지는 자신들이 더 잘 알고 있다고 팀에 이야기를 하거나, 그들의 일에 간섭하는 대신 무슨 일이 일어나는지 파악해야 한다. 이런 행동은 엄청난 자기 관리가 필요하다.

릴리스에 의한 통제(control by release)는 자기 관리를 하는 데 도움이 된다. 릴리스에 의한 통제는 '주어진 상황을 잘 이해하면서 팀에 대한 통제를 느슨하게 풀고 (중략) 프로세스에 대한 신뢰를 기반으로 통제'할 때 잘 작동한다(Austin 및 Devin 2003). 애자일은 주어진 상황을 잘 이해하도록 함으로써 업무 진행을 위해 중요한 안전장치를 제공한다. 만약 애자일 코치와 팀이 애자일을 잘 사용한다면 팀이 오랫동안 잘못된 방향으로 간다거나 엄청난 실수를 할 일이 없을 것이다. 타임박스로 이뤄진 스프린트, 장애물의 확인과 제거, 일일 스탠드업 미팅 및 서로에 대한 일일 약속 등은 릴리스에 의한 통제를 가능케 하는 애자일 프레임워크의 일부다. 팀에 대한 통제력을 느슨하게 한다는 것은 팀을 단순하지만 강력한 애자일 프레임워크 내에서 움직이게 하는 것과 같다. 애자일 프레임워크에 포함된 진행상황 확인 지점과 점검 및 적응의 순환 고리는 애자일 코치에게 필요한 모든 통제력을 제공하며, 동시에 팀에 창조력을 발휘하도록 한다.

릴리스에 의한 통제는 팀을 빠르게 판단하는 데 도움이 된다는 사실을 기억해야 한다. 판단이 필요할 때는 팀원들에게 말하지 말고 노트에 적는 것이 좋다. 그런 다음 판단력이 필요한 문제를 해결하거나 애자일을 제대로 하는 데 도움이 되는 애자일 실천법, 원칙 또는 가치를 팀과 함께 찾아보도록 한다. 판단한 사항 옆에 내가 제시한 내용을 적는다. 이 '판단 대 애자일' 목록을 지속적으로 검토하면서 팀, 애자일 코치 자신 및 애자일 측면에서 상호 간에 얼마나 많은 신뢰를 쌓을 수 있는지 확인해야 한다.

지휘-통제 성향의 지배력을 제거한 자리에는 그것이 남긴 흔적이 남기 마련이다. 이럴 때는 지금 당장은 아니더라도 내가 무엇을 해야 할지 알아야 한다. 사람들에게 이래라저래라 하지 않는다면 애자일 코치는 하루 동안 무엇을 해야 할까? 물론 당연히 코칭을 할 것이다! 코칭할 때 팀이 그 공간을 채우도록 환경을 조성해야 하는데, 공간을 채우기 위해서는 코치 자신이 열려 있어야 한다.

> 만약 코치가 이미 무언가로 꽉 차있다면 그 공간을 유지할 수 없다. 공간을 유지
> 하기 위해서는 코치의 모든 역량이 필요하다. 코치의 걱정은 팀에 중요하지 않
> 기 때문에 준비해야 할 것은 그 우려를 떨쳐버리는 것이다(Corrigan 2006).

지휘-통제 성향을 하나씩 제거할 때마다 그것이 남긴 구멍을 채우지 않은 채로 남겨둬야 한다. 그 비워진 공간을 유지하되 코치가 그 공간을 채우려는 걱정도 떨쳐버려라. 이는 이후에 팀이 그 공간을 채울 무언가를 가져왔을 때를 준비하는 것이다. 코치의 영향력은 현재 시점에 존재하기 때문에 팀이 당면한 문제가 무엇인지에 주의를 기울이고, 당장 그들을 도울 수 있는 가장 중요한 방법이 무엇인지 파악하는 데 집중해야 한다. 팀원들과 함께 하고 각각의 상황에서 팀원들을 돕는 능력은 코치의 가치와 같다.

그러나 현실에서 우리의 삶은 복잡하고 분주하다. 정신없이 바쁜 삶은 팀을 위해 공간을 남겨둔다는 생각을 무력화시킨다. 이런 상황에서는 무엇을 해야 할까?

## ▌하루를 미리 준비하라

우리는 바쁜 시대에 살고 있다. 아침마다 코트를 반쯤 걸치고 집을 뛰쳐나오며 손에는 토스트 조각이 들려 있고, 아이들은 차를 먼저 타겠다고 서로 밀치고 장난치는데 자동차 키는 깜박 잊고 나오는 경험을 한 적이 있을 것이다. 상황이 악화되면 인내심은 한계까지 올라간다. 마침내 아이들을 도우미에게 맡긴 후 토스트를 먹으며 운전하는 동안 숨을 돌리려고 하지만 이메일이 도착했다는 소리가 계속해서 핸드폰에서 울려 대는 통에 숨을 제대로 쉴 수 없다. 이것은 하루를 시작하는 평범한 일상이겠지만 코칭의 하루를 시작하는 방식은 아니다.

팀에 도움이 되기 위해서는 수많은 걱정과 밀려드는 많은 생각으로부터 자유로워야 한다. 코치의 마음이 평온해야 팀에 무슨 일이 일어나는지 명확히 볼 수 있다. 때때로 코치는 단 몇 분 간격으로 사람들에게서 최고와 최악의 상황을 경험할 가능성이 있다. 이 폭풍의 소용돌이 속에서 흔들리지 않으려면 중심을 찾아야 한다. 그러기 위해서는 매일매일 자신을 찾는 연습을 해야 한다.

### 일일 연습

하루를 준비하는 연습은 코치의 머리 속에 있는 잡동사니를 제거하는 데 도움을 준다. 일일 연습은 코치가 코칭을 시작하기 전에 흩어진 정신을 모아주고, 고민하는 문제로부터 자유롭게 만들어 준다. 또한 밀려드는 자극과 그에 대한 반응 사이에서 잠시 멈추고, 그 순간 팀에 가장 도움이 되는 것을 선택할 수 있도록 도와준다.

일일 연습은 마음과 몸에서 굴러다니는 생각과 감정의 어수선한 부분을 쓸어내는 데 도움을 줘 코치가 온전히 팀을 관찰할 수 있도록 한다. 아마도 회의실 창문 바로 밖에서 싹트고 있는 나무 같은 자연의 아름다움은 어떤 사람들에게는 마음을 진정시키는 효과를 줄지도 모른다. 다른 사람들에게 위안을 주는 것이 무엇이든 간에, 진리$^{Truth}$라는 영어 단어의 대문자 T를 재확인시킴으로써 인간에 대한 믿음을 다시 갖게 할 수도 있다.

## 감사한 마음으로 서비스를 제공하라

내 동료는 아내의 출근 준비를 돕는 것을 일일 연습으로 하고 있다. 그의 아내는 초등학교 교사인데 매일 정시에 출근해야 한다. 그녀는 해가 뜨기 전에 규칙적으로 일어나 출근 준비를 위해 집 안을 바쁘게 돌아다닌다.

동료 애자일 코치는 매일 같은 시간에 일어나 아침을 준비하고, 아내가 편하게 직장으로 출발하도록 돕는 일일 연습을 수행한다. 그는 아마도 남은 음식으로 그녀의 점심 도시락을 준비하거나 그녀가 학생들과 함께 시작한 신규 프로젝트를 위한 장비를 차에 실을 수도 있다. 그는 아내가 도움을 요청하면 곧바로 행동한다. 그녀가 출근 준비로 바쁜 때에는 조용히 자신이 도울 수 있는 일을 할 것이고, 그녀가 원하면 감사히 이런 서비스를 제공할 것이다. 이런 행동은 그녀가 떠나고 난 후 다시 원래의 상태로 돌아와 중심을 잡도록 도와주며, 그가 코칭하는 팀을 위한 서비스를 제공하는 날을 미리 준비할 수 있게 한다.

다음은 일일 연습을 위한 몇 가지 아이디어다.

- 마음의 진정과 회복을 돕는 음악을 들어라
- 영감을 주는 책, 블로그, 명상이나 명언을 읽어라.
- 조깅하면서 자연의 소리를 들어라.
- 감사한 일 세 가지를 적어라.
- 숨을 충분히 쉬면서 요가나 스트레칭을 하라.
- 현실에서 원하는 삶을 살기 위해 자신에게 다짐하라.
- 예를 들면 L1sten2all, tAkn0spAc, 4giveURself, 0bsrvA11 같이 컴퓨터 암호를 당신이 현재 하는 업무와 일치시켜라.

만약 이 아이디어가 마음에 들지 않는다면 직접 만들거나 인터넷에서 일일 연습이나 주의력 연습이라는 단어를 검색해봐도 좋다. 이런 연습은 애자일 코치뿐만 아니라 많은 사람이 하고 있고, 많은 사람이 자신만의 일일 연습 패턴을 공유하고 있다.

## 관심 있는 것에 늘 마음을 둬라

하루를 미리 준비하는 또 다른 방법은 관심이 있는 것에 늘 마음을 쓰는 것이다. 내일 팀을 크게 변화시킬 수 있는 중요한 회고 미팅이 있다고 하자. 지금까지 잘 준비했고 이제 막 회고에 대한 준비가 끝났다면 이제 아침이 오기를 기다리면 된다. 팀원이 내게 할 많은 이야기나 내가 팀원에게 할 이야기 혹은 말하지 않을 내용을 생각하며 잠을 이루지 못할 수 있다. 나는 앞으로 있을 모든 사항을 점검하고, 각각의 사항이 발생할 경우의 대비책을 마련하느라 고민에 빠졌거나 관심 있어 하는 것에 온 신경을 쓸 수 있다.

예를 들어 만약 내가 진정으로 관심을 갖는 것이 애자일 팀이 자신들에게 영향을 미치는 것에 대해 이야기를 하도록 하는 것이라면, 내가 해야 할 일은 그 자리에서 팀이 자신의 목소리를 찾도록 도와주는 것이다. 그에 대한 대응 능력은 내가 그들에게 제공할 수 있는 최상의 도움이 무엇인지 명확하게 알고 있을 때 나온다. 사실 내가 무엇에 관심이 있는지를 발견하는 좋은 방법은 "어떻게 하면 내가 이 팀에 큰 도움을 줄 수 있을까?"라는 질문에 대한 대답에서 나온다. 이 질문에 대한 대답을 생각나는 대로 적어보면 아마도 그 대답은 정답일수도 있거나, 적어도 쓸모가 있을 정도로는 유용할 것이다.

무엇인가에 계속 신경을 쓴다는 것은 관심 있는 한 가지에 계속 연결돼 있음을 의미한다. 그것은 팀에 가장 최상의 도움을 제공하기 위한 비결이기도 하다. 아마도 내가 관심을 기울이는 목록이 있을 것이다. 그 목록은 자체로도 유용하겠지만, 주변에서 많은 일이 일어날 때는 그 모두에 신경을 쓸 여유가 없다. 그러니 계속 관심을 둘 한 가지를 선택해야 한다. 제품 백로그에 최우선순위 하나만 있는 것처럼, 관심 목록 중 1순위 항목을 선택해야 한다. 즉 본인이 느끼기에 애자일 팀에 가장 최선의 도움을 줄 수 있는 하나를 선택하는 것이다.

> **찾아보기** 코치가 관심을 갖는 것에 계속 마음을 쓰는 것은 사람들을 1:1로 지도하기 위한 필수적인 준비 기술이다. 5장 '멘토로서의 코치'에서 소개하는 아이디어는 팀원, 제품 책임자, 애자일 관리자 혹은 그 외 사람들을 코칭할 때 사용한다는 것을 명심하라.

관심을 놓지 말고 계속 신경을 쓰고 있어야 한다. 내가 걱정하던 바를 팀원들이 말하거나 예상하지 못했던 행동으로 옮겼을 때, 나의 말과 행동은 내가 관심을 두고 있었던 것에서 나온다는 사실을 알아야 한다. 그 모든 상황에 대한 교훈을 주려고 하지 말라. 그렇게 하면 계속 교훈만 가르치게 되며, 결국 그들의 현재 상황에 가장 적절한 몇 가지 교훈마저도 희석되거나 완전히 쓸모 없어질 것이다. 대신 지속적으로 관심을 쏟고 있는 것을 말과 행동의 가이드로 삼아야 한다. 내가 관심을 갖는 것에 맞춰 팀과 상호 작용하면 내가 하는 말은 그들의 마음과 정신에 곧장 스며들 것이다.

## ▌ 바로 그 순간에 연습하기

집에서 갖는 편안함과 직장에서 자신에게 주는 조용한 고독의 순간을 충분히 즐기는 현자가 되는 것도 한 방법이다. 또 다른 방법으로는 완전하게 마음의 균형을 유지하고 팀과 함께 할 때 내 자신 안의 목소리를 경청하는 것이다. 우리는 매 순간 자신을 다스리는 연습을 하고, 이를 통해 서번트 리더가 되고자 순간마다 반응을 선택할 수 있도록 감정을 강화한다. 그러나 우리는 인간이기 때문에 반응한다.

코치는 때때로 팀원들이 방금 일어난 사건을 돌려 말하는 것이 아니라 있는 그대로를 전달해 주길 원한다. 하지만 코치는 그것에 대한 반응을 더 자주 할수록 코칭할 여유가 나질 않는다. 코치가 사건에 대한 자신의 반응을 의식적으로 살펴보면서 그것에 대응할지 말지를 선택해야 한다. 이것은 연습이 필요한 기술이다.

우리가 연구해 온 기술을 활용하면 코치가 코칭을 받는 사람들을 뛰어넘어야 할 장애물로 보는지 아니면 자신처럼 희망, 꿈, 두려움, 포부를 가진 사람들로 보는가를 알 수 있다. 만약 모르더라도 안심하라. 아마도 그들은 확실히 알고 있을 것이다.

> "...우리는 다른 사람들이 우리에 대해 어떤 감정을 느끼고 있는지 감지할 수 있다. 약간의 시간이 주어진다면 우리는 그런 것에 언제 대응하고 다뤄야 하며 한 수 앞서 있어야 하는지 말할 수 있나. 우리는 항상 위선을 감지할 수 있다. 우리는 항상 그 비난이 친절함이라는 가식 뒤에 숨겨져 있음을 느낄 수 있다. 그리고 특히 우리는 그런 사실에 분개한다. 상대방이 현장을 중요시해서 돌아다니거나, 의자에 앉아 적극적인 경청을 하거나 관심을 보이기 위해 가족 구성원들에게 질문하거나, 더 효과적이기 위해 배운 다른 기술을 사용한다고 해도 문제가

되진 않을 것이다. 우리가 알고 대응해야 할 것은 그 사람이 그런 일을 할 때 우리를 어떻게 생각하는가 하는 것이다." (Arbinger Institute 2000)

코치는 함께 하는 사람들을 물건으로 대하는지 혹은 사람으로 대하는지 스스로 파악해 봐야 한다. 코치가 그들에 대한 영향력을 키우려면 되도록 그들을 사람으로 대우해야 한다.

---

### 시도해 보기

하루를 보내면서 만나는 모든 사람의 이마에 문자가 새겨져 있다고 상상해 보자. 그 문자는 지금 당신이 그들을 어떻게 보는지를 반영한다. 만약 그 사람을 방해되거나 해결해야 할 문제로 본다면 그들의 이마에 빅 오(Big O)가 새겨진다고 가정하자. 당신은 그들을 극복해야 할 대상이나 사람으로 보는 것이다. 만약 그들을 최선을 다해 자신의 희망과 꿈을 성취하려고 노력하는 사람으로 본다면 이마에 빅 피(Big P)가 있다고 가정해 보자. 이는 그들을 솔직하게 당신과 같은 사람으로 대하는 것이다.

누군가의 이마에 있는 빅 오(Big O)를 봤을 때는 그 사람에 대한 판단을 유보하고 호기심을 가져야 한다. 왜 그런 편견을 갖게 됐는지 생각해보라. 이 사람의 어떤 행동이 그런 생각을 갖게 했는가? 그들의 행동을 설명하기 위해 어떤 이야기를 만들어냈는가? 한동안 이런 질문을 하고 이유에 대해 생각해보면 내가 사람들을 바라보는 패턴을 파악할 수 있다. 이 패턴을 인식하게 된다면 아마도 사람들의 이마에 빅 피(Big P)가 더 많이 보이기 시작할 것이다.

---

그런 다음 반사적으로 나오는 대응 방법을 감지하는 기술을 습득하고, 그 기술에 대해 무엇을 해야 할지 결정해야 한다. 이것을 연마하는 실천법으로는 팀의 목소리를 듣고, 이야기하고 함께 하는 것이다. 이 실천법은 이어지는 단원에서 다룬다. 사람들을 사람으로 바라보는 것 그리고 그것을 연습하는 것은 자신을 잘 파악하는 최선의 방법이라 할 수 있다.

## 경청하고 있나요?

경청의 능력은 아무나 갖고 있지 않다. 애자일 코치는 이것을 알고 있으며 경청은 각 개인의 팀에 대한 공헌을 위해 활용하며, 나아가서 팀이 만들어내는 제품의 품질에도 쓰여져야 한다. 다시 한번 강조하지만 우리는 재능이 아니라 기술에 대해 이야기하고 있다. 코치는 해당 문제에 집중할 수 있도록 도와주는 프레임워크를 적용함으로써 완전히 경청할 수 있는 능력을 개발할 수 있을 뿐만 아니라 수많은 연습도 함께 할 수 있다. 코액티브 코칭스쿨school of coactive coaching의 경청 레벨에 대한 정의는 코치들이 활용할 수 있는 좋은 프레임워크의 한 가지 사례다(Whitworth et al. 2007).

**1단계 – 주관적 경청**: 1단계는 코치가 경청할 때 상대방의 말을 매우 주의 깊게 듣기는 하지만, 단어 자체는 코치 자신의 가치관을 통해 해석된다. 코치는 상대방이 말하는 모든 것을 "이게 내게 어떤 영향을 미칠까?"라고 생각하면서 듣는다. 새로운 팀원이 이제 막 팀에 합류하고자 할 때, 팀원들이 이에 따라 발생할 수 있는 부정적인 영향에 대해 이야기하고 있다고 상상해보자. 이에 대해 코치는 "우리는 스프린트와 스프린트 사이에 팀원을 추가해왔고, 스프린트를 진행하는 중간에 팀원을 추가하지만 않으면 괜찮아요."라고 말할 수 있다. 코치는 "이게 내게 어떤 영향을 미치는가?"라는 자기 중심적인 생각에 머물러 있는 것이다. 이 경우 스프린트 사이에만 팀원을 추가하는 규정을 지켜 '훌륭한 코치'로 비춰지고 싶은 코치의 욕구는 상대방이 말하는 것에 대한 경청 능력을 저하시킨다. 그 결과 코치는 말하는 사람이 정말 하고 싶은 이야기가 무엇인지 알아차릴 기회를 완전히 놓치게 된다.

**2단계 – 적극적 경청**: 2단계에서의 경청은 코치와 말하는 사람 사이에 견고한 연결 관계가 만들어진다. 코치는 의도적으로 말하는 사람의 의도를 파악하기 위해 집중한다. 개인적인 관점으로부터 자유로워진 코치는 상대방의 말을 경청하고 그에 반응함으로써 이야기하는 사람이 무엇이든 자유롭게 표현하도록 한다. 위의 예에서 새로운 팀 구성원의 팀 합류로 인해 발생할 수 있는 변화에 대해 팀원들이 말하기 시작할 때, 코치는 말하는 팀원에게만 집중하면서 말 속에 숨은 그의 수많은 감정을 감지해 낸다. 코치는 실제로 무슨 일이 일어나는지 확신할 수 없지만 자신의 가정이나 개인적인 가치관을 통해 이야기를 필터링하는 대신, 호기심을 갖고 "당신이 이야기하는 내용에 대해서 어떤 일이 일어날지 제가 정확히 이해하지 못하겠네요. 좋아하는 건가요? 아니면 두려움이 있다는 건가요? 혹은 불안하다는 건가요? 당신의 감정이 어떤 것인가요?"라고 질문한 다음, 코치는 팀원의 이야기를 들어야 한다.

**3단계 − 맥락적 경청**: 3단계에서 코치는 상대방의 말을 경청할 때 주변 환경의 모든 것을 활용한다. 말하는 사람의 목소리 톤, 자세, 실내의 온도 변화, 그들 주변에서 일어나는 소음 등 이 모든 상황을 알아차리고 사용한다. 2단계의 견고한 연결은 모든 내용을 탐지해내는 코치의 안테나와 결합함으로써 강력하게 작동한다. 안테나가 작동하면 직관이 생긴다. 새로운 팀원이 팀에 합류하는 것이 얼마나 팀에 도움이 되는지에 대한 이야기를 이어나갈 때, 코치는 갑자기 어색함을 느끼고 "당신이 새로운 팀원의 합류는 좋은 것이라고 말하고 있지만, 나는 당신의 말에서 어떤 답답함을 느꼈는데요. 새로운 팀원이 합류한다는 것은 당신에겐 어떤 의미인가요?"라고 질문한다. 그 팀원은 "제가 답답해 한다고요? 아니, 그건 전혀 아니구요. 새로운 팀원이 팀에 합류하는 것은 신나지만 예민한 일이라고 말한 것입니다."라고 하거나 혹은 아마도 그 팀원은 "답답함을 느낀다고요?(침묵) 지금까지 깨닫지 못했지만 사실입니다. 저는 나보다 경험이 많은 사람과 일할 때 항상 숨이 막힐 정도로 답답함을 느끼고 있어요."라고 이야기할 수 있다. 어떤 경우이든 코치와 팀원은 이를 통해 서로를 더 깊게 이해하게 된다.

---

### 시도해 보기

내 경청 레벨에 주의를 기울이고, 각각의 상호 작용 후에 자신의 점수를 계산해보라. 사람들의 이야기를 경청할 때 내 가치관이 얼마나 포함됐는가(1단계), 그들의 이야기에 얼마나 몰입해서 경청했는가(2단계), 적극적인 경청과 더불어 맥락적 상황을 포함해서 경청했는가(3단계)? 1단계 수준에서 창의적이고 자신의 문제를 해결할 수 있는 사람들의 능력에 대해 무엇을 느꼈는가? 또 그것이 2단계와 3단계에서는 변화됐는가? 변화됐다면 어떻게 변화된 것 같은가?

---

2단계와 3단계에서 경청하는 시간을 늘리려면 각각의 대화에 새로운 마음으로 임해야 한다. 지금 한 이야기 다음에 어떤 이야기를 할지 정말 모른다는 것을 알아야 한다. 그렇기 때문에 항상 무슨 말을 하는지 주의를 기울여야 한다.

## 먼저 이야기 하나요?

말하고 싶은 충동이 생길 때는 자신을 먼저 점검해야 한다. "그 이야기를 하고 싶은 동기가 무엇인가?", "왜 지금 이 생각을 제안하고 싶은가?"라고 자문해보자. 만약 팀에 자신이 얼마나 똑똑한지 보여주고 싶거나 당신이 가치를 더하고 있음을 알리고 싶기 때문이라고 생각한다면 군이 제안하지 않는 게 좋다. 아마도 똑똑하고 가치를 제공하는 사람들로 구성된 팀이 있을 것이다. 그런 것은 그 팀이 해야 할 일이다. 품질과 성과의 수호자로서 코치의 일은 완전히 다른 수준의 가치를 제공한다.

> **찾아보기**  종종 코치가 말을 해야 할 때는 일반적으로 이제 막 팀 구성이 됐거나 또는 그들이 처음으로 애자일을 학습하는 시점이다. 이때 코치는 팀을 위해 다양한 코칭 스타일을 적용해야 한다. 자세한 내용은 4장 '스타일을 변경하라'를 참조하라.

코치는 이야기하고 싶을 때마다 자신이 말하고 싶은 동기가 모두를 위한 것인지 확인해야 한다. 코치의 이야기는 팀이 더 나아지도록 돕기 위한 것임을 명심해야 한다. 다음은 도움이 되는 몇 가지 실천법이다.

## 먼저 이야기하지 말아라

먼저 말하는 대신 10(또는 100)까지 세어라. 이 고전적인 방법으로 숫자를 세는 동안 그룹 내의 다른 누군가가 코치의 생각을 대신 말하는지 주의 깊게 살펴봐라. 몇 분만 기다리면 다른 사람이 코치가 말하고자 했던 생각이나 그 핵심을 이야기할 것이다. 만약 몇 분을 기다렸는데도 아무도 코치가 생각하는 바를 말하지 않는다면 몇 분 더 기다려보고, 기다리는 것이 도움이 되는지 지켜봐라. 만약 그런 상황이 지속된다면 명확하면서도 간단하게 자신의 생각을 전달하라. 한동안 그것에 대해 많이 생각했기 때문에 믿을 수 없을 정도로 짧고 정확하며 영향력 있는 표현으로 말할 수 있을 것이다. 이때 팀에 전달하는 이야기는 그들이 완전히 새로운 무언가를 발견하거나 새로운 행동을 취할 수 있을 만한 내용이어야 한다.

때로는 몇 분을 기다렸고 추가로 더 기다렸는데, 자신의 생각도 그 상황과 관련이 없었음을 종종 발견하게 된다. 팀은 어떤 행동을 하게 되는데, 그때는 팀을 그대로 놔둬야 한다. 코치는 자신의 생각은 그대로 놔두고, 팀은 마땅히 그들이 가야 할 방향으로 움직이고 있다고 믿어야 한다. 만약 팀이 자신들의 길에서 너무 멀리 벗어나고 있다는 사실을 발견해도 그들에게 달려가 제대로 된 방향으로 그들의 여정을 바꾸려 하지 말아야 한다. 그것은 코치가 생각한 길이지 그들에게 필요한 것이 아닐 수 있다. 대신 "지금 가장 유용한 것을 하고 있는가?" 같은 잘 정리된 강력한 질문을 생각하는 것이 좋다.

## 모든 것을 말하지 말라

때로는 대화 중에 질문을 하면 침묵이 그 뒤를 따른다. 특히 이런 현상은 새로운 팀이 구성된 경우에 흔히 나타나지만, 그렇지 않은 팀에게도 언제든지 일어날 수 있다. 팀원들에게 침묵을 지키며 앉아 있는 것이 대단한 아이디어를 떠오르게 하는 충분한 여유를 주는 것으로 받아들이도록 코칭하라. 이렇게 하도록 팀을 지도하려면 코치가 먼저 솔선수범해야 한다.

> 침묵(silent)과 경청(listen)은 문자를 재배열하면 같은 문자로 구성됐다는 점이 흥미롭다.
>
> – 수잔 마쉬(Suzanne Marsh)

팀원이 질문할 때마다 가장 먼저 대답하는 사람이 되지 말아라. 사실 "먼저 말하지 말라"는 기법을 사용하면 아마 팀원들은 질문에 전혀 대답하지 않을 수도 있다. "자, 애자일 팀 여러분, 우리가 이 마지막 스프린트를 어떻게 함께 했는지 되돌아 봅시다. 우리가 간직하고 싶은 것이 무엇이 있죠?" 같이 어려운 질문을 한 경우가 더욱 그렇다. 이 질문을 한 다음에는 회의실이 너무 조용해져서 뒤에서 귀뚜라미 우는 소리가 들릴 정도다. 불편한 침묵이 회의실 안에 가득하다. 팀원들은 서로 쳐다보지도 않는다. 이 순간 그들에게 줄 수 있는 가장 큰 선물은 코치가 불편한 침묵에서 편안함을 보여주는 것이다. 그러니 아무 것도 하지 말고, 아무 것도 요구하지 말되 그들과 계속 상호작용하고 있으면 된다. 한 사람 한 사람을 부드럽게 바라보면서 팀원들에게 대화로 무언의 초대를 함으로써 회의에 참여하고 이야기를 하도록 해야 한다. 코치의 그러한 행동에 누군가는 응답할 것이다.

나는 한때 단 한 번뿐이었지만 5분 동안 침묵 속에 서 있던 적이 있다. 그 후 팀은 말하는 것과 침묵하는 것 모두 괜찮다고 느꼈고, 불편한 침묵이 편안해졌으며 보람 있었고, 회의가 짧아졌다는 사실을 알게 됐다.

## 그들과 함께하고 있는가?

이건 팀원들과 함께하라는 단순한 의미다. 이를 실천하기 위해서는 현재에 충실하고, 자기 자신을 공고히 해야 한다.

### 현재에 충실하라

이 책을 읽으면서 진정으로 책에 적힌 문장을 몸과 마음으로 받아들이고 있는가? 책 속의 문장이 자신이 누구이며 자신이 생각하는 것을 변화시키고 있는가? 만약 그렇다면 이 순간에 충실한 것이고, 모든 관심과 의도가 바로 지금 책에 집중하고 있는 것이다. 만약 이 문장을 읽으면서 구매해야 할 식료품 목록을 생각하거나 어제 일어난 오해에 대해 걱정한다면, 완전히 현재에 몰입하고 있지 않은 것이다. 현재라는 것은 마음 속으로 식료품 목록을 추가하고, 과거에 발생했던 오해를 걱정하는 것이 아니다.

우리의 마음은 현재에서 벗어나 끊임없이 과거나 미래로 탈출한다. 이런 현상은 보통 하루 종일 일어난다. 그렇게 되면 마음이 시끄럽다. 그런 잡음은 팀이 다음에 무엇을 할지에 대한 불안감, 제품 책임자가 너무 관료적인 것에 대한 판단, 팀 구성원이 실제로 참여하지 않은 것에 대한 심각성, 팀이 방금 새로운 제품을 출시했다는 것에 대한 환희 그리고 그 외의 다른 많은 생각일 것이다. 이 모든 것이 뒤죽박죽이 섞여 서로 앞으로 튀어 나가려고 애를 쓰고 있다. 이런 다양하고 시끄러우며 정신 산만한 잡음이 내가 코치로서 팀이 지금 어떤 일을 하는지를 파악하는 업무를 방해한다.

내가 '현재에 충실'하게 되면 현재 팀이 무엇을 하는지 알게 되고, 그들이 건설적이고 긍정적인 방법으로 그들의 길을 걷도록 돕게 된다. 돌이켜 생각해보면 나는 종종 그들이 걸어간 길이 그들에게는 완벽했다는 점을 깨닫곤 하는데, 만약 내가 걱정, 판단, 심각성, 환희 등 그 이상의 것에 휘둘렸다면 팀은 내가 제시했던 방향과는 매우 다른 모습이었을 것이다.

마음을 가다듬는 것은 '현재에 충실'하는 것에 도움이 된다. 마음 가다듬기를 통해 당신은 더 많은 시간을 현재에 충실히 사용하도록 배우게 되고, 자기 인식도 높아지게 된다. 현재에 충실한 것과 자기 인식은 동전의 양면과 같으며, 이 두 가지는 마음에 잡음이 다시 나타났음을 알아챌 수 있도록 도와준다.

## 나의 일일 실천법

내 서재에는 마음 가다듬기에 대한 책이 많이 있다. 코칭하기 전에 현재에 충실하기 위해 그중 한 권을 선택하고 무작위로 책을 펼쳤다. 놀랍게도 그냥 펼쳤을 뿐인데 열에 아홉은 그날 내가 정말 필요로 하는 메시지가 있는 완벽한 페이지를 펼쳤다(내 경험상 보통 한 권의 책에는 열이면 열 내게 필요한 메시지를 담고 있지만, 내가 아직 준비가 되지 않았기 때문에 보지 못한다고 믿는다).

나는 『당신이 어디를 가든 거기엔 당신이 있다』(존 카바트 진, 물푸레, 2002, 절판)는 책을 펼쳤고, 다음 문장을 찾았다.

> "신뢰(trust). 신뢰는 질서와 온전함을 실현하는 믿을 만한 프레임워크 내에서 일이 전개될 수 있다는 자신감 또는 확신이다. 우리는 우리 자신이나 다른 사람에게 일어나는 일이나 특정 상황에서 일어나는 일을 항상 이해하지 못할 수도 있다. 그러나 우리 자신이나 다른 사람을 신뢰하거나 프로세스 혹은 이상향에 대해 신뢰를 두는 경우에는 우리는 곧 어떤 방식으로든 강력한 요소가 상호신뢰를 기반으로 안정, 균형, 개방성을 제공한다는 것을 발견하게 된다. 이 요소는 우리를 해로움 혹은 자기 파괴로부터 보호해주고 인도해준다(Kabat-Zinn 1994)."

이 책은 계속해서 더 깊이 생각하기를 제공하며, 독자가 신뢰를 향한 발걸음을 내딛는 연습을 할 수 있도록 한다.

이 문장을 생각할 때마다 이 문장과 앞에서 언급한 '릴리스에 의한 통제'에 관한 글에서 설명한 애자일 프레임워크에 대한 신뢰와의 연결성을 다시 떠올린다. 그 '우연'이 나를 놀라게 하고, 신뢰를 향한 여정에서 내게 더욱 심오한 메시지를 주고 있음을 알았다. 그래서 이 문장을 떠올리며 하루를 보내고, 지금 내게 존재하는 욕구와 어떻게 연관돼 있는지를 볼 수 있게 돼 집필에 최선을 다하거나 사람들을 코칭하는 데 도움이 된다.

다음에 언급한 책을 찾아보고 현재를 충실히 하기 위한 지혜를 얻는 것도 좋다. 다음 내가 소장한 책의 목록이다.

- 『The Tao of Holding Space』, 크리스 코리건(Chris Corrigan), 2006(www.archive.org/details/TheTaoOfHoldingSpace),
- 『현명한 부모는 아이에게 배운다(The Parent's Tao Te Ching)』, 윌리엄 마틴(William Martin), 전나무숲, 2006(절판)
- 『성공을 부르는 일곱 가지 영적 법칙(The Seven Spiritual Laws of Success)』, 디팩 초프라(Deepak Chopra), 슈리크리슈나다스아쉬람, 2010.
- 『편안해지는 연습(Comfortable with Uncertainty)』, 페마 쵸드론(Pema Chodron), 화니북스, 2003(절판)
- 『나를 위해 용서하라(The Compassionate Life)』, 달라이 라마(Dalai Lama), 미토스, 2005(절판)

이 '현실에 충실'하는 것이 왜 그렇게 중요할까? 정답은 바로 '현실에 충실'할 때 자신이 서 있는 곳이 견고해진다. 그리고 책에서 소개한 다른 모든 기술을 사용해 현실에 충실한다면 확신을 갖고 사람들을 지도하고, 명료하게 말하며, 내가 하는 말이 팀에 영향을 미치게 된다. 현실에 충실하기 위한 스스로의 개입은 다른 사람이 제시한 그 어떤 생각보다도 훨씬 더 많은 차이를 만들어낸다.

현실에 충실한 것은 팀원 개개인을 발전시키는데도 중요한 기술이다. 만약 우리가 멀티태스킹을 하지 않거나 미래나 과거에 신경을 쓰지 않고 바로 지금 여기서, 서로에 대한 관심과 당면한 일에 뜻을 하나로 모은다면 어떤 일이 벌어질 거라고 생각하는가? 현실에 충실한 팀은 전 세계와 그들 각각을 위해 엄청나게 놀라운 제품을 만들어 낼 것이다.

## 자신을 공고히 하라

코치가 합당한 이유로 팀에 개입하기로 결정했다고 가정해보자. 코치가 누군가 자신의 생각을 대신 말해주기를 기다렸고, 몇 차례 더 기다렸지만 그렇지 않았기 때문에 개입하기로 결정했을 것이다. 코치는 팀에게 간결하고 통찰력 있는 이야기를 전달했겠지만 그들은 귀담아 듣지 않았다. 또는 팀이 코치의 이야기를 믿고 그대로 했지만 팀에 그다지 도움이 되지 않았을 수 있다. 코치는 그들의 시간을 낭비하는 것일 수도 있는 대화를 계속함으로써 팀이 당황하지 않도록 할 수 있고, 자신을 되돌아볼 수도 있다.

자신을 공고히 하려면 해당 개입이 팀에 유용했는지를 다시 생각해야 한다. 그렇지 않다면 "제가 이야기한 내용이 지금 당장 효과가 없으니 이전에 제시한 것은 무시하고 지금까지 하던 방식으로 계속 일을 하세요."라고 팀에 투명하게 이야기하고 개입을 철회하는 편이 좋다. 만약 코치가 말할 때 팀이 정말로 귀 기울이기를 원한다면 코치가 느낀 당혹감보다는 팀의 시간과 창의적인 과정을 존중해야 한다.

## ▌그들의 모델이 되라

애자일이 이야기하는 놀라운 결과를 만들어 내기 위해서는 팀원 간에 열린 마음과 친밀한 대화가 매우 필요하다. 만약 팀이 코치가 연습하는 많은 것을 함께 한다면 그들은 서로 간에 필요한 양질의 대화를 할 수 있다. 개인적인 문제로부터 자유로운 상호작용과 갈등을 해결하는 방식, 비폭력적인 의사소통을 적용하며 서로 간에 거리낌 없이 대화를 나누는 모습을 상상해보라. 대부분의 사람들은 이러한 것을 의식적으로 함께 실천하기보다는 혼자서 한다. 따라서 그들의 모델이자 코치로서 그들이 변화될 수 있다는 사실을 믿어야 한다.

## ▌자신을 믿어라

자기 자신을 완벽히 아는 것은 부단한 연습이 필요한 학습된 기술이다. 이런 것을 시도하고 코칭에 통합한다고 해도 완벽하지는 않을 것이다. 남에게 베푸는 것 같은 연민을 자기 자신에게도 베풀 수 있는가? '실수'라고 한 번 빙그레 웃고 자신을 용서하면서 다시 연습하는 모드로 되돌아 갈 수 있는가? 당신 자신과 팀의 욕구를 조화시킴으로써 그 관계에서 진실성을 지켜낼 수 있는가? 공헌할 수 있는가? 도움을 줄 수 있는가? 사람들의 삶을 변화시킬 수 있는가? 팀이 뭔가 멋진 걸 만들 수 있도록 도와줄 수 있는가?

이러한 질문에 대한 답을 찾아내고, 스스로를 파악하는 연습을 시금석으로 삼아라. 또한 그러한 연습을 지속적으로 하는 데 효과가 있는 장치를 활용하라. 그런 장치 중 하나는 구조다. 즉 여러분이 연습하는 작업과 함께 수행하고 있음을 상기시켜주는 장치다(Whitworth et al. 2007).

내가 사용하는 한 가지 장치는 일주일 내내 명심할 실천법을 선택하는 것이다. 다른 사람들이 말할 기회를 갖도록 내가 질문한 후에 침묵을 지키는 것이 내 실천법이다. 이 실천법을 상기시키기 위해 나는 메모지에 "잠시만...잠깐 쉬고...여유를 갖자"라고 적은 다음, 수첩에 메모를 붙여 놓는다. 나는 하루에도 수십 번씩 수첩에 무언가 적기 때문에 내가 특정한 기술을 연마하고 있음을 상기시켜주는 알림을 적어도 12번은 받게 된다.

어떤 코치는 항상 바빠야 한다는 생각이 팀에 주입돼 불필요한 스트레스를 줘서는 안 된다는 점을 상기시키기 위해 옷에 '바쁜 일벌busy-bee' 핀을 꽂는다. 또는 시계에 알람을 맞춰 놓고 지난 한 시간 동안 1단계로 경청하던 시간을 계산해보라는 신호로 쓸 수 있고, 동료에게 내 지휘-통제 행위에 대해 깨우쳐 달라고 요청할 수 있다. 이러한 장치의 사용 가능성은 무궁무진하다. 창의력을 발휘해보라.

## ▌스스로에게 투자하라

애자일 팀의 코치가 된다는 것이 스스로에게 얼마나 많은 것을 요구하는지 깨닫지 못했다. 애자일 팀의 코치로서 스스로 많은 것을 요구했고, 그 여정의 결과는 풍성했으며 보람도 있었다.

코칭 수업에는 수천 달러를 쓸 수 있다. 그것은 확실히 내가 가진 기술을 확장시키고 더 나은 코치가 될 수 있도록 숙달하는 데 도움이 될 것이다. 또는 도움이 되는 책 한두 권을 사는데 적은 돈을 쓸 수 있다. 또는 영감을 주는 블로그를 확인하는데 30분을 쓸 수도 있다. 스스로에게 투자하는 비용이 많이 들거나 시간이 많이 소요될 필요는 없지만, 그것을 일정하게 유지할 필요는 있다. 무엇보다도 할 수 있는 일을 하되 계속 움직여라.

지속적으로 학습하고 새로운 생각을 적용하라. 팀에도 적용해보라. 어떤 생각을 실행해본 후에 싫으면 버리고 계속 노력하라. 우리는 시험과 적응의 순환고리를 통해 팀을 코칭한다. 이것은 우리 코치에게도 별반 다르지 않다.

## ▌요약

3장에서 학습한 주요 내용을 정리해보자.

- 애자일 코치는 훌륭한 애자일리스트로서 그리고 업무에서도 모범이 돼야 한다. 코치가 말하는 것, 행동하는 것, 자신을 관리하는 방법 등 그 모든 내용이 중요하다. 애자일 팀이 보고 있다.
- 자신의 능력을 자각하고 확장시킬 자신의 우위를 파악하라. 그런 후에 그 우위를 향상시키고 그 다음 순위의 성장 우위를 찾아라.
- 지휘-통제 성향으로부터 회복하라.

- 우선 하루의 코칭을 준비하기 위해 현재에 충실하도록 도움을 줄 수 있는 실천법을 연습하고, 하루를 보내면서 자신의 입지를 공공히 하라. 팀도 그렇게 하도록 하라.
- 경청하고 이야기하는 법을 팀과 함께 의식적으로 학습하라.
- 내가 코칭하는 사람들에게 보여주는 연민과 지원을 스스로에게도 적용하라.


## ▌ 추가 자료

- 아빈저 연구소Arbinger Institute, 『상자 밖에 있는 사람 진정한 소통과 협력을 위한 솔루션Leadership and Self Deception: Getting Out of the Box』, 위즈덤 아카데미, 2016
- 크리스 코리건, 『The Tao of Holding Space』, www.archive.org/details/TheTaoOfHoldingSpace, 2006
- "Emotional Competence Framework", The Consortium for Research on Emotional Intelligence in Organizations(www.eiconsortium.org/reports/emotional_competence_framework.html)
- R. Greenleaf, 「The Servant as Leader」, Westfield, IN: The Robert K. Greenleaf Center, 1991
- 잭 콘필드J. Kornfield, 『처음 만나는 명상 레슨Meditation for Beginners_』, 불광출판사, 2011
- Queendom: The Land of Tests. One of many online EQ assessments (www.queendom.com/tests/access_page/index.htm?idRegTest=1121)


## ▌ 참고 자료

- 아빈저 연구소Arbinger Institute, 『상자 밖에 있는 사람 진정한 소통과 협력을 위한 솔루션Leadership and Self Deception: Getting Out of the Box』, 위즈덤 아카데미, 2016
- Robert D. Austin, L. Devin, 『Artful Making: What Managers Need to Know About How Artists Work』, Prentice Hall, 2003

- Gary Baran, "10 Things We Can Do to Contribute to Internal, Interpersonal and Organizational Peace", Center for NonViolent Communication (https://www.cnvc.org/trainings/articles/10-steps-peace), 2004

- Travis Bradberry, Jean Greaves, 『The Emotional Intelligence Quick Book』, Simon and Schuster, 2005

- 크리스 코리건, 『The Tao of Holding Space』, www.archive.org/details/TheTaoOfHoldingSpace, 2006

- History and Validity of the Thomas-Kilmann Conflict Mode Instrument (TKI), Themyersbriggs.com(https://www.themyersbriggs.com/en-US/Products-and-Services/TKI), 2009

- Daniel Goleman, 『Working with Emotional Intelligence』, Bantam, 2000

- R. Greenleaf, 「The Servant as Leader」, Westfield, IN: The Robert K. Greenleaf Center, 1991

- 존 카바트 진[John Kabat-Zinn], 『당신이 어디를 가든 거기엔 당신이 있다[Wherever You Go There You Are: Mindfulness Meditation in Everyday Life]』, 물푸레, 2002, 절판

- R. Kilmann, Conflict and Conflict Management(https://kilmanndiagnostics.com), 2007

- 수전 스코트[Susan Scott], 『누드로 대화하기[Fierce Conversations: Achieving Success at Work and in Life One Conversation at a Time]』, 청림출판, 2003, 절판

- 로라 휘트워스[L. Whitworth], 카렌 킴지하우스[K. Kimsey-House], 헨리 킴지하우스[H. Kimsey-House], 필립 샌달[P. Sandahl], 『코액티브 코칭: 고객과 코치가 함께 성공하는 코칭의 기술[Co-Active Coaching: New Skills for Coaching People Toward Success in Work and Life]』, 김영사, 2016

# 4장

# 스타일을 변경하라

아이들의 태권도 수업은 수십 명의 아이들이 일렬로 서서 간단한 동작을 반복해서 연습한다. 마치 어린 아이들은 자신이 집중하고 있다는 사실을 모르는 것처럼 각자 연습하고 있다.

이른 아침 시간 공원을 산책하다 보면 노인들이 우아한 동작으로 태극권을 연습하는 모습을 자주 본다. 몸을 아래로 움직이거나 굽히는 등 여러 동작을 하는데, 이런 동작은 마음의 안정을 얻는 데 큰 도움이 된다.

만약 태극권을 수련하는 그룹 내의 누군가에게 무엇을 하는지 물어본다면 그들은 "우리는 연습(수련)을 하고 있어요."라고 말할 것이다.

짧지만 지난 15년 동안의 태극권 수련을 통해 마음을 안정시키는 방법을 배웠다. 내가 유망한 여성 사업가였을 때 긴장을 푸는 하나의 방법으로 태극권을 추천 받았다. 그후에 임신을 하고 나서 다시 태극권 수업을 들었는데, 수업을 시작할 때 항상 10분 동안 무게 중심을 재확인하는 연습을 했다. 나중에 혼자 연습을 할 때는 과거에 배운 동작

**4장을 끝내면 다음과 같은 질문에 답할 수 있다.**

- 팀은 애자일을 배우고 적용할 때 어떤 전략을 실행할까?
- 주어진 시점에서 팀이 전반적인 단계에 대해 어떤 이야기를 해줄 수 있을까?
- 현재 단계에서 사용 가능한 코칭 스타일은 무엇이며, 그것을 어떻게 적용시킬 수 있을까?

중 기억나는 몇 가지만 연습했다. 혼자서 같은 동작을 반복해서 연습할 때마다 "이 동작은 하나하나가 몸과 마음을 위한 완벽한 운동이니 몇 번이고 반복해서 수행하세요. 그게 다예요."라고 이야기하는 강사들의 목소리가 떠오른다.

유난히 덥고 끈끈한 휴스턴의 어느 날 밤, 에어컨이 없는 도장에서 태극권을 연습하고 있었다. 나는 땀으로 흠뻑 젖었고 진전이 없는 무술 실력에 좌절하면서 "태극권을 마스터하는 데 얼마나 걸렸나요?"라고 태극권 사범에게 물었다. 벽에 줄지어 놓인 트로피로 보아 그는 무술에 능하리라 생각했기 때문에 질문에 대해 어떤 공식 같은 대답을 해주리라 기대했다. 어떤 비법 같은 것이 있지 않고서 그 많은 동작을 모두 익힐 수 없을 것으로 생각했다. 그는 나를 보고 "나도 아직 잘 몰라요. 지금도 계속 연습하고 있는 걸요."라고 말했다. 다른 강사들도 이와 비슷한 말을 하는 것을 들은 적이 있는데, 무술학교에서는 이 문장을 가르치는 듯했다. 아니면 사실이든가.

몇 년 후 내가 애자일 팀을 지도했을 때, 코치 훈련생 중 한 명에게 같은 대답을 해줬다. 그녀는 애자일 코치로의 발전이 늦어지고 있음에 좌절하며 "당신은 마스터 코치가 되는 데 얼마나 걸렸어요?"라고 물었다. 나는 잠시 멈추고 "글쎄, 아직 잘 모르겠어요. 지금도 연습하고 있어요."라고 말했다. 오늘, 내일, 내년 그리고 그후 몇 년이 흘러도 나는 여전히 연습하고 있을 것이다.

하지만 나는 코칭을 하면서 시간을 두고 여러 단계를 거쳤다는 사실을 알았다. 내가 처음에 해본 많은 시도가 다른 사람의 피부처럼 불편하고 이상하게 느껴졌다. 어느 정도의 시간이 흐른 뒤에는 그것이 그렇게 불편하거나 이상하지 않았고, 그후에 더 많은 시간과 연습 끝에 결국 그것은 내 일부가 되어버려 전혀 알아채지 못했다. 사람들은 대부분 이 단계를 거치게 되는데, 코치와 팀도 똑같이 겪게 될 것이다.

## ▌애자일 팀 단계

무언가를 마스터하는 데 좋은 모델은 무술을 배우는 과정과 비슷하다. 무술을 배우는 학생은 슈하리Shu-Ha-Ri라고 불리는 3단계 과정을 거친다. 슈Shu, 守는 규칙을 따르는 것, 하Ha, 破는 규칙을 변형하는 것, 리Ri, 離는 새로운 규칙을 만든다는 의미다. 애자일 팀이 애자일을 처음 학습한 후 익숙해지는 과정을 슈-하-리 단계로 설명할 수 있다.

'슈' 단계에서 무술 수련자들은 사범이 가르친 동작을 응용하거나 동작에 숨은 정신을 이해하지 못한 채 그대로 따라한다(cockburn 1994). 즉 규칙을 준수하고, 준수하고, 또 준수한다. '슈'는 어떤 동작에도 예외를 두지 않고 규칙대로 수행하도록 함으로써, 무술 수련자에게 다음 단계의 학습을 위한 기초를 확고히 하도록 한다(Shuhari Dojo Martial Arts). 이 기초 혹은 기본이라는 것은 규칙을 준수하면서 단 하나의 경로만 따라가면 가장 효율적으로 익힐 수 있다(Cockburn 2008). 그 하나의 길은 규칙이 이끄는 길이다.

애자일에는 지켜야 할 규칙이 많다. 예를 들어 스크럼에서는 스탠드업 미팅을 15분 동안 해야 하고, 무조건 제 시간에 시작해서 끝내야 하며, 각 사람은 세 가지 질문에 대답을 해야 한다. 스탠드업 미팅에는 지켜야 할 규칙의 깊은 의미가 이면에 존재하는데, 그 의미는 규칙을 적용하면서 발견할 수 있다. 하지만 만약 팀이 이 규칙을 매일매일 기계적으로 적용한다면 스탠드업 미팅은 공허한 의식이 될 가능성이 크다. 반면에 스탠드업 미팅의 규칙을 팀이 처음부터 기계적으로 적용하지 않는다면 스탠드업 미팅은 그들이 이미 익숙해진 진행 확인 회의만큼이나 의미가 없을 것이다. 규칙이라는 것은 사람들을 이미 익숙한 낡은 패턴에서 벗어나게 하며, 완벽한 모방과 반복을 통해 새로운 패턴을 학습시킨다. '슈'는 예외를 두지 말고 규칙을 지키는 것이다.

'슈' 단계 다음에는 '하' 단계다. '하'에 도달한 사람은 기초를 습득한 단계이고, '모든 것의 진리를 추구'하는데 시간을 투자한다(Sensi's Library). 무술 수련자들은 이 과정을 통해 '무술 동작을 단순히 반복 연습하는 것을 넘어 무술 자체에 대한 깊은 이해'를 하는 단계에 도달한다(Cockburn 2008). 이 단계의 무술 수련자들은 자신의 역량 향상을 위한 방법의 하나로 다른 사람들에게 무술을 지도할 수 있다. 한 단계씩 나아가는 과정에서 무술 수련자는 스승의 엄격한 가르침에서 벗어나 개인적 경험을 통해 더 많은 것을 질문하고 발견하기 시작하면서 개성이 나타나기 시작할 것이다(Shuhari Dojo Martial Arts). 무술 수련자는 스승의 엄격한 규칙은 깨뜨리겠지만, 무술 동작들의 원칙은 조심스럽게 고수하게 된다. 예를 들어 일단 팀이 규칙을 잘 준수하면서 스탠드업 미팅을 진행하고 있고, 스탠드업 미팅의 더 깊은 의미를 파악하게 됐다면 팀은 스탠드업 미팅의 규칙을 깰 준비가 된 것이다. 팀이 스탠드업 미팅의 규칙을 내재화하고, 스탠드업 미팅의 핵심 원리를 이해했다면 해당 규칙을 깰 수 있다. 그런 후 팀은 애자일의 시험과 적응 메커니즘을 통해 무엇이 긍정적이고 유용한지 이해하게 된다. '하'는 규칙을 깨는 것이다.

'하' 단계 다음에는 '리' 단계다. '리' 단계에서 무술 수련자와 무술 동작은 서로 동화된다. 비록 깨지거나 새로운 규칙이 포함되겠지만 여전히 무술 수련자는 오래된 규칙을 따를 것이고, 단계를 뛰어넘기 위한 기술은 없다. (중략) 모든 단계를 통과해야 하는 것은 자연스러운 것이다(Sensei's Library). 무술 수련자들은 이제 가르침보다는 자기 성찰을 통해 더 많이 배우고 발전하고 있다(Shuhari Dojo Martial Arts). '리' 단계에서 팀은 스탠드업 미팅을 완전히 다른 것으로 바꾸는 결정을 내릴 수 있다. 스탠드업 미팅을 다른 것으로 교체했지만 팀은 여전히 스탠드업 미팅의 원칙을 준수하면서 이를 더욱 깊이 받아들인다. 애자일 코치는 팀에 조언을 제공함으로써 팀이 조언을 충분히 숙고하고 행동하도록 돕는다. '리' 단계는 새로운 규칙을 만드는 것이다.

'리' 단계에서는 스승과 제자는 서로 동료가 되며, 좋은 관계가 유지된다면 제자는 스승의 실력과 동등하거나 그 이상을 갖추게 된다.

> 결국 제자는 '슈하리' 단계를 통해 지식과 기술 모두에서 스승을 능가하는 결과를 낳아야 한다. 이것이 전반적으로 역량을 향상시키는 방법이다. 만약 제자가 스승을 능가하지 못한다면, 그 무술은 기껏해야 현상유지만 할 것이다. 제자가 스승의 능력을 넘어서지 못하면 무술은 후퇴한다. 그러나 만약 제자가 스승이 전달할 수 있는 모든 기술을 습득하고, 그후에 훨씬 더 높은 수준으로 발전한다면 해당 무술은 계속해서 발전하고 번성할 것이다(Shuhari Dojo Martial Arts).

스승을 능가하려면 먼저 규칙을 완전히 숙달해야 한다. 그후에 원칙을 지키면서 규칙을 깨야 한다. 그런 다음 규칙 뒤에 숨겨진 원칙을 더 원숙하게 표현할 수 있는 새로운 규칙을 만들어야 한다. 그러나 이 과정에서 3단계를 순차적으로 거치는 경우는 거의 없다. 그림 4.1 같이 선형적으로 진행되지 않는다.

> 슈하리는 동심원과 더 비슷해 '하'에는 '슈'가 포함되고, '리'에는 '슈'와 '하'가 모두 포함된다. 따라서 기초는 계속 유지된다. 제자의 성취도가 높아지고 그가 자신의 개성이 반영된 무술을 펼치기 시작하면 무술의 규칙만 적용되고, 무술 동작의 실행은 섬세하게 변화한다(Shuhari Dojo Martial Arts).

팀은 이러한 단계 중 하나 혹은 동시에 여러 단계에 있을 수 있다. 아마도 팀은 릴리스 계획을 '슈' 단계로 규칙을 배우겠지만, 스탠드업 미팅은 '하' 단계에 있을 수 있다. 아마도 그들의 기술 수준은 전반적으로 '하' 단계에 해당하지만, 일부 애자일 실천법은 최상의 수준이어서 '리' 단계에 해당될 수 있다. 팀원 개개인도 한 단계 혹은 여러 단계에 동시에 있을 수 있다. 팀원 개개인이 다양한 애자일 실천법에 있어서 서로 다른 단계에 있고, 동시에 팀도 다른 여러 단계에 동시에 있다면 팀은 '거의' 어떤 단계에 도달해 있다고 볼 수 있다.

팀이 새로운 방법을 실험적으로 도입해서 운영하더라도 기초를 튼튼하게 갖췄다면 각 단계를 안전하게 거쳐 나갈 것이다. 기초가 무너진다면 너무 빨리 움직였거나 단계를 건너뛰었다는 의미로 받아들여야 한다. 이때는 무슨 일이 있었는지 파악하기 위해 팀에게 물어보는 것이 좋다.

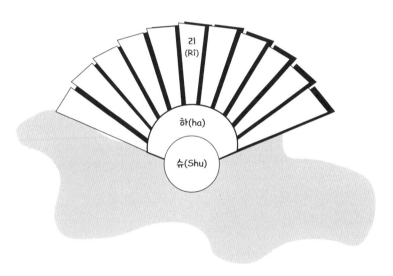

**그림 4.1** 슈-하-리 학습 단계

이 '슈하리' 모델을 가르칠 때 팀의 의견을 물어보고, 팀이 주어진 시점에 어느 단계에 있다고 생각하는지 스스로 평가하도록 한다. 예를 들어 이 모델은 회고 세션에서 팀원들이 실제 개선되는 내용에 대한 대화를 이끌어낼 수 있다. 따라서 회고를 실시할 때 혹은 팀에게 유용하다고 판단되는 시점마다 '슈하리' 모델을 적용하면 유용하다.

회고에서 '슈하리' 모델을 사용해보자. 화이트보드에 당나귀를 크게 그리고 팀원들에게 '당나귀 꼬리 달기 게임'을 하라고 할 수 있다. 팀은 당나귀의 '꼬리' 대신, 현재 운용 중이라고 생각하는 애자일 실천법, 원칙, 가치, 역할 등을 적은 메모지를 슈, 하, 리 단계에 붙인다. 일단 메모지를 붙인 후에 한 발짝 뒤로 물러 서서 결과를 토론한다. 서로 동의하는 단계가 있는지? 동의하지 않는 단계가 있는지? 그렇다면 팀원들 각자가 생각하는 팀의 단계가 각각 다른지? 혹은 같은지? 토론해보자. 그 후에 더 많은 연습을 하거나 더 깊이 조사해야 할 것 같은 내용은 무엇인지 토론한다. 창의력을 발휘해서 이 모델을 잘 사용하면 재미도 있고 유용하기도 할 것이다.

팀이 '슈하리'를 통해 그들만의 길을 걷듯이 이 단계는 코치에게도 적용된다. 애자일 코칭의 숙달 여부도 전체적이든 혹은 부분적이든 '슈하리' 단계를 거친다. 전반적으로 코칭 능력이 향상되면서 '슈'에서 '하'로, 그런 다음에는 '리'로 이동한다. 일단 '하' 단계라면 남을 가르칠 준비가 돼 있고, 애자일 코치가 될 준비가 된 것이다. 하지만 동심원이 작용하고 있기 때문에 대부분의 실천법과 원칙이 '하' 단계에 있음에도 불구하고, 어떤 것은 '리' 단계나 '슈' 단계에 있을 수 있다. 몇몇 규칙은 코칭을 하면서 예술적으로 표현되기도 하고, 전체적으로 애자일 기술을 발전시키기도 한다. 그렇다면 '리' 단계에 있는 것이다. 다른 사람들은 당신이 '슈' 단계에서 반복 연습을 좀 더 하길 바랄 수 있다. 이를 위해서 스승을 모셔라. 항상 제자는 스승이 되고, 스승은 제자가 된다.

## ▌ 애자일 코칭 스타일

시간이 지나면서 내 자신만의 코칭 스타일과 내가 가르친 코치들의 스타일을 통해 티칭teaching, 코칭coaching, 조언advising의 세 가지 애자일 코칭 스타일을 발견했다. 최상의 결과 창출을 위한 '코치 접근법'에 이 세 가지 스타일을 적용하면 모델링Modeling과 리칭Reaching이 수월해질 것이다. 이 세 가지 스타일을 그림 4.2에 표현했다. 모델링은 팀이 결과물을 전달하고 성공하는 데 필요한 바람직한 행동이다. 리칭은 팀이 최고의 애자일리스트가 되도록 팀원을 도와 그들이 각자의 핵심에 도달할 수 있도록 하는 것이다. 모델링과 리칭을 코치 접근법에 적용한다는 것은 예를 들어 도구, 기술, 가치 및 마인드 셋을 팀에게 전달함으로써 각 팀원 및 팀 전체가 스스로 개선할 수 있도록 하는 것을 말한다. 모델링과 리칭을 습득했다는 의미는 다음의 세 가지 코칭 스타일을 적용할 준비가 된 것이다.

**티칭**: 티칭할 때는 법은 내려놓고 규칙을 가르쳐야 한다. 티칭은 때로는 부드럽게 때로는 강하게 진행해야 하지만, 무엇보다도 중요한 것은 가르칠 때 기준이 있어야 한다. 당신 자신이 더 잘하는 방법을 알고 있을 테니 애자일을 가르칠 때 중심이 되는 기준을 느낄 수 있을 것이다. 규칙을 강력하게 전달하면서도 애자일이 일을 더 잘하는 방법을 제공해 준다는 믿음을 함께 전달해야 한다. 또한 경험을 통해 어떻게 애자일이 일을 더 잘하게 해주는지 보여줘야 한다. 그렇게 함으로써 코치는 실천적인 것과 규칙을 모두 가르치게 된다. 이 둘 모두 원칙이다. 연습은 기본적인 움직임이며, 규칙은 각 연습이 필요한 '이유'를 말해준다. 티칭 스타일을 활용할 때는 다음과 같은 감정을 포함해야 한다.

"이 규칙을 따라 해보세요. 저도 전에 따라 했는데, 그 규칙은 여러분이 원하는 바를 줄 것이라는 걸 전 믿어요. 그래서 지금부터 그냥 규칙대로 해보세요."

"규칙이 잘 동작하면 그 외의 것은 모두 장애물입니다."

"아마도 여러분이 원하는 것은 바로 여기, 이 단순한 프레임워크에서 찾을 수 있을 겁니다. 그러니 해답을 원하면 우선 프레임워크에서 찾아보세요."

"그러니까 이게 이렇게 작동하는 겁니다."

팀이 지금 당장 모든 것을 알고자 하는 끊임없는 욕구를 잠시 내려놓고, 코치를 따라오게 하면서 그들의 첫 번째 성공을 도와줄 애자일 실천법을 몸에 익히도록 이끌어야 한다. 이러한 초기의 성공을 통해 조직은 특정 단계에 머물러 있겠지만, 팀은 애자일을 연습하면서 실수하고 그 실수로부터 회복하면서 애자일의 활용 역량을 강화할 수 있다. 애자일 팀이 '슈' 단계에 머물면서 애자일의 정수를 마스터한 후에는 '슈' 단계의 자연스러운 결과물인 '하' 단계로 이동한다.

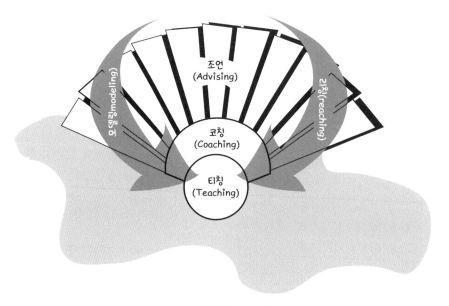

**그림 4.2** 애자일 코칭 스타일

**찾아보기**　7장 '교사로서의 코치'는 팀이 이제 막 꾸려졌을 때 애자일을 가르치는 것과 팀이 함께 업무를 하는 동안 가르칠 수 있는 시점에 대한 내용이다. 6장 '퍼실리테이터로서의 코치'는 애자일에서 몇몇 중요한 회의가 '왜' 필요한지를 설명한다.

**코칭**: 코칭 스타일의 기반은 가르침의 스타일이다. 애자일 실천법이 잘 작동하면서 팀은 애자일 규칙을 준수하던 모습에서 애자일을 적용하고 경험한 다양한 가치를 내재화하는 모습으로 변화한다. 그런 변화를 그들 스스로 할 것이기 때문에 재촉할 필요는 없다. 때로는 너무 빨리 변화될 수 있기에 종종 너무 일찍 스스로를 채찍질할 것이다. 애자일 팀이 규칙을 따라야 할 더 많은 애자일 실천법이 있다면 가르침 스타일이 효과를 내도록 그냥 놔둬도 좋다. 반면에 애자일 팀이 애자일의 복잡하면서도 단순한 작동 원리나 애자일이 잘 운용되는 이유를 이해하기 시작했다면 코칭 스타일을 유지하는 것이 좋다. 애자일 팀이 애자일 규칙을 준수하는 것을 뛰어넘어 애자일 실천법의 깊은 이면을 볼 수 있도록 다음과 같은 질문을 통해 그 과정을 도와줄 수 있다.

"애자일의 가치와 원칙은 여러분의 삶과 어떤 관련이 있을까요?"

"이런 방식으로 일하는 것이 왜 효과가 있을까요?"

"무엇을 제거해야 하나요? 무엇을 새롭게 해야 하나요? 무엇을 강화해야 하나요?"

이러한 더 깊은 탐구를 통해 팀원들은 가치와 원칙은 지키면서도 같은 일을 달성할 수 있는 여러 가지 방법에 마음을 연다. 그들은 규칙에 대한 예외사항과 그들 자신들이 만든 규칙을 실험해볼 준비가 돼 있다. 그 예외사항은 각 팀별로 다를 수 있으므로 과거에 경험한 팀의 예외사항을 현재 팀에 적용할 필요는 없다. 일부 예외사항은 기본 원칙을 위배하기 때문에 받아들여지지 않을 수 있다. 코치는 그 예외사항을 기억만 하고 팀이 무엇을 하든 그냥 둬야 하며, 그들이 결정 내린 행동의 결과에 대해 이야기하지 말아야 한다. 팀은 자신들의 결정에 따른 직접적인 경험과 그 결정에 따른 변화가 도움이 됐는지 해가 됐는지를 자신들이 직접 평가하는 것이 필요하다.

**조언:** 조언 스타일은 팀이 애자일의 실천법, 가치 및 원칙을 완전히 내재화하고 좋은 상태를 유지하고 있을 때 작동한다. 이때는 모든 것이 매우 조화롭게 움직이는 생태계처럼 잘 운영된다. 팀이 몇몇 수정된 규칙의 표현을 극한으로 몰아붙이면 해당 표현은 이내 사라지고 다른 새로운 것이 탄생하게 된다. 두 결과 모두 애자일 팀에서는 삶의 자연스러운 과정처럼 팀 구성원에 의해 우아하게 처리된다. 팀은 자기 조직적이면서 스스로 감시와 수정하는 역량을 갖춰 코치의 도움을 필요로 하지 않게 되겠지만, 팀은 그 상황을 아직 깨닫지 못할 수 있다. 깨달음을 주기 위해서는 팀이 신뢰하는 조언자인 코치에게 도움을 요청하기 전까지는 그들이 가는 길에서 비켜 있어야 한다. 그들이 코치에게 도움을 요청하면 조언자처럼 다음과 같은 질문으로 대응하면 된다.

"잘 모르겠네요. 여러분은 어떻게 생각하세요?"

"제가 관찰한 바를 이야기해도 될까요?

"그 방법이 통할 수 있을 것 같네요. 한번 시도해 보시죠."

조언할 때는 과거에 성공적으로 적용한 방법은 버려야 한다. 이제 팀은 코치가 아는 것만큼 알고 있거나 혹은 더 많이 알고 있을 수 있다. 팀은 자신들이 가야 할 길을 자연스럽게 찾는다. 제자들이 스승을 뛰어넘어야 애자일은 지속적으로 개선되고 풍성해질 수 있다.

티칭에서 코칭으로, 그 다음에 조언으로 이동하는 과정에서 모델링과 리칭에도 주의를 기울여야 한다. 어떤 특정 상황에서 선택한 코칭 스타일에 상관없이 적극적으로 모델링을 활용해야 한다. 서로의 이야기를 경청하고, 서로의 생각을 기반으로 하며, 용감하게 장애물에 대응하고, 최대한 가장 단순한 것을 추구하는 것 같이 성공으로 인도하는 행동을 끊임없이 모델링해야 한다. 당신이 해야 할 것은 마음가짐이나 도구를 전수하는 것이고, 팀은 전수받은 내용을 성공 확률을 높이기 위한 그들만의 방법과 통합한다. 이런 방법을 통해 팀은 코치에 대한 의존율을 점차 줄이게 된다.

---

**찾아보기**　5장 '멘토로서의 코치'는 팀과 팀의 구성원들에게 어떻게 다가가야 하는지를 설명한다.

---

리칭이란 각 팀원과 팀을 도와 그들이 애자일에 대한 최고의 표현을 할 수 있도록 하는 것이다. 각 팀 구성원들의 믿음, 열망 그리고 애자일에 대한 접근 방법을 숙지하고, 훌륭한 애자일리스트가 되기 위한 다음 단계로 넘어가도록 팀을 코칭한다. 그렇게 함으로써 전체에 영향을 미치게 된다. 코치가 각 코칭 스타일을 거쳐갈 때 사람들에게 관심을 갖는 전략을 취해야 한다. 그들이 무엇을 원하며, 그것을 애자일을 통해 어떻게 얻을 수 있는지 볼 수 있도록 도와줘야 한다.

## ▌코칭 스타일을 자유롭게 변경하라

새로운 팀의 초기에는 코칭 스타일을 선택하는 것이 어렵지 않다. 바로 티칭 스타일이다. 코치는 팀이 애자일의 기본을 습득하고 진정한 가치를 창출할 때까지 끊임없이 가르친다. 여기서부터 '슈'에서 '하'로 팀이 이동하듯 코칭 스타일도 자연스럽게 티칭에서 코칭으로 이동한다.

팀이 슈하리 단계의 어디에 있는지 확실하지 않은 경우에는 다음 항목을 참고하면 단계를 결정하는 데 도움을 줄 수 있다.

- 팀이 애자일 같은 것을 처음 접했는가? 만약 그렇다면 그들은 '슈' 단계에 있다.

- 애자일 실천법을 변경했거나 혹은 사용하지 않고 애자일 이면의 가치를 놓치고 있는가? 애자일을 다른 실천법과 혼합해 사용함으로써 팀의 업무 관행이 명확하지 않은가? 혹시 코치가 애자일 선언문을 제시하면 팀이 코치를 노려보는가? 이 중 하나라도 사실이라면 팀이 '하' 단계로 너무 일찍 온 것이다. 팀은 확실히 '슈' 단계에 있는 것이고, 팀이 '슈' 단계에서 충분히 연습하도록 지도해야 한다.

- 팀은 애자일 선언이 가진 가치에 따라 행동하는가? 그들이 하는 모든 일에서 개인과의 상호작용, 작동하는 소프트웨어(실제로 어떤 제품), 고객과의 협업 그리고 변화에 대응하는 것을 주장하는가? 팀이 기본적인 실천법을 통해 업무를 확실히 완료하고 있으며, 각 스프린트를 개선할 수 있는 새로운 통찰력을 만들어 내고 있는가? 애자일 실천법을 변경, 삭제 또는 추가하기 전에 잠시 멈춰 그 영향을 심사숙고하고 있는가? 그들은 이러한 변화의 결과를 직시하고 있는가? 만약 이런 것이 사실이라면 팀은 '하' 단계에 있으며, 코칭을 통해 더욱 심오한 애자일의 내면을 들여다 볼 수 있게 해줄 코치가 필요하다.

- 애자일 실천법을 변경하고 의식적으로 그렇게 행동하면서도 애자일의 가치와 원칙을 지키고 있는가? 팀이 회사 내의 여러 장벽을 돌파함으로써 자신들의 애자일 실천법을 더욱 향상시키고, 빠른 전달과 높은 만족도를 만들어 냈는가? 자기 모니터링과 자기 수정을 위해 필요한 기술과 마음가짐을 갖고 있는가? 만약 이것이 사실이라면 팀은 '리' 단계에 있는 것이고, 팀을 자유롭게 둬야 한다.

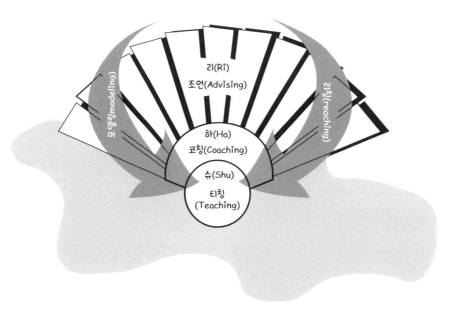

**그림 4.3** 슈하리 사이를 오가는 애자일 코치의 스타일 변화

애자일 실천법이 잘 운영되면서 업무가 완료되거나 중요한 원칙은 유지하면서 애자일 실천법을 바꾸자는 대화를 할 때는 '하' 단계로 이동할 시점이다. 만약 그 시점에 그들이 회사 내의 장애물을 피하기 위해 실천법을 바꾸고 싶어한다면 그들은 아직 '슈' 단계에 있는 것이고, 이 단계에서 팀은 규칙에 따라 행동해야 한다. 팀은 적어도 장애물에 이름을 부여하고 변화를 줄지 여부를 분명히 결정할 수 있을 만큼 충분히 오랫동안 해당 장애물에 직면해야 한다.

팀이 '하' 단계로 이동할 준비가 된 징조가 보이면 즉각 코칭 스타일을 티칭에서 코칭으로 바꿔야 한다. 이것은 그들을 '하' 단계로 이끈다. 티칭은 제 역할을 하겠지만 의도치 않은 부작용이 있는데, 팀이 코치에게 의존한다는 것이다. 선생님 역할을 내려놓고 코치 역할을 하면서 팀의 의존성을 약하게 함으로써 팀이 '하' 단계로 이동하도록 해야 한다. 코칭 스타일을 사용해 팀이 '하' 단계에 도착하도록 길을 안내해줘야 한다.

팀이 '리' 단계에 도착하면 그들은 자신들의 의지대로 행동하고 싶어할 것이다. 보통 팀이 코치에게 자신들을 보내줄 때라고 말하게 되는데, 그들이 원할 때에 조언을 해주면 된다.

어쩌면 팀이 '리' 단계에 아주 천천히 다가가고 있을 수 있다. 이 경우 코칭 스타일을 코칭에서 조언으로 변경하고 상황을 지켜봐야 한다. 그들에게 조언하고 나서 그 영향을 주의 깊게 살펴봐야 한다. 애자일을 적용하면서 새롭고 흥미롭게 적용하는가? 만약 그렇다면 그들은 '리' 단계로 이동할 준비가 된 것이다. 팀이 다시 엄격한 실천법과 원칙을 지키고자 한다면 아마도 팀은 '하' 단계에서 조금 더 연습을 하는 것이 도움이 될 것이다.

각 단계는 서로를 품고 있는 동심원과 같다. 팀이 '하' 단계에 있는 경우에는 코칭 스타일을 사용하되 새로운 실천법이나 아이디어를 소개할 때는 티칭 스타일을 도입해야 한다. 그것이 상호 일치되면 즉시 다음 단계로 팀을 이동시킨다.

일단 한 팀이 만들어져 운영되고, 모든 애자일 실천법을 경험하면서 잘 해내면 다양한 주제나 기술 또는 다양한 시점에 세 가지 코칭 스타일을 모두 사용해 팀과 상호작용하는 자신을 발견하게 될 것이다. 코치 자신 말고는 어떤 상황에 어떤 코칭 스타일을 사용하는지 알 필요가 없다. 이렇게 코칭 스타일을 변화무쌍하게 활용하는 것은 자신의 몫인 것이다.

코치 역시도 애자일 코칭 역량과 관련해 자신만의 슈하리 단계를 거치고 있음을 명심해야 한다. 코칭 기술이 '슈' 단계에 있을 수 있지만, 애자일은 '리' 단계에 있을 수 있다. 현재의 단계를 존중하고 그것을 완벽히 익히기 위해 해당 단계에서 연습해야 한다. 코칭 스타일 사용에 대해 스스로에게 지속적으로 질문해야 한다. 코치 자신이 다음 단계로 이동할 준비가 되지 않았기 때문에 팀도 다음 단계로 이동하지 못하도록 한 적이 있는가? 혹은 가치를 인정받고 팀이 코치에게 조언을 구하는 것이 너무 좋아서 코칭 단계에 필요 이상으로 오래 머물렀던 적이 있는가? 팀이 애자일의 가치와 진실의 탐구에 너무 깊이 빠질까 걱정해 조언 단계로 너무 빨리 이동했는가? 이 모든 경우에도 시험과 적응 모델이 필요하다. 코치 자신의 기술과 경험 수준에 맞춰 스타일을 조정해야 한다. 만약 팀이 코치의 능력을 뛰어 넘을 만큼 성장한 상황이라면, 더 경험이 많은 코치를 코치의 멘토로 참여시켜 팀의 성장을 도와야 한다.

## ▌ 요약

4장에서 학습한 주요 내용을 정리해보자.

- 코치와 팀은 '슈하리'라고 불리는 단계를 통해 애자일을 완전히 익히게 된다. 코치 자신도 애자일 코칭을 아주 똑같은 방식으로 숙달하게 된다.
- 팀의 '슈하리' 단계에 맞춰 코칭 스타일도 티칭에서 코칭으로, 조언으로 물 흐르듯이 연결해야 한다.
- 항상 팀이 성공할 수 있는 행동을 갖추도록 도와주고, 각 팀원에게 관심을 가짐으로써 그들이 훌륭한 애자일리스트가 되도록 도움을 줘야 한다.
- 물 흐르듯이 그냥 돼야 한다. 그 어떤 단계나 스타일도 A단계에서 B단계, C단계로 움직이는 것이 명확하게 이뤄지지 않는다. 아주 간단하다.

## ▌ 추가 자료

- Andrew Hunt, 『Pragmatic Thinking and Learning: Refactor Your Wetware. Raleigh: Pragmatic Programmers』, Pragmatic Bookshelf , 2008

## ▌ 참고 자료

- Kent Beck 외, Manifesto for Agile Software Development(www.agile manifesto.org), 2001
- Alistair Cockburn, Private conversation between Alistair Cockburn and L. Sensei Nakamura as documented in Alistair Cockburn's compilation of his Shu Ha Ri writings applied to software engineering(http://alistair. cockburn.us/Shu+Ha+Ri), 1994
- Alistair Cockburn, Compilation of Shu Ha Ri writings applied to software engineering(http://alistair.cockburn.us/Shu+Ha+Ri), 2008

- Sensei's Library(http://senseis.xmp.net/?ShuHaRi)

- Shuhari Dojo Martial Arts(www.shuhari.com/site/view/ShuharisMeaning.pml)

# 2부

# 팀이 더 많은 것을 얻도록 지원하라

# 5장

# 멘토로서의 코치

어느 날 애자일 코치로 몇 년 동안 일해 온 내게 동료가 "너도 알겠지만 프로 코칭의 세계는 무궁무진해. 그러니 어떤 것이 있는지 확인해봐!"라고 말했다. 이 말은 "너는 자신을 코치라고 말하지만 진정한 코치는 아니야."라고 돌려서 말한 것이었고, 그가 옳았다.

이때까지 내 애자일 코칭 수준은 팀을 꾸리고 기본적인 애자일 실천법이 운용되게끔 하는 정도였고, 각 팀원들의 잠재력을 끌어내어 팀의 성과로 이어지도록 하기에는 역량이 부족했다. 나는 프로젝트 관리자로서 수년 동안 사용하면서 유효성은 증명됐지만 그다지 효과적이지는 못했던 관리기법을 사용하고 있었다.

나는 코칭 스쿨에 가서 전문적인 워크/라이프work/life 코칭을 접하면서 이 방법이 애자일 코칭에 100% 적용될 수 있다는 사실을 발견했다. 코칭 스쿨에서 배운 모든 내용은

---

**5장을 끝내면 다음과 같은 질문에 답할 수 있다.**

- 애자일 코칭은 무엇이며, 코칭에서 목표로 하는 것은 무엇인가?
- 1:1로 사람을 코칭할 때와 팀 전체를 코칭해야 할 시점을 어떻게 알 수 있는가?
- 팀이 고성과를 내도록 하려면 어떤 코칭 스타일을 활용해야 할까?
- 1:1로 사람들을 코칭하는 방법은 무엇이며, 어떻게 시작하고 무엇을 기대해야 할까?
- 친근한 잡담이나 수다보다 1:1 코칭과 관련된 대화를 할 수 있는 방법은 무엇일까?
- 팀에 높은 가치를 부여할 수 있도록 제품 책임자와 애자일 관리자에게는 어떤 코칭이 필요할까?
- 초보 애자일 코치가 스스로 코칭을 잘 하도록 하려면 어떻게 해야 할까?

내가 코칭하는 비즈니스 세계의 애자일 팀에 직접적으로 적용할 수 있었다.

나는 코칭과 멘토링의 차이점을 알게 됐고, 그때까지 나는 멘토링만 하고 있었음을 깨달았다. 먼저 이미 진행하던 멘토링에 코칭을 적용함으로써 이 두 개의 조합이 강력하다는 사실을 깨달았고, 코칭하는 팀도 그 점을 알아차렸다. 이제 나는 전문적인 워크/라이프 코치가 됐고, 다른 코치, 팀원, 팀 및 그들을 둘러싼 사람들을 지도하기 위해 그러한 기술을 애자일 멘토링과 꽤 융통성 있게 섞어낼 수 있다.

5장에서는 애자일 환경에서 코칭 기법을 적용하는 것에 대해 내가 배운 많은 방법을 소개한다. 우선 애자일 코칭을 더욱 명확하게 정의하는 것부터 시작해 늘 진행하는 개인과 팀 레벨에 대한 코칭을 소개하고, 다른 애자일 코치나 제품 책임자 및 관리자에 대한 코칭을 어떻게 해야 하는지 심도 있게 설명한다.

## ▌애자일 코칭이란

애자일 코칭을 이해하기 위해 먼저 전문 코칭이 무엇인지 살펴보자. 코칭은 코칭을 받는 사람이 새로운 관점과 가능성을 볼 수 있도록 돕는 일련의 기교적인 대화를 통해 이뤄진다. 여기서부터 코칭을 받는 사람은 그들의 개인적이며 전문가로의 성장을 위한 다음 단계를 꿈꾸며, 그 단계로 올라서기 위해 행동으로 옮긴다.

애자일 팀을 코칭할 때는 코칭과 멘토링의 두 가지 특징을 모두 취할 수 있다. 코치는 전문적인 워크/라이프 코치가 하는 것처럼 인생의 다음 목표를 달성하도록 도우면서 누군가를 코칭한다. 또한 멘토링을 통해 자신만의 애자일 경험과 아이디어를 공유함으로써 멘티가 애자일을 제대로 활용하도록 안내한다. 이런 방식으로 코칭과 멘토링을 통해 재능 있는 애자일리스트를 양성함으로써 애자일을 통해 더 나은 비즈니스 결과가 나오게 한다.

이와 같은 패턴은 팀 전체 수준에서 반복된다. 코칭은 코치와 팀이 선택한 일련의 단계를 통해 팀의 성과를 향상시키는 데 도움을 준다. 멘토링은 코치의 애자일 지식과 경험을 팀에 전달하는데, 그 특정한 지식은 팀에서 일어나는 일과 관련이 있다.

코칭과 멘토링은 각각 유용하면서도 강력하지만, 이 둘을 합치면 사람들이 애자일을 채택하고 잘 활용하도록 돕는 최강의 조합이 된다. 애자일 환경은 코치를 멘토로 만들고, 코치로서 팀 성과에 집중하도록 한다. 코칭과 멘토링의 조합이 애자일을 활성화시키고, 코칭과 멘토링의 테두리 안에서 성과는 꽃을 피우게 된다.

애자일에서는 코칭과 멘토링이 코칭이라는 용어로 통용되고 있다. 별다른 이유는 없지만 단지 애자일 코치라는 말이 코칭과 멘토링을 모두 포함하기 때문이다. 또한 우리가 코칭의 전문적인 기법을 사용하지만 진정한 의미의 전문적인 코칭은 아니다. 전문 코치는 코칭을 받는 사람들과의 코칭 관계를 지탱해주는 것이 그들이 가진 문제점이라는 사실을 알아야 한다. 코치는 코치 자신이 아닌 코칭을 받는 사람을 위해 존재한다. 코치는 코칭을 받은 사람의 문제를 해결하고, 애자일을 잘 활용할 수 있도록 도와주는 이 두 가지 역할을 잘 고려해야 한다.

다시 한번 말하지만 우리는 전문적인 코칭 도구를 가져다 사용하는 애자일에 대한 전문지식을 보유한 멘토다. 이러한 전문지식을 교육하고 코칭 스킬을 사용해 각 개인이 애자일로 전환하도록 돕는다. 나는 이 역동적인 두 가지 역할을 마음에 새기고 있기 때문에 '애자일 코치'라고 자랑스럽게 말할 수 있다.


## ▌왜 코칭을 하는가

애자일 코치는 애자일을 최상으로 활용함으로써 기업이 목표를 더 빠르고 더 탁월하게 달성할 수 있도록 한다. 만약 우리가 애자일로부터 얻을 수 있는 최대치를 뽑아내고자 한다면 우리는 '더 빠르고 더 탁월하게'라는 문구를 '여태껏 꿈꿔보지 못한 위대한 혁신을 통한 빠름과 탁월함'이라고 수정할 것이다.

이 목적을 위해 다음과 같이 코칭한다.

- 비즈니스와 팀 구성원에게 근본적으로 중요한 영향을 줄 수 있는 놀라운 결과를 달성하도록 돕는다.
- 팀이 함께 발전하고 더욱 건강하도록 돕는다(또는 건강하지 않을 때 더욱 완전하게 회복하도록).

- 팀원 각자가 애자일 여정의 다음 단계를 수행하도록 지원해 더욱 성공적인 애자일리스트가 되고, 팀 개선과 팀 성장에 기여하도록 돕는다.

사람들이 일에서 느끼는 기쁨과 성취감을 증대시키는 것은 코치에게는 별개 혹은 부가적인 목표일 수 있다. 그것은 나를 위한 목표다. 왜냐하면 나는 사람들이 깨어있는 시간의 대부분을 보내는 일에서 기쁨과 성취감을 느껴야 한다는 강한 믿음을 갖고 있다. 그리고 기쁨을 만들고 성취감을 느끼는데 집중하는 팀은 기쁨을 느낄 수 있는 많은 성취를 이뤄낸다는 것을 알게 됐다. 이 선순환은 자연스럽게 돌아간다.

## ▎ 두 가지 레벨로 코칭하기

애자일 팀을 개인과 팀 레벨로 동시에 코칭할 수 있다. 또한 코칭은 선택한 애자일 프레임워크의 특정 부분을 대체하는 것이 아니라 프레임워크의 최상위 레이어에 위치한다. 가장 먼저 애자일 실천법을 확고히 하는 것을 최우선적으로 한 후 코칭해야 한다.

코칭을 위한 개입은 프로젝트 시작과 종료 시에 가장 큰 영향을 미친다(Hackman 2002). 애자일에서는 프로젝트의 경계가 모호해지는데, 이는 애자일에서는 미리 정해진 종료일에 프로젝트를 완료하는 것보다 비즈니스 요구에 맞는 제품을 만드는 것을 중요시하기 때문이다. 애자일은 개선을 위한 변경을 선호하기 때문에 일반적인 프로젝트에서 사용하는 시작과 종료일보다는 타임박스 된 스프린트나 릴리스가 시간 측정 방식으로는 더 유용하다. 따라서 코칭을 위한 개입이 중요한데, 특히 애자일 팀에 있어 스프린트나 릴리스의 시작 시점과 종료 시점에서의 코칭은 가장 큰 영향을 미치게 된다.

스프린트나 릴리스의 초반과 끝 무렵에 코칭을 위한 개입이 큰 영향을 주는 것은 사실이지만, 스프린트를 진행하는 도중에도 코칭은 필요하다. 스프린트를 진행하는 중간에는 지속적으로 팀이 장애물을 제거하고, 그들의 역할을 충분히 수행하면서 앞으로 전진하도록 돕는다. 그러나 스프린트를 진행하는 중에는 팀 전체에 대한 중요한 관찰 사항이나 개선의 기회를 언급하기 전에 잠시 멈추고, 발견한 사항을 스프린트의 마무리 시점에 팀에 어떻게 전달하는 것이 좋은지에 대한 고민이 필요하다.

그림 5.1에서 볼 수 있듯이 코칭은 스프린트의 생애주기에 걸쳐 팀에서 개인으로 그리고 다시 팀으로 번갈아 진행된다. 시기적으로 부적절한 코칭 개입은 애자일 프레임워크를 통해 스프린트 기간 동안 업무에 집중하는 팀에게는 유익하기보다 더 큰 해를 끼칠 수 있다(Hackman 2002). 코칭의 대상을 팀에서 개인으로 전환했다가 다시 팀으로 옮기는 것은 피해를 예방하고 좋은 결과를 낳게 할 수 있다.

코치는 항상 그들의 든든한 지원군이어야 한다. 팀이 장애물에 막혔을 때 도와주고, 그들이 달성하고자 했던 목표를 상실하고 세부사항에 매몰돼 있을 때 목표를 다시 상기시켜주며, 그들이 함께 일하면서 서로를 대하는 방식을 유지할 수 있도록 응원하고 격려해야 한다.

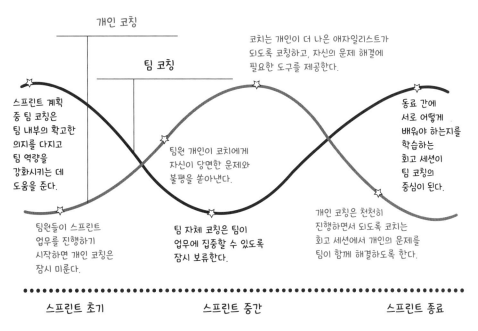

그림 5.1 스프린트 동안 팀 및 개인에 대한 코칭 개입

## 시작 시 코칭

한 스프린트가 끝나고 다른 스프린트가 시작되면 팀 전체를 코칭할 시간이 다가온 것이나. 팀이 애자일 실천법을 잘 수행하도록 돕거나 애자일 역할을 제대로 구현하도록

가르치는 교육 코칭이 중심 단계를 차지한다. 이러한 종류의 코칭을 통해 팀 전체가 애자일을 단순하게 적용하면 얼마나 아름답게 애자일이 작동하는지 확인할 수 있도록 목표를 둬야 한다. 특정 개념을 가르칠 수 있는 완벽한 순간이 오면 사무실에서 되도록 '큰 소리'로 코칭을 수행한다. 또는 팀이 당장 필요로 하는 애자일 실천법을 소개하거나 강화를 위한 코칭 개입을 계획한다. 만약 팀이 업무에 집중하고 역량 강화를 할 더 나은 계획을 수립하기 위해 그들의 속도$^{velocity}$를 어떻게 이용해야 하는지에 대한 학습이 필요하다면, 팀이 스프린트 계획의 중간 시점에 있을 때 코칭할 수 있도록 준비한다. 교육을 위한 코칭 개입은 개선하려는 활동 중에 제공될 때 가장 큰 영향을 미친다.

> **찾아보기** 팀이 업무에 집중하면서 자신들의 역량 강화를 통해 적정량의 업무 완수에 대한 약속을 하도록 돕는 것은 6장 '퍼실리테이터로서의 코치'에서 소개한다.

## 초기 시점에서 코칭

팀의 첫 스프린트를 함께 시작할 때 코칭 개입은 그 후에 진행되는 코칭 분위기를 설정한다. 코치는 '팀의 구조적 껍질(우리의 경우에는 애자일)에 생명을 불어넣어 팀이 스스로 기능을 시작할 수 있도록 돕는 것'을 목표로 한다(Hackman 2002). 팀에 생기를 불어넣으려면 팀이 업무를 시작할 시점에 교육을 위한 코칭 개입을 계획하며, 사용할 애자일 프레임워크를 팀원들에게 가르치고, 팀원으로서 개인 및 하나의 팀으로 함께하는 것을 가르치며, 프로젝트의 비전과 앞으로의 작업에 대해 가르친다.

> **찾아보기** 팀이 처음 시작하는 시점에서 코칭하는 방법은 7장 '교사로서의 코치'에서 다룬다.

## 중간 시점에서 코칭

스프린트 중간에는 팀 전체에 대한 코칭은 잠잠해진다. 코치는 팀이 업무를 제대로 진행해야 하기 때문에 실제로도 조용히 있는다. 만약 팀 전체에 코칭을 해야 한다면, 그것은 팀 전체에 큰 영향을 줄 수 있는 통찰력을 의도적으로 전달해야 할 시점뿐이다.

스프린트 중반에서의 코칭 개입은 성과 전략에 대한 대화가 적합하다(Hackman 2002). 특히 번다운 차트<sup>burn-down chart</sup>가 스키 점프를 하는 것처럼 보일 경우에는 팀에게 스프린트 중간에 성과에 대한 평가를 하는 것이 좋을지 물어볼 수 있다. 스프린트의 중간 점검 때 팀원들 사이의 간단하고 가벼운 대화는 그들이 남아 있는 업무를 어떻게 처리할지에 대한 새로운 아이디어와 계획을 만들도록 해준다. 너무 잦은 스프린트 중간 점검도 방해가 되기 때문에 코치는 중간 시점에서 코칭을 너무 자주 발생시키지 않도록 한다.

스프린트의 중간 시점에는 애자일 코치가 팀이 업무에만 집중할 수 있도록 방해하지 말아야 하기 때문에 개인 코칭을 하기에 안성맞춤이다. 이 시점은 공교롭게도 팀원들이 자주 코치에게 문제를 갖고 오는 시점이기도 하다.

개인 코칭을 할 때 애자일 코치는 팀 업무를 방해하지 않으며, 애자일 고유의 리듬을 유지하면서 개인의 문제를 해결한다. 만약 문제가 두 팀원들 사이에서 발생했다면 문제를 일으킨 두 당사자가 직접 해결하도록 한다. 만약 해당 문제가 엄청나게 중요한 것이 아니라면 회고에서 논의하도록 하는 것도 제안한다. 코치로서 '회고'라는 옵션은 언제든지 사용할 수 있고, 특히 스프린트의 막바지에 있을 때는 더욱 그렇다.

스프린트의 중간 시점은 사무실에서 큰 소리로 코칭하면서 팀이 보유한 역량 있는 행동을 인식하면서 동시에 강화할 수 있는 안성맞춤인 시점이다(Hackman 2002). 누군가가 특별히 도움이 되거나 힘이 되는 일을 했다면 다른 팀원들 앞에서 그 일에 대해 이야기하라. 큰 소란을 피울 필요는 없다. 일상적이지만 정중한 대화를 다른 팀원들이 듣게 하는 방법이 효과가 더 클 것이다. 이것은 코치가 현장에 있어야만 한다는 것과 그 현장에서 업무를 잘 하는 사람을 파악하고 있어야 함을 의미한다.

## 종료 시점에서 코칭

스프린트의 끝 무렵에도 최종적인 코칭 개입이 필요하다. 스프린트의 마무리 시점은 팀이 그동안 어떻게 함께 일을 했고, 다음 스프린트를 더욱 잘하기 위한 반성의 시점이라는 것을 의미한다. 애자일 프레임워크는 '회고'라는 공식적인 회의 실천법을 통해 이런 개입을 지원한다. 회고는 팀의 대화를 촉진시켜 다음 스프린트에서 개선해야 할 몇 가지 일에 대해 합의를 도출해낼 수 있다. 회고에서의 코칭은 팀이 개선을 위해 해야 할 일감의 목록을 만들어내는 것 이상을 하는 데 도움이 된다. 즉 '팀원들이 서로에게서 가장 잘 배울 수 있는 방법을 학습할 수 있을 정도로까지' 팀을 코칭하라(Hackman 2002).

한 스프린트의 끝과 그 다음 스프린트의 시작은 너무나 빠르게 전환되기 때문에 과거를 돌아보고, 미래를 위한 학습이 마치 하나로 붙어 있는 것처럼 보인다.

## 릴리스 레벨에서 코칭하기

코칭 개입의 사이클은 릴리스 레벨에서도 반복된다. 릴리스에서의 코칭 개입도 다른 코칭 개입과 동일하다. 즉 릴리스 사이클 시작 시점에서의 학습과 릴리스 사이클의 끝에서 되돌아보는 것을 통한 학습이며, 릴리스 사이클의 중간 시점에서는 개별 코칭과 팀 전체에 대한 점검을 한다.

팀 코칭이나 개별 코칭이 유용하면서 강력하려면 팀이 스프린트 또는 릴리스 사이클의 어느 지점에 있는지를 파악하라. 개인과 팀을 동시에 코칭하고 가장 큰 영향을 주지만 업무에 지장을 주지 않을 코칭 유형을 선택하는 등 개별 코칭과 팀 코칭의 균형을 맞추도록 한다.

## 코칭의 톤

코치가 팀 혹은 개별 코칭을 진행하든 관계없이 코칭 톤은 사랑, 동정 및 타협하지 않는 단호함 등 다양한 주파수에 맞춰야 한다. 언뜻 보면 이 세 단어가 어울리지 않는 것 같다. 내가 정말 당신의 코칭이 사랑스럽고 동정적이며 단호함으로 채워지길 바란다고 생각하는가?

각 팀원들을 인간이라는 이유만으로 사랑하고, 더 나은 팀원(사람)이 되기 위해 노력하는 것에 대해 지지를 받고 있다고 인정을 해줘라. 각 사람의 여정에 동정심을 갖게 되면 그들이 되고자 하는 무엇인가를 달성하도록 코치가 도와주리라는 것을 그들도 알게 된다. 코치가 그들을 사랑하며 동정하고 있음을 그들도 알고 느낄 때, 그들도 자신들이 구축한 위장막을 거두고 코치에게 가까이 갈 것이다. 이럴 때 비로소 코칭이 시작될 수 있다.

코칭에 사랑과 동정심을 불어넣기 위해 모든 사람으로부터 사랑을 받을 필요는 없다. 포옹을 하면서 "이 사람을 정말 사랑해!"라고 외치는 것은 가식적이다. 그 대신 정말로 그들의 말을 경청하고 있다거나 그들이 자신들의 분야에서 전문가가 맞다는 인정 같은 방식으로 사랑과 연민을 표현하라.

그들을 지지하고 소중히 여긴다는 점을 알리기 위해 사랑이나 동정이라는 말을 직접적으로 할 필요는 없다. 정말로 그렇게 하지 않는 게 좋다. 코치는 단지 사랑스럽고 동정심이 많은 사람일 뿐이다. 바로 이것이 중요한 점이다. 사랑으로 충만하고 동정심을 갖고 있다면 타협하지 않을 수 있다.

그들의 위대한 자아를 확인했기 때문에 그들과 타협하지 않으려는 당신의 의지를 보여 줘라. 단지 코치는 그들에게 최고의 결과를 기대하며 그들이 되고자 하는 사람이 되고, 그들이 달성하려는 바를 성취하리라고 믿기만 하면 된다. 코칭은 그들의 허영심을 키우거나 그들 자신에 대해 좋게 느끼게 하는 것과는 아무 상관이 없다. 그 대신 코치는 각 개인이 되도록 다음 수준의 어질리티agility를 달성하게끔 단호한 태도를 취함으로써 모든 사람의 어질리티 수준을 높인다. 코칭은 각 개인이 전문 분야에서의 성장을 개인의 삶에 연결되도록 돕는 것이다. 효과적인 코칭을 통해 개인이 애자일 팀에 충분히 기여함으로써 평범한 결과가 아닌 놀라운 결과를 창출할 수 있도록 한다.

코칭에는 "친구는 네 모습 그대로의 너를 사랑한다. 그러나 코치는 너를 너무 사랑해서 그렇게 놔두질 않는다."라는 진부하지만 진리와 같은 문구가 있다.

그들을 너무 사랑해서 그들이 지금 있는 그대로 있도록 내버려 두지 말아라. 그리고 이것이 비타협적인 태도의 근원이 되게 하라. 그들을 사랑하고 동정심을 갖되 철저하고 단호해야 한다.

만약 팀원들이 회사 내의 문제를 해결할 필요가 없도록 '애자일을 수정'하길 원한다면, 그것은 그들의 선택이므로 그냥 놔둬라. 하지만 그것 또한 믿지 마라. 코칭에서의 멘토 측면을 기억하라. 코치는 훌륭한 애자일리스트가 어떤 모습인지 어떻게 말하고 행동하는지를 알고 있다. 팀원들에게 당장 애자일에 대한 코치의 높은 기대치를 만족시키라고 요구하지 말아야 하고, 그들과 타협함으로써 그들이 훌륭한 애자일의 정의를 변경하는 것이 정당하다고 여기지 않도록 한다. 그들이 변경한 애자일 정의를 받아들이면,

그들은 이미 자신들이 애자일을 활용하는 것이 일정 수준에 도달했다고 여기고 더 이상의 개선 작업은 하지 않을 것이다.

나는 팀과 조직을 둘러싼 주변 사람들로 인해 애자일에 대한 정의가 왜곡된 많은 팀을 코칭해 왔다. 그들의 코치로서 나는 애자일스럽게 업무를 완벽히 완료하는 것이 어떤 모습인지를 명확하게 제시하지만, 결코 그 비전에 대해서는 타협하지 않는다. 만약 그들이 그것을 달성하고 싶어하지 않아도 무방하지만, 그들은 내게서 "여러분은 충분히 애자일스럽게 일하고 있어요."라는 말은 결코 듣지 못할 것이다. 나는 애자일 팀원이나 애자일 팀, 혹은 애자일 조직이 그들의 위대함을 달성할 수 있는 애자일 측면에서의 완료에 대한 비전을 절대 포기하지 않는다.

1:1 코칭 대화처럼 팀원들이 자신을 괴롭히는 문제로 인해 훌륭한 애자일리스트가 될 수 없었다는 합리적인 변명을 듣는 자리에서 코치가 애자일스러운 완료에 대한 비전을 고수하기는 꽤나 어려운 일이다. 그러나 그럴 때일수록 그 비전을 그들과 타협하지 않으며 양보하지 말아야 한다. 이후의 내용은 그에 대한 내용이다.

## ▌ 1:1로 코칭하기

사람들을 1:1로 코칭할 시점은 항상 다가온다. 아마도 팀원이 스스로 문제를 갖고 오거나, 검토하고 있었던 어떤 일에 대해 먼저 팀원과 대화를 나누기로 결심할 수도 있다. 조만간 1:1 코칭 대화의 기회가 찾아온다. 이번 단원에서는 1:1 대화에 대해 설명한다. 우선 1:1 코칭을 위한 4가지 기본원칙을 설명한 후에 1:1 코칭을 어떻게 사용해야 할지 하나씩 설명한다.

### 1:1로 코칭의 기초를 닦다

1:1 코칭을 시작하기 전에 알아야 할 네 가지 기본원칙은 다음과 같다.

- 반걸음 먼저 그들에게 다가가라.
- 안전을 보장하라.
- 관리자와 파트너가 되라.

- 긍정적인 배려를 하라.

이 네 가지는 사람들에 대한 코칭을 시작하는 시점부터 기본원칙으로 가져야 한다.

## 반걸음 먼저 그들에게 다가가라.

전문적인 코칭의 기본 원칙은 코칭의 대상자들을 그들이 있어야 한다고 생각하는 곳이나 그들의 역량으로 도달할 수 있는 목표 지점이 아니라 현재 '그들이 있는 바로 그곳'에서 만나야 한다고 명시하고 있다. 애자일 코칭은 애자일 멘토십을 동반하기 때문에 이 규칙을 "코칭할 대상을 그들이 현재 위치한 곳에서 반걸음 먼저 만난다."고 수정한다. 우리는 코치로서 그들을 애자일 실천법, 원칙, 가치, 마인드 셋 등의 애자일 도구를 활용해서 지도하기 때문에 애자일 여정에서 이미 그들보다 먼저 도착해 있다.

애자일이 잘 운영되는 모습을 코치들이 알고 있다고 해서 팀의 현실과 동떨어진 내용을 코칭하지는 않는다. 그렇기 때문에 그들이 있는 곳에서 열 걸음, 심지어 두 걸음도 앞서지 않고 반걸음 앞서 그들을 만나는 것이다. 예를 들면 그들이 의자에서 엉덩이를 뗀 적도 없다면 그들에게 일어나서 뛰라고 코칭하지 않는다.

반 발짝 앞에 가 있다는 것은 팀원들이 다음 단계를 밟는 데 도움이 될지도 모르는 애자일 지식과 경험을 제공하기에 좋다. 비록 우리는 워크/라이프 코치로서 개인에게도 관심이 있지만 팀원을 전체적으로 코칭하지는 않는다. 우리의 목표는 애자일을 잘 운영하도록 돕는 것이다. 우리는 전체 팀원들이 가져오는 문제 중 업무 부분만 코칭하거나 혹은 개인적인 문제에 대해 코칭하는 것이 아니라 이 두 개의 조합에 대해서 코칭한다. 즉 업무를 제대로 완료했다는 것에서 개인의 특성을 분리할 수 없고, 애자일스럽게 일을 잘 해내는 것도 가치와 분리할 수 없기 때문이다.

그들의 상태를 알기 위해서는 팀원들의 말도 경청해야 한다. 과거에 경험한 최상과 최악에 대해 이야기하도록 하고, 현재 겪는 어려움도 이야기하도록 하라. 그들이 경험하고 있는 업무 세계가 어떻게 돌아가고 있으며, 또 어떻게 돌아가야 하는지에 대한 그들의 신념을 들어라. 그들에게 애자일을 어떻게 생각하는지 그리고 애자일이 그들이 이미 알고 있는 것이나 직장에서 어떻게 행동하도록 배운 것에 변화를 줄 수 있는지 질문하라.

그러고 나서 '애자일 여정'을 떠올리고, 그들이 현재 도착해 있다고 생각하는 위치를 결정하라. 어쩌면 그들은 애자일에 대한 이해력이 매우 낮지만 개방적이어서 그들이 조금 더 학습한 후에 본격적인 여정을 출발해도 된다고 생각할 수 있다. 혹은 어느 정도 애자일에는 익숙하긴 하지만 변화를 거부하고 있어서 애자일 여정의 출발점 근처에 있다고 생각할 수도 있다. 또는 그들이 애자일의 기본은 충분히 내재화했고, 애자일 이면의 더 깊은 원리를 이해하고 싶어한다고 본다면, 그들이 애자일 여정의 중간쯤에 있다고 생각할 수 있다.

조바심을 내지 말아라. 처음부터 혹은 매 순간 바로잡을 필요가 없다. 단지 그들이 애자일 여정의 어느 위치에 있는지를 살펴보고, 그들보다 반걸음 먼저 가서 코칭하면 된다. 그런 다음 그들을 코칭하면서 어떤 일이 일어나는지 살펴보라. 아마도 처음 생각했던 것보다 훨씬 더 멀리 왔고 더 많은 것을 할 준비가 돼 있을 수 있다. 만약 그들이 흥미진진한 게임이었다고 말한다면 아마도 예상한 것보다 한참 뒤에 있는 것이기 때문에 애자일에 대한 비전을 좀 더 확장해서 살펴볼 필요가 있다. 이런 경우에도 시험과 적응 inspect and adapt 을 통해 수정하면 된다.

## 안전을 보장하라

애자일 코치들은 실험과 위험을 감수하는 환경을 유지한다. 왜냐하면 그러한 환경에서만 탁월함이 나타난다는 사실을 알기 때문이다. 애자일 팀은 그들에게 압박을 가하는 성과 검토 프로세스와는 상관없이 자유롭게 행동하고 좌충우돌하며, 극단적인 말을 하거나 실수를 저지를 수 있어야 한다.

팀원들은 사무실에서 자기들끼리 한 이야기나 팀원들이 관리자와 휴게실에서 만났다거나 누구의 성격이 좋지 않다는 등의 말을 코치에게 할 필요가 없다. 이런 말은 비공식적으로나 농담으로도 코치의 입에서 새어 나오지 않는다. 팀에서 일어났던 일은 팀에 한정된다.

팀이 여전히 개방적이고 창의적인 분위기를 즐기지 못하더라도, 사람들은 여전히 팀으로서 함께 인간적이며 실수를 저지르고 실수를 만회할 시간이 필요하다. 그렇지 않으면 그들은 절대 개방적이고 창의적인 분위기를 즐기지 못할 것이다.

개인과 팀을 코칭할 때 그들 자신이 인간적일 수 있는 기회가 여전히 있고, 코치는 두 사람 사이에 일어나는 일과 업무 공간에서 발생하는 일을 비밀로 간직하고 있음을 알게 해야 한다. 이를 위해서 그런 일에 대한 비밀유지와 안전에 대해 선언하고, 그 방침을 고수하면 된다.

물론 발생하는 일을 상황에 따라 상식선에서 결정하지 말아라. 어떤 상황은 운 좋게도 드물게 발생하기도 하며, 어떤 상황에 대한 결정은 팀 내부에서 해결할 수 없는 일도 있다. 괴롭힘이나 차별 및 폭력 같은 상황은 비밀 유지 규칙을 깰 수 있다. 코치로서 당신은 그들의 신체적, 정서적 안전을 보호하는 것이 실수를 저지르는 경우보다 더 중요하다는 점을 고수해야 한다.

---

**찾아보기**     어떤 팀이든 갈등은 피할 수 없지만, 애자일 팀에서는 특히 협업이 더욱 중요하기 때문에 갈등은 서로에게 더 큰 상처를 줄 수 있다. 따라서 코치는 팀이 건설적으로 갈등을 관리하도록 코칭해야 한다. 이 내용은 9장 '갈등 중재자로서의 코치'에서 다룬다.

---

이런 드문 상황을 배제하고 팀은 발생되는 문제점을 코칭을 통해 잘 해결해 나갈 것이고, 앞으로도 그럴 것이라 믿어라. 문제를 팀 내부에서 함께 해결하도록 코칭하라. 팀이 내부에서 해결하기 어려운 문제라면 도움을 요청하도록 코칭하라. 몇 가지 상황에 대한 가이드만 제시하고, 팀원들이 독립적으로, 스스로 교정할 수 있는 역량이 생기는지 관찰하라. 아마도 팀은 매 순간 성장하고 있을 것이다.

## 관리자와 파트너가 되라

만약 우리가 "팀에서 일어나는 일은 팀에서 해결한다."는 문장을 존중한다면, 관리자들과 협력하는 것은 이 규칙을 위반하는 행위로 보일 수 있다. 관리자와 협력하는 의도가 불순하다면 이는 곧 그 규칙을 위반하는 것이니 먼저 의도를 확인해봐야 한다. 관리자와의 협력에 대한 긍정적인 의도는 팀원들이 그들의 애자일 잠재력을 최대한 발휘하도록 하는 것이어야 한다. 이것이 관리자와의 파트너십에서 중심축이 돼야 신뢰성과 안전에 대한 약속을 지킬 수 있을 것이다.

팀원들의 기능 관리자는 그들이 성과 검토 결과를 '보고'하고 그들의 성과를 관리하는 사람들이다. 그들은 최소한 각 팀에 참여하는 구성원의 역량에 영향을 미친다. 최악의 경우에는 그들은 팀원들에게 개인주의적 행동을 발생시킴으로써 팀워크를 방해하기도 한다. 이런 이유 때문에 관리자들도 코칭을 해야 한다.

각 팀원의 관리자는 팀 전체에 명시적이면서도 은밀하게 영향을 미친다. 관리자의 성과 검토에 대한 기대는 명시적인 특정 행동을 유발하기도 한다. 관리자의 애자일에 대한 지원이나 조롱은 팀원들과의 대화에서 은밀하게 나타난다. 관리자가 애자일을 지원하지 않는다면 팀 구성원이 팀에 완전히 몰입하기 어렵다.

코칭하는 팀 구성원에 대한 관리자들의 '계획'을 알 수 있도록 그들과 파트너십을 구축하라. 팀 구성원이 올해 달성할 수 있는 성과에 대한 측정 기준은 무엇인가? 성과 측정 기준에 대한 개인적인 기여도는 명확하게 어느 정도로 달성해야 하는가? 기본적으로 팀원이 어떻게 보상을 받을지 알아야 그것이 팀워크에 긍정적인 역할을 할지 혹은 부정적인 역할을 할지 알 수 있다. 또한 관리자의 팀 구성원에 대한 접근 방식과 방향이 팀의 헌신을 가로막는 경우, 관리자에게 애자일이 어떻게 작동하는지를 교육할 필요성을 느낄 수 있다.

## 팀의 문제 해결을 위해 관리자들과 파트너가 되다

긴장이 너무 심해서 팀은 숨이 막힐 지경이었지만, 아무도 원인을 밝힐 수 없었다. 그것은 모든 사람들, 특히 제품의 새로운 분야를 연구하는 소수의 팀원들에게 영향을 미치고 있었다. 일반적인 대화를 들여다보면 이 세 사람이 서로 미워했다고 생각할 것이다. 다른 사람들이 무엇을 하든 상관없이 서로 이야기를 나누고, '내 방식'을 실천하며, 목소리를 높이는 경우는 흔히 일어났다. 그들은 한꺼번에 세 가지 다른 방향으로 달리고 있었다. 그것은 함께 일하는 방식이 아니었고, 그들이 만들어 내는 것도 문제투성이뿐이었다. 제품 책임자는 그들이 아무 생각 없이 작업했고, 그로 인해 어떤 부분에서는 수준이 너무 깊고, 다른 부분에서는 수준이 너무 낮다고 생각했다. 더 큰 문제점은 그들의 태도가 나머지 팀원들에게 좋지 않은 영향을 주고 있다는 점이다.

문제의 핵심은 이러했다. 그들은 각자가 수행한 연간 실적에 대한 검토를 받았고, 그들의 기능 관리자로부터 각자 이런 말을 들었다. 관리자는 "내년에 원하는 고과를 받으려면 고과를 잘 받을 수 있는 업무를 해서 내 것으로 만들어야 합니다. 우리는 당신이 그 결과를 주도해 나가는 것을 보고 싶은 겁니다."라고 말했다. 그들은 그 말을 기억하면서 업무를 낚아채고, 많은 시간을 할애하면서 서로를 헐뜯었다.

이것은 각 팀원들과의 1:1 코칭 대화를 통해서 밝혀졌다. 그들 각자는 다른 두 사람하고 사이좋게 지내기가 어려운 이유를 알고 싶었다. 두 번째로 최근의 성과 관리 기준을 들었을 때 그 모든 이야기의 퍼즐이 맞춰지기 시작했다.

때때로 어떤 기능 관리자의 악의 없는 행동이 팀 전체에 의도하지 않은 결과를 초래할 수 있다. 이 경우에는 그 악의 없는 행동이 팀워크와 팀이 함께 만든 지켜야할 약속을 무장해제 시켜버렸다.

현재 이 세 사람은 서로 잘 지낸다. 일단 무슨 일이 일어나는지 깨닫고 나서 각자는 다음 해의 성과 검토 계획을 서로가 공유했고, 그들은 왜 그들이 서로 다른 목적을 갖고 일해 왔는지를 알게 됐다. 나는 이 세 사람과 팀에 미친 영향을 알리기 위해 기능 관리자와 이야기를 나눴다. 나는 그 일에 대해 솔직하게 이야기했다. 나는 성과를 내기 위해서 상호 간의 영역을 침범하도록 선동한다면 해당 팀은 자신들이 한 약속을 이행하지 않을 것이라고 관리자에게 말했다.

관리자들은 자신만의 성과를 창출하라는 메시지가 상사로부터 내려왔기 때문이라고 항변했다. 그래서 나는 그들의 상사와 얘기하러 갔다. 상호 간의 대화를 통해 그는 자신이 애자일 팀에게 기대한 더 좋은 제품을 얻기 위한 메시지가 팀에게 얼마나 해로운지 깨달았다. 성과 기준은 완화됐고 팀은 서로를 더 잘 이해했으며, 과거에 저지른 죄는 용서됐고 팀은 다시 정상 궤도에 올랐다.

관리자와 파트너가 되는 것은 종종 도움이 됐는데 이번 경우에는 필수적이었다. 관리자와 코치의 대화가 없었다면 문제는 더욱 악화됐을 것이다.

또한 코치는 관리자에게 팀이 직접 보고하는 일도 코칭할 거라는 사실을 관리자에게 알려야 한다. 관리자와 코치가 팀원의 바람직한 행동 변화나 새로운 영역으로 확장할 기회 같은 다음 단계를 지원하기 위해 함께 협력할 수 있다. 이렇게 함으로써 코치는 "팀에서 일어나는 일은 팀이 해결한다."는 규칙을 위반하지 않아도 된다. 또한 관리자들과 파트너 관계를 맺기 위해 관리자에게 세부 정보를 제공할 필요가 없다.

만약 팀원들에게 집중적인 코칭이 필요한 시점이 오는 것 같다면, 관리자를 관련 활동에 함께 참여하게 하라. 관리자는 최소한 팀 구성원이 어떤 변화를 경험하고 있고, 코칭을 받는다는 것이 그리 즐겁지 않은 시간이라는 사실을 알아야 한다. 특히 관리자가 코치의 도움을 받아 필요한 행동 변화를 이끌어낼 수 있는 기회로 보는 경우에는 신뢰성 및 안전을 강화하기에 좋은 시점이다. 관리자에게 팀원들의 행동과 영향은 공유하겠지만 자세한 내용이나 일대일 분석 내용, 팀원들이 말한 내용까지는 공유하지 않겠다고 분명히 밝혀야 한다.

때때로 관리자가 애자일 팀에게 다른 좋은 방법을 제시하지 않은 채 개선할 부분을 직접 보고하라고 지시하는 것 자체가 팀을 방해하는 행동이다. 애자일은 자신의 단점을 자주 마주할 수 있는 완전한 참여를 요구하기 때문에 애자일 팀은 성장과 변화를 위한 비옥한 토대 위에 있다. 애자일은 이런 측면에서 관리자에게 큰 도움을 줄 수 있다.

## 긍정적인 배려를 하라

코치가 코칭하는 사람들을 좋아할 필요는 없지만 그들을 돕기는 해야 한다. 싫어하는 사람을 코칭할 때 그 사람을 싫어한다는 감정은 쉽게 드러난다. 사람들은 자신들이 언제 '관리'당하고 있는지 안다. 그들은 코치가 자신을 희망과 꿈과 욕망을 가진 인간으로 보기보다는 해결해야 할 문제로 보고 있음을 안다.

2002년 아빈저연구소Arbinger Institute에서 출간한 『상자 밖에 있는 사람Leadership and self-deception』(위즈덤아카데미, 2016)이라는 책은 그런 상황을 이렇게 묘사하고 있다. 상자가 하나 있는데 그 상자 안에서 코치가 사람들을 해결해야 할 물건이나 문제로 보고 있다고 상상해보라. 그 상자는 더 이상 사태의 진실을 볼 수 없을 정도로 왜곡된 비난과 합리화, 인식의 공간이다. 상자 속에서 우리는 타인의 결점을 과장하고, 자신의 장점은 부풀려 다른 사람이 문제라는 시각을 유지한다. 우리가 상자 안에 있을 때 세상의 모든 관리기법, 코칭, 퍼실리테이션 등 다양한 도구와 기법은 중요하지 않다.

> 상자 안에 갇히면 다양한 도구나 기법은 도움이 되지 않는다. 다양한 도구와 기법은 단지 당신들에게 좀 더 정교하게 다른 사람을 비난하는 수단을 제공할 뿐이다(Arbinger Institute 2002).

코치로서 우리의 일은 그 상자 밖에 머무르는 것이다. 그렇게 함으로써 우리는 사람들을 우리 자신과 같은 욕구와 바람을 갖고 있는 '인간' 그 자체로 봐야 한다(Arbinger Institute 2002).

이를 위한 한 가지 방법은 모든 사람이 그들이 가진 기술과 그들만의 비장의 무기로 할 수 있는 최선을 다하고 있다고 믿는 것이다. 그렇게 하면 당신과 상대방이 공유하는 인간성을 유지하는 데 도움이 되며, 그렇게 함으로써 그들을 있는 그대로 볼 수 있고 상황의 진실을 명확히 파악하게 된다.

**찾아보기** 자기를 가두고 있는 상자에서 벗어나 사람들을 있는 그대로 보기 위한 실무적인 방법은
3장 '자기 자신을 완전히 파악하라'를 확인하라.

다른 사람을 코칭할 준비를 할 때 먼저 자신을 점검하라. 코칭의 대상을 풀어야 할 문
제로 본다면 아직 코칭할 준비가 덜 된 것이다. 이런 시각을 갖고 코칭하면 세상의 모
든 코칭 기술과 애자일 경험을 갖고 있다고 해도 그 코칭은 실패할 것이다.

코칭은 누군가를 싫어하거나 그들의 행동이 그들 자신이나 다른 사람들에게 미치는 영
향조차도 싫어할 때 훨씬 더 어려워진다. 이런 상황에서도 애자일 코치로서의 소명은
그들을 긍정적으로 대하는 것이다. 그러기 위해서는 그들을 바라보는 관점을 바꿔야
한다. 좋은 코칭에 필수적인 두 가지 요소인 사랑과 연민을 갖고 그들에게 나아갈 수
있도록 그들을 희망, 꿈, 욕망을 가진 인간으로 대하라. 달라이 라마는 연민에 대해 다
음과 같이 말하고 있다.

> 진정한 연민은 단순한 감정적 반응이 아니라 이성에 바탕을 둔 확고한 헌신이
> 다. 이러한 확고한 기반 때문에 타인에 대한 진정한 연민의 태도는 그들이 부정
> 적으로 행동한다 해도 변하지 않는다. 진정한 연민은 우리 자신의 예상과 기대
> 가 아니라 오히려 다른 사람이 친한 친구인지 적인지에 상관없이 그 사람의 평
> 화와 행복을 바라고, 고통을 극복하기를 바랄 때 우리는 그들의 문제에 진정한
> 관심을 갖게 된다. 이것이 진정한 연민이다(The Dalai Lama 2003).

이 문장대로 한 사람의 삶과 일에서 진정한 연민을 느껴보라. 자신과 타인에게 영향을
주는 그들의 행동에 진정한 연민을 느껴보라. 그런 다음 아무도 고의로 자신에게 부정
적인 영향을 주지 않을 것이라는 믿음을 재확인하고, 모든 사람이 최선을 다하고 있다
고 믿어라.

이제 사랑과 연민을 통해 훌륭한 애자일 팀원이 된다는 것이 무엇을 의미하는지에 대
한 지식을 타협하지 않을 준비가 됐고, 그들이 하려고 하고 또 달성할 수 있는 비전을
향해 움직이도록 도울 수 있다.

## 1:1로 코칭하는 방법

코칭의 대상자가 애자일 여정의 어느 곳에 있는지 탐지해 반걸음 앞서 대상자를 만나고, 신뢰와 안전을 보장하며, 관리자와 파트너 관계를 맺고, 자신을 관리함으로써 코칭의 기반을 마련했다. 이제는 코칭을 할 시간이다.

이제 코칭을 위한 대화와 코칭 과정에서 무엇을 해야 하는지 배워야 한다. 일단 이런 과정을 경험하게 되면 코치로서 당신의 능력을 벗어났을 때를 알게 된다. 이제 하나씩 살펴보자.

## 코칭 대화의 시작

코칭을 위한 대화를 시작하는 것은 가장 어려운 부분 중 하나가 될 수 있다. 특히 코치가 사람들의 삶을 다루고 그들과 함께 현실을 마주하는 것이 처음이라면 대화는 코치와 코칭을 받는 사람 모두에게 불편할 것이다. 코칭을 받는 사람들이 직장 내에서 이뤄지는 그런 실제 대화에 익숙하지 않기 때문에 처음에는 불편할 수 있다. 실제 대화는 격렬하다.

> 하지만 '격렬한fierce' 대화라는 표현에서 '격렬함'이 위험하고 잔인하며 야만적이고 위협적인 것을 암시하지 않는가? 목소리를 높이고 얼굴을 찡그리며, 바닥에 피를 흘리는 등 전혀 즐겁지 않은 것처럼 들린다. 그러나 로제 동의어 사전Roget's Thesaurus은 격렬함이라는 단어의 동의어로 '원기 왕성하고, 강렬하고, 강력하고, 열정적이고, 열렬하고, 억제되지 않고, 길들여지지 않은' 등으로 설명하고 있다. 격렬한 대화는 우리가 뒤에 숨지 않고 대화의 장으로 나와 현실의 문제를 이야기하는 것의 가장 단순한 형태다(Scott 2007).

진짜 대화는 격렬하다. 대부분의 비즈니스 상황에서 그런 대화는 자주 목격할 수 없지만, 격렬한 대화는 현실이다.

> 많은 사람이 '현실'을 두려워하지만, 우리를 두려움에 떨게 하는 것은 비현실적인 대화다. 비현실적인 대화는 개인과 조직에게 많은 비용을 지불하게 한다. 모든 사람이 대화를 해야 한다는 사실은 그 누구도 바꿀 수 없다. 대화가 현실이 되면 대화가 끝나기 전에 변화가 일어난다(Scott 2007).

코칭을 위한 대화로 다가갈 때 코치도 현실을 직시하고, 코칭을 받는 사람도 현실을 직시할 준비를 하라. 두 사람이 이렇게만 할 수 있다면 대화가 끝나기 전에 변화가 일어나는 모습을 볼 수 있다. 코칭을 받는 사람의 행동 변화나 관점 변화 혹은 감정 변화가 그 변화의 시작을 의미한다. 그게 바로 코치가 하고자 하는 것이다.

코칭을 받는 사람이 먼저 이야기를 시작하면 대화를 시작하기 쉽다. 일단 대화가 시작되면 긴장을 풀고 함께 이야기를 나누기 시작하라. 대화를 시작했으면 네 가지 기초 작업 확인에 최선을 다해라. 그리고 "나는 코칭의 대상자가 지금 애자일 여정의 어디에 있는지를 찾고 있고, 곧 반걸음 앞서 만날 것이다. 나는 그녀의 관리자와 협력하고 있으며, 그녀가 어떤 결정을 내리든 다음 단계를 밟을 수 있도록 최선을 다해 도울 수 있다. 나는 그녀를 긍정적으로 보고 있으며, 그녀가 다음 단계로 나아갈 때 지원을 받을 수 있도록 그녀에게 연민을 갖고 대화를 한다."고 스스로에게 다짐하라.

다른 경우에는 대화를 먼저 시작하는 것이 코치의 몫이다. 이럴 때는 비공식적인 대화로 시작하는 편이 좋다. 그냥 대화를 해야 할 사람을 휴게실에서 만났거나 또는 스트레칭을 하기 위해 일어나면서 만난 것처럼 시작하면 된다. 대화는 관찰했던 내용이나 대화로의 초대를 통해 시작할 수 있다.

"오늘 스탠드업 미팅을 하는 중에 보니까 무언가 불만스러워 보이던데, 맞아요?"라고 관찰했던 것을 물어보면서 시작할 수 있다. 상대방이 대화를 먼저 시작하도록 하기 위해서 "오늘 아침에 진행한 스탠드업 미팅 도중에 뭔가 눈치를 챈 게 있나요?"라고 대화의 가능성을 활짝 열어 두면서 시작할 수 있다. 어느 쪽을 선택하든 간에 대화의 장을 연 후에는 침묵을 지키면서 반응을 기다려라. 인내심을 갖고 기다린다면 상대방이 이야기를 할 것이고, 그 이후에는 아마도 계속해서 말을 할 것이다.

표 5.1에서 관찰한 내용으로 대화를 시작하는 것과 대화에 초대하는 방식의 차이점을 보여주는 몇 가지 예를 소개한다.

**표 5.1** 관찰 및 초대로 대화를 시작하는 방법

| 관찰한 내용으로 대화 시작 | 초대를 통해 대화 시작 |
|---|---|
| "요즘 주의가 산만한 것 같아요. 사람들과 대화할 때 보면 마음이 딴 데 가 있는 거 같은데 무슨 일 있어요?" | "최근에 우리가 무엇 때문에 주위가 산만한 것 같아요?" |
| "왜! 갑자기 팀 내에 갈등이 많아졌네요. 어떻게 생각하세요?" | "오늘 아침 팀의 대화 분위기에서 뭔가를 느끼셨나요?" |
| "무슨 일이 있나요? 평소의 긍정적인 당신답지 않은데 무슨 일인가요?" | "당신에게 무슨 일이 있다고 생각하는 이유를 수천 가지를 댈 수 있어요. 그 대신에 내가 제안을 하나 할게요. 당신 옆에는 제가 있어요." |

---

**시도해 보기**

다음 주에 네 가지 코칭 대화를 시작하라. 팀이나 특정 인물에게 어울리지 않는 모든 것에 주목하라. 그리고 나서 어떻게 대화를 시작할지 계획하라. 대화를 관찰로 시작할 것인가 아니면 초대로 시작할 것인가? 코칭의 대상자가 먼저 이야기를 꺼낼 때까지 기다릴 것인가?

그런 다음 "그 사람의 무엇이 변했는가? 팀에서는 무엇이 변했는가?" 같은 영향을 파악해야 한다. 진정한 변화는 저 깊은 곳에 숨어 있어 종종 발견하기 어렵기 때문에 작은 기적 같은 변화를 감지해야 한다.

---

팀을 지도하기 시작하자마자 아무 문제가 없고, 폭넓은 개방적인 대화를 할 수 있는 상황이 된다면 곧바로 1:1 대화를 시작하라. 각 팀원이 애자일 여정의 다음 단계를 밟을 수 있도록 돕는 것이 코치의 역할임을 기억하라. 그러기 위해서는 현재 팀원들이 애자일 여정의 어느 지점에 있는지 파악할 필요가 있다. 만약 미리 파악하지 못했다면 오늘 그걸 파악하면 된다.

새로운 팀에서는 각각의 팀원을 파악할 수 있고, 그들을 돕기 위해 앞으로 해야 할 일을 찾을 수 있도록 1:1 대화를 한다. 팀원에게 "내가 당신이 애자일을 잘 사용해서 회사를 위한 훌륭한 결과물을 만들도록 하기 위해서 무엇을 도와줬으면 해요?"라고 직접 물어봐도 좋다. 코치는 전반적으로 팀에 도움이 될 것이고, 1:1 대화는 문제 해결을 위한 훌륭한 발판이 될 것이다.

## 대화를 위한 프레임워크

1:1로 코칭할 때는 대화를 위한 프레임워크를 참고하라. 팀원과의 대화에 반응하다 보면 대화가 몇 단계 진행됐을 것이다. 대화 프레임워크를 통한 코칭 대상자와의 대화는 몇 달간의 수다나 잡담보다 훨씬 더 큰 결과를 낳는다.

그림 5.2에서 보듯이 코칭을 위한 대화는 시작과 중간, 마무리가 있다. 코칭을 위한 대화 프레임워크는 길지 않아도 된다. 사실 코칭을 위한 대화에 익숙하다면 가장 생산적인 코칭 대화는 10분 내에도 일어날 수 있다.

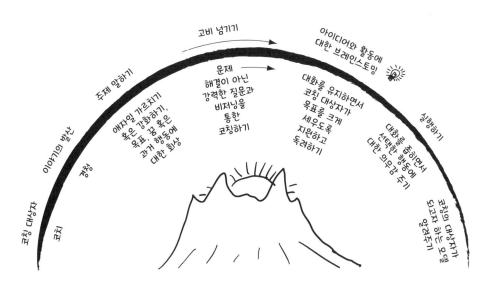

**그림 5.2** 코칭을 위한 대화 프레임워크

**대화 시작** 누가 먼저 하든 대화의 시작은 한결같이 이야기를 꺼내는 것으로 시작한다. 코칭 대상자는 마음을 열고 가슴 속의 생각을 말할 필요가 있다. 코칭 대상자가 자신의 이야기를 하는 동안 코치는 그의 말을 경청하고 이해하는 연습을 한다.

이야기를 시작하는 단계는 자연스럽게 종료되거나 코치가 이 대화가 오래갈 것 같으면 적절한 주기를 정해 끊어서 진행한다. 그러면 코칭

> 코칭 대상자가 이런 저런 이야기를 하는 동안에는 이 점을 기억하라. 말하는 것의 반대는 듣지 않는 것이 아니라 기다리는 것이다.
>
> – 프란 레보비츠(Fran Lebowitz)

대상자가 말을 하기 시작한 진짜 이유가 나타난다. 코치는 코칭 대상자가 대화 주제("아마도 팀이 자기를 무시한다는 감정에 대한 것 같다. 내가 정확히 듣고 있는 거지?")에 대해 집중하도록 한다. 이 시점에서 애자일에 대한 무언가를 강화하는 것이 유용할 수 있다. 아마도 애자일 실천법이나 가치 또는 역할에 대한 특성을 상기시키는 것은 주제를 설명하는 데 도움이 될 것이다. 또한 코칭 대상자가 주제와 관련해 이전에 표현했던 개인적인 목표나 행동을 기억하도록 도울 수 있다.

**대화 중간**   코칭 대상자가 주제의 막다른 골목에 다가가기 시작할 때가 대화의 중간 지점에 거의 도달하고 있는 것이며, 고비를 넘어가고 있는 것이다.

코치가 자기성찰을 불러 일으키는 강력한 질문을 하기 때문에 이런 일이 일어난다. 아마도 코치와 코칭 대상자는 이미 문제가 완벽하게 해결된 미래로 상상의 여행을 함께 했을 수 있다. 코칭 대상자는 이 여행을 통해 자신만의 해결책을 볼 수 있다. 그가 "결코 희망이 없는 것은 아니다!"라고 소리 지르게 된다면 대화의 중간 지점에 도착한 것이다.

| 찾아보기 | 강력한 질문이 무엇이며 어떻게 사용하는지는 6장 '퍼실리테이터로서의 코치'에서 소개한다. |
|---|---|

아마도 그는 문제를 해결할 새로운 방법을 찾아내거나, 자신을 억제하는 무엇인가가 자신의 내부에 있음을 확인하거나 또는 오래되고 성가신 무엇인가를 공유한 것만으로도 다시 태어난 것 같은 느낌을 가질 수 있다.

그 다음으로 코칭 대상자는 구체적인 해결책을 찾기 시작한다. 코치는 이 과정을 격려하고 지원하면서 코칭 대상자와 함께 브레인스토밍을 할 수 있다. 이 과정을 격려하고 지원한다는 의미는 코칭 대상자가 가능한 해결책을 찾을 편안하고 자유로운 상황에서 다른 사람의 눈치를 보지 않고 브레인스토밍할 수 있도록 하는 것을 의미하고, 마찬가지로 코치에게도 그런 자유로운 상태가 필요하다. 코치는 대화를 하는 도중에 문제에 대한 해결책을 의도적으로 제시하지 않는다. 만약 코치가 해결책에 대한 다양한 선택지를 제시한다면, 그건 그저 코칭 대상자의 문제 해결을 위한 창의력을 자극하고자 할 때뿐이다. 해결책이 의미가 있으려면 코칭 대상자가 자신의 의지로 선택한 것이어야 하기 때문에 코치가 제시한 옵션을 선택하든 하지 않든 신경 쓰지 않아도 된다.

**대화 종료** 코칭 대상자가 자신이 취해야 할 몇 가지 구체적인 행동을 도출해내기 시작하면 대화가 막바지로 가고 있음을 느낄 수 있다. 만약 새로운 주제가 생겨도 그쪽으로 대화를 시작하지 말고 이전 대화를 마무리하라. 그런 후에 새로운 주제가 중요하다면 코치와 코칭 대상자는 해당 주제를 다시 대화를 통해 시작하면 된다.

일단 코칭 대상자가 취할 행동을 선택했으면 코치는 그 행동을 수행하도록 책임을 부여한다(Whitworth et al. 2007). 책임은 명시적이거나 유연할 수 있다. 명시적인 책임은 코칭 대상자가 그 조치나 행동을 수행하는 것이고, 그 결과를 코치에게 어떻게 알려줄지를 약속한 것이다. 약속한 행동을 수행하는 것은 코치가 아니라 코칭 대상자가 진행하는 것이기 때문에 코칭 대상자는 다른 사람으로부터 명시적 책임에 대한 압력을 받지 말아야 한다.

수행에 대한 책임을 확인하는 것은 코치가 코칭 대상자에게 "지난 5일간 어떤 일이 있었는지 함께 확인해볼 수 있을까요?"라고 묻는 것처럼 부드럽게 진행될 수 있다. 사람들은 강요당하는 것에 익숙하지 않기 때문에 비즈니스 환경에서는 이런 방식이 더 편안할 수 있지만, 개인적 책임에 대한 도덕적 기준이 낮은 환경에서는 논쟁의 여지는 있다.

누군가를 강요하지 않는 환경에서 반복적으로 코칭하면 엄격한 책임성에서 유연한 책임성으로 이동한다. 이것은 애자일을 활용하는 데 중요한 기술인 코칭 대상자의 책임성을 증가시킨다.

대화는 코치가 코칭 대상자에게 "나는 이 순간 당신의 마음 속에 용기가 생겼다는 점을 알려주고 싶네요." 같이 그 자신이 누구인지를 인정하는 것으로 끝난다. 인정은 "당신이 이 문제를 해결할 용기가 생긴 것 같아 보여서 고맙다."라고 하는 것이 아니다. 비록 공손하긴 하지만 '고맙다'라는 표현은 코치를 코칭 대상자의 상관으로 보이게 해서 코칭 대상자의 힘을 약하게 한다. 반면 상대방에게 제대로 전달된 '인정'이라는 말은 그들이 가진 용기를 느끼게 해준 사람을 존중하는 것이다. 그러한 인정을 받는다면 코칭 대상자의 힘은 커진다.

코치와 코칭 대상자는 상호 동등한 수준에서 대화를 한다. 확실히 코치는 이 책에서 배우는 모든 방법 중 몇 가지 기술을 갖고 있지만 그렇다고 해서 코치가 우월하다고 할 수는 없다. 이것이 잘 작동하기 위해서는 코치가 코칭 대상자의 삶에서 존경받는 전문가로 남아 있을 필요가 있다.

애자일 코칭 대화의 프레임워크를 인지하는 것은 코칭을 위한 대화를 긍정적이면서 앞으로 끌고 나가는 데 도움을 줄 수 있다. 대화의 시작부터 중간, 마무리까지 진행하면서 그러한 징후를 읽는 것은 대화의 흐름을 원활하게 하는 데 도움이 될 것이다. 하지만 코칭 대상자가 코칭 대화의 공식보다 더 중요하다는 사실을 기억하라. 그래서 만약 코칭 대상자가 뭔가 다른 방법을 필요로 한다면 그들에게 필요한 것을 제공하라. 이때 코치는 갖고 있는 모든 방법을 적용하고 경험하면서 자신의 것으로 만들 수 있다.

## 주제별 전문 지식 및 코칭

성공적인 애자일 팀을 조직해 가다보면 코치는 팀원, 제품 책임자, 관리자 및 다른 코치 등 모든 부류의 사람들을 1:1로 지도하게 된다. 이 모든 사람은 자신들의 전문 분야에서는 코치보다 훨씬 더 많은 분야별 전문지식을 갖고 있을 것이다. 이런 경우는 사실 실보다는 득이 많다. 그들의 문제를 그들이 직접 해결하도록 코칭에 집중한다면 굳이 코치가 모든 분야에 전문가가 될 필요는 없다. 물론 관심이 있다면 최신 소프트웨어 리팩토링 기법을 알아보거나 관심 있는 제품의 목표 시장에 대한 훌륭한 트렌드 자료를 살펴봐도 되지만, 그런 지식을 그들에게 해결책으로 제공하지 않도록 하라. 대신 그들의 애자일 멘토로서 통찰력을 제공하고, 그들만의 해결책을 찾도록 지도하라.

만약 자신이 다른 사람의 문제를 자기 것으로 받아들이는 경향이 있다면, 자신의 행동을 점검해 코칭 대상자의 상황에 대한 책임을 자신에게 부담시키지 않도록 하라. 해당 문제와 행동은 그들에게 책임이 있다. 당신은 그들을 위해 문제를 해결할 수 없다. 당신의 해결책은 일시적일 수 있으니 해결하려 하지 말고 코칭하라.

## 장거리 코칭

코칭 관계가 성립되면 코칭을 전화나 화상 회의로도 할 수 있다. 하지만 원격으로 코칭할 때는 직접적으로 팀에서 발생하는 사건을 파악하지 못할 것이다. 다양한 팀원들이 각자의 관점에 따라 말하는 이야기의 단편을 통해 무슨 일이 벌어지는지 짐작할 뿐이다. 장거리에서도 진실된 코칭을 하려면 코칭 대상자에게만 집중해 코칭 대상자가 애자일에서 무엇을 원하는지를 파악하라. 코치는 여전히 신뢰할 만한 코칭과 애자일 멘토링을 제공할 수 있지만, 관계는 현재 팀 전체의 코칭보다는 팀원들과 1:1 코칭을 더 많이 하는 쪽으로 바뀐다. 순간을 놓치면 코칭도 놓친다.

## 자신의 한계 파악

애자일 코치로서의 주된 역할은 사람들이 애자일을 잘 사용할 수 있도록 하는 것이다. 때때로 이것은 실천법을 강화하거나 누군가가 그들이 겪는 어려움을 애자일로 해결하는 방법을 볼 수 있도록 돕는 것을 의미한다. 또한 사람들이 자신의 업무나 팀에서의 역할에 대해 어떻게 느끼는지 알아보는 것을 의미한다. 다시 말해 코치는 함께 하는 모든 사람의 문제를 해결해 줄 수 있어야 한다.

애자일 그 자체는 일과 삶의 경계를 흐리게 한다. 왜냐하면 애자일을 잘 하기 위해서는 사람들이 그들의 모든 노력을 다 쏟아 부어야 하기 때문이다. 사실 코치들은 사람들이 용기를 갖고 있는지를 확인하는 게 아니라 용기를 낼 수 있는 환경을 조성한다. 모든 팀원의 다양한 아이디어가 필요하기 때문에 코치들은 팀에게 무조건 코치의 말을 따르라고 강요하지 않는다.

애자일 선언에 포함된 강력한 가치 선언문과 소규모의 사람들이 단순한 프레임워크만으로도 무엇인가 위대한 것을 함께 해낼 수 있다는 기본적인 믿음은 애자일의 핵심이다. 애자일 선언문의 핵심은 매우 간단하다. 사람 간의 관계다. 코치가 사람들을 잘 지도하고 있다면 그들은 마음을 열고 그들의 일과 삶에 대해 말하기 시작할 것이다.

전문적인 라이프 코치는 코칭의 깊이를 잘 조절하는데 애자일 코치도 그래야 한다. 코칭 대상자가 그들의 가정생활에서 상처받은 사건이나 문제에 대해 코칭을 원할 때 코치가 준비돼 있지 않다고 느끼면 코칭하지 말아라. 차라리 전문 라이프 코치를 찾든가 국제 코칭 연합 웹사이트coachfederation.org를 추천하라. 아니면 코치 스스로 라이프 코칭 전문가가 돼라.

또한 코칭 대화를 하면서 코칭 대상자가 다음에 무엇을 해야 하는지, 그 작업을 어떻게 해야 하는지 혹은 작업을 어떻게 느껴야 하는지에 대해 코치 자신이 전문가적인 의견을 제시하고 있음을 알 수도 있다.

만약 이렇게 하는 자신을 발견했다면 코칭 대상자가 자신의 삶에 대한 전문가라는 코칭 규칙을 위반한 것이다. 애자일에 대한 멘토이기 때문에 관련된 전문지식은 충분히 제공해야 하지만, 코칭 대상자의 삶에 대해 옳고 그름에 관한 의견은 제시하지 말아라. 오직 당사자만이 그것을 안다.

다른 상황과 마찬가지로 그 선을 넘었다면 솔직하게 잘못을 인정하고 사과하라. 그러고 나서 자신의 코칭 분야로 되돌아와서 약간의 휴식을 취하라. 지금 막 매우 중요한 경계선과 마주한 것이다. 그 경계선을 안다면 한 사람의 중요한 인생이 걸렸다 해도 과언이 아닌 부분에 가볍게라도 그 선을 넘어서지 않을 것이다.


## ▌ 제품 책임자 코칭

제품 책임자들과 함께 일한다는 것은 그들에게 자신들의 역할을 가르쳐 주고, 애자일스럽게 일하는 방법이 어떤지를 보여준다는 의미다. 이것은 애자일 코치의 멘토링 부분이다. 그들이 훌륭한 제품 책임자가 되도록 돕는 것도 코칭의 한 부분이다. 만약 그들의 지휘-통제적 행동이 찬사를 받고 그것이 승진을 하는 데 중요한 요소가 되는 관리자 역할을 해왔다면, 애자일을 향한 그들의 여정이 코치 자신의 것과 비슷할 수 있다.

제품 책임자들도 코치처럼 지휘-통제 성향에서 회복돼야 한다. 그들도 모든 팀원의 다음 행동을 세세하게 관리하기보다는 비즈니스 가치 전달에 초점을 맞출 필요가 있는 것이다. 제품 책임자들도 팀을 신뢰하는 법을 배울 것이다. 코치와 코칭 대상자가 애자일로 함께 일하는 방법을 배운 것처럼 코치는 그들에게도 많은 도움을 줄 수 있다.

코치가 애자일 방법으로 일하는 것의 즐거움과 힘을 새롭게 경험했다면, 제품 책임자와도 관련 경험을 함께 나누며 그들의 업무와 경력에 장점이 될 수 있도록 도와라.

제품 책임자를 코칭하기 위해서는 공용의 언어가 필요하다. 이런 공용어는 팀이 제품 책임자가 책임을 느낄 수 있는 비즈니스 가치 주도자, 비전 수호자, 일일 의사 결정자,

업무 과열 방지자 등과 같은 짧은 단어면 더욱 좋다.

일단 제품 책임자가 자신의 역할을 이해하면 코칭을 시작할 수 있다. 이것은 그들이 지금 막 수행한 일이 팀을 약화시켰든, 팀을 훌륭하게 지원했든 상관없이 해당 순간에 그들에게 피드백을 주는 것을 의미한다. 코치가 팀에게 권한이 있다고 말하는 것처럼 코치도 제품 책임자에게 피드백을 제공할 권한이 있다고 가정해야 한다. 결국 팀의 성과 향상을 목표로 하는 제품 책임자의 업무와 행동이 팀의 성과에 큰 영향을 미친다. 물론 코치는 제품 책임자를 코칭해야 한다.

특히 제품 책임자가 코치보다 조직의 상위 단계에 있을 경우 제품 책임자와 개방적인 대화를 해야 하고, 때로는 직접적이고 불쾌한 피드백을 제공하는 일이 코치에게는 벅찬 업무처럼 보일 수 있다. 이 일 자체가 코치를 난처하게 만들 수 있다.

난처함을 완화하기 위해 애자일 코치 역할이 갖는 권한과 영향력을 요구하고, 그것을 제품 책임자의 조직 내 위치와 상관없이 제품 책임자와 직접적인 대화를 시작하는 데 사용하라. 불도저, 셰퍼드, 서번트 리더 및 품질과 성과의 수호자로서 코치는 팀의 제품 인도 능력에 영향을 미치는 모든 사항을 다뤄야 하고, 지속적으로 개선해야 한다. 애자일 코치 역할에 완전히 몰입하게 되면 팀 향상에 집중하는 일은 코치와 제품 책임자 간의 대화가 개인적인 의견이나 정치적인 것보다는 팀의 건강에 관한 것임을 더욱 명확하게 한다. 그러한 역할과 의도의 명확성이 역할에 대한 권위를 낳는 것에만 온전히 사용하라.

> **찾아보기** 제품 책임자의 비즈니스 가치 주도자, 비전 수호자, 일일 의사 결정자, 업무 과열 방지자 역할과 코치의 불도저, 셰퍼드, 서번트 리더 및 품질과 성과의 수호자 역할의 명확성은 7장 '교사로서의 코치'를 참고하라.

제품 책임자를 코칭하려면 먼저 다른 팀원을 보듯이 제품 책임자를 보라. 코치가 팀원을 코칭하기 위해 하는 모든 방법을 제품 책임자를 코칭할 때도 적용하라. 여기에는 처음 코칭 관계를 수립하는 것이나 제품 책임자의 애자일 여정을 파악하는 것, 제품 책임자의 관리자와 파트너 관계를 맺는 것이 포함된다. 그 모든 것이 적용된다.

제품 책임자를 코칭하는 것은 비즈니스 운영, 팀의 제품 책임자가 되는 것 그리고 제품 책임자의 역할을 잘 하는 일 등 세 가지 영역으로 나뉜다. 이 세 가지 영역의 전부 혹은 일부에 대한 코칭은 제품 책임자의 성숙도, 비즈니스 전문성 및 애자일 경험을 필요로 할 것이다.

## 비즈니스 운영에 대한 제품 책임자 코칭

애자일 프레임워크는 비즈니스의 진행과 가치의 측정 수단인 전달된 비즈니스 가치에 계속해서 주의를 기울이도록 요구한다. 코치들은 제품 책임자들이 비즈니스 가치에 근거해 제품 백로그를 분류하고, 오로지 비즈니스 가치에 따라 의사결정을 내리길 바란다. 그렇다면 비즈니스 가치는 무엇일까?

이 중요한 질문에는 투자수익률$^{ROI}$이나 회계적인 숫자보다 더 의미 있는 답변을 해야 한다. 그러한 측정 요소는 비즈니스 가치를 구성하는 방정식의 일부 요소지만, 비즈니스 가치에는 경험으로 배워야 할 리스크나 지식처럼 수치로 측정할 수 없는 고려사항이 포함된다(Cohn 2006).

이러한 비즈니스 가치의 모든 측면을 균형 있게 조정하고 수 개월 후가 될 수 있는 완벽한 최종 비전을 향해 나아가는 동안, 제품 책임자는 전체 비즈니스 가치를 향한 디딤돌 역할을 할 수 있는 단기적인 목표가 필요하다. 이러한 디딤돌을 '비즈니스 가치에 대한 미시적 정의$^{business\ value\ micro-definition}$'라고 부르자. 이 디딤돌은 제품 책임자가 팀을 선정한 후 스프린트와 스프린트를 구분하는 기초적인 목표가 된다.

## 비즈니스 가치에 대한 미시적 정의

제품 개발이 한창 진행 중일 때, 제품 책임자는 하루에도 몇 개에서 수십 개까지의 다양한 결정을 내려야만 한다. 제품 책임자는 무엇을 근거로 이러한 결정을 내릴까? 그들은 다음의 중요한 비즈니스 목표를 전달하는 미시적인 비즈니스 가치에 따라 다양한 트레이드오프를 고려해 의사결정을 한다.

아마도 팀이 새로운 채널 파트너의 사업을 위해 무언가를 준비하는 동안, 현재 제품의 사용자를 늘려서 수익을 증대시키는 것이 필요할 수 있다. 만약 그렇다면 이 두 가지 목표는 현재 비즈니스의 미시적 정의가 된다. 비즈니스에 대한 미시적 정의는 우리가 전체 제품을 만들어내는 과정에서 반드시 달성해야 하는 중요한 비즈니스 목표라고 생각하자.

이러한 미시적 정의를 기반으로 제품 책임자는 수익을 위해 사용자를 증가시켜야 할지 혹은 채널 파트너의 사업 준비를 위한 작업을 해야 할지 의사결정을 한다.

예를 들어 제품 백로그의 우선순위를 정할 때 미시적 정의에 들어맞는 항목이 목록의 맨 위로 올라간다. 회의 요청을 수락할지 같은 결정도 이러한 방식으로 분류된다. 만약 회의가 사용자를 증가시키거나 채널 파트너를 준비시키는 데 도움이 되지 않는다면 회의는 연기해야 한다.

제품 책임자는 항상 미시적인 비즈니스 가치를 알고 있어야 한다. 필요한 경우 코칭을 통해 미시적 정의를 파악하도록 지원하라. 강력한 질문이나 통찰력을 활용해 숨겨진 미시적 정의를 찾도록 도움을 줘라. 제품 책임자가 미시적 정의를 파악하게 되면 제품에 대한 장기적인 목표와 단기적인 목표 사이에서 균형을 갖도록 도와야 한다. 그들이 단기적인 비즈니스 가치에 대한 의사결정을 내릴 때 장기적 목표에 어떤 영향을 끼치는지 혹은 그 반대의 경우도 고민해 볼 수 있도록 도와야 한다.

코치는 제품이나 팀을 운용할 수 있는 사업적 통찰력이 부족한 제품 책임자와 마주할 수 있다. 그들은 제품 릴리스를 어떻게 계획해야 하는지, 실제 고객에게 필요한 사항이 무엇인지 또는 기업 내 정치적인 사항을 어떻게 다뤄야 할지 모를 수 있다. 만약 제품 책임자가 이러한 기술을 갖고 있다 하더라도 그들은 제품에 대한 전문가가 아닐 수도 있다.

## 무모한 계획의 변경

애자일 전문가 리치 쉐리던(Rich Sheridan)의 이야기는 애자일 팀과 함께 할 수 있는 제품 책임자의 놀라운 힘을 보여준다(Sheridan 2010).

먼로 이노베이션(Menlo Innovations)에 오거나 우리 수업을 듣는 사람들은 종종 종이 기반의 계획 수립 게임의 힘과 단순함에 매료된다. 예전 회사인 인터페이스 시스템(Interface Systems)에서 이 계획 수립 게임 과정을 처음 소개했을 때, 상사이자 사장인 밥 네로(Bob Nero)는 우리가 2주마다 계획을 세우고 재검토하는 것을 보고 매우 기뻐했다. 그는 이전에 그가 꿈꿔왔던 사업팀과 기술팀 사이의 생산적인 상호작용을 직접 눈으로 확인했다. 이 일은 몇 달 동안 계속됐는데, 어느 날 밥이 와서는 이 과정에 대해 심각한 우려를 표명했다. 나는 밥과 같은 어떤 기업 경영자도 기술팀 팀장에게 한 번도 이 같은 말을 한 적이 없다고 믿는다.

"리치, 당신이 만들어낸 이 시스템이 너무 유연해서 걱정스러운데."

"그게 무슨 말이에요?"하고 내가 질문했다.

"리치, 우리는 2주마다 이 계획 활동을 위해 함께 하는데. 우리는 당신이 작업하기를 원하는 사용자 스토리를 펼쳐 놓고, 당신은 우리가 세운 계획을 정확히 따르죠."라고 말했다.

"네, 그게 일하는 방식이에요."라고 나는 대답했다.

밥은 "우리는 2주 후에는 다시 향후 계획을 완전히 바꿀 수 있고, 당신은 다시 한번 그 계획을 따르겠죠"라고 말했다.

나는 그게 맞다고 확인해줬다.

"리치, 이 도구를 사용해서 무모한 계획을 세울 수도 있을 것 같은데, 당신네 팀은 우리의 지휘를 따라야 해요."라고 말했다. 나는 밥이 무슨 생각을 하는지 알았다.

나는 메타포를 통해 밥을 코칭하려고 했다.

"밥, 오늘 밤 당신이 차를 타고 집에 갈 때, 핸들을 손에 꽉 쥐고 오른쪽이나 왼쪽으로 틀어서 차를 한쪽으로 몰아 자신과 다른 여러 사람을 죽일 수 있는 결정을 할 수 있겠어요?"라고 묻자 그는 "그럴 수 있겠지만 절대 그렇게 하지 않을 겁니다!"라고 대답했다.

나는 "맞아요! 그러니 이 프로세스를 그렇게 마음대로 바꾸지 말아요. 이 프로세스는 운전에 책임을 가진 운전자가 필요해요. 비즈니스에 큰 변화가 필요하다면 우리도 따라가겠지만, 사소한 변경만 필요하다면 해당 프로세스를 바꿀 필요는 없어요."라고 말했다.

계획 수립 게임은 강력한 도구이면서 위험한 도구다. 기업이 무모하게 계획을 변경하거나 비즈니스 비전과 방향을 놓친다면 아무것도 이루지 못할 것이다. 그러나 팀이 프로세스와 잘 융합된 간단한 계획 도구를 이용해 비즈니스의 변경을 따라간다면, 우리는 효과적인 방법으로 의사소통을 배운 적이 없는 두 팀 간의 강력한 협업의 기회를 만들어낼 수 있다.

간단한 도구가 강력한 결과를 만들어 낼 수 있다.

그런 제품 책임자를 만나면 다른 사람의 도움을 받아라. 각 팀원의 관리자와 관계를 맺는 것처럼 제품 책임자의 관리자나 스폰서의 도움을 받아라. 이러한 사람에게 의지해 제품 책임자의 비즈니스 감각에 맞추거나 혹은 그런 감각을 만들어내거나 맞출 수 없다면 제품 책임자를 교체하라.

이 방법은 코치가 애자일 실천법을 이용하는 데 있어 그 사람이 장애를 일으키거나 그들과 정면으로 맞서야 효과를 볼 수 있다. 코치가 제품 책임자 일을 하거나 그들의 단점을 애써 보완해줄 필요가 없음을 기억하라. 코치는 단지 그들이 필요로 하는 도움을 주기 위해 방해물을 해결하는 책임이 있다는 사실만 명심하면 된다.

## 비즈니스 가치 시스템 게임

만약 코치가 제품 책임자에게 제품 백로그의 우선순위를 정하도록 요청한다면, 뒤죽박죽된 제품 백로그의 우선순위만 받을 수 있다. 제품 책임자는 우선순위를 파악하기 위해 많은 내용을 저울질하기 때문에 이 요청을 매우 난처해할 수 있는데, 그 우선순위 중 한 가지가 회사에 대한 비즈니스 가치(가치, 비용, 리스크, 습득한 지식의 조합)다.

이 말을 믿지 못한다면 제품 백로그가 정리된 후에 제품 책임자와 이야기를 해봐라. 특정 사용자 스토리가 다른 사용자 스토리에 비해 더 높은 우선순위로 평가된 이유를 물어보라. 제품 백로그의 우선순위를 선정하는 기준을 물어보라. 제품 책임자가 기준에 대해 이야기하면 제품 백로그의 우선순위가 관련 없는 다양한 사항에 의해 결정되고 있음을 알게 될 것이다. 다음 목록이 그런 내용에 관한 것이다.

- 제품 책임자가 누군가에게 특정 기능을 약속했기 때문에 다시 원점으로 돌아가서 가치 전달에 대한 기대치를 변경하는 것을 당황해 하는지 여부
- 제품 책임자 개인의 성과 측정 기준
- 제품 책임자가 특정 기능에 관심을 갖는지 여부
- 팀과 함께 일을 해야 할 외부 그룹의 존재여부
- 외부 그룹이 팀과 함께 일하는 것을 거부하는지 여부
- 제품 책임자가 생각하는 의무적 의존관계hard dependencies를 이동시킬 수 없는지 여부

이 정의 밑에는 어떤 기능이 가장 높은 비즈니스 가치를 창출하는지에 대한 개념이 숨어 있다. 제품 책임자를 코칭할 때 코치의 역할은 그들이 그 개념을 하나로 조합해 비즈니스 가치를 우선순위를 결정하는 최고의 기준이 되도록 돕는 것이다.

이를 위해 다음 번에 제품 책임자가 제품 백로그를 정할 때 두 번의 검증을 하도록 요구하라. 첫 번째 검증은 비즈니스 가치에만 근거해 우선순위를 정하도록 하라. 이 첫 번째 검증에서 제품 책임자가 규칙을 지키도록 코칭하라. 이 제품이 회사 전체에 가장 중요한 우선순위라고 말하고, 지금 회사에 가장 큰 영향을 미칠 수 있는 모든 것을 얻을 수 있는 세계에 막 발을 들여놓았다고 상상해보라고 이야기하라.

그런 다음 제품 백로그가 이러한 규칙을 준수하는 방식으로 정렬됨으로써, 가장 높은 비즈니스 가치가 상위에 존재하게 된다. 가장 가치 있는 것부터 시작해 그것을 전달하는 데 방해되는 것은 무엇이든지 장애물이 된다. 그것을 무조건 장애물로 취급해야 한다.

두 번째 검증에서는 제품 책임자가 장애물을 한 번에 하나씩 처리한다. 이 검증을 위해 팀을 합류시켜라. 그들은 어떤 장애물은 실제적으로 기술적 의존성이 강해서 도저히 움직일 수 없다는 점을 동시에 발견할지도 모른다. 만약 그렇다면 아마도 가치가 낮은 사용자 스토리라도 가치가 높은 사용자 스토리보다 먼저 만들어져야 할 것이다. 그러나 대부분의 반응이 "우리는 당신을 돕고 싶지만..."이라면 이는 회사가 장애물을 제거할 만큼 제품을 높게 평가하지 않거나 장애물을 제거하는 비용이 이익보다 더 크다는 것을 나타낸다. 어느 경우든 그 사실을 숨기지 말아라. 결정을 투명하게 내리고 해당 결정이 미치는 영향을 팀에게도 알려라. 만약 회사가 팀이 할 수 있는 것보다 더 적은 가치를 제공하도록 결정한 것이 사실이라면 그것도 현실임을 직시하라.

가치 제한적인 장애에 직면했을 때 제품 책임자에게 다음과 같은 입장을 취하도록 지도하라. "팀은 우리가 10대를 목표로 한 시장을 위해 필요한 제품의 마지막 퍼즐을 만들 수 있습니다. 그러기 위해서는 다음 주부터 2주 동안 우리 팀과 풀 타임으로 일할 고객 관계 전문가가 필요합니다. 그러나 고객 관계팀은 전문가를 요청한 후 2주 후에나 우리 팀에 사람을 배정할 수 있지요. 그것은 너무 늦을 텐데요. 부사장님, 우리를 위해 이 장애물을 제거해 주실 수 있습니까?" 그렇지 않으면 제품 책임자는 단지 회사가 장애물을 제거하지 않을 것이라고 가정할 수 있기 때문에 그는 지금의 상황을 최종 해답으로 받아들이기로 결정할 수 있다. 이 경우에 그의 입장은 다음과 같은 것일지도 모른다. "음, 나는 고객 관계팀이 우리가 새로운 파트너를 준비하는 데 도움을 주기에는 너무 바쁘기 때문에 우리는 10대 고객을 잡기 위한 제품 기능 추가의 우선순위를 낮춰야

겠는데요." 만약 내 자신이 해당 제품 책임자가 있는 회사의 최고 경영자라면 그가 어떤 입장을 취하는 편이 좋겠는가?

## 팀을 위한 좋은 제품 책임자가 되는 방법에 대한 코칭

나는 애자일 팀이 겪는 문제가 무엇인지 파악하면서 애자일 코치와 제품 책임자의 역할이 마구 뒤섞여 있음을 알았다. 나는 그들 중 한 사람이라도 제 역할에 부응하지 못하면 서로 짓밟거나 그 자리를 자신이 채우는 모습을 보았다.

이것은 애자일 코치가 제품 책임자가 없는 공백을 채우려 할 때 자주 발생한다. 아마도 코치는 제품 책임자가 너무 바빠서 팀과 함께 할 수 없거나 제품의 백로그를 정리하기에도 너무 바쁘고, 혹은 제품 책임자가 되기에도 너무 바쁘다는 합리적 이유로 받아들일 수도 있다.

인간으로서 우리는 긴장된 상황 속에서도 서로를 감싸며 일을 계속하려고 노력하는 경향이 있다. "애자일 코치는 제품 책임자의 부재나 부족함을 메울 수 없다. 그것은 유쾌하지 않은 방법으로 코치와 팀의 발목을 잡는다."라는 문구는 이럴 때 굉장히 유용하다.

애자일 코치가 일정과 예산에 대해 여전히 곤경에 빠져 있다면 코치가 제품 책임자의 역할을 대신 하려는 것 자체도 문제가 된다는 사실을 알 것이다. 이것은 특히 코치가 되기 이전의 역할이 프로젝트 관리자였다면 쉽게 빠질 수 있는 함정이다. 많은 프로젝트 관리자는 이런 곤경에 익숙해졌다. 만약 코치가 이런 상황에 처했다면 애자일에서는 그런 곤경을 떠맡지 말아라. 만약 모든 유형의 외부인(관리자, 다른 팀, 이해관계자)이 코치에게 와서 팀이 왜 특정 기능을 제공하지 않는지, 다음에 무엇을 개발할지, 돈이 어떻게 그리고 어디에 쓰이는지 물어볼 수 있다. 이는 애자일 코치에게 할 질문이 아니고 제품 책임자에게 할 질문이다.

제품의 방향, 일정, 예산과 관련된 모든 일은 제품 책임자의 직무에 해당된다. 왜냐하면 제품 책임자는 제품의 이러한 측면에 영향을 미치는 비즈니스 결정을 하기 때문이다. 완벽한 기능을 갖춘 코치와 제품 책임자 간의 건강한 관계에서는 개발 방향, 일정, 예산 등을 묻는 질문에 애자일 코치는 "제품 책임자에게 질문하면 좋겠네요. 제품 책임자가 자세한 내용을 다 알고 있어요."라고 답해주면 된다.

팀에 발생하는 많은 문제는 대부분 애자일 코치와 제품 책임자의 역할을 가르침으로써 해결할 수 있다. 이 작업을 수행할 때 팀에게 애자일 코치와 제품 책임자를 모두 소집해 역할 정의를 하도록 하고, 팀은 자신의 기능을 충실히 하도록 한다. 어떤 것이든 걸림돌이 되지 않도록 하는 것이 좋다.

일단 제품 책임자가 역할에 대한 교육을 받고 적절한 코칭을 제공하게 되면, 그것으로 코치의 책임은 끝이 난다. 제품 백로그를 예로 들어보자. 애자일 코치로서 제품 책임자가 백로그의 우선순위를 어떻게 정하고, 언제 해야 하는지를 알고 있는지 확인하라. 우선순위를 매기는 데 도움을 주겠다는 제안을 그가 거절하고, 준비되지 않은 채 스프린트 계획을 세운다면 그 결과는 불을 보듯 뻔할 것이다. 즉 제품 책임자가 실패하도록 놔둔다.

짧은 반복 주기는 실패의 정도를 견제하기 때문에 팀이 오랫동안 실패하거나 엄청나게 나쁜 결과를 초래하지 않는다. 실패가 발생하도록 방치했다면 제품 책임자가 스프린트 계획을 준비하지 않았기 때문에 회고에서 실패의 근본원인을 살펴보게 될 것이다. 팀과 제품 책임자는 함께 상황을 명확히 봤기 때문에 문제를 시정하려고 노력한다.

제품 백로그를 직접 준비하면서 제품 책임자가 할 일을 대신해 주고자 한다면 그 결과는 참담하다. 그 역할에 끼어든다는 의미는 제품 책임자의 대리인 역할을 하는 것이며, 제품 백로그의 우선순위 기준을 모르기 때문에 추측할 수밖에 없는 데 당연히 틀릴 수밖에 없다. 그보다 더 나쁜 상황은 학습 효과가 없다는 것이다. 코치가 제공한 선의의 도움이 팀을 혼란에 빠트려 상황을 제대로 볼 수 없게 할 것이고, 팀이 제품 책임자가 필요해도 그들을 찾으려 하지 않을 것이며, 그렇게 되면 코치의 제품 책임자를 위한 대리인 역할은 굳어지게 될 것이다.

제품 책임자가 팀에 도움이 되도록 코칭할 때 다음 사항을 명심하라. 역할을 가르치고, 역할을 코칭하며, 팀에게 제품 책임자가 자신의 역할을 다할 것이라는 점을 주지시켜라. 이 이상의 역할은 실패하게 하라. 그런 다음 팀과 제품 책임자가 실패로부터 배우고, 실패로부터 함께 회복해 강해질 수 있도록 도와라.

## 제품 책임자 역할 수행에 대한 코칭

좋은 제품 책임자가 된다는 것은 역할 정의를 이행하고, 제품 백로그를 다듬고, 팀과 함께 일하고, 다른 모든 사람과 함께 제품에 대한 설득력 있고 수익성 있는 비전을 만들어 내는 것 이상을 의미한다. 많기는 하지만 이것만으로는 충분하지 않다. 좋은 제품 책임자들은 그들이 이런 작업을 하는 방식에 주의를 기울인다. 즉 스타일과 의도가 중요하다.

제품 책임자들은 조직으로부터 무언가를 해야 한다는 압력을 받을 수 있다. 아주 좋은 경우는 제품 책임자가 팀이나 애자일 코치와 협력해 그러한 압박에 어떻게 대처할지 협업하며, 적시에 제대로 만들어진 제품을 전달하는 것이다. 압박이 발생하고 기대했던 바가 무너지면 팀은 이를 확인하고 해당 상황을 장애물로 인식한다. 애자일 코치와 제품 책임자는 함께 압박의 원인을 찾아내서 완화시키거나 최소한 줄여야 한다.

그러나 제품 책임자가 암묵적으로 압박을 받아들이면 스트레스로 인한 행동이 나오는 것을 목격할 수 있다. 이런 행동 중 일부는 팀이 그들이 해야 하는 것보다 더 많은 일을 맡도록 괴롭히거나 기능의 복잡성을 잘못 말하고 나서 복잡성이 명백해졌을 때 압박을 가하는 것이다. 압박을 받을 때 일부 제품 책임자들은 복지부동하면서 모든 결정을 회피하거나 다른 이들은 너무 바빠서 팀과 함께 업무를 하지 못한다. 제품 책임자들이 정직하지 않다거나 팀에 악의적인 의도가 없다는 사실을 믿어라. 대신 그들이 받는 압박이 종종 해로운 행동을 유발하는 스트레스로 이어진다는 점을 알아야 한다.

제품 책임자의 스트레스로 인한 행동이 시작됐을 때 코치로서 그와 부딪힐 준비를 하라. 필요한 경우에만 제품 책임자와 맞서고, 그가 압박에 대한 새로운 반응을 배우도록 도와줄 때 부딪히기보다는 교육의 측면에서 가설을 세우고 실험을 하라.

- **스케줄 중심의 사고 방식에서 비즈니스 가치 지향적 사고 방식으로 전환**: 대부분의 제품 책임자들은 일정과 함께 만들어질 기능을 요구하고, 그 다음에는 그 일정과 기능이 일정하게 지켜지도록 유지하고 관리하는 데 익숙하다. 이것은 결코 현실적인 접근이 아니다. 현실을 수용하기 위해 제품 책임자는 일정 중심의 사고에서 비즈니스 가치에 입각한 사고로 전환해야 한다. 제품 책임자에게 제품의 기능을 자주 전달할 수 있도록 가치를 작게 분할하고, 이 작은 조각이 회사에 실

제 결과를 가져오도록 코칭해야 한다. 이를 위해서는 제품 책임자가 비즈니스 관리에 능숙해지고, 제품이 비즈니스에 영향을 미치도록 해야 하며, 비즈니스에서도 끊임없는 변화가 발생해야 한다. 제품 책임자와 협력하는 일은 변화를 무력화하거나 무시하는 것보다는 더 나은 제품이 출시되도록 하는 촉매로 봐야 한다. 제품 책임자가 자신이 생각한 아이디어와 일정을 엄격하게 고수하기보다는 비즈니스 가치에 기반한 사고를 통해 변화를 수용하고 이를 길들이도록 도와야 한다.

- **모든 상호 작용에서 비즈니스 가치 중심의 사고 방식을 키워라**: 비즈니스 가치 중심의 사고방식은 제품 백로그의 우선순위를 정하고 이를 수익성 있는 릴리스로 분할하는 데에만 효과가 있는 것이 아니다. 회의를 지금 해야 할지 혹은 나중에 해야 할지를 결정하거나 비즈니스 가치를 떨어뜨리지 않으면서 일정을 진행시키거나, 심지어 대화 중에 제품 책임자가 특정한 주제를 다루는 순서를 정하는 일 등 모든 것에 영향을 미친다. 이 모든 것은 제품 책임자가 비즈니스 가치 중심의 사고 방식으로 전환하는 데 유용하다. 특히 비즈니스 가치 순위에 입각한 대화는 팀에서 업무를 하는 데 유용할 수 있다. 애자일 프레임워크는 몇 주 안에 가치와 품질을 갖춘 무언가를 만들어내도록 팀에게 상당한 압박을 준다. 건강한 애자일 팀에게 시간은 매우 귀중하다. 제품 책임자가 이를 존중하는 한 가지 방법은 팀과 가장 가치 있는 주제를 먼저 이야기하고, 가치가 낮은 몇 가지 사항은 대화 목록에서 삭제하도록 하는 것이다.

- **스폰서와 한 마음이 되라**: 제품 책임자와 스폰서는 현재와 미래의 제품 방향에 대한 비전이 완전히 일치해야 하는데, 서로 합심한다면 그들 사이에는 의견차이가 없을 것이다. 제품 책임자와 스폰서가 제품에 대해 어떤 이야기를 했었는지, 그 결과는 무엇인지 거리낌없이 물어봐라. 스폰서를 수시로 확인해 제품 책임자와의 의견 일치 여부를 확인하라. 이 두 사람이 서로 궤도를 벗어나면 팀과 제품이 고전을 면치 못한다.

- **미시적 관리보다 더 많은 것 또는 더 적은 것을 요구하라**: 제품 책임자가 팀원들이 어떻게 작업을 수행하는지 자세히 알아야 한다고 생각할 때 경고를 하라. 이것은 종종 제품 책임자가 충분한 작업을 팀에게 주지 않았거나 그 반대의 경우에 발

생한다. 제품 책임자가 생각하는 팀에 대한 최선의 통제는 제품 책임자가 팀원들에게 얼마나 많은 사항을 요구하는가 하는 것이지, 그들이 어떻게 하고 있는지가 아니다. 제품 책임자가 다음 스프린트를 위해 제품 백로그를 준비하면서 이 개념을 사용하도록 코칭한다. 그러는 동안 제품 책임자가 세세한 부분에는 관여하지 않도록 요구하라.

- **팀의 약속 준수**: 그 누구도 애자일 팀이 편하게 일을 진행한다고 말하지 않는다. 아무도 제품 책임자가 항상 친절해야 한다고 말하지도 않았다. 사실은 정반대다. 애자일 팀의 팀원들이 자신들의 약속을 지키지 못했다면 제품 책임자는 실망할 것이다. 이때 제품 책임자는 실망감을 드러내도 괜찮다. 또한 제품 책임자는 그 원인을 받아들여야 한다. 그 원인은 변명이 아니라 다음 번의 약속을 지키는 데 방해가 되는 것으로 변화를 줘야 하는 상황이다. 일부러 감정을 보여주려 의도해서는 안 된다. 대신 코치는 제품 책임자에게 팀이 약속을 지키지 못한 것에 대한 실망감이 진실이라면 그것을 실제로 표현해도 괜찮다고 알려주되, 그것을 전술적으로 사용하는 것을 경계하도록 코칭하라.

- **중요한 순간을 활용하라**: 제품 책임자의 팀에 대한 영향력은 방향 설정을 위한 스프린트와 업무가 진행되는 스프린트 사이에 존재한다. 제품에 대한 비전과 제품 백로그의 세밀화를 통해 제품 책임자는 팀에게 방향을 전달한다. 팀의 기세를 유지하는 비결은 단순히 제품 책임자가 자리에만 있어도 나타난다. 제품 책임자가 팀과 함께 질문에 답하거나 현재 발생한 사안에 대해 결정을 내릴 수 있도록 코칭하라. 이것이 팀이 업무를 앞으로 이끌고 나가는 속도를 강하게 유지시킨다. 대화나 결정을 위해 제품 책임자를 기다리는 일은 마치 무수한 질문과 결정 사안에 대한 거대한 댐이 만들어지는 것과 같다. 제품 책임자에게 "오늘은 팀의 속도가 어떤가요?"라고 묻고 나서, 이것을 제품 책임자와의 대화로 연결시켜 팀에서의 업무 흐름을 촉진하거나 억제하도록 한다.

이 모든 것을 하기 위해 제품 책임자와 함께 시간을 보내면서, 제품이 어떻게 진행되는지, 팀이 어떻게 하는지, 각자가 자신의 역할을 어떻게 수행하는지 그리고 어떻게 서로 도울 수 있는지를 이야기하라. 현실적인 대화를 하면서도 정직해야 한다. 애자일 팀이 놀라운 결과를 만들어 내도록 돕는다는 입장에서 제품 책임자와 동맹관계를 맺어야 한다.

## ▌애자일 코치 코칭하기

시간이 지남에 따라 애자일 코치도 훈련시킬 기회를 갖게 될 수 있다. 아마도 코치는 새로운 장소나 새로운 팀으로 옮겨갈 수 있다. 아니면 새롭게 맡은 업무가 새로운 애자일 코치를 훈련시키는 것일 수 있다. 어떤 상황이든 자신의 능력에 자신감을 갖고 새로운 애자일 코치를 훈련시킨다면 자신의 성장에 엄청난 기회를 갖게 된다. 다른 누군가에게 가르치는 것만큼 자신의 코칭 기술을 깊이 있게 하는 더 좋은 방법은 없다. 코치는 애자일 팀을 어떻게 코칭해야 하는지에 대해 설명하면서 번뜩이는 아이디어에 자신이 깜짝 놀랄 수 있다. 나 또한 종종 "와우, 이거 좋은 아이디어다. 노트에 적어야지."라고 생각한 적이 있다. 그런 내용이 모여 이 책이 탄생했다.

애자일 코치와 스크럼 마스터를 코칭하기 위한 유용한 애자일 프레임워크는 그들의 역량 정도에 따라 탐구exploratory, 수습apprentice, 코치coach의 세 부분으로 구성된다. 만약 애자일 코치가 되려는 사람이 있다면 처음에는 그가 업무를 수행하는 모습을 지켜보면서 그 역할을 탐구하게끔 하라. 애자일 코치 역할이 그들이 생각했던 그대로일 수도 있고, 그게 아니면 역할에 대해 다시 곰곰이 생각해 볼 수 있다. 혹은 그들은 그것이 경력이나 개인적인 열망과 일치하지 않는다고 생각할 수도 있다. 그들이 잠시 동안이라도 코치를 그림자처럼 따라 다니면서 애자일 코치 역할을 경험하게 하는 것은 그들이 스스로 결정하는 데 도움이 될 것이고, 그들의 귀중한 시간과 에너지를 낭비하지 않도록 할 것이다.

만약 그들이 탐구 기간이 끝난 후에도 코치가 되고 싶다면, 그들을 수습 애자일 코치로 받아들여라. 나는 새 코치를 독립시키는 데 3개월이 적절한 시간이라는 사실을 알았다. 첫 달에는 코치 역할을 수행하면서 수습 코치에게 코치의 행동(또는 부족한 행동)을 설명하라. 코치가 코칭하는 모습을 보며 수습 코치가 잘 관찰하고 행동을 선택하도록 하라. 팀에서 어떤 일이 벌어지는지 보고 주어진 상황에서 어떤 선택을 했는지 질문하라. 팀 또는 팀원과의 상호작용 시 코치로서의 선택과 목표했던 사항을 설명하라. 팀 전체를 코칭하고, 개인들을 코칭하고, 애자일을 가르치며, 애자일 회의를 진행하고, 신중하게 팀과 개인에게 개입하는 것 등 코치가 하는 모든 역할을 배우게 하라.

1:1 코칭 대화에서 대화에 참여하지 않는 사람이 있다는 것이 이상하다고 생각할 수도 있다. 좀 그렇긴 하지만 수습 코치가 대화에 참여해서 1:1 코치 일을 배울 수 있도록 설명하면 된다. 또한 아마도 몇 달 안에 수습 코치는 그 사람의 애자일 코치가 될 수도 있으므로, 수습 코치를 1:1 코칭에 참여시키면 나중에 그 전환이 원활해질 수 있다.

두 번째 달로 넘어가면서 애자일 이벤트를 수습 코치에게도 맡겨봐라. 예를 들면 스프린트 계획을 하는 동안 코치 자신보다는 수습 코치가 맡아서 진행해보는 것이다. 이 전환이 시작되면 팀원들에게 수습 코치가 코칭 역할을 이제 시작할 것이고, 나는 빠질 거라고 이야기하라. 수습 코치가 애자일의 다양한 이벤트를 시작하기 전에 수습 코치와 이벤트를 함께 계획하라. 다만 계획에 대한 책임은 수습 코치에게 있고, 코치 자신은 그의 보조일 뿐임을 명심하라. 각 이벤트가 끝난 후 수습 코치에게 메모한 내용을 전달하라. 이 노트에는 아마도 수습 코치가 다르게 했을 수도 있는 점이나 궁금했던 내용, 그들이 애자일에 대한 설명에서 완전히 벗어난 지점 등이 적혀 있을 것이다. 이쯤 되면 코치는 수습 코치의 개인 코치가 된 것이다.

시간이 지남에 따라 애자일 이벤트에도 변화가 생긴다. 두 번째 달이 끝나는 시점에는 수습 코치가 팀의 1차적인 코치가 되고, 코치 자신은 자문역으로 자리를 옮긴다.

세 번째 달에는 코치는 새로운 코치의 코치가 된다. 코치는 더 이상 팀에 직접적으로 개입하지 않는다. 코치가 최근에 졸업시킨 수습 코치가 그 역할을 대신한다. 그 대신 코치는 새로운 코치가 자신만의 독특한 목소리를 낼 수 있도록 도움이 되는 팁이나 통찰력을 제공한다. 새로운 코치에게는 자연스럽지만 코칭을 받는 사람들에게는 독특하고 강력한 목소리가 이 마지막 세 번째 달에 나오기 시작한다.

이 시점에서 코치와 새로운 코치의 상호작용은 동등한 수준으로 바뀐다. 새로운 애자일 코치는 두 달 동안 애자일 코칭을 경험했고, 새로운 팀을 위해서는 충분히 업무를 수행할 수 있을 정도의 경험을 쌓았다. 예를 들어 애자일 이벤트를 보고할 때 코치가 어떤 것을 다룰 수 있는 방법을 제안할 수 있지만, 새로운 코치의 방법도 타당하다는 믿음을 가져야 한다. 코치와 새로운 코치 사이의 상호작용은 단순히 노트를 주는 것보다는 그 노트를 비교하는 것과 같다. 3개월이 다 되어갈수록 코치는 점점 사라져가고, 끝 무렵에는 팀에 전혀 관여하지 않는다. 빈 자리는 새로운 코치가 채운다.

## ▌애자일 관리자 코칭하기

팀이 애자일 여정을 따라 움직일 때는 많은 사람과 함께 한다. 이 사람들은 팀원들의 관리자, 프로그램이나 팀이 사용하는 플랫폼을 담당하는 관리자, 제휴 담당 관리자 혹은 회사 전체의 이해관계자를 포함한다.

그들은 모두 애자일 관리자이지만 아직은 그것을 알지 못할 것이다. 그들은 아마도 여전히 팀원들에게 무엇을 해야 할지 지시하고, 팀과 상의도 하지 않고 사람, 그룹 및 회사 전체를 재정비하고, 중요한 기술 결정을 단독으로 결정하는 자신에게 익숙한 오래된 방식으로 일하고 있을 수 있다. 팀은 스스로 조직화하면서 실제적인 결과를 자주 만들어 내는데, 이때는 관리자들이 하던 일의 많은 부분이 더 이상 유용하지 않거나 오히려 해로울 수 있다. 그들은 회사의 이익을 위해 팀과 애자일의 힘을 활용할 새로운 업무가 필요하다. 내가 마이클 스페이드<sup>Michael Spayd</sup>와 합류할 때쯤, 애자일 코치이자 조직 변화 전문가인 그는 애자일 관리자의 역할에 대해 오랫동안 깊이 생각하고 있었다. 그는 관리자들에게 애자일 세계에서 그들의 책임을 가르치는 것이 성공적인 애자일 전환에 도움이 되리라 확신하게 됐고, 나는 거기에 동의했다. 나는 권한이 부여되고, 자기 조직화되었으며, 헌신적인 애자일 팀에 관리자들이 전통적인 관리 기법을 적용했을 때 애자일이 실패하는 것을 여러 번 목격했다.

관점을 명확히 하자면 우리는 애자일 관리자가 애자일 마인드 셋과 행동을 받아들이도록 기본적인 세 가지 영역을 코칭한다.

- **팀 관리**: 이제 팀 운영은 팀의 자기 조직화와 관리자의 리더십 역량을 통해 이뤄진다. 애자일 관리자에게 팀은 그들이 지속적으로 어떻게 일하고 발전하는지, 팀을 어떻게 형성하고 성장을 시키는지 또한 장기적으로 그들의 성과를 어떻게 측정하고 보상하며, 유지시켜야 하는지를 연구해야 하는 기본적인 대상이 된다. 애자일 관리자의 영역은 미시적 관리자나 친구가 아니라 친밀한 외부인이자 팀을 대변하는 투사다.

- **투자 관리**: 투자에 대한 관리는 일정이나 중요한 마감일보다는 바로 지금 더 가치 있는 일에 집중하게 된다. 경쟁 우위를 확보하기 위한 최고의 비즈니스 가치 제공을 추구하기 위해 애자일 마인드 셋은 "우리가 일정이나 예산 내에 있는

가?"라는 것보다는 "지금 우리가 집중해야 할 것이 무엇인가?"에 초점을 둔다. 즉 애자일로부터 우리가 얻는 가장 가치 있는 것은 '계획을 맞춰가는 것'보다는 '가치에 맞추는 것'으로 패러다임을 변화시키는 것이다.

- **환경 관리**: 환경을 관리하는 것은 조직이 '린<sup>lean</sup>' 사고를 갖도록 돕는 것이다. 애자일 팀은 지원 프로세스와 공급업체를 포함하는 전반적인 조직 환경 내에서 운영된다. 애자일 팀이 새롭게 설정된 속도와 민첩성을 갖고 움직이기 시작하면 조직의 나머지 팀은 그들의 속도를 늦추는 경향이 있다. 애자일 관리자는 이러한 흐름과 장애물 제거에 집중하기 위해 린 사고를 가져야 하는 위치에 있다 (Spayd and Adkins 2008).

이 세 가지 영역은 새로운 것이 아니다. 관리자는 항상 팀 관리, 투자 및 조직을 둘러 싼 다양한 환경 속에서 일해왔다. 이제는 애자일 관리자가 애자일 마인드 셋을 갖고 이들 각 분야에 접근한다. 이렇게 새롭고 애자일한 방법에 능숙해지도록 하는 것이 우리가 애자일 관리자를 코칭하는 이유다.

가장 중요한 기법은 애자일 관리자가 애자일 마인드 셋을 갖고 조직의 변화를 관리하는 능력을 향상시키는 데 도움을 주는 것이다. 이 기법은 조직이 애자일을 채택하는 데 아주 큰 도움을 준다. 조직을 변화시키는 예술가로서 애자일 관리자는 다양한 상황과 환경에 영향을 주는데, 그중에서 중요한 것은 다음과 같다.

> 애자일 관리자는 기존의 성과 관리 시스템에 영향을 미치고, 동료 관리자와 협력해 비즈니스 프로세스를 린하게 만들며, 조직 내에서 흔하게 마주할 추가 작업 요청에 대해 "싫습니다."라고 말하는 사람이다. 애자일을 조직에 도입할 때 비즈니스 가치를 전달하기 위해서는 애자일 팀에 힘을 실어줘야 하고, 이를 가능하게 하기 위해서는 엄청난 양의 조직 변화가 일어나야 한다. 애자일 관리자는 조식의 변화를 수도하는 예리한 기술과 그 변화의 곡선을 제대로 걷도록 안내할 수 있는 능력을 개발해야 한다(Spayd and Adkins, 2008).

## 애자일 관리자를 어떻게 코칭할 것인가?

애자일 관리자를 코칭하는 것은 어떤 사람을 1:1로 지도하는 상황과 많이 유사하다. 먼저 그들의 역할에 대해 훈련시킨 후에 어떤 행동이 팀에 유용할지 혹은 해로울지 알려준다. 그런 다음 그들이 잘 하는 것을 파악해서 그들의 행동이 긍정적인 영향을 주었음을 확인시켜주는 방식으로 코칭한다. 또한 의도치 않게 팀원들에게 미친 악영향을 파악하고, 그것이 어떤 행동이었는지를 명확하게 이해시킨다. 항상 그들의 애자일 여정을 코칭하라. 그들의 경력과 삶에 무엇이 필요한지 알아보고, 애자일이 그것을 달성하는 데 얼마나 도움이 되는지 알 수 있도록 도움을 줘라.

> **찾아보기** 애자일 관리자의 역할을 가르치는 내용은 7장 '교사로서의 코치'에서 다룬다.

관리자들이 팀에 신경도 쓰지 않다가 나중에 뒷북을 치게 되면 자연스럽게 코칭 기회가 생긴다. 대부분의 관리자는 문제를 잘 해결하곤 하는데, 이것을 종종 팀에게 혹은 팀을 위해 일을 한다는 것으로 이해하고 있다. 개별 팀원들과의 상호작용이나 스프린트 리뷰나 스탠드업 미팅을 통해 그들은 팀에게 무슨 일이 일어나지에 대한 결론을 내릴 수 있다. 종종 이러한 결론은 잘못된 것인데, 만약 팀이 문제를 해결하지 못하면 관리자가 직접 문제를 해결하기 위해 행동할 수 있다.

한 관리자가 복도에서 코치에게 다가서며, "내 생각엔 팀이 점점 지쳐가는 것 같아요. 팀이 어제 스탠드업 미팅에서 기운이 없다는 것을 알았는데, 우리가 뭔가 조치를 취해야 하지 않을까요? 재충전을 위해 무언가를 하는 게 어때요?"라고 물어본다고 상상해 보자. 팀의 애자일 코치로서 관리자의 통찰력은 인정하겠지만, 관리자가 관찰한 사실을 팀에 알려주겠다고 하는 정도 외에는 아무것도 하지 말아라. 애자일은 팀이 계획하고 열심히 일하며 실제 제품을 생산한 후 그들이 일하는 방식을 개선하기 위해 회고하는 자연스러운 순환 고리를 구축한다는 사실을 강조하라. 애자일에서는 문제가 발생하면 자연스럽게 해결될 수 있도록 하는 시점이 있다. 외부인이 어떤 일이 일어나도록 인위적으로 간섭할 필요가 없다.

아마 그 관리자가 정확하게 결론을 내렸는지도 모른다. 아마도 팀은 녹초가 되고 있을 수 있다. 코치는 팀이 업무나 그들의 일상생활에서의 속도를 지속적으로 유지시키거나 강화시킬 수 있는 방법을 찾을 수 있다. 즉 코치는 회고 시간에 관련 주제를 등장시켜 서로 이야기하고 해결하는 방안을 찾도록 할 수 있다. 관리자는 그가 파악한 팀의 피곤함을 덜어주기 위해 무언가를 계획할 필요가 없다.

코치가 애자일 관리자에게 가르칠 지혜는 관련 문제를 팀에 가져가라는 것이다. 발생한 문제를 팀원에게 알려라. 그들은 실제로 무슨 일이 일어나는지 그리고 무엇을 해야 하는지 알고 있다. 모든 사람은 그런 문제를 고려하도록 애자일에서 사용하는 의식을 사용할 수 있는데, 그게 바로 회고<sup>retrospective</sup>다.

무엇보다도 관리자가 외부에서 팀 문제를 해결하게 해서는 안 된다. 그들의 통찰력과 관찰한 내용은 환영받을 만하고, 소중하며, 필수적이지만 그들의 단독 행동은 그렇지 않다.

때로는 그들의 행동을 제때에 포착할 수도 있고, 그렇지 않을 수도 있다. 관리자가 개입해 피해를 입히거나 그냥 혼란을 야기하더라도 그대로 내버려둬라. 팀원이 애자일 관리자가 자신을 대신해 문제를 해결했다고 화를 낸다면 팀원이 그 상황을 관리자와 이야기하도록 독려하라. 만약 팀 전체가 관리자의 행동에 의해 조종당했다고 느껴 분개하고 있다면 팀 관리자와 대화를 하도록 도와라. 그 결과를 통해 팀은 배울 수 있다. 관리자가 더 많은 교훈을 배우도록 추후에 1:1로 코칭하라. 이렇게 하면 현재 상황을 해결하는 수습책을 마련한 것이고, 애자일 관리자는 그들의 다음 애자일 여정을 준비할 수 있다.

때때로 특별한 종류의 외부인이 더 구체적인 역할을 하며 팀에 더 큰 영향을 미친다. 이 사람은 팀의 스폰서이며 일부 조직은 고객(팀 제품을 사용할 실제 고객은 아님)이라고도 한다. 이 사람의 역할 이름이 무엇이건 간에 코치는 코칭할 한 사람을 더 알게 된 것이다. 이 사람은 팀이 사용하는 모든 비용을 지불하기 때문이다.

## 스폰서는 특별한 형태의 관리자

스폰서는 다른 애자일 관리자와 같은 역할을 하며 다른 관리자와 마찬가지로 코칭할 수 있다. 스폰서는 또한 특별한 힘, 즉 돈의 힘을 갖고 있다. 일반적으로 스폰서에게 그들이 제품 책임자와 함께 일을 하면 원하는 결과를 얻을 수 있다는 사실을 알려주고, 제품 책임자와 항상 함께 협력하도록 코칭하라. 스폰서가 팀을 위해 일하도록 코칭하면 팀은 일을 훌륭하게 완수해낼 것이다.

- **그들의 관점에서 비전을 명확히 설명하라**: 비록 제품 책임자가 비전 수호자라는 이유로 비전 설명에 대해 가장 큰 압박을 받지만, 스폰서가 팀에게 같은 비전을 제시할 때는 마법 같은 일이 일어난다. 스폰서가 팀에게 왜 이 제품이 회사와 시장에 중요한지 말하면 그 마법은 현실이 된다. 더욱 놀라운 마술은 스폰서가 팀에게 이 제품이 그들에게 개인적으로 중요한 이유를 설명할 때 일어난다. 이러한 "왜?"를 아는 것은 팀에게는 강력한 동기부여가 될 수 있다.

- **스프린트 리뷰에 참석시키고 신경 써라**: 확실히 스폰서를 스프린트 리뷰에 참석시키고, 그에게 신경을 써야 한다. 팀은 자신들이 얼마나 잘했는지 알고 싶어한다. 때때로 '고위층'으로부터 칭찬을 듣는 것은 그들이 노력한 보람이 있었고, 그들이 회사에서 소중하다는 사실을 아는 데 도움이 된다. 이것은 특히 제품 책임자가 회사 내 조직에서 위치가 낮은 경우에 영향을 미칠 수 있다. 특히 이 경우 스폰서는 제품 책임자가 할 수 없는 방식으로 회사를 대변할 수 있다. 스폰서로부터 직접 피드백을 받으면 "우리가 회사에 중요한가? 우리가 만들고 있는 제품이 중요한가?" 같은 물음에 대한 추가적인 질문이 없다. 이 질문에 대한 피드백을 받은 팀은 다음 스프린트로 깔끔하게 이동할 수 있다.

- **비즈니스 측면에서의 트레이드오프를 이야기하고 기대사항을 관리하라**: 스폰서가 팀과 함께 하는 거의 모든 것이 비즈니스에 대한 트레이드오프 또는 기대 관리라는 두 가지 범주 중 하나에 속한다는 사실을 알도록 코칭하라.

  예를 들어 스프린트 리뷰를 하는 동안 스폰서가 팀과 제품 책임자에게 회사가 어떤 방향, 기술 또는 아이디어에 투자할 의향이 있는지를 말하는 것은 허용된다. 그것은 사업상의 트레이드오프이며, 다음 스프린트에 대한 계획을 준비하는 팀에게는 중요하고 유용한 제약사항이다.

이와 비슷하게 스폰서가 팀과 이야기하는 많은 부분은 그와 제품 책임자가 팀 외부 사람들의 기대를 어떻게 관리하는지에 관한 내용이다. 팀은 이 두 사람이 일을 잘 처리하고 있고, 그들의 바람막이가 되어주고 있다는 사실을 알아야 한다. 그래서 팀은 자신들의 노력에 집중해서 훌륭한 제품을 만들 수 있는 것이다. 스폰서는 회사에서 어떤 일이 벌어지는지를 알 수 있는 정도의 충분한 정보는 팀에게 제공해야 하지만, 스폰서 수준에서 끊임없이 벌어지는 회사 내 정치적인 사항에 대해서는 많은 정보를 주지 않는 편이 좋다.

- **팀은 자신의 약속에 책임을 져야 한다**: 스폰서는 제품 책임자와 함께 팀이 하겠다고 말한 사항에 대해 팀이 책임을 다하도록 해야 한다. 스폰서가 팀에게 기대하는 수준을 높이도록 하고, 팀이 그것을 달성할 수 있다는 믿음을 갖도록 코칭하라.

스폰서를 지도하기에 가장 좋은 시점은 스프린트 리뷰 직전에 있다. 방금 읽은 항목을 스폰서와 다시 읽어봐라. 코치가 스폰서로부터 기대하는 행동은 코칭하는 제품 책임자나 다른 애자일 관리자의 행동과 같기 때문에 스폰서와 함께 그에 대해 이야기를 나눠라.

코치는 스폰서에게 애자일 세계에서 그들의 역할을 가르치고 있음을 기억하라. 그래서 스프린트 리뷰는 스폰서가 해야 할 정상적인 업무라는 점을 인식시켜라. 그들이 코치보다 급여를 많이 받고 있다는 사실은 중요하지 않다. 그들의 코치로서 애자일을 잘 한다는 것은 스폰서를 포함한 모든 사람이 새로운 방식으로 행동한다는 것을 의미한다.

스프린트 리뷰 후 스폰서와 또 다른 대화를 하겠다고 말하고, 수습 코치에게 했던 것 같이 스폰서에게도 작성한 노트를 전달하라. 팀에 도움이 됐거나 좋지 않은 행동을 한 것을 구체적으로 알려줘야 한다. 이렇게 함으로써 스폰서는 팀이 최고의 성과를 창출하는 데 도움을 주기 위해서 어떤 상호작용을 해야 하는지를 배울 수 있다. 그렇게 함으로써 팀은 스폰서가 희망하는 결과를 만들어낼 수 있다. 스폰서는 팀을 지원하는 법을 배우고, 팀은 점점 더 나은 제품을 만들며, 스폰서는 더 많은 것을 얻게 된다. 모두가 이기는 방법이다.

## ▌요약

5장에서 학습한 주요 내용을 정리해보자.

- 코칭은 항상 개인 레벨과 팀 레벨에서 이뤄진다. 훌륭한 애자일 코치는 팀 전체의 코칭과 개인 코칭이 유용하고 강력하며, 중단되지 않도록 하기 위해 팀이 스프린트 및 릴리스 주기의 어디에 있는지 관심을 갖는다.
- 애자일 환경에서의 코칭 = 코칭 + 애자일 멘토링이다. 우리는 그들이 훌륭한 애자일리스트가 되도록 코칭하기 때문에 사람들의 전체 삶에 관심이 있다.
- 즉시 사람들과 코칭을 위한 대화를 시작하라. 문제가 발생하면 코칭 관계가 구축되며, 그 사람이 애자일 여정의 어느 지점에 있는지 알게 된다.
- 훌륭한 제품 책임자는 건강한 애자일 팀을 만든다. 제품 책임자를 잘 코칭하라.
- 자신의 기술과 지식을 강화하기 위해 다른 사람에게 코칭하는 방법을 가르쳐라. 가능한 한 빨리 수습 애자일 코치를 받아라.
- 관리자는 팀 성과에 영향을 준다. 이 사실이 코칭 대상자로서 관리자를 코치의 시야에 머물게 한다.
- 스폰서는 특별한 부류의 관리자로 자기 조직화된 팀으로부터 상상 이상의 것을 얻는 방법을 배울 수 있도록 코칭이 필요하다.

## ▌추가 자료

- 리처드 해크먼J. R. Hackman, 『성공적인 팀의 5가지 조건Leading Teams: Setting the Stage for Great Performances』, 최동석, 김종완 옮김, 교보문고, 2006
- Susan Scott, 『Fierce Conversations: Achieving Success at Work and in Life One Conversation at a Time』, Berkley Books, 2007
- 로라 휘트워스, 카렌 킴지하우스, 헨리 킴지하우스, 필립 샌달, 『코액티브 코칭: 고객과 코치가 함께 성공하는 코칭의 기술Co-Active Coaching: New Skills for Coaching People Toward Success in Work and Life』, 김영사, 2016

# ▌참고 자료

- 아빈저연구소Arbinger Institute, 『상자 밖에 있는 사람Leadership and self-deception』, 서상태 옮김, 위즈덤아카데미, 2016

- 마이크 콘M. Cohn, 『불확실성과 화해하는 프로젝트 추정과 계획Agile Estimating and Planning』, 이병준 옮김, 인사이트, 2008

- 달라이 라마The Dalai Lama, 『나를 위해 용서하라The Compassionate Life』, 도솔 옮김, 미토스, 2005

- 리처드 해크먼, 『성공적인 팀의 5가지 조건Leading Teams: Setting the Stage for Great Performances』, 최동석, 김종완 옮김, 교보문고, 2006

- Susan Scott, 『Fierce Conversations: Achieving Success at Work and in Life One Conversation at a Time』, Berkley Books, 2007

- R. Sheridan, "Doing Donuts in the Parking Lot", http://menloinnovations.com/blog/?p=449, 2010

- M. K. Spayd, L. Adkins, "The Manager's Role in Agile", https://resources.scrumalliance.org/Article/managers-role-agile, 2008

- 로라 휘트워스, 카렌 킴지하우스, 헨리 킴지하우스, 필립 샌달, 『코액티브 코칭: 고객과 코치가 함께 성공하는 코칭의 기술Co-Active Coaching: New Skills for Coaching People Toward Success in Work and Life』, 김영사, 2016

# 6장

# 퍼실리테이터로서의 코치

나는 건강관리 서비스, 천연가스 유통, 도시 수도 시스템, 신용카드 시스템, 오일 생산, 웹사이트 콘텐츠 관리, 국방 시스템 효율화 등의 분야를 잘 알고 있다. 몇 가지 분야를 거론하고 있지만 사실 더 많은 분야에 대해 알고 있다. 나는 천성적으로 호기심이 많은 사람이다. 지식에 대한 갈증을 해소하기 위해서 다양한 전문 지식을 습득하는 것이 무척이나 어려웠지만, 결국 노력을 통해 이뤄냈다. 내가 이렇게 다양한 분야에서 전문성을 갖추는 것은 프로젝트 관리자로서 성공과 생존의 열쇠가 됐다.

프로젝트 관리자로서 나는 모든 결정의 이면에 있는 근거를 이해하고, 복잡한 기술 주제에 대해서도 팀을 대표해 설명했다. 비대면으로 일하는 팀원 간의 중재자로서 협업에 필요한 지식을 전달해 부분이 모여 전체가 만들어지게 했다. 프로젝트의 모든 부분을 머리 속에 (혹은 내 프로젝트 스케줄에) 넣고 완료됐는지 확인했다. 종종 해당 프로젝트

---

**6장을 마치면 다음과 같은 질문에 답할 수 있다.**

- 표준적인 애자일 미팅의 목적은 무엇인가? 이러한 목적을 달성하도록 팀을 어떻게 코칭해야 하는가?
- 팀원들이 회의하고 있을 때 언제 개입해야 하고, 언제 뒤로 물러서야 하는가?
- 만약 내가 회의에 개입하지 않는다면 나는 무엇을 하고 있어야 하는가?
- 팀이 공식적이거나 비공식적인 회의를 개선할 수 있도록 강력한 관찰, 강력한 질문, 강력한 과제를 어떻게 활용할 수 있는가?

의 전체적인 그림을 알고 있는 사람이 나 혼자였기 때문에 도메인에 대한 전문성을 확보하는 것은 필수적이었다.

팀에 대한 공헌에 자부심이 있었고 내 전문성을 훈장처럼 여겼다. 언젠가 한 동료가 "그녀가 배관의 부식방지 기술인 음극화 보호$^{cathodic\ protection}$ 방식에 대해 이야기하는 내용을 들어보면 평생 가스 파이프라인 분야에서 일을 한 사람처럼 보인다."라고 이야기한 것을 기억하고 있다. 나는 지식이 많은 내부 전문가로 인정받는 영광을 누렸다.

내가 처음으로 애자일 팀을 코칭했을 때 충격적인 깨달음을 얻었다. 그들에게는 무엇을 해야 하는지 말할 필요가 없었을 뿐만 아니라 회의에 내가 참여할 필요도 없었다. 건강한 애자일 팀은 의사소통의 수준과 품질이 높다. 팀은 릴리스 일정에 따른 매일의 계획에 대해서 잘 알고 있었다. 그것은 내가 프로젝트 관리자로서 이전에 한 경험과 완전히 반대되는 상황이었다. 팀은 내가 그들의 일을 조정하거나 그들을 대변하거나 그들 사이의 원활한 의사소통을 위한 중재자 역할을 수행할 필요가 없음을 분명히 보여줬다. 이제 더 이상 내가 특정 주제에 대한 전문가가 돼야 할 필요도 없다는 사실을 알게 됐다. 이러한 상황은 내 가치를 다시 생각하게 만들었다.

이러한 깨달음이 있기까지 특정 주제 전문가로서 전문성을 갖춘 프로젝트 관리자가 애자일 코치로 전환하기는 어려웠다. 나는 오늘 발생한 문제에 대해 토론하는 팀 안에서 하나의 다른 목소리가 될 수도 있고, 팀이 점점 더 나아지는 데 도움을 주는 완전한 애자일 코치의 역할을 수행할 수도 있다. 이것은 매우 중요한 역할이며 아직 이 역할을 수행하고 있는 사람은 없다.

팀이 점점 더 좋아질 수 있도록 돕기 위해서는 자신의 퍼실리테이션 기술을 획기적으로 향상시켜야 했다. 팀이 표준적인 애자일 미팅과 그들의 일상적인 회의에서 훌륭한 결과를 얻도록 도와주는 것이 그들에게 가치 있다는 사실을 빠르게 배웠다.

애자일 코치는 '컨테이너'를 만들어 그들의 놀라운 아이디어와 혁신을 그곳에 가득 채울 수 있도록 돕는다. 이 컨테이너는 일련의 주제에 대한 질문 또는 조금은 다른 형태의 가볍거나 유연한 어떤 구조로서 팀이 목적을 유지할 수 있도록 충분한 프레임을 제공하며, 환상적인 아이디어를 논의할 수 있는 풍부한 상호작용 환경을 조성해 준다. 애자일 코치는 컨테이너를 만들고 팀은 내용을 만든다.

6장에서는 모든 공식 회의와 비공식 회의에서 퍼실리테이터로서의 애자일 코치 업무를 살펴본다. 우리는 일일 스탠드업 미팅, 스프린트 계획, 스프린트 리뷰, 회고 등의 애자일 미팅을 갖는다. "우리가 왜 이 미팅을 하는가?"라는 목적을 염두에 두고, 애자일 코치가 팀에게 미팅의 '요령'을 가르치기 위해 사용하는 방법을 탐구하고 또 적용할 수 있도록 한다.

비공식적인 회의를 통해 코치는 팀이 스스로 제품의 품질을 높이기 위해 자신들의 상호작용 품질을 높일 수 있는 일에 집중한다. 이것은 다른 주제 전문가가 되는 것보다 훨씬 더 광범위하고 가치 있는 일이다!

## ▌가볍게 권한 행사하기

스탠드업 미팅과 비공식 회의에서 퍼실리테이션의 기본 의도는 팀의 자기 조직화를 지원하고, 항상 진정한 비즈니스 가치를 제공하는 팀의 능력을 강화시키는 것이다. 팀 스스로 자신들이 개발한 제품에 놀라고 고객들이 기뻐하는 모습을 통해서 코치의 노력이 가시화되는 것을 경험할 수 있다.

놀라움과 기쁨은 자부심을 갖고 제품을 개발하는 자기 조직화된 팀에서 나온다. 그러므로 팀을 위해서 일할 때 권한을 가볍게 행사하기를 권한다. 가볍게 행사되는 퍼실리테이션이란 코치가 항상 "이것은 팀원들의 미팅이지 내 미팅이 아니다."라는 점을 기억한다는 것을 의미한다. 이 말을 명심하고 하루에도 몇 번씩 반복하도록 하자.

다양한 미팅의 성격에 따라 퍼실리테이션의 방법도 다르겠지만, 코치는 팀 스스로 미팅을 직접 진행하는 것을 목표로 한다. 이런 자율성은 하루 아침에 만들어지는 게 아니며 어떤 팀에게는 절대로 이뤄질 수 없을 수도 있다. 하지만 코치가 이를 지키지 않는다면 퍼실리테이션에 실패하고, 팀의 자기 조직화를 약화시키는 결과를 초래하게 될 것이다.

## 스탠드업 미팅에서의 퍼실리테이션

하루의 업무를 준비하기 위해 팀원들은 세 가지 질문에 답을 해야 한다.

- 지난 스탠드업 미팅 이후로 나는 어떤 일을 완료했는가?
- 다음 스탠드업 미팅 전까지 나는 어떤 일을 할 예정인가?
- 업무 수행에 있어서 나를 가로막는 장애물이나 속도를 저해하는 요인은 무엇인가?

이 간단하고 강력한 공식은 각 팀원을 소집해 매일 작업 계획을 수립하고, 업무 수행의 장애물 제거에 도움을 받으며, 팀에 대한 약속을 하도록 한다. 팀이 스탠드업 미팅을 잘 수행할 때 다음의 몇 가지 사항을 달성할 수 있다.

**동료 압박**: 건강한 애자일 팀은 동료의 압박을 경험한다. 이러한 팀에서는 모든 팀원이 함께 스프린트를 완료하기로 약속한다. 이 약속으로 인해 팀원들은 상호의존적이며 서로에게 책임 있는 관계를 맺게 된다. 만약에 어떤 팀원이 하나의 일을 끝내지 못하고 3일을 끌고 있다면, 그의 업무 지연은 명확하게 팀의 성과에 악영향을 주게 된다. 담당 팀원이 끝내지 못한 일은 다른 팀원들의 장애물이 된다.

**미세 조정**: 팀원들은 스탠드업 미팅에서 신속하면서도 집중해서 소통해야 한다. "아, 나는 네가 오후에 그 일을 하려고 하는지 몰랐네, 그렇다면 내 작업 순서를 바꿔야겠다. 네가 하려는 일을 내가 하려고 했거든. 오케이 그렇게 하자. 공유해줘서 고마워." 이 미세 조정을 통해서 팀원들은 어떻게, 언제 서로를 의지하고 협업해야 하는지 알 수 있다. 애자일 팀은 기다리는 시간을 낭비라고 생각하기 때문에 신속한 조정으로 대기시간을 0으로 만들기 위해서 노력한다.

### 피자를 두 판 먹을 수 있는 팀

마이크 콘은 자신의 저서 『경험과 사례로 풀어낸 성공하는 애자일』(에이콘, 2012)에서 완벽한 애자일 팀 규모를 가졌는지 여부를 쉽게 판단할 수 있는 방법을 제시한다. 바로 피자를 두 판 먹을 수 있는 팀이다.

피자 두 판을 먹을 수 있는 팀은 가족 규모이기 때문에 스탠드업 미팅의 목적을 더 쉽게 달성할 수 있다. 우리 인간은 가족 규모의 그룹에서 일어나는 일을 더 쉽게 파악할 수 있게 연결돼 있다. 우리는 각 개인의 일일 업무를 쉽게 기억하고, 개인 및 팀 결과에 대해 서로 더 잘 책임질 수 있다.

**적은 일에 집중**: 스탠드업 미팅 중에 스토리/태스크 보드를 통해 모든 팀원이 진행해야 하는 업무, 현재 진행 중인 업무 및 완료된 업무를 확인할 수 있다. 건강한 애자일 팀은 업무 완료에 초점을 맞추는데, 이는 하나의 업무를 전체 스프린트 기간 동안에 계속해서 수행하는 것을 의미하지 않는다. 팀은 매일 스탠드업 미팅을 하는 동안 신속하게 완료할 수 있는 몇 가지의 업무를 선택하는 것에 집중한다. 30개의 업무를 완료하는 것이 50개의 업무를 계속 진행하는 것보다 더 큰 가치가 있다.

**매일의 약속**: 각 팀원은 매일 팀에 약속한다. 이를 통해 팀은 서로에게 무엇을 요구해야 하는지와 서로에게 어떤 책임을 져야 하는지를 알 수 있다.

**장애물 식별**: 업무 장애물은 언제든 팀 내에서 제기될 수 있지만, 스탠드업 미팅은 업무를 잠시 멈추고 "업무 수행에 있어서 나를 가로막는 장애물이나 속도를 저해하는 요인은 무엇인가?"를 생각할 수 있는 골든 타임을 제공한다.

## 스탠드업 미팅 수행 중의 퍼실리테이션

언제든 자신만의 코칭 스타일을 활용해 새로운 팀에 스탠드업 미팅의 일반적인 규칙인 15분 동안 세 가지 질문, 짧은 대화 및 팀에서 정한 나름의 규칙 정도를 알려준다. 이것을 알려주고 뒤로 물러난다. 팀원들과 함께 서 있거나 각 팀원이 말을 하도록 지시하는 진행자가 될 필요는 없다. 팀원들 스스로 잘 할 수 있다. 그러므로 가능하면 팀원들의 시야에서 안 보이도록 뒤로 물러나라.

| 찾아보기 | 4장 '스타일을 변경하라'에서 가르침 스타일을 언제 어떻게 사용해야 하는지에 대한 팁을 찾아보자. |
| --- | --- |

스탠드업 미팅이 어떻게 작동하는지를 가르치거나 재확인하지 않는 한, 스탠드업 미팅 중에 코치가 개입하지 않는 것이 원칙이다. 처음 팀원들이 스탠드업 미팅의 규칙 준수를 배우는 동안은 코치가 자주 개입하게 된다. 하지만 최대한 빨리 회의에 끼어들지 말고 뒤로 물러나서 팀원을 관찰하도록 한다. 팀에 "미팅을 관찰한 의견을 드릴까요?"라고 물어보고 그들이 "아니요"라고 답변한다면 관찰 의견은 덮어야 한다. 만약 그들이 "네"라고 답변한다면 코치는 간결하게 정리된 관찰 의견을 전달해 그들이 자기 성찰을 할 수 있도록 한다. 만약 이에 대한 논의가 진행되고, 그들이 다음 스탠드업 미팅을 어떻게 하면 더 잘 할 수 있는지 알게 된다면 매우 좋다. 그러나 논의가 없다면 그것도 받아들여야 한다.

스프린트 동안의 팀 업무는 스프린트를 완료하는 것이다. 그러므로 만약 그들이 코치의 관찰 의견을 적용해 변경하지 않았다고 해도 강요하지 않는다. 그렇게 하면 추가적인 시험과 적응 주기가 생성될 수 있다. 이러한 주기는 몇 분 안에 완료될 경우 유용할 수 있지만, 팀이 스프린트를 수행하는 데 있어서 장애가 될 수 있으므로 회고 미팅을 위해 사소한 위반사항은 남겨두자.

---

**시도해 보기**

팀이 스스로 스탠드업 미팅을 시작하도록 한다. 시작할 시간이 됐을 때 시간을 알리는 수탉처럼 "자, 이제 미팅을 시작하시죠!"라고 외치는 대신 그냥 서 있어라. 팀원들이 스탠드업 미팅 시간이 됐음을 인식하면 (혹은 그들이 완전히 잊어버리고 왔다 갔다 하고 있어도) 소심하게 서 있을 것이다. 잠자코 있다가 누구든지 한 사람에게 스탠드업 미팅을 시작하게 하라. 당신이 알리지 않고 그저 시작되도록 하면 팀원들이 알아서 할 것이다. 언제 시작했든 타임박스를 준수해야 한다. 시작하고 15분이 지나면 "15분입니다. 스탠드업 미팅이 끝났습니다."라고 말한다. 몇 번만 이렇게 해보자. 팀은 스스로 시작하고 15분 만에 스탠드업을 끝내는 방법을 꽤 빨리 익히게 된다.

---

## 스탠드업 미팅 교정하기

때때로 잘못된 스탠드업 미팅은 바로 그 순간에 가장 잘 교정될 수 있다. 어떤 팀원은 스탠드업 미팅의 규칙을 무시하는 행위를 지속적으로 한다. 예를 들면 팀원들이 서서 잡담을 하거나 이메일을 확인하거나 다른 방법으로 스탠드업 미팅을 하는 다른 사람들을 무시하는 행동이 있다. 이러한 상황은 사소한 위반을 넘어서는 것으로 코치의 즉각적인 개입이 필요하다.

이런 상황이 발생하면 언제 교정해야 할지, 언제 내버려둘지 결정하기 어려울 수 있다. 새로운 팀에서 스탠드업 미팅이 어떻게 작동하는지 가르치는 상황에서는 팀원들의 실수가 있다면 곧바로 잡아줘야 한다. 팀이 스탠드업 미팅을 수행할 때 긍정적인 부분은 좋은 모델로 삼고, 부정적인 부분은 없애도록 한다. 이미 운영 중인 팀의 스탠드업 미팅 진행에서 부정적인 부분이 있다면 이를 어떻게 다룰지 고민해야 한다. 만약 그들이 비효율적인 스탠드업 미팅을 수행하지만 그로부터 얻을 수 있는 가치가 '완벽한' 스탠드업 미팅 수행으로 얻을 수 있는 가치보다 크다면, 코치로서 잘못된 상황이라고 판단되더라도 해당 방식을 그대로 둬야 한다. 개입의 잠재적 가치 대비 팀의 자기 조직화를 손상시킬 수 있는 가능성에 근거해 판단하고 결정해야 한다. 물론 어려운 일이다.

자, 코치가 개입해야 하는지를 신중하게 고려했고 그렇게 하기로 결정했다고 가정해보자. 다음은 다양한 스탠드업 미팅에서 발생하는 문제를 해결하기 위해 개입을 잘할 수 있는 두 가지 방법이다.

> **스탠드업 미팅의 목적을 강화할 것**: 스탠드업 미팅을 사용해 팀이 달성하려는 것이 무엇인지 교육한다. 즉 동료 압박의 생성, 미세조정 사용, 적은 일에 초점을 맞추고, 매일 약속을 하고, 장애물을 식별하고 제거하는 것 등을 상기시켜준다. 그리고 "스탠드업 미팅이 당신에게 도움이 되고 있는가? 스탠드업 미팅을 통해 달성하려는 것이 달성되고 있는가?"라는 주제의 대화를 통해 팀이 스탠드업 미팅의 수행 목적을 일일 평가지표로 이용할 수도 있고, 스탠드업 미팅 이후에 얼마나 잘했는지를 스스로 평가할 수도 있다. 이것은 팀에게 강력한 자기 관리 도구가 될 수 있다.

> **눈을 맞추고 존중할 것**: 이것은 팀에 게임으로 소개될 수 있다. 이 게임은 다음과 같이 작동한다. 한 사람이 서서 이야기할 때 다른 사람들은 모두 그 사람을 보고 눈을 마주친다. 말하는 사람이 한눈 팔게 하지 말아라! 이 기술은 일반적으로 말을 하는 사람이 간략하게 말하도록 도와주고 각 사람들이 듣고 있는 내용에 대한 전

반적인 이해를 증대시킨다. 이것은 결국 팀이 더 훌륭하게 일일 계획을 세우는 데 도움이 된다(Devin의 이론에서 적용).

1:1 코칭은 항상 코치가 사용할 수 있는 옵션이라는 점을 기억하자. 잘못된 행동이 몇몇 사람에게서만 보이고 팀 전체가 공개적으로 문제를 해결하는 것이 도움이 되지 않을 것으로 판단되면 1:1 접근 방식을 시도해볼 수 있다.

| 찾아보기 | 스탠드업 미팅에서 가장 해로운 행동은 팀 차원에서 다룰 수 있지만, 팀원에 대한 1:1 코칭은 하나의 옵션이다. 5장 '멘토로서의 코치'에서 1:1로 코칭할 시기와 방법에 대한 지침을 제공한다. |
| --- | --- |

만약에 코치가 개입을 했는데도 여전히 스탠드업 미팅의 잘못된 점을 고치지 않는다면 어떤 일이 벌어질까? 기억하자. 성공과 실패는 팀의 것이지 코치의 것이 아니다. 애자일은 팀이 서로에게 의지하는 법을 배울 때 효과가 있다. 좋은 코치로 보이는 것은 아무 의미가 없다. 그러므로 만약 팀이 개선하지 않는다면 당분간 받아들이고, 그 대신에 그들이 회고에서 관련 문제를 다룰 수 있도록 준비하자.

그동안 그들은 확실히 비효율적인 스탠드업 미팅으로 인한 비용을 지불할 것이다. 그런 순간을 그냥 지나쳐서는 안 된다. 사람들은 종종 원인과 결과의 인과관계를 볼 수 없기 때문에 그러한 것에 주의를 기울여야 한다. 코치의 도움을 통해 그들이 연관성을 볼 수 있는 결과를 얻을 수 있는 순간을 활용해야 한다. 코치는 스탠드업 미팅의 목적을 강조하고 "스탠드업 미팅이 다르게 수행됐다면 이러한 일을 피할 수 있었으리라 생각하는가?"라고 조용히 물어볼 수 있다.

행동은 변화를 일으키지만 변화는 천천히 일어난다. 한 팀이 스탠드업 미팅 수행 방식을 바꾸기 전까지는 다른 관점과 다른 방식으로 스탠드업 미팅을 여러 번 시도해야 할 수도 있다. 인내심을 갖고 계속 노력해야 한다. 팀의 잘못된 스탠드업 미팅 수행으로 인해 좋지 않은 결과를 얻게 되는 당연한 과정을 코치가 방해하지 않는다면, 그들은 필요할 때 변화할 것이다.

## ▌스프린트 계획에서의 퍼실리테이션

이제 막 시작했더라도 스프린트 계획에는 아주 가벼운 퍼실리테이션이 필요하다. 만약 코치가 팀에게 스프린트 계획 실행에 필요한 구조를 제공한다면 그들은 대개 스스로 잘 수행할 수 있다. 제공한 구조를 사용해 일련의 주제에 대한 질문이나 스프린트 계획 수행을 통해 팀이 달성해야 하는 업무 목록을 잘 도출할 것이다.

팀을 가이드하기 위해서 사용하는 구조가 무엇이든 스프린트 계획의 목적에 부합해야 한다.

**업무 파악**: 팀이 앞으로 일을 진행하기 위해서는 업무를 이해하고 선택하며, 업무를 상세히 나누고, 해당 업무에 지원해야 한다. 그들은 먼저 제품 책임자가 스프린트에서 요구하는 제품인 최고의 비즈니스 가치와 제품 백로그 항목의 범위와 크기를 '이해'해야 한다. 이 이해를 바탕으로, 그들은 다음 스프린트에서 완료할 수 있는 제품 백로그 항목을 '선택'하고, 이에 대한 '업무'를 생성한다. 업무에 대한 충분한 이해를 바탕으로 팀원들은 스프린트 진행 중에 수행할 업무에 '지원'할 수 있다.

**새로운 시작**: 지난 스프린트가 어떻게 끝났든지 이번 스프린트는 새로운 것이다. 팀은 이전 스프린트의 회고에서 서로 확인한 합의를 바탕으로 새로운 약속을 한다고 생각하고, 스프린트를 계획하게 된다. 과거는 이미 지나갔고 미래는 불확실하다. 팀이 통제할 수 있는 유일한 것은 이번 스프린트다.

**공유한 목표에 대한 약속**: 모든 팀원은 스프린트에서 해야 할 '전체' 일을 이해하고 있으며, 스프린트 목표를 달성하는 데 함께 동의한다. 그들은 스프린트에서 수행하기 위해 선택한 제품 백로그를 완료하기로 약속한다.

**집중력과 여유**: 이전 성과를 바탕으로 스프린트에 맞는 작업량을 선정해 스스로 집중한다. 팀은 불확실성에 대한 우려가 사라졌기 때문에 본인들이 선정한 작업에 집중적인 노력을 기울일 수 있다. 마음이 편안해지면서 그들 스스로 무엇을 하기로 약속했는지에 대해서만 생각한다. 이것은 팀에게 "아, 충분해."라고 생각할 여유를 준다. 충분한 시간, 충분한 사람, 충분한 창의력. 팀은 스프린트를 끝내기 위한 준비가 돼 있다.

## 스프린트 계획의 구조

다음 내용으로 플립 차트를 작성하고, 팀이 스프린트 계획을 <u>스스로 가이드할 수 있게 하자.</u>

**스프린트 계획은 다음과 같은 질문에 답할 수 있을 때 완료된다.**

- 이번 <u>스프린트</u>의 목표를 신문 헤드라인이라고 가정하면 어떻게 쓸 수 있을까?
- 이번 <u>스프린트</u>의 팀 구성은?
- 이번 <u>스프린트</u>의 팀 전력은?
- 비즈니스 가치가 가장 높은 제품 백로그 항목은?
- 기술, 정치, 문화적으로 우려되는 백로그 항목은?
- 팀에 또 다른 고민이 있는가?
- 이 모든 사항을 감안할 때 스프린트 백로그 항목에 대한 사용자 스토리, 완료 조건, 업무와 추정치는 어떻게 되는가?
- 이 모든 사항을 감안할 때 이번 스프린트의 사용자 스토리나 완료조건에는 변화가 없는가? 스프린트 백로그 항목에서 제품 백로그 항목으로 옮겨야 할 것은 없는가?
- 이번 <u>스프린트</u>에 대한 팀의 최종 약속은? (Tabaka 2006)

**스프린트 계획은 다음 내용을 얻었을 때 종료된다. 우리가 이를 얻었는가?**

- 작업을 숙지한다—이해하고, 선택하고, 업무를 정하고, 작업을 할당한다.
- 새롭게 시작한다.
- 공유된 완료조건을 결정한다.
- 집중력과 여유를 만들어낸다.

## 스프린트 계획의 준비

코치는 스프린트 계획을 준비할 때 두 가지 일을 한다. 스프린트 계획의 회의 구조(컨테이너)를 함께 정하고, 제품 책임자가 제품 백로그를 준비했는지 확인한다. 이 구조는 앞서 논의한 바 같이 팀이 스프린트 계획의 목적을 달성하는 데 도움이 되는 질문이나 주제 목록이 될 수 있다.

두 번째 일은 제품 책임자의 참여와 노고가 필요하다. 코치는 제품 책임자가 제품 백로그를 손질하고, 스프린트 계획을 준비하는 것이 중요하다는 사실을 알고 있는지 확인한다. 제품 책임자는 팀에 만들도록 요청한 항목의 비즈니스 측면을 나타내는 데 필요한 작업을 수행해 가장 높은 가치를 가지는 제품 백로그를 선정하고, 그러한 항목을 '스프린트 크기'에 맞게 조정해놓아야 한다.

---

**찾아보기**    제품 책임자를 코칭하는 방법은 5장 '멘토로서의 코치'에 있다. 지금은 제품 책임자에게 자신의 역할에 대한 기대를 가르치고, 역할을 완전히 수행하도록 하고, 역할을 수행하면서 실패나 성공을 몸소 체험하게 할 시점이다.

---

종종 제품 책임자는 제품 백로그를 손질하기 위해 팀과 함께 일하기도 한다. 여기에는 모든 항목에 대한 팀의 추정치가 포함된다. 이것은 스프린트 계획 며칠 전에 열린 회의에서 또는 스프린트 계획 전체에 걸쳐 발생할 수 있다. 로만 피클러Roman Pitchler는 자신의 저서 『스크럼으로 소프트웨어 제품 관리하기Agile Product Management: Creating Products That Customers Love』(에이콘, 2013)에서 제품 책임자에게 제품 백로그 준비 방법과 시기, 스프린트 계획 준비 방법 및 팀과 협력해 작업을 수행할 수 있는 방법에 대한 직접적인 조언을 제공한다. "DEEP이라는 약어를 통해서 제품 백로그의 네 가지 특성에 대한 잘 정리된 개념을 알 수 있다. DEEP은 '적절하면서도 자세히detailed appropriately', '추정된estimated', '새롭게 식별된emergent', '우선순위가 정해진prioritized' 등으로 구성된다."(Pichler 2010)

## 스프린트 계획 수행 중의 퍼실리테이션

스프린트 계획을 자연스럽게 수행하기 위해 구조를 도입하고, 모든 팀 구성원이 이를 이해하고 준수하고 합의하도록 하며, 필요하다면 수행하는 팀과 함께 변경한다. 이렇게 하면 코치는 타임박스만 담당하고, 나머지는 팀에게 맡겨 둘 거라는 계획을 팀원들에게 알린다.

타임박스를 유지하려면 먼저 팀에 스프린트 계획을 완료하는 데 시간이 얼마나 더 필요한지 물어본다. 시간이 다 되면 스프린트 계획은 종료된다. 타임박스의 압력은 팀에게 매우 높은 집중력과 앞으로의 일, 즉 계획에 대해서만 생각할 수 있는 시간을 준다. 타임박스는 며칠이 아닌 몇 시간 단위로 측정해야 하며, 경험이 쌓일수록 팀은 이 미팅을 더 효율적이고 효과적으로 수행한다.

타임박스가 시작되면 코치는 뒤로 한 걸음 물러서서 팀이 주도권을 갖고 그 빈 공간을 채우도록 해야 한다. 이것은 코치가 친구와 복도에서 수다를 떨며 노닥거리라는 의미가 아니다. 그들과 함께 있고, 그들의 대화를 듣고, 그들의 진행 사항에 주목해야 한다. 이 모습이 외부인에게는 코치가 아무것도 하지 않고 그냥 앉아 있는 것처럼 보일 수 있다. 하지만 실제로 매우 활동적으로 일을 하고 있는 것이다. 그들을 가르쳐야 하는 순간에 내놓은 몇 마디의 말이 팀원에게는 큰 도움이 된다. 팀원들이 어떤 어려움을 겪는 해당 시점에서의 가르침은 한 줄기 빛이 되기 때문이다.

팀이 스프린트 계획을 진행할 때는 몇 번의 확인이 필요하다. "지금 이 주제 중 어떤 주제의 답을 알고 있는가?"라고 질문한다. 이 질문을 하는 것은 팀이 진행 상황을 추적하는 것과 동시에 스프린트 계획에 대한 책임이 본인들에게 있음을 분명히 인식시키는데에 도움을 준다. 이 모든 것을 통틀어 타임박스를 체크한다. "두 시간 남았어. 한 시간 남았어. 15분 남았어. 이제 스프린트 계획이 끝났다. 이제 시작해보자."

## 스프린트 계획 수행 중 교육이 필요할 때

스프린트 계획에서 교육이 필요한 순간은 종종 팀이 스프린트 계획에 방금 가져온 제품 백로그 항목에 관한 것이다. 따라서 사용자 스토리를 가르칠 수 있는 순간이 분명히 나타날 것이다. 무엇이 사용자 스토리를 좋게 만드는가? 어떻게 만들까? 그들은 왜 이렇게 장황하게 만드는가? 누가 진짜 사용자인가? 이러한 질문과 비슷한 많은 내용이 있다. 마이크 콘은 이 주제에 관해 『User Stories Applied: For Agile Software Development』, 『불확실성과 화해하는 프로젝트 추정과 계획Agile Estimating and Planning』(인사이트, 2008)이라는 두 권의 책을 썼다. 두 가지 모두 소프트웨어 프로젝트를 뛰어넘어 다양한 분야에 유용하므로 사용자 스토리를 배우고 적용하는 데 도움이 될 것이다.

코치는 스프린트 계획이 수행되는 동안 교육이 필요한 순간에 다음과 같은 기회를 제공할 수 있다.

> **비즈니스 가치에 대한 반복 교육**: 팀에게 진정한 비즈니스 가치 제공이 최우선 목표가 되도록 하라. 코치는 다음과 같이 질문해야 한다. "멋진 사용자 스토리인데 하지만 그래서? 이 스토리는 어떤 가치를 전달하는가?" 아니면 "우리가 왜 이 일을 해

야하지? 진짜 사용자가 그것으로부터 얻는 것은 무엇인가?" 등 '진짜'라는 단어를 반복적이고 의도적으로 사용하는 것에 주목하라.

**강력한 제품 책임자의 권한 강화**: 팀의 비전 수호자로서 제품 책임자의 역할을 강화하면 제품 책임자가 제품에 집중하는 데 도움이 된다. 제품 비전의 수호자로서 제품 책임자는 '무엇을 해야 하는지' 그리고 팀의 영역 밖에서 '어떻게' 업무를 수행할지, '얼마나 많은' 노력이 필요할지를 말한다. 팀에서 제품에 대한 질문이 있으면 제품 책임자에게 문의하도록 해야 한다. 제품 책임자가 제품 비전과 의사결정에서 동일한 의견을 제시하도록 제품 책임자의 역할을 강화하라.

**찾아보기** 제품 책임자의 역할에 대한 전체 설명과 제품 책임자의 역할이 다른 애자일 리더십 역할과 어떻게 연동되는지에 대한 내용은 7장 '교사로서의 코치'에 설명돼 있다.

**건강한 역할 경계의 유지**: 빠르거나 늦을 수도 있지만 역할의 경계가 모호해지는 순간이 온다. 제품 책임자가 팀을 괴롭히거나 제품 책임자가 팀에게 공격을 받을 수도 있다. 애자일 코치가 스프린트 계획과 관련된 업무 수준의 세부사항에 너무 관여함으로써 코칭하는 것을 잊어버릴 수 있다. 이러한 일이 발생할 경우 제품 책임자와 팀 간의 건강한 경계뿐만 아니라 애자일 코치 및 제품 책임자의 역할에도 경계를 유지하기 위해 개입해야 한다. 코치 역할에 충실할 수 있도록 팀에 협조를 구한다. 코치는 제품 책임자, 애자일 코치 및 팀원이 협력을 통해 최대 추진력을 발휘하도록 건강한 경계를 유지하도록 한다.

**업무 수행 능력의 향상**: 팀은 업무 수행에 전념하기 때문에 업무 수행능력을 높이는 방법은 무엇이라도 환영할 것이다. 그러나 속도를 증가시키려는 욕구 때문에 팀의 사용자 스토리에 대한 이해가 희생하지 않도록 보장해야 한다. 팀 전체가 스프린트에 있는 모든 일에 전념하기 때문에 각 팀 구성원은 모든 사용자 스토리를 이해해야 한다. 팀이 속도와 공유한 업무에 대해 이해도를 높이려면 마인드 매핑과 침묵의 태스킹<sup>silent tasking</sup> 방법을 사용하라. 위키피디아에 따르면 '마인드 맵은 중심 키워드 또는 아이디어를 중심으로 단어, 아이디어, 작업 혹은 다른 항목을 연결하고 정리하는 데 사용되는 도구'라고 한다. 마인드 매핑을 통해 팀 구성원들은 동시에 사용자 스토리를 완성하는 데 필요한 모든 작업의 차트를 작성한다. 사용자 스토리 자체가 마인드 맵의 중심을 차지하고 있다. 그들은 최소한의 대화로 이 작업을 수행하고, 각각 다른 사람들이 마인드 맵에 그려 놓은 것에 덧붙인다. 또 다른 방법인 침묵의 태스킹은 그저 각 팀 구성원이 조용하게 모든 사용자 스토리를 위한 과제를 만들고 묵묵히 함께 작업하며, 그 과제를 사용자 스토리보드에 올려 놓는다. 결국 모든 사람은 그 일을 함께 수행하면서 그들 모두가 함께 이해하게 된다. 중복은 자연적으로 방지되며 누락된 업무도 명확하게 식별돼 추가된다.

## ▌ 스프린트 리뷰에서의 퍼실리테이션

애자일 코치는 스프린트 리뷰에서 지원 역할을 수행한다. 스프린트 리뷰에 앞서 팀에게 스프린트 동안 개발된 실제 제품을 보여주기 위해 '힘을 모아야' 한다는 것을 상기시킨다. 힘을 모은다는 표현은 큰 발표를 준비하거나 자신의 발표 기술을 연마하는 것을 의미하지 않는다. 이것은 팀이 실제로 만든 제품을 이해관계자들에게 보여주기 위해 필요한 최소한의 업무를 함께 수행하는 것을 의미한다. 프레젠테이션을 작업하는 데 소요된 시간은 제품을 만드는 데 소요되는 시간을 사용하는 것이므로, 팀이 이 업무를 효율적으로 수행할 수 있도록 해야 한다. 코치는 그들이 실제보다 더 좋게 보이기 위해 시간을 쓰기보다는 실제 일을 위해 더 많은 시간을 사용하길 원한다.

스프린트 리뷰 시간이 점점 다가온다면 스프린트 리뷰의 목적을 기억하도록 한다.

**실사**: 팀은 스프린트를 시작할 때 무엇을 완료할지 약속했다. 이제 그들은 분명히 무엇을 완료했고, 무엇을 이루지 못했는지를 확인해야 한다. 스프린트를 수행한 결과에 대해 정식으로 제품 책임자에게 완료 여부에 대한 확인을 요청한다.

**시연과 설명**: 멋진 슬라이드와 화려한 언변을 사용하기보다는 수행된 작업을 작동되는 실제 제품으로 시연하도록 한다.

**직접적인 피드백 접수**: 이번 스프린트를 통해 개발된 제품의 이해관계자, 고객 및 사용자로부터 피드백을 받는다. 해당 제품이 얼마나 유용한지? 제품이 의도한 목적에 부합하는지? 그 제품으로부터 또 다른 훌륭한 아이디어가 도출됐는지?

**통찰력 제공**: 이해관계자들이 팀이 어떻게 협력해왔는지 혹은 조직의 더 큰 맥락에 따라 일했는지 이해할 수 있도록 하라. 스프린트 리뷰 전에 스프린트 회고를 개최했다면 팀이 회고의 결과를 공유하는 것을 편안하게 느끼거나, 스프린트 리뷰에 참석한 모든 이해관계자들과 팀에게 도움이 되는 신선한 통찰력을 얻을 수 있다.

**도움 요청**: 팀은 제거가 필요한 큰 장애물을 제시한다. 이 장애물은 팀이나 애자일 코치 혹은 제품 책임자가 이를 해결할 수 없을 정도로 큰 것이다. 스프린트 리뷰를 사용해 모든 사람이 이러한 장애물을 인식하게 하고, 이 문제를 해결하기 위해 외부 이해관계자들에게 구체적인 도움을 요청한다.

이 목적을 확실히 염두에 두고 팀에 가장 가치가 높은 것에 대해 말하도록 코칭할 수 있다. 다음 이야기를 상상해보자. 레이는 스프린트 리뷰에서 웹사이트에 새로 추가한 "나를 기억해줘" 기능을 보여주기로 했다. 레이는 참석자들에게 그가 업무를 수행하면서 해결한 이슈와 그가 극복해야 할 장애물을 포함해 해당 기능을 만들기 위해 그가 한 모든 작업을 말하는 대신에 "여기 고객이 약 3분 정도 온라인 신청서 양식을 작성할 때 유용하게 사용할 새로운 '나를 기억해줘' 기능이 있다."라고 간단히 말한다. 그는 먼저 자신이 제품에 쏟은 모든 노력을 요약한 "왜 내가 신경 써야 하는가?"라는 가치에서 출발한다. 이 방식은 스프린트 리뷰 참가자들이 진짜 제품이 진짜 가치를 창출하는 것을 볼 수 있게 해준다. 아마도 그 다음에 레이는 참석자들에게 유익하다고 생각된다면 업무 수행 중에 발생한 이슈와 장애물에서 배운 것의 본질을 공유할 것이다.

스프린트 리뷰 중에 코치의 역할은 크게 중요치 않다(혹은 적어도 외부인의 관점에서는 그렇게 보인다). 코치는 회의의 중심에서 벗어나 뒤에 앉는다. 이런 조언은 특히 팀이 막 구성됐거나 구성됐지만 무너지고 있을 때 받아들이기 어려울 수 있다. 아마 팀이 잘 하고 있을 때조차도 받아들이기 힘들 수 있다. 스프린트 리뷰 중에 개입해 진행자 역할을 하고 싶은 강한 유혹을 느낄 수도 있다. 사실 여기엔 좋은 의도가 있다. 그렇게 함으로써 코치는 스프린트 리뷰가 잘 진행되도록 노력하고, 팀은 자신들이 얼마나 뛰어난지를 보여줌으로써 이해관계자 앞에서 아무도 당황하지 않게 된다. 하지만 팀은 코치가 진행자 역할을 하거나 그들을 구할 필요가 없다는 것을 알아야 한다. 만약 코치가 스스로 스프린트 리뷰를 처리할 기회를 준다면 그들은 그렇게 할 것이다. 코치에게는 더 많은 가치를 제공하는 다른 할 일이 있으니 뒤에 앉아서 잠자코 지켜보도록 하자.

회의의 중심에서 떨어져 앉았다고 해서 노는 것은 아니다. 스프린트 리뷰 중에 어떤 일이 일어나는지 팀원들에게 주의를 집중해 관찰하고 메모하라.

팀을 관찰하는 동안 사실확인, 시연과 설명, 직접적인 피드백 받기, 통찰력 제공, 도움 요청하기 같은 스프린트 리뷰의 목적을 상기하도록 한다. 스프린트 리뷰의 목적을 염두에 두고 다음과 같은 질문을 생각하면서 집중력을 유지해야 한다.

- 팀원들은 서로 어떻게 상호작용하고 있는가? 누군가가 발표할 때 다른 팀원들은 그들의 관심, 에너지 및 지지를 발표자에게 주는가? 그들은 발표자를 쳐다보는가? 그것의 효과는? 그들은 발표자에게 주목하지 않고 다른 것에 주목하고 있지 않은가? 그것의 효과는?

- 팀과 제품 책임자, 고객, 이해관계자들과 자연스러운 소통은 어떤 것일까? 이 사람들 중에서 팀에게 암묵적으로 받아들이거나 무시하라고 요청한 사람이 있었는가?

- 제품 책임자가 요구사항을 관리하는 방법으로 제품 백로그를 사용했는가? 새로운 요청을 명확하게 수용하고, 그 비즈니스 가치가 제품 백로그 내의 다른 요구사항과 비교해 이해되고 고려될 것이라는 재확인이 있었는가?

- 누가 괴롭힘을 당하거나 폭행을 당한 사람이 있는가?

- 팀원들이 서로의 관심사항을 자연스럽게 옮겨가며 말하는가? 말하고 싶은 모든 팀원이 발언을 했는가?

- 대화에서 애자일에 대한 어떤 오해나 틀린 내용이 있었는가?

- 코치는 관심을 끄는 부분이 무엇이든 적어둬야 한다. 애자일 코치인 레이첼 데이비스와 리즈 세들리<sup>Liz Sedley</sup>는 특히 누군가 애자일에 대한 잘못된 생각이나 오용에 대해 말하는 것을 들었을 때 "사용된 정확한 단어에 주목하고 적으세요."라고 권고한다(Davies and Sedley 2009).

스프린트 리뷰 후 어떤 내용을 적었든 괜찮으니 팀과 그 노트를 공유하라. 노트가 깔끔하게 정리돼 있지 않거나 심지어 결론이 없어도 괜찮다. 노트에 적힌 내용은 궁금해하는 내용일 수도 있고, 앞뒤가 맞지 않는 것일 수도 있고, 완전히 이해하지 못한 것일 수도 있다. 이런 말을 하면 팀이 내용을 추가할 수 있다고 믿어라. 그들은 무슨 일이 일어나고 있는지 안다. 코치가 가진 가장 큰 장점은 그들이 알고 있는 사실을 그들이 볼 수 있도록 돕는 것이다.

팀은 이러한 관찰에 대해 대화를 시작할 수 있다. 또한 그들이 듣고 반응하지 않을 수도 있다. 그들은 너무 피곤하거나 너무 긴장해서 지금 당장 더 많은 내용을 받아들일 수 없을지도 모른다. 두 가지 결과 모두 수용할 수 있다. 방금 관찰한 결과를 제시한 것으로 충분하다.

## 관찰 유형

이런 방식으로 스프린트 리뷰를 관찰하기 시작하면서 코치의 관찰은 강화reinforcement와 심화deepening라는 두 가지로 분류되는 경향이 있음을 발견할 수 있다.

강화는 직원들이 애자일을 유지하도록 한다. 그들은 애자일을 애자일 실천법, 원칙, 역할 또는 가치에 대한 무언가로 '잘된 것' 혹은 '아쉬운 것'이라는 것으로 기억한다. 다음의 예를 살펴보자.

> **잘된 것:** "새로운 요청을 처리하기 위한 방법으로 제품 백로그를 잘 활용했다."

> **아쉬운 것:** "고객이 번다운 차트의 가운데 있는 큰 봉우리를 가리켰다. 팀은 그녀에게 번다운이 어떻게 작용하는지 그리고 중간에 있는 큰 봉우리가 아무 의미도 없다는 사실을 말할 기회를 놓쳤다."

심화 관찰deepening observation을 통해서 집단의 내공을 스스로 드러내도록 할 수 있다. 내용 전달 시 "생각해 봤을 때 내가 본 것은 이거야. 너는 무엇을 봤지?" 같은 패턴을 따르자.

코치는 자신이 실행한 심화 관찰이 정확할 수도 부정확할 수 있다는 사실을 알아야 한다. 봤다고 생각하는 것이 진짜 실제가 아닐 수도 있다. 이러한 관찰의 정확성은 팀이 질문하도록 하는 방식으로 진행되면 문제가 되지 않는다. 그것이 관찰의 진정한 목적이다. 따라서 코치가 관찰한 내용의 옳고 그름에 집착하지 말고 그냥 그 내용을 팀에 제시하라. 그런 다음 팀 구성원에게 관찰 결과를 자신의 반성을 위한 기초로 사용할 수 있는 질문을 하도록 한다.

스프린트 리뷰가 끝난 후에 팀이 코치의 관찰에 응답할 수 있는 정신적 또는 감정적 여유가 없다면, 관찰 결과에 대한 이야기를 즉석에서 하지 않음으로써 팀을 존중하도록 한다. 관찰 결과를 팀에게 이야기하는 것만으로 끝낼 수도 있고, 그것을 플립 차트에 써서 방 어딘가에 보관할 수도 있다. 아마도 팀은 나중에 해당 관찰 결과에 대해 논의하기 시작할 것이다.


## 관찰 사례

스프린트 리뷰 중에 수행할 수 있는 관찰 목록이다. 다음 목록을 보면서 무엇이 강화를 위한 관찰이고 심화를 위한 관찰인지 확인해보자.

- "스폰서가 다 참석했어! 스폰서가 참석해서 적극적으로 후원하고 있어. 정말 환상적이야!"

- "스폰서가 '애자일은 팀에서 어떻게 작용했는가?'하고 질문했을 때 엄청난 침묵이 흐르는 것을 나는 눈치챘어. 우리 돌이켜 생각해보자. 스폰서가 질문한 그 순간 각자 어떤 생각을 했어?"

- "이해관계자가 우리에게 더 많은 데이터를 수집해 달라고 요구했는데, 이 요구를 한 이유가 뭐라고 생각하죠? 이해관계자는 무엇을 걱정하고 있을까?"

- "누군가 다른 사람이 대신 말한 것 같은 느낌이 들었나요?"

- "나는 스프린트 리뷰 동안 아무도 문자나 이메일을 보내는 등 다른 행동을 하지 않았다는 걸 알았어. 브라보! 나는 이것이 이해관계자들에게 우리가 서로 얼마나 스프린트 리뷰에 집중하는지를 보여줄 수 있다고 생각해."

- "능동적인 요구사항 관리를 하셨네요! 제품 책임자가 새로운 요구사항을 포착하고, 백로그를 사용해 최고의 비즈니스 가치를 기반으로 요구사항을 관리하는 방법을 재확인한 것은 잘 하신 겁니다."

- "회의 도중에 딴 생각을 하는 사람이 있었나요? 다른 사람이 말할 때 집중하지 못하고 마음이 산만했나요? 마음이 산만해지는 것을 느꼈을 때 어떻게 했나요?"

- "팀에서 사람을 추가하자는 의견을 들었어요. 나는 팀원 추가를 누가 결정하는지 알고 싶어요. 당신이 무언가 말하지 않으면 다른 누군가가 당신을 대신해서 결정할 겁니다."
- "앞으로 다가올 릴리스에 대해서 이야기하다 보니 모멘텀이 떨어지는 것 같은데. 내 말이 맞지?"
- "몇 명의 이해관계자들이 같은 주제에 대해 반복해서 말하는 것 같은데. 난 그게 이상했어. 너는 어떻게 생각해?"
- "오늘 스폰서가 몇 가지 메시지를 강조하고 있다는 걸 눈치챘지. 나는 그 메시지를 "고객에게 가까이 다가가라"와 "일을 제대로 하는데 신경 써라"라고 들었는데, 너는 어떤 말로 들렸어?"

## 회고에서의 퍼실리테이션

애자일 코치는 특히 새로운 팀의 회고에서 주연(혹은 촉진자) 역할을 한다. 코치는 팀의 품질과 성과의 수호자가 되는 데 중점을 두기 때문에 스프린트 내내 촉각을 곤두세우고 있다. 코치는 다음과 같은 회고의 목적을 염두에 두고 관찰한다.

**시험과 적응**: 애자일 팀이 잠시 쉬면서 스프린트 동안 무슨 일이 있었는지 살펴볼 수 있도록 회고 시간에는 다른 행동을 하지 않도록 한다.

**'무엇'이 아닌 '어떻게'를 회고**: 팀은 어떤 방법으로 일을 완료했는지 생각한다. 즉 그들이 만들어낸 멋진 제품뿐만 아니라, 그것을 만들기 위해 그들이 어떻게 협력했는지 회고해야 한다.

**다음 번에는 더 잘 하라**: 팀은 더 나아지기 위해 다음 스프린트에서 다르게 할 몇 가지 일을 약속한다. 더 나아진다는 것은 팀에게 의미가 있는 것이 될 수 있다. 즉 더 빨리, 더 높은 품질의 제품을 생산하거나 팀 전체에 진정한 헌신을 느끼는 것이다. 이런 점을 강화하면 그들이 속도를 향상시키거나 속도만큼 중요한 품질 같은 다른 것을 향상시키는 데도 도움이 된다.

## 회고 준비

스프린트를 수행하면서 애자일 코치는 팀이 어떻게 함께 일하는지, 무엇이 잘 되어가는지, 무엇을 힘들어 하는지 또는 무엇을 이상하게 느끼는지에 대해 관찰한 내용을 노트에 적는다. 코치는 이러한 문제점이 발생했을 때 이를 공개할 수 있지만, 충격적인 문제가 아니라면 회고는 팀이 해당 문제를 신중하게 분석해보기에 가장 좋은 시간이 된다는 사실을 알기 때문에 팀이 해결하도록 맡긴다. 팀은 스프린트 동안에는 그들이 약속한 것을 지키기 위해 노력한다. 그래서 코치는 팀원들이 아무런 걱정 없이 스프린트를 진행하도록 독려한다. 그러나 애자일의 기본을 지금 막 학습한 새로운 팀은 코치의 지원이 어느 정도 필요할 수 있으므로, 이 경우 관찰한 내용을 더 많이 팀에 공개할 수 있다는 점을 기억하라.

해당 팀이 스프린트를 진행하는 동안 코치는 어떤 일이 발생하는지 상황을 알아차리고 주의를 기울인다. 코치가 팀원들을 지켜보는 동안 곰곰이 생각할 수 있는 몇 가지는 다음과 같다.

- 팀 조직을 지속적으로 유지하기 위해 애자일 구조를 사용하는가?
- 팀이 용인하고 있는 것은 무엇인가?
- 일의 흐름이 잘 진행되는가?
- 팀 내에서 팀원 간 소통, 업무 조정, 회의 참석, 서로에게 관심두기, 협업하는 데 있어서 단절이 있는가?
- 탁월함의 순간이 있었는가?
- 팀 내에서 병목현상이 발생하는 곳이 있는가?
- 스프린트 내내 팀의 불안 수준은 어떻게 달라지는가?
- 사람들은 신체적으로나 정신적으로나 정서적으로 건강한가?
- 팀원들이 즐겁게 일하는 정도가 언제 어떻게 변화되는가?

회고 시점이 가까워질수록 관찰 목록을 숙지하라. 어쩌면 한두 가지 주제가 튀어나올지도 모른다. 이 중 하나를 회고의 주요 안건으로 선택할 수 있다. 또한 팀원 몇 명과 제품 책임자에게 "이번 스프린트에서 무엇을 경험했는지? 그들이 무엇을 궁금해하는지?

무엇이 그들을 괴롭히는지?"를 질문해 의견을 파악하라. 이것을 확인할 때 별도의 소규모 회고를 시작하지 않도록 주의하라. 관련 질문을 사람들이 스프린트를 어떻게 생각하는지에 대한 회고의 입력 자료로만 사용하고, 스프린트에 대해 고민하게 만들어 회고의 진행을 멈추게 해서는 안 된다.

이러한 관찰과 입력 자료를 기반으로 회고에 대한 안건을 준비한다. 애자일 코치가 이런 일을 할 수 있도록 돕기 위해 내가 발견한 최고의 책은 『애자일 회고: 최고의 팀을 만드는 애자일 기법Agile Retrospectives: Making Good Teams Great』(인사이트, 2008)이다. 이 책에서 팀은 회고가 지난 스프린트를 통해 새로운 시각을 얻는데 적용할 수 있는 활동을 제공하며, 팀원들의 모든 목소리, 심지어는 조용한 사람들의 의견까지 반영해서 회고 활동을 통해 개선해야 할 새로운 방법을 모색할 수 있게 한다. 회고는 회의 테이블에 둘러앉아 이야기하는 것보다 훨씬 더 효과적이다.

회의 안건으로는 스프린트 기간 동안 등장한 '가성비가 좋은' 주제를 선정하는 게 좋다. 또는 새로운 프레임워크나 어떤 것에 대한 사고방식을 소개하는 등의 학습을 위한 주제를 선정해도 좋다. 그런 후에 "이 방법을 우리에게 적용해보면 어떨까?"라고 물어본다.

이 둘을 섞어서 코치는 등장한 안건에 적당한 특정 학습 주제를 설계할 수 있다. 이것을 통해 사람들을 비난하거나 업무에 손을 놓지 않게 하면서 해당 주제를 해결할 수 있게 해준다. 예를 들어 스프린트 기간 동안 비생산적이거나 수면 밑에서 갈등이 자주 발생한 경우, 팀에 유용한 갈등 프레임워크를 가르쳐 준 다음 "지난 스프린트에서의 갈등이 어디서 나온 거지? 우리가 갈등을 긍정적인 에너지로 변환했는가? 어떻게 하면 갈등 프레임워크가 우리에게 도움이 될 수 있을까?" 같이 회고할 수 있는 질문을 할 수 있다.

**찾아보기** 애자일 팀의 갈등 관리 프레임워크 사용에 대한 내용은 9장 '갈등 중재자로서의 코치'에서 설명한다.

코치가 제안한 안건과 상관없이 사람들을 괴롭히는 사항은 겉으로 드러나는 경향이 있다. 그러니 관련 안건이 팀을 방해할 거라고 너무 걱정하지 마라. 만약 팀이 충분히 방해를 받게 되면 스스로 코치가 어떤 계획을 세웠든지 간에 해당 문제를 수면 위로 올릴 방법을 찾을 것이다.

## 회고 중 퍼실리테이션

애자일 코치는 회사가 항상 애자일 팀은 올바른 일이 무엇인지 알고 있다는 신념을 갖도록 분명히 해야 한다. 회고에서도 마찬가지다. 그래서 회고에서도 이러한 믿음을 모델링하고, 안건을 제시하며, 팀에게 회고에서 안건을 논의하기 위해 어떤 활동이 계획돼 있는지 말하고, 안건 논의에 대한 허가를 요청한다(Tabaka 2006). "이 안건이 우리가 오늘 회고에서 집중적으로 논의해야 할 핵심 항목이라고 생각합니까?"라고 질문하라.

이 질문을 했을 때 팀이 다른 방향으로 회의를 진행하기로 결정한다면 '준비한 모든 안건을 버릴' 준비를 하라. 만약 그들이 "안건은 좋지만 우리가 정말로 논의해야 할 사항은 제품 책임자가 변경되면서 우리가 어떤 대가를 치렀는가?"라고 말한다면, 이 경우에는 안건은 유지하면서 화제를 바꿔라. 아마도 그들은 "전반적인 안건은 정말로 원하지 않더라도 우리가 이야기할 내용이다. 그래서 아마도 덜 다듬어진 안건이지만 괜찮을 것 같다. 일단 이야기를 해볼까?" 같이 물어볼 것이다. 이에 대해 코치는 "좋아요"라고 대응한다. 최악의 경우 그들은 회고를 망치고 아무것도 얻지 못한다. 이것 역시 학습으로 이어진다. 도박을 해보는 것이다. 가장 좋은 경우는 성과를 내겠지만, 그렇지 않더라도 팀은 원하는 바를 정확히 얻을 것이다.

회고 기간 동안 무엇을 하든 하지 않든 간에 코치는 타임박스를 지킨다. 만약 한 시간 동안 회고가 열릴 것으로 예상했다면 코치는 팀을 위해 시간을 배정해야 한다. 15분 정도가 남았다면 코치는 "회고 시간이 15분 정도 남았습니다. 다음을 위해 우리 모두가 동의하는 몇 가지 사항을 정리해볼까요?"라고 말하라. 한 시간이 경과하면 코치는 "회고를 종료합니다."라고 말한다. 만약 팀원들이 모두의 동의하에 계속 진행하기를 원한다면 짧은 타임박스 내에서 계속 진행할 수도 있다. 짧은 타임박스는 사람들이 끝이 없어 보이는 회의에 매몰되지 않도록 해준다. 추가 회고 시간이 끝나면 누구든 회의 종료를 요청할 수 있다. 코치는 회고를 통해서 팀에 그들의 목적을 다시 상기시켜줄 수 있는 안건을 활용함으로써 건설적인 결과를 창출하도록 도울 수 있다.

일단 팀이 앞으로 시행하기로 한 몇 가지 합의안을 도출하면 코치는 그들과 함께 합의서를 작성하고, 합의서를 눈에 띄는 곳에 게시한다. 이 합의서는 팀 구성원이 작성하면 더 중요한 의미를 가지므로 가능하면 팀원 중 누군가가 이를 직접 작성하도록 한다.

## 회고 종료 후 퍼실리테이션

다음 번 스프린트에서는 다음 회고를 위한 아이디어를 관찰하고 수집하라. 또한 회고에서 동의한 합의문이 잘 지켜지는지 아니면 잊혀졌는지 살펴보라. 어떤 경우든 스프린트 동안에 작성한 합의문을 여러 번 팀에 노출시켜라. 누군가 회고에서 합의한 내용을 지키기 위해 행동을 바꿨다면, 이런 환상적인 사례를 이야기하면서 이 사람을 공식적으로 칭찬하라. 아마도 회고에서의 합의는 다른 플립 차트에 묻혀 먼 추억이 됐을지도 모른다. 곧 누군가는 합의 중 하나를 위반할 것이고, 팀은 그 영향을 느낄 것이다. 이 일을 그냥 지나치지 말고 팀원들에게 이렇게 외쳐라. "자, 한번 보시죠, 회고에서 더 이상 서로 그러지 않겠다고 했던 약속은 어떻게 된 거죠?" 이런 말을 함으로써 팀의 누군가는 합의 내용이 나열된 플립 차트를 발견하고 합의 내용의 존재를 다시 느끼게 해줄 것이다.

스프린트를 진행하는 동안 팀이 합의한 내용을 상기시켜 줄 수 있는 상황을 찾아라. 만약 당신이 이 방법을 제대로 정착시킨다면 그들은 서로를 위해 합의 내용을 지키기 시작할 것이다. 그들이 그렇게 행동하기 시작하면 당신은 팀원들 뒤로 물러날 수 있다.

팀은 시간이 지날수록 회고를 스스로 진행할 수 있을 것이다. 아마 한 팀원이 나서서 "다음 번 회고 안건은 제가 준비할게요."라고 말할 것이다. 코치는 목적에 부합만 한다면 팀원의 회고 안건 준비를 도울 수도 있고, 돕지 않을 수도 있다. 혹은 회고 준비를 팀 내에서 한 명씩 돌아가면서 준비할 수도 있다. 팀이 회고의 목적을 달성하고 있다면 그 방식을 고수해도 좋다. 그들이 준비되면 코치는 관전만 하면 된다. 팀은 필요하다면 도움을 요청할 것이다. 그리고 회고의 목적이 손상되거나 잊혀지지 않는 이상 팀의 회고 자리에 참석해 회고가 진행되는 모습을 관찰하고 있을 것이다.

## ▌팀 대화 중 퍼실리테이션

대부분의 경우 팀은 공식적으로 혹은 비공식적으로 대화를 한다. 코치는 그들이 팀 내에서 작은 그룹이나 1:1로 자연스럽게 대화하는 모습을 보게 될 것이다. 이 모든 대화는 관찰하고 지도할 수 있는 기회를 제공한다. 왜 코칭을 하는가? 코치는 대화의 내용이 아니라 대화의 질을 찾는 것이다. 대화의 주제가 아닌 품질이 중요하다.

팀의 대화에 참여하지도 말고, 팀의 대화에서 팀원처럼 행동하지도 말아라. 팀원이 아니라 코치가 돼야 한다. 코치는 팀의 대화가 그들이 만들어내는 제품에 대한 고품질의 아이디어로 바뀔 수 있게 그들의 대화가 개선되도록 해야 한다.

팀은 대화를 통해 많은 아이디어를 도출하고 그들 중 누구도 스스로 만들어 낼 수 없었던 새로운 제품을 만들어낼 수 있는 깊은 대화를 하게 된다. 깊은 대화는 팀이 앞으로 만들어 낼 놀라운 제품에 대한 통찰력과 제품을 상상하게끔 해준다. 팀은 풀기 어려운 문제에 대해서는 의견이 충돌할 수 있다. 하지만 팀은 이러한 문제도 대화의 기술을 통해 해결해야 하며 모든 사람이 이야기를 할 수 있고, 서로의 이야기를 끝까지 경청하고, 각자의 새로운 아이디어에 감사하면서 항상 앞으로 전진해야 한다.

팀이 밀도 높은 대화를 하도록 돕는 중요한 3가지 도구는 강력한 관찰, 강력한 질문 및 강력한 도전이다.

### 강력한 관찰

팀이 대화하는 모습을 관찰하면서 오가는 질문 목록을 기억하고 있어라. 이 질문은 팀 전체가 이야기할 때나 단지 몇 마디만 할 때 혹은 두 명의 팀원만이 이야기할 때에 모두 사용할 수 있다. 다음과 같은 질문을 통해 대화의 질을 알 수 있다.

- 추가로 말하고 싶은 사람이 있는가? 특정 팀원의 이야기를 들어볼 필요가 있는가? 더 귀를 기울여야 할 이야기가 있는가?
- 꽤 훌륭한 아이디어인가?
- 팀이 단순하지만 실행 가능한 일을 하는 쪽으로 움직이는가?
- 팀이 지쳐가고 있는가?

- 팀의 긴장도가 높아서 유머를 통해 분위기를 풀어야 하는가?

- 팀이 훌륭한 아이디어를 제시하거나 팀에게 나타난 장벽을 뚫고 나갈 정도로 대담한가?

- 팀이 할 수 있는 최선을 다하는 것인지 아니면 단지 그 방해물을 방치하고 있는가?

- 팀이 모든 것을 고객의 가치 측면에서 이야기하는가?

- 팀이 정체 상태에 있는가? 그들은 그 현상을 벗어날 가능성을 제시하는 새로운 관점이 필요한가?

대화의 질에 대해 관찰할 때 가장 먼저 할 일은 잠시 멈춰서 관찰 결과를 공유할지 여부를 고민하는 것이다. 일반적으로 코치는 관찰 결과를 공유하지 말고, 몇 분 동안 잠시 기다려 팀원 중 한 명이 코치와 같은 생각을 하고 그것을 팀에 공유하는지 또는 팀이 더 나은 방향으로 대화를 이끌어가는지 살펴보라. 만약 그렇다면 관찰 결과는 공유할 필요가 없다.

---

### 시도해 보기

팀에서 대화가 시작되면 관찰하는 동안 작성한 질문 목록에 빠르게 접근할 수 있도록 손을 뻗으면 닿을 수 있는 곳에 질문 목록을 보관하라.

시간이 지나면서 자신만의 관찰 질문을 만들어낼 수 있을 것이다. 이 목록은 코치가 관찰한 내용을 기반으로 자연스럽게 만들어진 것이다. 계속해서 목록에 질문을 추가하고 이를 애자일 코치 동료들과 공유하라. 이런 방법을 통해 애자일 코치를 위한 훌륭한 질문 목록의 보물창고가 만들어지는지 확인하라.

---

만약 관찰한 결과를 공유하기로 결정한다면 단어를 신중하게 선택하라. 팀은 그들에게 무엇이 최선인지 알고 있음을 명심하라. 코치는 단지 상황에 적합한 다른 측면의 관점을 제공함으로써 새로운 장을 열거나 팀원들이 실행하도록 이끌면 된다. 관찰한 내용을 공유할 때는 강력한 질문을 사용하라.

## 강력한 질문

강력한 질문은 항상 열린 질문이기 때문에 효과가 있다. 팀원들에게 '정답'을 염두에 두고 질문하지 않는다. 이 때문에 자기성찰이 필요하다. 질문은 추가적인 해결책을 제시하거나 더 큰 창의성이나 통찰력으로 이어질 수 있다. 강력한 질문은 사람들에게 새로운 방법을 찾게 만든다(Whitworth et al. 2007).

강력한 질문이 어떻게 작동하는지 알아보기 위해 표 6.1의 일반적인 팀 시나리오를 살펴보고, 강력한 질문과 강력하지 않은 (그러나 평범한) 질문을 서로 비교해보자.

표 6.1 애자일 팀을 위한 강력한 질문(Whitworth et al, 2007)

| 시나리오 | 평범한 질문 | 강력한 질문 |
|---|---|---|
| 팀은 한동안 대화를 나눴는데, 당신은 그들이 특정한 팀원의 의견을 들을 필요가 있다고 생각한다. | 당신의 의견은 무엇인가요? | 그것을 어떻게 생각하나요?<br>여기서 가능한 게 무엇인가요?<br>아직 명확하지 않은 게 무엇인가요?<br>그 외에 다른 게 있나요? |
| 팀은 솔루션의 세부사항에 대해 자세히 알아보는데, 당신은 그들이 '비저닝(visioning)' 상태에 더 오래 머물러야 한다고 생각한다. | 당신의 대안은 무엇인가요? | 더 알아보고 싶은 게 무엇인가요?<br>다른 측면에서 고려해볼 수 있을까요?<br>한 가지 더 가능성이 있는 무언가가 있을까요? |
| 팀은 해결책을 결정했지만 실행에 옮기지 않고 있다. | 우리가 시작하기 위해서 뭐가 필요할까요? | 지금이 실행에 옮길 시점인가요?<br>만약 당신의 삶이 실행에 달려 있다면 당신은 어떻게 하겠어요?<br>만약 당신이 그 문제에 있어서 자유로운 선택을 한다면, 당신은 어떻게 하겠어요? |
| 한 팀원이 과거에 일어난 일에 대한 이야기를 다시 하고 있다. | 왜 그 이야기를 다시 하나요? | 그것의 본질은 무엇인가요?<br>그것을 어떻게 생각하나요? |
| 팀원은 어떤 행동방식에 대해 확신이 서지 않는다. | 확신을 가지려면 뭐가 필요한가요? | 그러면 당신에게 이득이 되는 게 뭔가요?<br>당신의 예상은 뭔가요?<br>유사한 상황에 대한 당신의 경험은 뭔가요?<br>그때 당신은 성공하기 위해 무엇을 했나요? |
| 팀은 계속 같은 대화를 한다. | 왜 또 이런 이야기를 계속하나요? | 무엇이 주된 방해물인가요?<br>이것에 대해 가장 우려되는 점이 뭔가요? |
| 팀은 대안을 평가하고 있다. | 이게 실행 가능한 대안인가요? | 이 상황에서 기회와 도전은 무엇인가요?<br>당신의 평가는 뭔가요? |

| 시나리오 | 평범한 질문 | 강력한 질문 |
|---|---|---|
| 팀은 옴짝달싹 못하고 있다. | 이걸 어떻게 극복해야 할까요? | 그렇지 않으면 어떻게 처리할 수 있을까요?<br>당신이 원하는 것이 무엇이든 간에 할 수 있다면 무엇을 할 건가요? |

코치가 강력한 질문을 하게 되면 그 뒤에는 침묵이 뒤따를 것이다. 특히 팀이 이런 질문을 들어본 적이 없다면 침묵은 정상이다. 그들은 깊이 생각하고 있는 것이다. 그런 침묵이 흐르는 동안 팀원을 둘러보면서 이야기하라고 강요하지 말고 대화에 참여하도록 하라. 그들은 말할 준비가 되면 기꺼이 질문에 답할 것이다.

그들의 코치로서 강력한 질문은 코치의 역할을 강화시켜준다. 왜냐하면 그들은 어떠한 판단도 하고 있지 않기 때문이다. 그들은 정말로 열려 있다. 강력한 질문을 한다는 것은 그들이 답을 갖고 있다는 코치의 믿음에 대한 생생한 사례를 보여주는 것이다.

### 왜 이상한 질문을 하는가?

"당신이 만들어 온 당신만의 역사는 당신에게 무엇을 말해주는가?"라는 이 강력한 질문과 그에 대한 대답을 듣고 난 후, 나는 이것을 자그마한 학습물로 제공할 수 있다. "나는 내 호기심을 채우는 것이 아닌 당신을 위한 새로운 질문을 하기 위해 약간 뜬금없는 질문을 했다. 아마 이제 당신은 이전과 다른 가능성을 볼 수 있을 것이다. 어쩌면 약간의 변화가 일어났을지도 모르고, 며칠 후에 일어날지도 모른다. 어쩌면 우리가 방금 5분을 허비했을지도 모르지만, 아마 당신의 마음은 상쾌해졌을지도 모르겠다."

팀원은 "아, 그래요. 한 단계 더 위로 올라서서 더 큰 그림을 다시 생각해볼 수 있는 좋은 시간이었던 것 같아요. 왜 이런 질문을 했는지 알겠어요." 같은 말을 하며 반응할 수 있다.

짧은 시간 동안 팀원들은 코치의 강력한 질문을 이해했고, 때로는 스스로 그런 유형의 질문을 할 것이다. 이것은 팀원들이 코치의 코칭을 흡수하고 자기 관리self-managing를 하도록 하기 위한 또 다른 방법이다.

## 강력한 도전

도전적인 고객들은 전문 코치가 오랫동안 사용해온 하나의 도구였다(Whitworth et al. 2007). 코치는 도전을 통해 보통 팀이 정체되는 지점을 극복하게 만든다. 팀이 강력한 도전을 반드시 받아들일 필요는 없지만, 그런 도전을 통해 그들은 생각한 것 이상의 지점에 도착할 수 있다.

이러한 도전이 팀을 정체시키는 것은 놀라운 일이다. 그들은 조직이나 이전의 경험에 의해 그리고 종종 자신들로 인해 주어진 한계를 그대로 받아들이기도 한다. 때로는 이전에 잘 해오던 방식에서 벗어나도록 하기 위해 '합리적이지 않은' 도전이 필요하기도 하다.

지금까지 대화를 지속적으로 관찰했는데 팀이 그다지 창의적이지 않다는 사실을 알았다고 생각해보자. 그들은 몇 가지 아이디어를 내놓지만 놀랄만한 내용도 없고, 별로 흥미롭지도 않다. 도전이 점점 다가오고 있다고 느낄 것이다.

먼저 그들의 대화 내용인 콘텐츠에 맞춰 집중하라. 그들에게 도전하기 위해서는 그들이 제공한 재료를 사용할 필요가 있으니 잘 들어라. 그들이 뭐라고 하든 한 걸음만 더 가라. 그들의 생각을 증폭시키거나 완전히 새로운 방향으로 그들의 사고를 변화시켜라. 그들보다 크고 더 대담하게 행동하라.

만약 팀은 새로운 프로세스가 하루에 200명 정도의 새로운 전화를 받을 수 있다고 막 결정했다면 "하루에 2,000명까지 새로운 전화를 받으려면 무엇이 필요할까?"라고 질문해보라. 요점은 그들이 2,000명의 전화를 받도록 하는 것이 아니라 하루에 200명의 전화라는 그들의 가정과 한계를 타파하도록 하는 것이다. 창의력을 발휘하게 함으로써 그들이 훨씬 더 나은, 어쩌면 놀랄 만한 결과를 만들어내는 것을 보게 하라.


## 언제 같이 않고, 언제 뒤로 물러나는가

팀이 대화하는 공간에서 코치의 물리적인 위치는 대단히 중요하다. 새로운 팀인 경우에는 그들 바로 옆에 앉아라. 물리적으로는 그들과 가까이 있지만 여전히 대화에서는 대부분 침묵하고 있어라. 대화에 대한 관찰 결과를 말하거나 강력한 질문이나 도전을 하기로 결정했을 때, 코치는 그들과 함께 그곳에 있어야 한다. 이것은 코치가 제공하는 것에 그들이 익숙해지도록 도와주고, 다른 어느 누구보다도 코치가 팀에 다른 수준의 기여를 한다는 것을 알게 한다. 코치는 팀 전체 수준에서 관심을 기울이기 때문에 더 높은 수준의 대화를 할 수 있도록 도와준다는 점을 그들은 분명히 알고 있다

일단 팀이 질 높은 대화의 기본적인 요소를 스스로 관리하고, 코치가 그들에게 강력한 관찰, 질문, 도전을 덜 하게 된다면 그때는 뒤로 물러나라. 물리적으로나 열정으로나 팀이 대화하는 공간의 주변으로 물러나 앉는다. 그러나 여전히 그들과 함께 있으면서 관심을 가져라. 팀의 대화에 낄 필요가 있을 때는 현재 자리에서 하면 된다. 팀의 중심이 아닌 주변에서 신중하게 고민한 관찰, 질문 및 도전을 제공함으로써 팀에 기여하라. 코치는 대화를 이끄는 사람이 아니다.

대화 내용에 적극적으로 관여하지 않을 때는 의식이 멍해지기 쉽다. 이것은 팀과 함께 있든 아니면 그들과 떨어져 있든 간에 일어난다.

코치의 머릿속이 온갖 생각으로 혼란스러울 수 있다. 아마도 저녁식사를 위한 메뉴를 고민하거나 아이와 싸움을 하거나 스프린트가 끝날 때 팀이 어떻게 보여질지에 대한 걱정일 것이다. 이는 정상적인 현상이다. 이 현상을 위키피디아는 다음과 같이 설명하고 있다.

> 사람이 집중하는 시간의 추정치는 다양하며 어린 아이들의 경우 연간 3~5분, 성인은 최대 약 20분 정도다. 인간이 어떤 방해도 없이 어떤 사물에 연속적으로 집중할 수 있는 시간은 8초 정도로 매우 짧다. 이 정도의 시간이 지나면 사람의 눈은 초점을 다른 곳으로 옮기거나 다른 생각이 의식 속에 섞여 들어온다. 다행히도 이러한 짧은 실수는 주의를 최소한으로 산만하게 할 뿐 업무 수행에 지장을 주지 않는 경향이 있다.

내가 관찰한 대부분의 대화는 20분 이상 지속되며, 이로 인해 애자일 코치의 집중력이 낮아질 위험이 있다. 대화 길이에 상관없이 지속적인 집중력이 8초 이내라는 수치도 함정일 수 있다. 나처럼 짧은 집중력을 가진 사람은 눈앞에 닥친 일과는 전혀 상관없는 완전히 새로운 세계로 빠져들기에 충분한 시간이다. 내가 다른 사람들의 대화를 관찰

할 때 집중력을 짧게 유지하는 것은 분명히 업무 수행에 영향을 미친다.

나처럼 집중력이 짧든 혹은 오랫동안 계속 집중할 수 있든 머지않아 정신을 딴 데 팔 가능성이 많다. 다시 정신을 집중하는 일은 오직 자신에게 달려 있다. 집중하고, 주위를 살피고, 주의를 환기시켜라. 이걸 연습해야 한다. 대화에 집중해라. 이런! 집중력이 흐트러졌군. 주의를 환기시켜라. 몇 번이고 반복하라(Devin).

주의를 기울이는 능력을 높이기 위해서 손이나 마음을 바쁘게 하는 것이 유용하다고 생각할 수도 있다. 낙서를 하거나 종이로 무언가를 만드는 것은 내가 가장 좋아하는 활동이다. 다른 사람들은 블로그에서 최신 애자일 관련 글을 읽거나 온라인에서 프랙탈 아트 이미지를 검색하기도 한다. 이런 방법은 팀에 관심을 지속적으로 갖게 하는 데 도움이 되는 방법이다. 물론 수면 밑에서 하던 작업을 수면 위로 꺼내어 일에 집중해야 하는 때를 알 필요도 있다. 이때는 해당 활동을 중단하고 집중하면서, 주위를 살피고, 주의를 환기시켜라. 그것이 코치가 왜 여기 있어야 하는지에 대한 이유다.

팀이 양질의 대화를 할 수 있도록 도와줬고, 무엇보다도 그들이 대화의 질을 스스로 관리하는 데 필요한 기술을 전수했다. 이처럼 대부분의 경우 코치로서의 주요 활동에서는 멀어져 있을 것이다. 하지만 확실히 코치의 주요 활동으로 돌아올 때가 올 것이다.

긴장되거나 불안을 느낄 때, 다시 팀 옆에 앉기로 결정할 수 있다. 때때로 코치가 물리적인 위치를 바꾸거나 집중하는 것만으로도 팀의 긴장을 완화시키기도 한다. 어쩌면 이런 일이 일어나는 것은 적어도 코치에게서 들은 내용을 각자가 알고 있기 때문일 것이다. 어떤 때는 강력한 관찰, 질문 또는 도전이 그들이 익숙한 고정 패턴에서 벗어나도록 도와준다.

아니면 팀이 새로운 기술을 습득할 때일지도 모른다. 아마도 그들이 더 많은 협업 관련된 연습이나 갈등 해결 능력을 습득할 필요를 느낄 수 있다. 이와 같은 새로운 기술을 제공할 수 있는 가장 좋은 시기는 즉시 사용할 수 있는 순간이다. 그래서 항상 팀과 함께 하면서 상황을 예의주시하고 있어야 한다.

**찾아보기** 애자일 코치가 팀과 함께 하는 모든 일은 팀에 기술을 이전하는 작업을 염두에 두고 하는 것이다. 팀을 위한 두 가지 필수적인 기술은 협업과 갈등 해결이다. 팀의 협업 분위기를 유도하는 것은 10장 '협업 지휘자로서 코치'에서 다룬다. 9장 '갈등 중재자로서의 코치'는 팀이 갈등을 잘 헤쳐나갈 수 있도록 도와주는 모델과 도구를 제공한다.

## 퍼실리테이팅 전문가와 애자일 코치

전문적인 퍼실리테이션 분야에는 애자일 코치가 적용하면 큰 효과를 볼 수 있는 다양한 기술이 있다. 코치들은 직접 찾아보면서 가장 도움이 될 수 있는 기술이나 도구를 찾아보길 권한다. 이미 해당 주제에 대해 너무 좋은 내용이 존재하기 때문에 이 책에서는 되도록이면 그런 공식적인 퍼실리테이션 기법은 소개하지 않았다.

더 많은 퍼실리테이션 기법을 선택한다면 그것은 애자일 팀을 지도하기 위한 목적 내에서 적용해야 한다는 점을 기억하라. 애자일 팀을 위해 퍼실리테이션하는 것은 일련의 회의를 통해 일을 마무리해 나가는 일반적인 프로젝트처럼 팀을 지속적으로 발생하는 공식적인 회의 속으로 몰고 가는 기술이 아니다. 애자일 팀의 상황은 팀원 간의 공식적 혹은 비공식적 대화를 끊임없이 나눈다는 것이다. 애자일 팀을 위해 퍼실리테이션하는 것은 그들 자신이 어디로 가는지를 알고 있다는 가정하에 그들에게 공식적인 회의 요령을 가르쳐주고, 열정 가득한 코칭 감각으로 그들의 행동을 관찰하며, 그들 간의 더 나은 상호작용이 이뤄지도록 돕는 것이다.

## 요약

6장에서 학습한 주요 내용을 정리해보자.

- 매번 진행하는 애자일 회의마다 "이 회의의 목적은 무엇인가?"라는 질문에 답해야 한다. 팀이 다양한 애자일 미팅에서 최대한 많은 내용을 얻을 수 있도록 하기 위한 목적으로 그런 질문에 답하도록 코칭하라.

- 애자일을 가르치는 초기에는 더 많이 관여하고, 지속적인 자기 조직화를 지원해야 할 때가 오면 뒤로 물러나라.
- 팀에 무언가를 제공하기 전에 어떤 것이 그들에게 더 큰 이득을 주는지를 의식적으로 결정하고 제공하라.
- 열정적이고 예리한 관찰자가 돼야 한다.
- 대화의 내용에서 벗어나 퍼실리테이션에 집중하면 팀 내 상호작용의 품질을 높일 수 있다.
- 강력한 관찰, 강력한 질문, 강력한 도전을 전달하는 데 능숙해져라. 이건 꾸준한 연습이 필요하다.

## ▌추가 자료

- Jean Tabaka, 『Collaboration Explained: Facilitation Skills for Software Project Leaders』, Addison-Wesley, 2006
- Rachel Davies, Liz Sedley, 『Agile Coaching』, Pragmatic Bookshelf, 2009
- 에스더 더비Esther Derby, 다이애나 라센Diana Larsen, 『애자일 회고: 최고의 팀을 만드는 애자일 기법Agile Retrospectives: Making Good Teams Great』, 김경수 옮김, 인사이트, 2008

## ▌참고 자료

- 마이크 콘, 『불확실성과 화해하는 프로젝트 추정과 계획Agile Estimating and Planning』, 이병준 옮김, 인사이트, 2008
- 마이크 콘, 『User Stories Applied: For Agile Software Development』, Addison-Wesley, 2004
- Rachel Davies, Liz Sedley, 『Agile Coaching』, Pragmatic Bookshelf, 2009
- L. Devin, "A random collection of favorite acting exercises", Unpublished manuscript.

- 로만 피클러,『스크럼으로 소프트웨어 제품 관리하기Agile Product Management: Creating Products That Customers Love』, 박현철, 류미경 옮김, 에이콘출판, 2013

- Jean Tabaka,『Collaboration Explained: Facilitation Skills for Software Project Leaders』, Addison-Wesley, 2006

- 로라 휘트워스, 카렌 킴지하우스, 헨리 킴지하우스, 필립 샌달,『코액티브 코칭: 고객과 코치가 함께 성공하는 코칭의 기술Co-Active Coaching: New Skills for Coaching People Toward Success in Work and Life』, 김영사, 2016

# 7장

# 교사로서의 코치

애자일 코치는 팀의 생애주기 동안 여러 번의 교사 역할을 맡는다. 팀은 배워야 할 내용이 많다. 애자일 코치는 팀이 조직된 후부터 팀에 가장 단순하고 가장 강력한 애자일을 가르친다. 그리고 나서 팀이 애자일을 단순하면서도 강력하게 적용하도록 끊임없이 코칭한다.

7장에서는 팀의 착수나 재시작하는 시점, 예상치 못한 순간에서의 대처 능력, 애자일 역할을 수행하는 방법, 이러한 역할에 관한 최상의 임무 수행 등에 대해 교육할 중요 시점과 교육 주제를 자세히 설명한다.

첫 번째 가르침의 순간은 팀이 만들어진 시점에 빠르게 찾아온다. 잘 해낸다면 팀이 착수 초기부터 상상했던 것보다 더 멀리 그리고 빠르게 업무를 진행할 수 있도록 도와줄 수 있다.

## 7장을 끝내면 다음과 같은 질문에 답할 수 있다.

- 팀을 조직하는 초기에는 무엇을 가르쳐야 하나? 일을 시작하기 전에 팀원들이 알아야 할 내용은 무엇인가?
- 팀 조직을 위한 시간은 어느 정도로 예상해야 하나?
- 새로운 팀원을 팀에 융화시키려면 어떻게 해야 하는가?
- 제품 책임자, 애자일 코치, 애자일 관리자들의 애자일 '리더십' 역할이 잘 이해됐고 건강한지 어떻게 보장할 수 있는가?
- 팀이 불분명한 역할하에서 운영될 때 어떤 도구를 사용해 도움을 줄 수 있는가?

그러다가 일이 엉망이 되면 코치는 팀이 기본을 무시했거나 혹은 불필요하게 복잡한 애자일을 적용한 부분에 대해 약간의 교정을 위한 교육이나 심화 교육을 시행한다.

## ▌팀을 꾸리는 동안의 교육

어떤 회사가 '애자일을 적용'하고자 할 때 회사에서는 코치에게 "어떻게 하면 애자일을 팀에 적용할 수 있을까요?"라고 묻는다. 이러한 물음은 코치의 마음속에 많은 질문을 불러 일으킨다. 팀을 꾸리기 전에 알아야 할 내용은 무엇인가? 팀이 '시작하기 전에' 애자일에 대해 얼마나 알아야 하는가? 그들은 서로에 대해 무엇을 알아야 하는가? 만들어야 할 제품에 대해서는 무엇을 알아야 하는가? 그들이 한 팀으로서 어떤 존재가 될 것인가? 바로 이 순간이 뭔가 중요한 것 같고, 그들을 이끌어야만 한다고 느꼈다면 그게 맞다. 코치는 애자일을 지속적으로 강화시킴으로써 팀이 함께 작업하도록 하겠지만, 이제 막 시작한 팀에게는 가장 기본적이고 강력한 애자일만을 가르쳐야 한다. 이 순간은 다시 오지 않을 것이다.

강력한 팀의 생성은 하루나 이틀 만에 이뤄지는 것이지 며칠 혹은 일주일이나 걸릴 필요가 없다. 팀 생성이 오래 걸리는 이유는 필요 이상으로 팀 빌딩team building이나 업무에 대해 더 깊이 파고 들기 때문인데, 이 두 가지 모두는 하나의 팀이 공동 목표를 추구하면서 스프린트를 진행하다 보면 더 잘 이뤄진다. 특히 팀 빌딩은 그 자체를 위한 어떤 '이벤트'보다 팀이 함께 업무를 수행함으로써 팀원들 간에 생성된다. 그래서 팀을 꾸리는 과정은 짧지만 구체적이어야 한다.

팀을 조직하는 작업이 끝날 때쯤 첫 스프린트가 시작된다. 코치는 첫 스프린트에서 개별 팀원들을 하나의 새로운 팀으로 자연스럽게 묶게 될 것이다. 그렇게 하기 위해서는 다음 내용을 팀에 이야기하라(Vizdos 2005).

- 사용할 프로세스를 학습하라.
- 팀에 대해 더 알아보라.
- 앞으로의 작업에 대해 알아보라.
- 자! 이제 시작하라.

팀을 조직할 때는 업무 프로세스와 앞으로의 작업에 대해 학습하는 시간을 더 많이 할당하고, 팀에 대해 학습하는 시간은 줄여라. 이 세 가지 모두 팀의 생애주기에서 모두 중요하지만, 처음에는 관계 지향보다는 과제에 집중함으로써 더 나은 성공을 도모할 수 있다(Gratton et al. 2007). 나중에 갈등이 생기기 시작하면 관계 지향에 집중할 수 있지만, 현재는 당면한 작업에 더 많은 시간과 관심을 쏟아라.

---

**찾아보기**  팀 내부의 갈등 관리에 대해서는 9장 '갈등 중재자로서의 코치'에서 다룬다.

---

이 세 가지 중 첫 번째인 프로세스 학습부터 시작해보자.

## 프로세스 학습하기

사용할 프로세스에 대한 학습에는 선택한 애자일 프레임워크도 반드시 포함시킨다. 코치는 그들의 선생이 됨으로써 6시그마, 린, 사용자 중심의 설계 혹은 익스트림 프로그래밍에서 사용하는 다양한 훈련과 도구를 가르치거나 회사 표준이나 절차를 가르치기 위한 훈련을 할 수도 있다. 만약 이런 방법을 사용하게 될 때 코치가 해당 분야의 전문가가 아니라면 전문가에게 대신 가르쳐 달라고 요청하라. 그런 다음 다른 분야의 도구와 아이디어를 애자일 프레임워크에 맞출 수 있는 방법을 팀이 결정하는 데 도움이 되도록 그림을 다시 그려라. 이를 위해서는 팀이 먼저 애자일 프레임워크를 배워야 한다.

만약 팀원들이 이전에도 애자일 팀에 있었던 경험이 있다면 교육은 가벼운 훈련의 형태를 취한다. 애자일을 처음 접하는 팀이라면 그들에게 새로운 출발이라는 선물을 주는 것이니, 팀에 애자일의 전체를 완벽하면서도 매력있게 가르쳐라.

이전에 애자일 팀에서 일한 경험이 있는 사람들은 자신이 "애자일을 알고 있다."고 생각하며, 애자일 실천법, 원칙, 가치, 역할에 대한 교육은 필요 없다고 할 수 있다. 그림 7.1에 묘사된 바와 같이 팀원들은 종종 자신도 모르게 이전 팀의 절차와 한계를 받아들였지만 그런 것은 애자일의 핵심에서 멀리 떨어져 있었을지도 모른다. 그들은 아직 '나의 애자일'이 '당신의 애자일'과 다르며, '그의 애자일'과도 전혀 다르다는 사실을 인식하지 못한다. 설상가상으로 경험했던 모든 버전이 애자일을 제대로 수행하는 것과는 거리가 멀 수도 있다는 점이다.

숙련된 애자일리스트에게 애자일 교육을 할 때는 다음과 같은 말을 하면서 시작하라. "당신이 애자일을 경험했다는 사실을 알고 있다. 내가 10분 동안 나의 애자일 버전을 설명하면 당신의 애자일 버전과 나의 애자일 버전이 동기화될 것이다. 이 과정을 통해 내가 당신에게 코칭하려는 애자일 버전이 무엇인지 알게 될 텐데, 이것이 매우 중요하다."

그런 다음 적용할 애자일 프레임워크를 화이트보드 앞에서 짧게 교육하라. 가장 자주 사용되는 애자일 프레임워크는 가볍고 간단하다. 화이트보드 앞에서 설명하는 것에 능숙하다면 애자일 프레임워크에 대한 교육은 가볍게 그리고 간단하게 10분 내에서 전달할 수 있다. 따라서 언제 어디서나 화이트보드 앞에서 간단하고 쉽게 교육하는 것을 연습해 둬라.

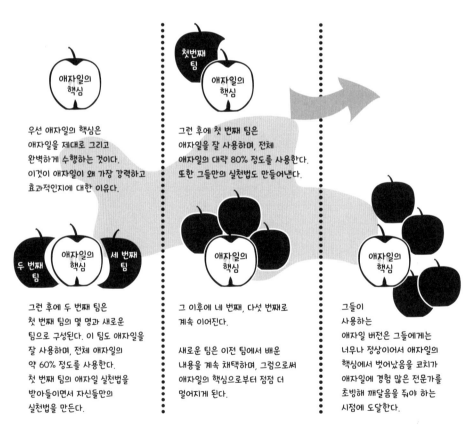

그림 7.1 팀원들에게 다시 애자일의 핵심을 훈련시켜야 하는 이유를 보여주는 애자일 팀의 진화

**찾아보기** 특히 팀이 경험 많은 애자일리스트로 구성된 경우 2장 '고성과를 기대하라'에서 제공하는 도구를 사용해 처음부터 고성과를 낼 수 있다는 기대치를 설정하라.

이 짧은 10분은 서로 다른 애자일 경험을 쏟아내게 한다. 사람들은 팀에 합류하기 전에 어느 부분에서 애자일이 커스터마이징됐는지를 인식하고, 애자일 프레임워크에서 전혀 사용해보지 못한 방법도 이해하게 된다. 사람들은 이전 팀이 어떤 방식으로 더 이상 필요 없는 절차를 애자일 실천법으로 사용했는지를 이해하게 된다. 이러한 애자일 경험에 대한 이야기가 정점에 도달하면 코치는 비로소 애자일의 핵심이 어떻게 사용돼 왔는지 혹은 어떻게 잘못 사용돼 왔는지에 대한 토론을 시작한다.

## 작업 카드 기법

새로운 팀마다 미처 모르는 이전 세대 팀의 관행을 자신들도 모르는 사이에 이어받는다. 작업 카드를 인쇄하는 것 같은 간단한 일이라도 불필요한 부담이 될 수 있다. 스프린트 계획 중에 작업 카드를 인쇄할 때 사용하는 메일 병합 루틴(mail-merge routine)의 실패가 애자일 팀의 모든 업무를 중단시킬 수 있다.

그들은 계획을 계속할 수 없다고 확신했고, 그 후 코치는 몇 개의 마커를 꺼내 손으로 작업 카드를 써도 잘 작동한다는 것을 보여줬다. 그들은 작업 카드를 직접 작성하면서 놀라운 사실을 발견했다. 그들은 서로 더 많은 이야기를 나눴고, 과제가 어떻게 작동하고 누가 무엇을 하기에 가장 적합한지에 대한 세부사항을 알게 됐다. 그들은 작업을 완성하기 위한 대안적인 접근법을 연구했으며, 계획의 새로운 측면을 발견했다. 그리고 예전에 비해 절반 정도의 시간이 걸렸다는 사실을 알고는 놀랐다.

작업 카드를 인쇄하는 것이 특별히 나쁜 생각은 아닐 수 있지만, 그것은 애자일의 핵심에 속하지는 않는다. 가장 확실한 것은 작업 카드를 인쇄하는 것이 과거의 어떤 팀에게는 어려운 문제를 해결해 줬겠지만, 지금 이 팀에게는 더 이상 관련이 없고 심지어 악영향을 주기도 한다.

토론을 하는 동안 교사로서의 자리를 굳건히 유지하라. 경험 많은 애자일리스트로 이뤄진 이 팀을 애자일의 핵심으로 돌아오게 하라. 그렇게 하는 동안 팀원들이 경험한 애자일 기법을 폄하하지 말고, 이전 팀이 만들어 놓은 것을 실제적인 애자일로 변화되도록 만들어라. 우리는 팀에게 시험과 적응을 요구하기 때문에 그들은 핵심에서 벗어나 계속해 '표류'하겠지만, 이는 애자일 사용을 더 완벽하고 건강하게 적용하도록 성숙시킬 것이다. 그들의 코치로서 이 새로운 팀이 과거에 단순히 애자일 실천법을 그대로 따라 했던 것에서 자신들에 맞게 시험하고 적응하도록 함으로써 '적응adaptation'이라는 개념을 알도록 도와라. 그렇게 함으로서 팀 전체가 '적응'의 사용 여부를 결정한다. 이 대화에서 코치는 애자일의 핵심을 제대로 알고 있는 사람으로 자리를 잡으며, 팀은 이 새로운 출발을 통해 코치가 팀원들이 애자일의 핵심을 확실히 알도록 도움을 주는 사람이라고 생각하게 된다.

이제는 새로운 애자일리스트와 함께 완전히 새로운 출발을 할 수 있다! 처음부터 애자일의 가치와 원칙을 심어주기 위해 화이트보드 앞에서 10분 이상 강연을 진행하라. 애자일 코치로서 훈련 받으면서 알게 된 활동을 활용하되, 팀원들이 애자일을 본능적으로 받아들일 수 있도록 관련이 있는 활동을 선택하라.

가벼운 훈련이든 심도 있는 훈련이든 애자일의 핵심에 충실하라. 자신을 면밀히 관찰하고, 만약 과거의 팀으로부터 어떤 애자일 기법을 그들에게 전달할 때는 의도를 갖고 잘 선택하라. 사용자 스토리 같이 거의 보편적으로 받아들이지만 애자일의 핵심으로 보이지 않을 수도 있는 기법을 제시해도 좋다. 비록 이러한 방법이 순수하게 애자일에서 사용하는 것일지라도, 팀의 스토리보드 레이아웃이나 스토리 및 작업에 어떤 색상의 카드를 써야 하는지 같은 것은 그리 중요하지 않다. 이 팀은 이전 팀과 같은 장애물에 부딪히지 않을 수 있으므로, 코치가 특정 해결책을 제시할 필요가 없다.

그들에게 앞으로 닥칠 일에 필요한 모든 대책이 애자일 안에 있음을 알고 최대한 단순함을 유지하라.

## 팀에 대한 학습

팀에 대해 학습하는 것은 팀원 개개인에 대해 알아가는 것부터 시작하고, 여기서부터 공유된 팀 정체성을 만들어낸다. 팀 초창기의 가르침은 여행 가이드와 같아서 그들이 자신과 다른 사람들에 대한 새로운 사실의 발견을 돕는다.

> 가르친다는 것은 무엇인가를 발견할 수 있게 돕는 일이다.
> - 마크 반 도렌(Mark Van Doren)

각 개인은 인간으로서 서로를 처음 알게 되면서 하나의 팀으로 형성되고, 그 이해를 바탕으로 그들이 함께 할 수 있는지에 대한 느낌을 갖게 된다. 팀 초창기에는 팀원들이 서로의 기술, 재능 및 작업의 목표를 달성할 수 있는 그 무엇이든 인간적인 차원을 발견함으로써 서로 관계를 맺을 수 있는 활동을 계획하라. 이것은 자기 조직화self-organizing와 교차 기능적cross-functional 행동의 장을 마련한다.

서로에 대한 학습을 새로운 통찰력의 원천으로 삼아 한 팀으로서 정체성을 만들 수 있도록 지도한다. 그들이 한 팀으로 함께하는 공동의 비전을 꿈꾸게 하고, 해당 비전을 달성하기 위해 팀원들이 어떻게 행동할지 상상해보자. 이를 통해 처음부터 팀을 만드는 일은 그 자체로 하나의 제품이며, 그들이 함께 만들 다른 제품과 마찬가지로 중요하다.

## 개인으로서 서로를 학습하기

수십 개의 훌륭한 활동은 사람들의 수줍음을 없애고, 그들이 이 새로운 그룹에서 희망, 꿈, 기술, 관점, 목표를 서로 공유할 수 있도록 하는 데 도움을 준다. 코치는 그들이 인터넷에서 '팀 빌딩'을 검색하는 모습을 발견할 것이다. 그런 활동을 찾게 되면 서로가 서로에게 호감을 갖게 되며, 다 함께 '쿰바야kumbaya[1]'를 외칠 수 있는 것을 목표로 한 활동을 도입해야 한다. 우리는 사람들이 공유된 목표를 추구하면서 서로를 의지하고 잘 알 수 있도록 하기 위한 '팀 빌딩' 활동을 사용한다. 그 이상도 그 이하도 아니다.

이런 종류의 이해를 쌓는 데 있어 나의 표준 기법이 된 몇 가지 활동으로는 여정 지도journey line, 기술 시장market of skill, 콘스텔레이션constellation, 가치관value이 있다. 여정 지도는 각 개인의 과거, 즉 팀원들의 성취와 실망, 기술과 재능 및 표면 아래에 감춰둔 자신들의 삶에 대한 깊은 이해를 제공한다. 여정 지도의 대안인 기술 시장은 주로 사람들의 기술과 재능을 강조한다. 콘스텔레이션은 팀원들이 어떤 방식으로 일하기를 좋아하고 싫어하는지, 무엇이 그들에게 동기를 부여하며 무엇이 그들의 의욕을 떨어뜨리는지, 무엇이 되고 싶은지, 무엇을 피하고 싶어하는지 등을 이해하기 위한 창을 제공한다. 가치관 활동은 각각의 사람들이 있는 그대로의 자기 자신을 발견하도록 하며, 그들 자신을 만들어 준 핵심적인 것에 대해 표현하도록 한다.

---

1    흑인 영가인 쿰바야는 노예가 된 서아프리카 흑인 노예들이 일요일에 교회에는 갔지만 예배에 참석하지 못하고 교회 밖에서 하느님을 찬양하며 부른 노래로, 'Come by here(여기에 임하소서)'이라는 의미를 담고 있다. – 옮긴이

**여정 지도**  여정 지도(Tichy 2002)는 한 사람이 전문가로서 어떤 길을 거쳐왔는지를 그래프로 보여준다. 그들이 원하는 과거로 거슬러 올라가 자신들만의 여정의 흥망성쇠를 플립 차트에 그려낸다. 그림 7.2에서 볼 수 있듯이 여정은 종종 사람들이 경험한 특정 사건을 부각시키기 위해 그린 높고 낮은 선과 해당 부분을 설명하는 메모를 붙인 롤러 코스터처럼 보인다. 어떤 사건은 전문가로서의 생활뿐만 아니라 가정생활의 세부사항을 포함하기도 한다. 어떤 사람들은 전문가로서의 사실만을 고수한다. 그러나 그건 중요하지 않다. 이 두 가지는 결코 동일하지 않으며 각각의 내용은 그 자체로 의미가 있다.

모든 사람이 자신의 여정 그리기를 마친 후(약 10분) 각자가 팀에게 자신의 지도를 설명한다. 한 사람이 말할 때 나머지 사람들은 자신들을 위해 발표자의 독특한 내용을 노트에 적는다. 즉 곧 착수하려는 프로젝트에 유용할 기술, 흥미롭고 나중에 유용할지도 모르는 재능, 또는 그 사람을 있는 그대로 만드는 경험과 가치 등을 적어 둔다. 각자가 가져간 노트를 소리 내 읽고 노트를 발표자의 여정 지도에 붙인다. 여정 지도 활동에서 나온 노트의 몇 가지 예는 다음과 같다.

- 회계 지식 – 우리가 회계 담당자와 인터페이스를 할 때 매우 유용할 것 같음
- 병원에서 정신질환 환자 지원 – 우리가 정신적으로 힘들 때 도움이 될 것 같음
- 경력 측면에서 매번 대단한 결단을 내렸네요. 그러한 결정에서 자신과 타협을 한 적이 없네요.

자신의 여정을 공유하고 메모가 다른 팀원들로부터 진정으로 받아들여짐으로써 각 팀원들은 자신이 누구인지, 팀에 무엇을 기여할 수 있는지 알 수 있다. 그리고 팀 전체가 이제 서로의 배경을 알기 때문에 서로가 교차 기능적으로 일할 수 있는 기반을 구축한다.

여정 지도의 결과는 때론 놀랍다. '새로운' 팀을 구성하는 중에 그러한 사건이 일어났다. 팀원들은 몇 년 동안 좁은 프로젝트 사무실에서 함께 일해왔고, 첫 번째 애자일 경험을 위해 함께 했다. 한 사람이 자신의 여정 지도를 통해 그녀가 암에 걸린 힘든 시기를 설명했다. 그녀가 암이 삶에 미친 영향을 이야기할 때 나는 다른 팀원이 감성적이 된 모습을 알

> 당신이 누구인지 보여주고, 알려지고, 인정받는 것만큼 힘을 주는 것은 없다.
>
> – 캐런 킴지 하우스

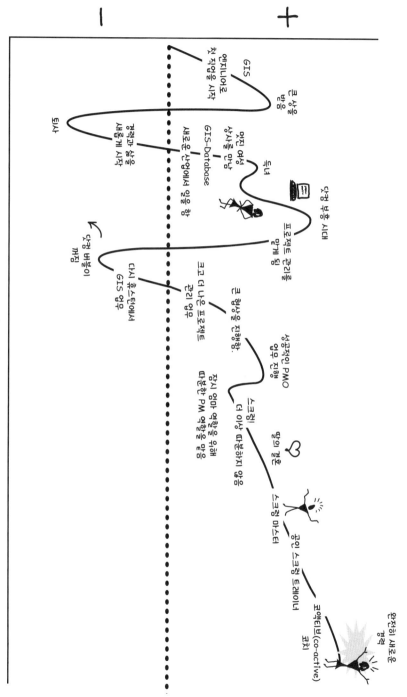

그림 7.2 여정 지도 사례

아챘다. 몇 분 후 그 팀원은 울기 시작했는데 눈물을 흘리면서 "나는 그 해 내내 당신 옆에 앉아 있었는데 서로에 대해 전혀 알지 못했네요. 나도 그때 암에 걸렸었어요."

상호 간의 깊은 관계는 여정 지도를 통해 시작된다. 아마도 암에 걸린 상황만큼 뚜렷하지 않을지도 모르지만, 그럼에도 불구하고 깊은 관계는 표면 아래에서 자라기 시작했다. 깊은 관계는 전혀 일어나지 않는 것처럼 보여도 여정 지도는 각 팀 구성원의 기술, 전문성, 전체적인 배경과 함께 할 수 있는 대화의 주제를 드러냄으로써 그 씨앗을 심는다. 이러한 지식을 기반으로 팀은 자기 조직적이고 상호 교차기능적인 발판을 마련한다. 그것이 없다면 팀원 각각이 어떤 역량을 지녔는지 어떻게 알 수 있을까?

**기술 시장**　내가 여정 지도 활동을 소개할 때 아무도 방에서 나가게 한 적은 없지만 처음에는 불편해하는 사람들도 있다. 만약 그들의 코치로 팀원들이 불편해하는 것을 느꼈다면 여정 지도 활동을 하지 말라. 대신 팀 셋업 시 공인 스크럼 코치이자 공인 시스테믹 코치인 벤트 메일럽Bent Myllerup이 광범위하게 사용하는 기술 시장 활동으로 대체하라. 여정 지도와 마찬가지로 "기술 시장 활동에의 참여는 팀원들이 서로 결합할 수 있는 기술 뿐만 아니라 서로 지원해 줄 수 있고, 알려줄 수 있는 기술 분야를 인식시키는 강점이 있다. 이 활동을 통해 팀은 팀의 정체성과 더불어 팀 동료들을 더 잘 알 수 있다 (2009)."

실행 방법은 다음과 같다.

각 팀원들이 시장에 각자의 판매대를 소유하고 있다고 상상해보라. 20분 동안 각 팀원은 다음과 같은 질문에 대한 답을 포스터로 만든다.

- 당신의 판매대에서 팀과 관련돼 활용할 수 있는 역량, 기술 및 능력은 무엇인가?
- 판매대에서 판매 가능한 것 외에 활용 가능한 것은?(다시 말해 팀의 목표와 무관하게 보유하고 있는 역량, 기술 및 능력은 무엇이 있는가?)
- 다른 팀원들의 역량, 기술, 능력 중에서 배우고 싶은 것이 있는가?

뒤이어 각 팀원은 자신의 포스터를 설명한다. 발표하는 동안 다른 팀원들 모두가 다음의 내용을 메모한다(하나의 포스트잇에 하나씩).

- 이 사람이 설명하는 역량 중 특히 관심이 가는 것은(녹색 포스트잇에 기록)?

- 이 사람이 소유하고 있지만 언급하지 않은 역량, 기술 및 능력은(빨간색 포스트잇에 기록)?

- 어떤 사람이 원하는 역량, 기술 또는 능력을 얻을 수 있도록 도와줄 수 있는 것은(노란색 포스트잇에 기록)?

설명이 끝난 후 다른 팀원들이 발표자에게 개별적인 피드백을 전달하고, 발표자의 포스터 근처에 포스트잇을 붙인다(Myellerup 2009).

메일럽은 '어떻게 당신을 도울 수 있는지'에 대해 구체적으로 말하는 것이 건설적인 피드백이라고 조언한다. 이 활동은 자신의 기술 시장 포스터를 발표한 사람이 요구하지 않은 조언이나 비판을 하는 용도로 사용돼서는 안 된다.

그들은 여정 지도나 기술 시장을 통해 서로의 기술을 이해함으로써 일을 함께하는 방법을 코치도 이해하도록 한다. 이를 토대로 팀이 각자의 작업 스타일과 선호도를 학습하는 데 도움이 되는 방향으로 팀을 이끈다.

### 적나라한 저항 다루기

사람들은 종종 내가 여정 지도, 기술 시장 또는 콘스텔레이션 같은 학습 활동을 팀과 함께 하면서 저항을 많이 받았는지 물어본다. 나는 그렇지 않았다. 아마 내가 팀원들을 참여시키는 방식 때문이거나 그저 그들이 잘 할 것이라고 생각했거나 그 방법이나 결과를 믿었기 때문일지도 모르지만, 어쨌든 나는 그런 활동을 실행할 때 주저하지 않았다. 그들은 잘 따라와줬고 아무도 밖으로 나가거나 심지어 큰 소동을 일으킨 적도 없었다. 당신 자신도 그런 활동이 성공하리라 가정하고, 어떻게 진행돼나가는지 지켜본다면 잘 해낼 수 있을 것이다.

만약 그 활동이 실패했고, 팀도 "이건 정말 손발이 다 오글거리는데요."라고 한다면 어떻게 해야 할까? 다른 코치들이 유용하다고 생각하는 한 가지 방법은 팀을 목적과 그 활동에서 예상되는 한 가지 결과에 집중시키는 것이다. 그 활동이 잘 진행된다면 많은 결과가 있을 수 있고, 아직 코치가 본 적이 없는 결과도 있을 수 있으므로 결과를 언급할 때 그 어떤 것도 숨기지 말아라.

예를 들어 여정 지도를 소개하면서 "여정 지도는 우리가 서로의 기술, 재능, 배경을 알 수 있는 한 가지 방법으로, 우리가 스프린트를 시작하면서 서로를 의지할 수 있는 방법을 알아낼 수 있어요. 스프린트를 진행하면서 어떤 일이 발생할지 모르기 때문에 다른 사람들의 경험을 서로 소개하고, 그대로 받아들이는 것이 여정 지도의 기본적인 목표이자 하나의 결과입니다."라고 말할 수 있다.

또한 이 접근법은 이동에 제약이 있거나 모두를 참여시키기 위해 활동에 변경이 필요한 상황에서도 잘 적용된다. 만약 그들이 이 활동의 최종 결과물에 대해 안다면 같은 결과물을 얻기 위한 다른 방법도 찾아낼 수 있다.

**콘스텔레이션**  콘스텔레이션(Adkins and Blake 2009)은 사람들이 돌아다닐 수 있는 충분한 공간을 가진 곳에서 시작한다. 아무 물건이나 골라 바닥에 놓는다. 그 물건은 별자리의 중심을 나타낸다. 팀원들을 초대해 중심에 있는 물건 주위에 서 있게 하고, 팀원들에게 몇 개의 문구를 읽어줄 거라고 말하라. 각각의 문구에 따라 가운데 있는 물건 쪽으로 혹은 그 물건으로부터 멀어져야 한다는 것을 그들에게 알려라. 가운데 있는 물건에 가까울수록 해당 문구가 그들에게 진실이고, 멀어질수록 진실로부터 거리가 먼 것이다. 다음과 같은 몇 가지 문구로 시작하라.

- 혼자만의 시간을 즐긴다.
- 내가 가장 행복한 때는 여유가 있을 때다.
- 손으로 만들기를 좋아한다.
- 나는 주변에 사람들이 많다.

각 문구를 읽고 나면 팀 구성원은 해당 문구가 얼마나 그들의 삶에서 진실 혹은 거짓으로 들리는지 표시하기 위해 가운데 있는 물체로부터 더 가까이 또는 더 멀리 이동한다. 그들은 동시에 움직이지만 아무도 다른 사람이 어떻게 움직이는지에 관심을 기울이지 않는다. 일단 그들이 선택한 장소에 도착하면 팀 동료들이 어디에 서 있는지 둘러보도록 하라. 그들이 그 문구를 통해 형성된 '사람들의 별자리'를 살펴보게 하라. 이 활동의 목적이 그들이 서로를 알아가기 위한 것임을 잘 이해시켜라.

워밍업 문장 이후 작업 선호도와 요구를 알아보기 위한 목표로 설계된 문구로 넘어가라.

- 나는 사람들 앞에서 말하기를 좋아한다.
- 나보다 상급자인 사람과의 갈등을 피한다.
- 나는 깜짝 놀랄 만한 것을 좋아한다.

- 나는 불편한 침묵이 싫고 그것을 회피하기 위해 일한다.

- 나는 인정받는 것을 좋아한다.

- 불편한 상황에선 입을 열지 않는다.

- 나는 완벽주의자다.

- 나는 토론을 즐긴다.

- 나는 회의 진행하는 것을 좋아한다.

전체 팀이 이 문구에 의해 어떤 별자리를 형성하는지 알아보기 위해 팀원들을 다시 이 활동에 참여하게 한다.

미리 작성한 문구를 읽은 후에 팀에게 그들만의 문구를 만들라고 요청하라. 코치가 그 문구를 읽을 수 있도록 팀원들에게 종이를 나눠주고 문구를 쓰도록 하라. 때때로 문구는 사람들이 관심을 갖고 있는 잠재적인 영역일 수 있다. 또한 그들과 같은 욕구를 가진 누군가가 또 있는지를 알기 위해 누군가를 지정한 내용일 수도 있다. 때로는 단지 사람들이 노골적으로 회피하길 원하는 특정 조건에 어떻게 반응하는지를 보기 위한 '테스트'일 수도 있다.

팀원들이 작성한 문구의 예는 다음과 같다.

- 나는 세세하게 관리되는 환경에서 일을 잘 한다.

- 나는 팀 단위로 일하기보다는 개인적으로 일하는 것에 더 큰 성취감을 느낀다.

- 나는 직접적인 피드백을 주는 것이 편하다.

- 나는 작업하기 전에 뭔가 생각할 시간이 필요하다.

- 나는 정리가 안 돼 있으면 답답함을 느낀다.

- 나는 애자일이 우리가 일하는 데 도움이 된다고 생각한다.

- 나는 일을 완료하기 위해서는 규칙을 어겨도 상관없다.

- 개인의 영향력이나 통제력을 떨어뜨린다 해도 애자일을 사용하는 것이 편하다.

이러한 문구에 의해 만들어진 별자리를 보면 팀 동료들이 무엇을 하고, 또 하지 않을지, 무엇을 믿고, 믿지 않을지 그리고 무엇을 참고, 참지 않을지를 알 수 있다. 이것은 팀에 있는 사람들에 대한 더 나은 이해를 만들어내기 때문에 팀을 스스로 조직할 수 있는 더 확실한 기반을 제공한다. 아마도 한두 달 뒤에 누군가가 말하길 "왜 네가 그렇게 조용한지 알 것 같아. 네가 아예 관심이 없거나 의견이 없다는 것이 아니고, 다른 사람들이 의견을 제시할 때 단지 움츠려들 뿐이지. 우리가 콘스텔레이션을 진행했을 때 코치가 '나는 사람들이 마구 소리치는 상황이 익숙하다.'라는 문장을 읽었을 때 네 위치는 거의 문 앞까지 갔었지." 이제 팀원 상호 간의 이해가 형성됐고, 팀의 별자리가 만들어졌다.

콘스텔레이션의 성공은 당신이 "어떤 콘스텔레이션의 모양을 보고 깜짝 놀랐나요?"라는 질문을 하고 나서 그들끼리 서로 이야기하게 했을 때 나타난다.

**가치**  가치에 대한 활동(Kouzes and Posner 2007)은 사람들이 다른 방식으로 그들의 내면 세계를 탐험할 수 있게 해준다. 팀원 각각은 가치와 관련된 단어가 적힌 같은 카드를 받는다. 카드에는 다음과 같은 단어가 적혀 있다.

| | | | |
|---|---|---|---|
| 결단력 | 행복 | 인내 | 팀워크 |
| 유머 | 독립 | 도전 | 다양성 |
| 번영 | 정신 | 생산성 | 성장 |

빈 카드 한 장을 남겨둬 누군가가 가치에 대해 쓰고 싶은 단어가 있다면 적도록 한다. 아마도 50여 개 정도의 가치 카드는 다른 사람들이 더 소중히 여기는 또 다른 가치와 트레이드오프 할 정도의 단어가 있어야 한다.

가치 카드는 다음과 같이 진행된다. 각 사람은 가치 카드를 분류해서 그것을 두 개의 더미 속에 넣는다. 한 더미는 내게는 중요하고 다른 한 더미는 중요하지 않은 가치 카드 더미다. 그리고 나서 그들은 '내게 중요한' 더미의 카드를 갖고 다시 두 더미로 분류한다. 이것을 매번 더 작아진 '내게 중요한' 더미를 가장 중요한 5가지 가치관 카드가 남아 있을 때까지 반복해서 분류한다.

그런 다음 각자가 자신의 이름을 맨 위에 놓고 큰 플립 차트나 화이트보드에 자신의 다섯 가지 가치를 적어 모든 팀원이 한 눈에 볼 수 있게 한다. 그리고 뒤로 물러서서 목록을 살펴본다. 이렇게 하면서 몇 가지 생각나는 질문을 하고 답변을 기다린다. 이 목록이 우리에게 말해주는 것은 무엇인가? 여기서 뭘 보고 놀랐는가? 어느 것을 더 깊이 이해하고 싶은가? 의견이 엇갈린 곳은 어디인가? 우리가 조화를 이룬 곳은 어디인가?

이어지는 대화에서 각자가 팀 동료와 자신에 대한 이해도를 높일 수 있도록 가이드한다. 그러기 위해서는 판단보다는 호기심을 부추겨야 하는데, 어느 누구도 틀린 것이 아니라 다른 것이다(Coaches Training Institute 2008).

모든 사람이 팀원들 서로에 대해 배울 수 있도록 여정 지도 또는 기술 시장, 콘스텔레이션, 가치 또는 스스로 발견했거나 만들어낸 다른 활동 같은 한두 가지 활동을 수행하라. 그들 각자는 인간으로서 서로를 깊이 이해하게 되는데, 이것은 사람들이 앞으로 스프린트에서 공유한 약속을 지키기 위해 노력하는 데 매우 필요하다. 또한 그들은 다음에 일어날 일, 즉 팀에 관한 학습 기반을 마련한다.

### 팀에 대해 학습하기

이전 활동을 통해 서로를 알게 됐다면 이젠 팀에 대한 학습을 시작한다. '팀'은 아직 등장하지 않았다. 팀은 무엇이든 밝고, 복잡하고, 호기심이 많고, 의지가 있고, 힘이 있는 사람들의 집합이 될 것이다. 이것이 바로 그들이 함께 만든 첫 번째 제품이다.

이 제품의 지표는 공유된 비전과 팀 규범이다.

**공유 비전 만들기**　팀에는 여러 수준의 목표가 필요하다. 내 목표는 무엇인가? 팀 목표는 무엇인가? 회사의 목표는 무엇인가? 이 세상을 위한 목표는 무엇인가? 등 다양하고 풍부한 차원으로 구성된 공유 비전은 앞으로 팀이 몇 달간 협업하면서 겪을 갈등과 변화의 소용돌이 속에서도 살아남을 것이다.

비전을 창조하는 것은 개인으로부터 출발한다. 가 팀원들에게 종이에 이름을 써 날라고 하고 "이 프로젝트가 끝나면 나는 …… 했다고 말하고 싶다."라는 문장을 완성하도록 한다. 누군가에게는 자신의 도구 상자에 추가하고 싶은 기술일 수 있으며, 다른 이에게는 더 많은 인내심이나 수용성 같은 자질일 수 있다. 무엇이든 간에 팀원들에게 각각의 종이에 원하는 내용을 쓰게 해라. 그러고 나서 종이를 플립 차트의 큰 원 안에 붙이고, 각자 자기가 쓴 것을 소리 내어 읽게 한 후 팀에 "이것에 동의하십니까?"라고 물어보라. 그 사람의 목표는 일을 완수하거나 다른 팀 동료의 욕망과 상충하지 않기 때문에 대부분의 경우 대답은 "그렇다"일 것이다.

하지만 때때로 개인의 목표가 충돌하기도 한다. 그것을 지금 수면 위로 떠올려서 존재를 인식하는 것이 좋겠지만, 충돌된 목표를 해결하려고 하지 마라. 충돌은 아직 실제로 일어나지 않았기 때문에 지금은 해결할 수 없다. 팀이 함께 일을 계속하다 보면 나중에 그 충돌이 나타날 것이다. 아마도 이 팀은 두 사람이 같은 스프린트에서 6시그마 블랙벨트 프로젝트를 끝내는 것을 지원할 수 없을 것이다. 그것은 충돌이다. 이 특정 충돌 사례에 대한 정보와 대안이 있을 때 처리하라.

이 활동은 사람들에게 새로운 팀이 놓인 상황에서 개인적인 희망을 말할 수 있는 권한을 명시적으로 부여한다. 그것은 목표에 대한 지속적인 대화를 이어가게 하고, 서로가 목표를 위해 어떻게 하는 것이 최선인지를 논의하게 한다.

일단 "내 목표는 무엇인가?"라는 부분이 해결되면 그 후에는 팀 자체로 관심이 바뀐다. 팀원들이 서로에 대해 알게 된 이전 활동에서 발생한 몇 가지 통찰력을 기억하라. 그들이 함께하고 싶은 활동이 무엇인지 간결하고 의미 있는 문장을 만들도록 안내하라. 이 문장을 플립 차트 맨 위에 크고 굵게 써 놓아라. 다음은 그 몇 가지 사례.

- 우리는 중요한 제품을 만들기 위해 서로 최선을 다하는 창의적인 사람들의 모임이다.
- 우수하고 유용한 제품을 전달하며, 고객과 우리 자신의 말을 경청함으로써 훌륭함을 넘어 위대함을 달성한다.
- 우리는 망치지 않는다. 우리는 현실을 직시하고 그것을 우리의 장점으로 활용하면서 역경을 극복하고, 더 나아지기 위해 모든 팀원의 강점과 욕망에 의존한다.

"어떤 이들로 팀을 구성할 것인가?"라는 문장과 함께 세 번째 목표로 이동해보자. 회사의 목표는 무엇인가? 종종 팀의 프로젝트나 제품에 대한 비전 선언문, 고객이나 사용자에게 기대하는 영향 등이 목표의 기반이 되기도 한다. 일단 착수부터 하고, 팀이 그것을 더 의미 있게 할 수 있도록 지도하라. 이것은 종종 애매모호한 단어와 '기업에서만 사용하는 용어'를 제거함으로써 현실의 목표가 빛을 발하도록 하는 것을 의미한다. 팀 구성원이 개인의 목표가 적힌 플립 차트의 중앙에 문장을 재작업해 쓰도록 한다. 다음은 회사 수준의 목표에 대한 몇 가지 사례다.

- 우리가 제공하는 서비스를 쉽게 이용할 수 있게 해, 더 많은 신규 환자를 확보하고 유지할 수 있게 웹사이트를 다시 만들고 있다.
- 우리는 고객의 문제를 해결해 그들을 기쁘게 함으로써, 업계 분석가들로부터 고객 서비스에서 최고 점수를 받도록 한다.
- 전반적으로 새롭고 혁신적인 세금 납부 소프트웨어로 온라인 세금 소프트웨어 시장 진출을 진행하고 있다.

최종적인 목표 수준은 "세상을 위한 목표는 무엇인가?"이다. 만약 이 팀의 노력이 세상이 놀랄만한 혜택을 주지 못한다면 "우리의 제품은 저소득층이 다음 달 급여를 받을 수 있도록 돕는다." 또는 "우리의 프로젝트는 우리 지역의 1,000명의 일자리를 구할 수 있다."라는 식으로 더 작은 규모로 세상의 목표가 되도록 하라. 세상에 뭐가 있는지 생각하는 것이 너무 힘들다면 이 목표는 완전히 건너뛰어라. 때때로 실무팀에게는 세상에 도움이 되는 일보다는 단순한 일이 맡겨진다.

> 나는 결코 학생들을 가르치지 않는다. 나는 단지 그들이 배울 수 있는 조건을 제공하려고 노력할 뿐이다.
>
> – 알버트 아인슈타인(Albert Einstein)

만약 운이 좋게도 세계적으로 큰 영향을 줄 제품을 만드는 팀과 함께 일한다면 "우리 제품은 건강관리에 대한 흐름을 바꿔 개인이 전체 시스템에서 가장 강력한 부분이 되게 한다." 또는 "우리 프로젝트는 위험에 처한 아이들 10만 명의 생명을 구한다."라고 그들 역시 크게 될 수 있도록 지도하라.

일단 작성되면 개별 목표의 원 안에 "세상을 위한 목표는 무엇인가?"라는 문구를 써라. 회사의 목표도 차트에 함께 적는다. 그림 7.3은 완료된 팀의 공유 비전 차트를 보여준다.

이 목표 문구를 이미 사실인 것처럼 직설적인 언어와 현재 시제로 작성하라. 이것이 비전을 만든다. 이 활동을 마무리하는 것은 모든 목표를 하나의 통일된 목표로 만들며, 이것은 또한 비전을 만들게 된다.

이 활동을 마치면 개인의 성장이 비즈니스의 목표를 달성하게 하는 환경을 만들기 때문에 회사와 세계를 위한 목표가 개별 목표 내에 존재하는 것이 틀린 게 아니라는 점을 팀이 이해하도록 한다. 그런 다음 차트 상단에 큰 글씨로 쓴 팀 비전 선언서로 그들의 관심을 이동시켜라.

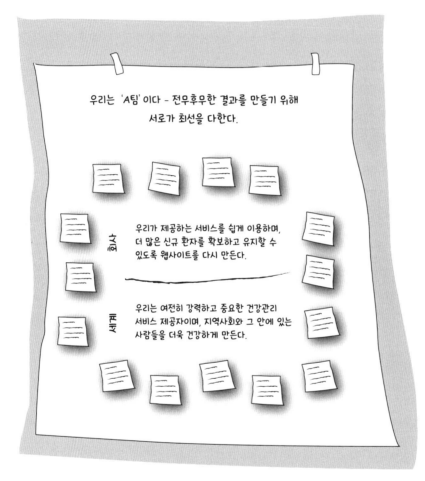

**그림 7.3 공유된 팀 비전**

팀의 비전과 개인 목표는 그들을 이끄는 불빛이자 대전제다. 이 두 개의 대전제는 프로젝트의 시작과 종료, 비즈니스 목표 추구와 달성, 제품의 출시와 철수보다 더 오래 지속된다. 그렇기 때문에 회사와 세상을 위한 목표는 비록 크지만 작은 '의제'인 것이다. 그것은 특정 시점에서 팀이 추구하는 바를 말한다.

대전제나 소의제는 모두 그 용도가 있다(Whitworth et al. 2007). 대전제는 물살이 거칠어질 때 보트를 바로 세우는 것과 같다. 이런 상황에서 팀 비전 선언문을 소리 내 읽는다면 사람들에게 서로를 지원하기로 한 약속에 대한 기억을 떠오르게 할 것이다. 대화는 종종 팀을 다시 최고의 모습으로 되돌리거나 하나의 팀으로써 최고의 표현을 하도록 만든다.

---

**찾아보기**  공유된 팀 비전에 대한 문장은 9장 '갈등 중재자로서의 코치'에서 더 많이 찾을 수 있다. 9장에서는 팀이 갈등을 다루는 데 사용하는 도구를 소개한다.

---

새로운 팀의 공유 비전은 이 모든 목표로 이뤄져 있다. 이 비전은 그들이 앞으로 나아가기 위한 최종 도착지를 제시한다.

**팀 규범 만들기**  비전을 만들면서 워밍업을 했기 때문에 팀은 쉽게 팀 규범을 만드는 일에 착수할 수 있다. 최고의 팀 규범은 일일 스탠드업 시간, 집중 근무 시간, 사무실에서 식사 가능 여부 같은 규범 이상의 것이다. 이런 규범도 목록에 있을 수 있겠지만, 어려운 시점에서 가장 도움이 되는 팀 규범은 다음의 내용을 표현하는 것이다(Adkins and Blake 2009).

- **공유 가치**: 만약 과거에 가치와 관련된 활동을 했다면 이번 일은 그리 어렵지 않다. 서로에 대해 배운 것을 최대한 고려해 한 팀으로서 소중하게 여길 사항을 생각해낸다. 팀으로서 가치를 생각해보는 것이 처음이라면 그들이 목격한 최고의 팀이 가진 특징을 물어보라. 다음의 공유 가치의 예를 활용해 더 좋은 규범을 만들어라.
    - 대담한 것은 나쁘지 않다.
    - 작업을 공유하라. = 신뢰를 공유하라.
    - 도움이 필요한 사람이 누구이며, 누가 도울 수 있는지 확인하라.
    - 불편한 상황에서도 열린 의사소통을 유지하라.
    - 개인의 성공보다 팀의 성공이 중요하다.

- 간결함을 유지하라.
- 30분 이상 헤매지 말고 바로 도움을 요청하라.
- 가장 창의적인 해결책을 얻을 수 있도록 진정으로 마음을 열어라.

- **함께 살아가기 위한 규칙:** '냄새 나는 음식 금지' 규칙이 여기에 해당한다. 여기에 해당하는 규칙은 일반적으로 팀이 함께 공간을 공유하거나 마지막에 소속된 팀과 공간을 공유하는 것이 어땠는지 기억해보면 쉽게 생각해낼 수 있다.

- **실행계획:** 실행계획에 대한 규범은 중요하지만 가장 쉽게 생각해 낼 수 있는 규범이다. 집중 근무 시간, 스프린트 길이 및 스탠드업 시간은 대표적인 실행계획에 대한 규범이다.

- **갈등 상황에서 함께 하기:** 갈등에 대비하는 불편한 일은 지금 하는 편이 나을지도 모른다. 그것은 나중에 생기는 마음의 고통을 덜어준다. 팀원들이 서로 충돌하는 상황에서 어떻게 하고 싶은지 생각하도록 유도하는 질문을 하라.

  - 현재 어떤 방식으로 갈등을 말할 것인가?
  - 갈등의 골이 깊을 때 공유된 비전의 '꿈'을 어떻게 다시 상기시킬 것인가?
  - 우리는 어떤 상황을 갈등 상황의 종료라 부를 것인가?

이런 문제는 답하기 어려운 질문이기 때문에 탁 트인 공간에서 대화를 하는 게 좋다. 팀 구성원들이 팀 규범을 각 범주에 따라 생각하면서 적도록 하라. 적은 내용의 목록은 팀 사무실에서 크고 잘 보이는 장소를 찾아 팀원들이 쉽게 볼 수 있도록 하라.


## 작업 전에 먼저 배워야 할 내용

팀 세팅의 마지막 부분에 도착했다! 앞으로의 작업을 하기 전에 배워야 할 3가지 활동은 비전 제시하기, 제품 백로그 검토하기, 실행하기다. 제품 책임자가 중심이 돼 팀이 제품에 대한 비전과 그들 앞에 놓인 작업을 배우게 한다. 코치는 한 번 더 팀이 필요로 하는 배움을 얻을 수 있도록 그들의 가이드 역할을 한다. 첫 번째로 팀 세팅은 스프린트의 목표에 동의하면 끝나는데, 그 후에는 팀을 신속하게 실행하기 활동으로 옮기면 된다.

## 비전 제시하기

팀에서 만들 제품에 대한 비전을 그릴 수 있는 고위 경영진을 초대하라. 이 사람의 의견은 팀에 중요하다. 회사가 이 사람에게 회사 목표를 달성하기 위한 공식적인 권한을 줬기 때문에 팀이 감동시키고 싶은 사람이고, 제품에 대한 권리를 가진 사람이다. 이 사람은 해당 프로젝트를 후원하거나 자금을 더 투자할 가능성이 높다. 돈줄을 쥐고 있는 사람이 큰 영향력을 행사한다. 그를 이용하라.

이 사람이 회사와 개인 수준에서 프로젝트의 중요성에 대해 말할 수 있도록 도와라. 이 고위 경영진이 제품이 회사에 어떤 영향을 미칠 것으로 기대하는지 아는 것이 유용하다. 제품과 사업적 영향이 이 사람에게 중요한지 이유를 아는 것은 유용하다. 이는 팀이 차갑고 생명력이 없는 개선사항 목록보다 더 실질적인 결과를 손에 넣을 수 있게 해준다.

고위 경영진은 비전을 전달하고 떠난다. 제품 책임자는 그러한 비전을 갖고 필요할 경우 높은 수준의 목표를 세부적으로 구체화해 팀의 가시적인 목표로 전환한다.

이 시점에서 "회사를 위한 목표는 무엇인가?"와 "세상을 위한 목표는 무엇인가?"라는 목표 기술서를 다시 살펴보라. 팀이 더 많은 직접적인 정보를 갖고 있다면 필요한 경우 바로 목표 기술서를 갱신하라. 또는 팀의 시작을 돕는 세션까지 기다린 후 그때 목표 기술서를 갱신하라.

어떨 때는 비전을 듣는 것이 해당 팀이 앞으로 수행해야 할 일을 충분히 생각해볼 수 있게 해주기도 한다. 그 외에는 그것을 현실화하기 위해 더 많은 것이 필요하다. 이 경우에는 비저닝 작업을 통해 뼈에 살을 붙인다. 그러한 연습 중 하나가 뉴스페이퍼 프로젝션이다.

**뉴스페이퍼 프로젝션**　팀에게 "지금으로부터 1년 후 이 제품은 엄청난 성공을 거뒀다. 모든 예상을 뛰어넘어 난국을 타개한 해결책으로 칭송받고 있다. 「월스트리트 저널(또는 가장 좋아하는 매체)」은 다른 사람들이 벤치마킹할 수 있는 훌륭한 모델로 거론하며 제품과 작업 방식에 대한 기사를 썼다. 그런 기사를 작성하라. 고객이나 팀원을 인터뷰하거나 제품의 긍정적인 영향을 자세히 설명하거나 제품에 적용된 특별한 방법을 설명할 수 있다."고 말하라.

그러고 나서 그들이 직접 기사를 쓰게 하라. 그들에게 글을 쓸 수 있는 시간을 20분 정도 준다. 퓰리처상을 수상할 필요는 없으니 가볍게 쓰도록 권장하라. 작성하는 것 자체가 의미 있는 것이니 그들이 작성하도록 독려하라.

그 후 각각의 사람들은 자신들의 이야기를 읽는다. 늘 그랬던 것처럼 다른 팀원은 플립 차트에 각자 인상 깊었던 단어나 구절을 찾아낸다. 이것은 그들 모두가 작성한 기사를 읽고 노트를 작성할 때까지 계속된다. 이 작업을 하는 내내 웃음과 흥분이 있을 것이고, 어쩌면 조금 바보 같은 느낌이 들지도 모른다. 팀이 이 작업을 하는 동안 방해하지 말고 그대로 내버려 둬라. 모든 기사가 공유됐을 때 팀의 관심을 플립 차트에 있는 단어와 문장으로 되돌리고, 그들에게 "회사를 위한 목표는 무엇인가?" 또는 "세상을 위한 목표는 무엇이 있는가?"에 대한 내용을 수정할 필요가 있는지를 질문하라. 만약 그들이 그렇게 느낀다면 수정하라.

### 제품 백로그 검토하기

팀을 조직하는 시점에서 개인들이 한 팀으로 뭉치기 시작했고, 그들은 함께 성취한다는 것이 무엇을 의미하는지 알게 됐다. 이제 그들은 앞으로 해야 할 작업의 핵심에 접근할 수 있다.

제품 책임자는 백로그에 있는 항목에 대한 질문에 답하고, 팀에 누락된 항목을 확인하도록 요청하면서 제품 백로그를 마무리한다. 이 시점에서의 제품 백로그는 완벽하거나 심지어 잘 쓸 필요가 없다. 하지만 제품 책임자는 첫 번째 스프린트에서 사용할 수 있도록 충분한 항목을 모아 둬야 한다. 코치로서 제품 책임자가 그렇게 했는지, 제품 책임자가 각 항목의 사업 목표를 정확하게 정의하는지 확인한다. 제품 책임자가 백로그를 검토할 때 그들이 함께 하려는 일에 대한 공통된 이해를 형성하는 수준 높은 대화에 참여하도록 코칭하라.

---

**찾아보기** 팀이 수준 높은 대화를 할 수 있도록 퍼실리테이팅하는 것은 6장 '퍼실리테이터로서의 코치'에 자세히 설명돼 있다.

## 실행하기

제품 책임자가 제품 백로그 검토를 마치면 "신문 헤드라인 같은 짧은 문구를 통해 제품 책임자가 이번 첫 스프린트의 목표를 다 담았는가?"라고 질문하라. 스프린트 목표는 두 가지를 담고 있는데, 첫 번째는 "정북 방향을 가리키는가?"로써 나침반 역할을 하며, 팀이 진행하는 스프린트가 올바른 궤도에 있음을 알 수 있도록 하는 것이다. 두 번째는 예를 들면 같은 주제에서 항목을 선택하는 것처럼 주어진 스프린트에서 작업해야 할 요구사항의 유형을 제한함으로써 변동성을 최소화하는 것인데, 이는 팀워크를 높이고 속도를 증가시켜 준다. 스프린트의 목표는 팀이 무엇을 하는지에 대해 간단하게 의사소통할 수 있는 역할을 할 수 있다(Pichler 2010).

스프린트 목표가 만들어지면 팀의 첫 스프린트 계획 세션을 공식적으로 시작한다. 코치는 팀에게 스프린트 목표를 설정했고, 그 다음에는 스프린트에 대한 구체적인 제품 백로그 항목에 동의하고, 작업에 대한 사용자 스토리를 작성하는 두 단계로 넘어갈 텐데 이는 매 스프린트 계획 시 수행할 작업이라고 이야기하라. 이때 그들에게 돌아서서 "자, 시작하세요! 여러분은 이미 첫 번째 스프린트에 있습니다."라고 말해라.

## 첫 시작 준비하기

이제 팀 세팅을 위한 활동과 목표의 기본 구성방법을 알게 됐으니, 미리 준비해야 할 사항을 구분해보자. 팀 세팅을 위한 준비는 만족스러운 목표를 설정하는 세 단계로 나뉘는데, 단계마다 지난 번보다 더 많은 준비가 필요하다.

- **만족스러운:** 7장의 지침을 사용해 팀 세팅을 위한 자신만의 '공식'을 만들어라. 코치에게 가장 의미 있는 활동을 선택하고, 팀 세팅이나 백로그 목록을 거치면서 답할 수 있는 일련의 질문으로 표준 어젠다를 만들어라. 팀 세팅을 하면서 자신의 어젠다를 준비하고, 나머지 시간에 그들을 코칭하는 것처럼 그때그때 팀의 요구에 맞춰라. 충분한 준비는 그 활동의 결과인 대화와 통찰에서 마법이 일어나기 때문에 완벽한 팀 세팅 어젠다를 만드는 데 애태우지 않아도 된다.

- **통찰력 있는:** 통찰력 있는 팀 세팅은 제품 책임자, 선배 팀원, 관리자 등 주요 이해관계자들의 목표를 충족시킬 수 있다. "우리가 팀 세팅 세션을 마무리한다고

상상해 보세요. 그리고 당신은 나에게 고개를 돌려서 '정말 완벽해요! 팀 세팅이 이보다 더 좋을 수는 없을 것 같아요.'라고 말할 겁니다."(Tabaka 2006), "도대체 어떻게 했기에 이렇게 팀 세팅이 완벽한 거죠?"라고 팀에 질문하라. 팀 세팅의 학습 목표를 달성하는 활동과 더불어 사람들이 원하는 특정 결과를 함께 묶은 결과라고 답하라. 이것은 보통 주요 이해관계자들과 대화하고 통찰력 있는 어젠다를 설계하는 데 몇 시간 정도 걸리는 적당한 양의 준비가 필요하다.

- **목표를 명확히**: 목표가 명확한 시작을 설계하려면 가능한 많은 팀원과 대화를 나누면서 시간을 보내라. 또한 팀원들, 다른 애자일 팀 및 주변의 조직을 관찰하는데 시간을 보내라. 서로 긍정적이고 협력적으로 상호작용하는 사람들의 능력을 잘 관찰하라. 장애물이 발생했는지, 장애물을 처리하는지 혹은 무시하는지를 주의 깊게 살펴보라. 여러 사람 또는 여러 팀에 영향을 미치는 것처럼 보이는 일반적인 문제를 발견하라. 애자일의 가치와 애자일 선언문이 팀과 관리자에게 여전히 유용한지 확인하라. 그런 다음 관찰한 '장애물'을 해결하는 팀 세팅을 계획하라. 이 방법이 잘 먹혔다면 처음부터 장애물을 제거하거나 팀이 장애물에 걸려 넘어지지 않도록 하는 애자일 방법을 가르치는 활동을 추가한다.

### 투박하게 시작해도 괜찮다

나는 이 팀이 틀림없이 실패할 것이라고 생각했다. 우리는 그들의 관리자가 "애자일도 사용하고, 린도 사용하고, 사용자 중심적인 설계법도 사용하세요. 당신이 생각하기에 가장 좋은 방법은 무엇이든 사용해도 좋습니다."라는 말을 들으면서 일을 시작했다. 실제로 발생한 일은 사내 정치가 만연해지고 관리자들이 한 가지 접근법에 동의하지 않아서 자기 조직화된 팀에게 많은 것 중에서 하나를 선택하라고 말했다. 그래서 관리자들의 이런 우유부단한 결정으로 인해 팀은 내리막길을 달리게 됐다.

팀의 애자일 코치로서 내 안의 일부에서는 스크럼을 기본으로 하고, 사용자 중심적 설계법과 린을 혼합해 사용하면 될 것 같기도 했고, 내 안의 반대편에서는 "팀을 믿어봐!"라고 속삭이기도 했다.

나는 내 안의 속삭임을 듣기로 하고, 스크럼의 사용을 강요하기보다는 방법론을 결정하기 위해 팀 세팅 세션을 준비했다. 조직 내 정치적인 상황을 감안해서 나는 각자 다른 방법론을 제시한 관리자뿐 아니라 모든 팀원과 인터뷰를 했다. 나는 그들만의 방법론을 선택할 수 있도록 하는 활동을 만들었다. 나는 그들에게 스크럼 실천법의 의도를 가르쳐주고 그들이 그것을 채택할지 여부를 스스로 결정할 수 있게 했다. 린과 사용자 중심적 설계 전문가들은 그들의 방법과 프로세스를 가르쳤다.

그러고 나서 팀은 그 많은 방법론 중에서 그들이 채택할 특정 방법론을 선택했다.

팀은 매일 스탠드업 미팅과 스토리보드를 만들기로 결정했지만, 작업에 대한 추정에는 노력을 기울이지 않기로 했다. 그들은 우선 사용자 중심 설계에 의해 작성된 산출물에 초점을 맞추고, 스프린트의 타임박스 리듬에 얽매이기보다는 데드라인을 기준으로 산출물을 작성하기로 했다. 그들은 회고가 시간 낭비라고 결정했다. 그들은 자신들이 모두 전문가라고 생각했으며 어떠한 기본적인 조치도 필요하지 않다고 생각했다. 린은 완전히 잊혀졌고, 아무도 그것을 알아채지 못했다.

내가 예상한 대로 엉망진창이었다. 제품 책임자는 작업이 일의 진척을 확인할 수 없을 정도로 세분화돼 있지 않아서 팀의 진척도를 알 수 없었다. 그래서 제품 책임자는 팀에게 정기적으로 진척상황을 서면으로 보고하도록 했다. 나는 스토리보드, 작업 및 추정을 다시 교육했다. 팀은 교육을 받았지만 작업은 전과 같이 계속했다.

팀원들은 중요한 데드라인이 다가오기 직전까지 각자 따로 일했다. 그러고 나서 그들 모두는 좌절과 원망을 하면서 미친듯이 함께 일했다. 나는 굳이 이런 식으로 할 필요가 없다고 지적했지만, 팀은 충고를 듣고도 일은 전과 같이 계속했다.

몇몇 사용자 스토리는 스프린트가 종료된 후에도 여전히 작업을 하고 있었기 때문에 제품 책임자는 항상 조금씩 늦게 릴리스를 해야 했다. 이 팀이 결과물을 낼 수 있었던 것은 팀 내부의 '영웅적인 인물' 덕분이었다. 이때 팀은 자신들의 의사결정에 대한 결과를 인지했지만, 나는 잠자코 있었다.

제품 책임자뿐 아니라 팀원들도 그들이 원했던 제품을 얻었음에도 불구하고 팀의 예측 불가능성으로 인해 그 누구도 행복하지 않았다. 나는 그들 자신들로부터 그들을 구하지 않았고, 그들은 여전히 불행했다. 그러던 어느 날 그들 중 한 명이 "이제 회고할 때가 된 것 같다."고 말했다.

회고에서 그들은 제품에 대해 어떻게 느꼈는지(좋음), 제품의 품질에 대해 어떻게 느꼈는지(그다지 좋지 않음), 데드라인을 지킨 것에 대해 어떻게 느꼈는지(아주 좋음), 데드라인을 지키기 위해 서로가 노력한 것에 대해서는 어떻게 느꼈는지(그다지 좋지 않음), 서로를 어떻게 느꼈는지(아주 좋지 않음) 그리고 그들이 이런 식으로 계속 일하기를 원했는지(절대 아니다!)를 논의했다. 그래서 팀은 변했다. 우리는 스크럼 실천법의 목적을 다시 검토했고, 팀은 그 실천법을 더 많이 채택했다. 그들은 그러한 실천법의 기초가 되는 가치와 왜 그러한 가치가 그들에게 중요한지에 대해 이야기했다. 이런 대화를 통해 함께 일을 시작한 지 두 달 만에 팀 세팅에 대한 '1장: 앞으로 사용할 프로세스 학습하기'를 마무리했다. 그들이 진정으로 그 일을 공유하기 위해 서로에 대해 더 많이 알아야 한다는 사실을 깨닫고, 그들이 기대하는 결과의 목록보다는 왜 프로젝트를 하고 있는지를 더 알고 싶어하면서 팀 세팅의 나머지 활동이 그들에게 의미 있게 됐다.

한 팀의 출발이 험난해도 코치가 팀을 직접적으로 구하지 않는 한 괜찮다. 교육과 코칭을 하고, 팀이 자신들의 결정을 따르고 난 후 팀이 그들의 의사결정에 대한 결과를 충분히 느끼게 한 다음, 팀이 준비가 됐을 때 팀을 애자일의 핵심으로 다시 인도하라.

또 다른 팀이 부적절하게 맡겨진 역할로 인해 '좋지 않은' 상황에 처했음을 알았다고 하자. 팀이 세팅될 때부터 상호간에 애자일에서의 역할 정의를 가르쳐 이 문제가 새로운 팀으로 확산되는 상황을 막아라. 기본적인 어젠다의 일부로 역할에 대한 설명을 했을 경우 이번에는 더 자세히 살펴봐라. 제품 책임자가 그의 역할을 잘하기 위해 그가 의도하는 변화를 이야기하도록 하라. 다음 단계의 코칭 숙련도 달성을 위해 코치는 앞으로 취할 변화에 대해 말할지도 모른다. 팀원들에게 역할이 완전하게 잘 수행됐는지를 어떻게 알 수 있는지 물어본 다음, 그에 대한 답변을 토대로 해당 역할을 수행하는 사람들이 시간이 지남에 따라 얼마나 잘 하는지를 평가해보라. 팀 세팅 중 이런 문제점을 해결하는 것이 단순히 애자일에서의 역할을 더 깊이 가르칠 수 있는 주제로서 행해진다면 흠잡을 데가 없다.

팀 세팅을 계획해서 진행하게 되면 몇 시간 혹은 대개 며칠이 소요된다. 그러나 추가 시간은 그럴 만한 가치가 충분히 있을 수 있다. 왜냐하면 그렇게 함으로써 팀에게 전달한 큰 영향이 종종 추가적으로 한 앞선 노력보다 더 크기 때문이다.


### 팀의 새 출발

팀 구성원 또는 팀 목표가 크게 변경되면 팀을 다시 구성하라. 처음 시작할 때 했던 모든 과정을 다시 할 필요는 없으며, 단지 변경되거나 보강이 필요한 부분만 할 필요가 있다. 팀 구성이 변경되면 다시 애자일을 교육하라. 10분간의 화이트보드 강연이 치료약이 될 수 있다. 팀을 재시작하는 이유와 관계없이 이 시간을 약간의 재훈련과 긍정적인 강화를 통해 남아 있는 팀의 병폐를 해결하는 데 활용하라.


## ▌ 새로운 팀원의 교육

비록 우리가 피하려 해도 팀원들은 팀을 나가기도 하고 새로 들어오기도 한다. 사람들은 다른 기회를 찾아 이동하기도 하며, 팀이 특별한 기술을 가진 누군가를 팀에 추가할 필요가 있음을 깨닫기도 한다.

팀원을 안정적으로 유지하면서 가능한 스프린트 사이에 팀원을 새로 투입하거나 철수시키도록 코칭한다. 약속한 사람들은 해당 약속을 이행한다는 규칙을 기억하라.

팀원이 팀을 떠날 때 팀이 해당 팀원과 그의 기여를 인정하는지 확인한다. 이것은 대부분 자연스럽게 발생하기 때문에 이에 대해 너무 많은 코칭을 할 필요는 없을 것이다.

팀원이 합류하면 팀 사무실을 구경시키고, 벽에 걸려 있는 팀 내 규칙 목록을 알려줘라. 스토리보드 앞에 서서 스프린트 동안 팀이 어떻게 규칙을 사용해 서로의 업무를 이해하는지를 설명하라. 팀의 공유 비전과 팀의 규칙, 성격, 정체성을 암시하는 벽에 걸려 있는 다른 것에 대해 이야기하라. 팀원들끼리의 농담, 사무실 안의 장난감, 또는 그들 간의 금지어 등을 통해 신입 팀원이 팀의 특성을 파악하게 하라. 이 사무실 투어는 팀원들이 자리에 있을 때 그에게 인사하면서 한두 마디의 이야기를 하게 함으로써 모든 사람이 그를 환영하게 하라.

그러고 나서 새로운 팀원에게 애자일을 가르쳐라. 10분간의 화이트보드 강연이 적절할 것이다. 이 강연에서 코치는 애자일의 핵심을 유지하면서 가장 강력하게 애자일을 설명할 수 있다. 만약 그 팀이 특정한 실천법을 따르지 않는다면 이 점을 팀의 성장 우위로 지적하라. 팀 운영에서 일부 실천법이 완전히 누락된 경우 어쨌든 새 팀원에게 실천법을 가르치고, 부족한 부분을 지적한다. 먼저 새로운 팀원이 애자일을 잘 수행하도록 가르친 후, 팀이 사용하는 팀만의 애자일 실천법을 가르쳐라. 이런 방식은 새로운 팀원이 팀의 애자일 방식이 애자일이라고 무의식적으로 믿는 것을 방지하게 한다.

여기까지가 코치의 역할이다. 그 이후부터는 다른 팀원들에게 맡겨라. 다른 팀원들도 새로운 팀원에게 제품과 그들 자신에 대해 많은 것을 말하고 싶어할 것이다.

애자일의 여러 가지 실천법을 실행하고 있다면 새로운 팀원에게 다가가 "지금 막 스프린트 계획 회의를 경험한 것입니다. 우리는 이제 스프린트에 들어갔고, 스프린트에서는 당신을 포함해 팀이 약속한 것을 지켜야 합니다."라고 말할지도 모른다. 이 사람이 경험하는 각각의 애자일 실천법과 처음에 코치가 진행한 화이트보드 강연과 연결하도록 도와라.

**찾아보기** 1:1 코칭에 대한 기대와 후속 코칭은 5장 '멘토로서의 코치'에서 다룬다.

또한 새로운 팀원이 합류한 후 며칠 내에 그와 함께 앉아 이야기를 나눠라. 그가 어디 출신인지, 무엇을 원하는지 그리고 그만의 애자일 여정은 어느 지점에 도착했는지 등 그에 대해 파악해라. 새로운 팀원이 코칭 대화가 때로는 목적을 갖고 때로는 목적 없이도 이뤄질 수 있다는 기대를 갖게 함으로써, 그가 애자일을 잘 수행하도록 코치가 도움을 줄 수 있는 사람이라는 인식을 갖게 하라.

## ▌교육할 수 있는 순간을 이용하라

학습 가능한 순간은 팀이 함께 일하고 대화할 때 자주 예기치 않게 발생한다. 그런 순간은 자연스럽게 생겨나고 적절한 시기에 적절한 배움의 상황을 만들어낸다. 학습할 수 있는 순간을 잘, 가볍게 사용하라. 재교육에 착수하거나 완전히 새로운 영역을 소개하는 데 사용하지 말아라. 스프린트에서 팀은 스프린트에 집중해야 한다는 것을 기억하라! 코치가 가르칠 수 있는 순간을 이용할 때는 팀의 추진력에 영향을 주지 않으면서 교훈을 전달할 수 있을 만큼만 가르쳐라.

## ▌항상 애자일 역할을 교육하라

형편없이 실행된 역할로 인해 너무 많은 문제가 발생하는데, 이럴 때는 특별한 가르침을 받을 가치가 있다.

대체로 팀의 역할은 직관적이며, 팀은 애자일과 그들이 하는 역할을 완전히 내재화해 업무를 수행하는데, 그 어떤 것도 그들을 멈추게 하지 못한다.

가장 큰 역할 문제는 애자일 코치, 제품 책임자 및 다수의 애자일 관리자 등 팀 주변에 있는 사람들로부터 발생한다. 팀이 업무에서 성과를 창출하기 위해서는 이러한 역할이 분명하게 정의돼 있어야만 잘 협력할 수 있다. 이 부분에서 가르치고 코칭할 많은 기회가 발생한다.

먼저 시간이 날 때마다 사람들에게 팀원들의 역할을 가르쳐라. 어느 시점이든 상관없다. 만약 조직이 이에 대한 명확한 이해가 부족하더라도 팀을 조직하는 시점에서 교육하라. 일반적으로 역할을 잘 수행하고 있다면 팀원들을 대놓고 훈육하듯이 가르치지 말고, 가르칠 수 있는 순간이 왔을 때 역할을 더 잘 수행할 수 있도록 도와라.

일단 역할에 대한 학습이 되고, 각자 무엇을 해야 하는지 이해하게 되면 팀원들에게 사람들이 자신의 역할을 완벽히 수행할 것으로 믿게 하라. 조금이라도 부족한 점이 발견되면 그것을 장애물로 여기고 제거하라.

## 제품 책임자 역할 교육하기

제품 책임자의 역할은 팀에 막대한 영향을 미친다. 왜냐하면 방향 설정과 지속적인 전략적 의사결정은 이 역할의 당사자에게서 직접 나오기 때문이다. 제 역할을 하지 못하는 제품 책임자는 일부만 기능하는 나약한 팀을 만들어 목적이 없는 행동을 하게 할 뿐이다. 훌륭한 제품 책임자는 팀이 올바른 방향으로 나아갈 수 있도록 도와준다. 훌륭한 제품 책임자는 팀이 창출한 결과를 독려해 더욱 더 놀라운 결과가 나오게 한다.

훌륭한 제품 책임자는 팀을 단단해지도록 도울 수 있다. 부족한 제품 책임자는 분명 팀을 깨뜨릴 것이다. 이 중 어느 것도 충분하지 않다. 사람들이 훌륭한 제품 책임자로 성장할 수 있도록 코치가 코칭을 제대로 해야 한다.

훌륭한 제품 책임자가 될 수 있도록 먼저 그들에게 다음과 같은 내용을 가르쳐라.

- **비즈니스 가치 동인**: 프로젝트 중단 시기를 포함한 모든 결정과 트레이드오프는 어떤 대안이 지금 가장 큰 비즈니스 가치를 제공하는지를 고려함으로써 이뤄진다.
- **일일 의사결정자**: 팀원들과 늘 함께 대화를 하면서 의사결정의 순간이 왔을 때 팀이 방해받지 않고 전진할 수 있도록 빠르게 결정한다.
- **비전 수호자**: 제품의 큰 그림을 팀이 유지할 수 있도록 하고, 스프린트마다 비전을 향해 나가도록 인도한다.
- **팀의 열정 보호자**: 외부의 모든 소음과 압력으로부터 팀을 보호해 스프린트에 집중할 수 있도록 한다.
- **궁극적인 책임자**: 제품에 모든 것을 완전히 쏟아라. 팀의 결과물과 제품 책임자의 경력은 분리할 수 없기 때문에 제품 책임자는 제품의 비즈니스 결과에 최종적

인 대답을 갖고 있는 사람이 돼야 한다.

이 문구를 통해 코칭하는 제품 책임자들이 제품 소유에 대한 비전을 만들어내도록 하라. 그들에게 이것이 어떤 의미인지 그리고 그들이 편안함과 불편함을 느끼는 곳을 살펴보도록 하라. 불편함은 그들이 역량을 키워야 할 곳이며, 동시에 코치할 것이 많은 장소를 의미한다.

그들의 비전을 탄탄하게 하기 위한 바람직한 행동과 바람직하지 않은 행동의 구체적인 항목에 대한 예시는 표 7.1에 있다.

표 7.1 제품 책임자의 행동

| 할 것 | 하지 말 것 |
| --- | --- |
| '무엇'이 필요한지 말한다. | 그 일이 어떻게 이뤄질지 혹은 그 일에 얼마나 많은 노력이 들어갈지 말한다. |
| 팀이 도전하도록 독려한다. | 팀을 괴롭힌다. |
| 고성과 팀을 구축하기 위한 헌신적인 노력을 보여준다. | 단기적인 결과 전달에만 집중한다. |
| 비즈니스 가치 중심의 사고 방식을 실행한다. | 원래 범위를 고수하고, "무슨 일이 있어도~"라는 접근법을 취한다. |
| 외부 소음으로부터 팀을 보호한다. | 변화가 현실화될 때까지 팀을 불안하게 만든다. |
| 스프린트 간의 변화를 통합한다. | 변화가 스프린트 속으로 기어들어가도록 내버려둔다. |

이러한 제품 책임에 대한 정의를 염두에 두고 다음과 같은 질문을 사용해 제품 책임자와 대화를 시작하라.

"당신은 어떤 부분에서 역할의 유연성을 발휘할 것 같습니까?"

"어떤 부분을 마스터했다고 느끼십니까?"

"어떤 부분을 더 숙달시켜야 할 것 같은가요?"

"당신이 보기에 '하지 말라'는 일을 하지 않기 위해서 팀과 조직은 무엇을 해야 하나요?"

"애자일 코치로서 내가 당신의 기본적인 믿음을 계속 유지시키기 위해서는 무엇을 해야 하나요?"

이 대화를 통해 역할에 대한 이해를 확고히 하고, 훌륭한 제품 책임자로서 미래 비전을 만들 수 있도록 돕는다. 키워야 할 역량이 무엇인지 함께 찾아서 제품 책임자가 목표로 하는 길을 갈 수 있도록 돕고 코칭할 것이라는 기대를 갖게 하라. 목표를 명확히 하라. 건강한 팀은 훌륭한 제품 책임자가 필요하다.

### 제품 책임자 선정하기

애자일 코치로서 팀의 제품 책임자를 선택하는 일을 도와 달라는 요청을 받을 수도 있다. 작업을 시작하는 관리자들은 "이 분야에서 이 팀에 좋은 제품 책임자가 될 수 있는 몇 명의 사람들이 있는데, 어떻게 선택해야 할까요?"라고 물어볼 것이다.

그들을 돕기 위해 CRACK을 기억하라. 효과적인 제품 책임자는 헌신성Committed, 책임성Responsibility, 충분한 권한Authorized, 협업Collaborative 및 풍부한 지식Knowledgeable을 갖추고 있어야 한다(Boehm and Turner 2003)

> **결과에 대해 책임**을 지는 다른 팀원들처럼 작업에 완전히 **전념하고 몰입**해 개발 중인 **제품에 대한 결정**을 단독으로 할 수 있는지 혹은 다른 사람의 조언을 들어야 하는지를 알고 있으며, 사람들과 **상호작용하면서 협업**하고, 비즈니스의 목적과 해당 영역에 대해 **충분한 지식**을 습득하고 있어야 한다.

첫째, CRACK 기준을 통해 제품 책임자를 맡을 대상자를 평가하라.

그런 다음 필요할 경우 다시 가르치는 모드로 전환한다. 각각의 제품 책임자 역할 후보들에게 제품 책임자의 역할을 가르치는 대화를 진행하라. 코치와 팀이 그들에게 기대하는 바를 그들이 알게 하라. 그들에게 해당 역할이 어떻게 느껴지는지 토론해보라. 이렇게 팀원들과 나란히 일하는 것이 시간을 많이 소모시키는 것일까? 아니면 그렇게 밀접하게 일하는 것에 참신함을 느끼는가? 그들이 역할에 대해 이야기할 때 그들의 말과 어조에 주목하라. 그들이 제품 책임자 역할에 대해 많은 이야기를 하는가? 아니면 "네, 하지만…"라는 말을 많이 하는가?

CRACK과 제품 책임자 역할에 대한 대화라는 두 가지 도구는 팀의 제품 책임자를 선정하는 데 도움이 된다. 위대해질 소질이 있는 사람을 골라라.

## 애자일 관리자 역할 교육하기

애자일 팀 주변에는 팀원의 기능 관리자, 이해관계자 및 다른 팀의 매니저 등 많은 사람이 존재한다.

이 역할은 대부분의 조직에 존재하지만 스크럼이나 다른 애자일 프레임워크의 공식적인 부분은 아니다. 애자일 코치 겸 조직 변화 전문가인 마이클 스페이드<sup>Michael Spayd</sup>가 나와 함께 이 역할을 하기 시작했을 때 애자일 관리자에 대한 생각의 상당 부분을 이미 정립했다. 우리는 이러한 관리자(그들은 조직 가운데에 위치함)도 중간에서 압박을 받고 있다는 사실을 알아챘다. 관리자들은 자신들이 관리하는 팀이 자기 조직화를 통해 높은 성과를 창출하지만, 모든 관리적인 지시를 거부하는 실세가 되면서 팀으로부터 압박을 받고 있었다. 또 그들은 애자일의 달콤한 열매를 바라긴 하지만 일정, 진행 보고서 및 운영 위원회 회의 등에 환상을 가진 최고 경영진에게서도 압박을 받는다. 팀이 약속한 바를 전달하고, 압박이 사라지고 그들이 다시 숨을 쉴 수 있게 되면 애자일 관리자에게는 새로운 현실이 나타난다.

팀이 제품을 전달하는 것과 관리자들이 애자일을 향상시키는 것을 도와야 한다. 애자일 향상을 위해서는 그들의 역할에 대한 새로운 관점이 필요하다.

> **조직 변경의 예술가**: 애자일을 신규 도입하거나 재도입을 위해 조직을 가이드한다.

> **경계선의 보호자**: 팀 내, 팀과 조직 간의 건강한 역할 경계를 강화한다.

> **가치를 극대화하는 사람**: 제품 책임자가 사용자 스토리의 포트폴리오를 관리하는 것처럼 프로젝트의 포트폴리오를 관리하며, 항상 현재 가장 높은 비즈니스 가치를 지닌 프로젝트가 무엇인지 질문한다.

> **린 관리자**: 조직의 프로세스를 향상시켜 팀이 전달하는 제품의 가치가 지체 없이 실현될 수 있도록 린 사고를 사용한다.

> **조직의 장애물을 제거하는 사람**: 조직 내에 견고하게 만들어진 장애물을 과감하게 제거할 용기를 갖는다.

> **팀 챔피언**: 팀 주변에서 팀 관찰 결과를 제공하고, 팀이 할 수 있다는 믿음을 갖게 함으로써 최대한의 잠재력을 끌어올리도록 한다.

애자일 관리자는 물과 같다. 물은 끈기를 갖고 가장 단단한 표면을 깎아서 물이 흐를 자리를 만들어낸다. 팀이 계속해서 결과물을 전달하도록 물이 흐를 길을 만들기는 어렵지만 보람 있는 일이다. 이렇게 함으로써 애자일 관리자들은 팀에 최고의 서비스를 제공한다.

### 애자일 관리자는 팀이 비효율적인 행정업무에서 벗어나도록 한다

내가 본 최고의 애자일 관리자 중 한 명은 간단하고 강력한 방법으로 상태 보고를 해왔다.

그녀는 자신이 '관리하는' 코치와 함께 이사진과 부사장들이 앉아 있는 곳 근처의 복도에서 임원을 대상으로 진행 상황을 보고하는 화이트보드를 만들었다. 그녀와 제품 책임자 및 애자일 코치는 정기적으로 보드 앞에서 만나 서로 확인했다. 그들은 각 팀의 주요 건강 지표에 색을 칠했다. 빨간색은 나쁨으로, 노란색은 점점 나빠지는 것으로, 녹색은 좋음으로 표시했다. 주요 건강 지표는 다음과 같다.

- 현재의 스프린트는 목표를 달성할 수 있는가?
- 제품의 다음 릴리스는 목표를 달성할 수 있는가?
- 제품 책임자의 방향 제시는 명확한가?
- 스폰서는 현재까지 만족하는가?
- 스폰서는 향후 제품 인도에 대해 확신하는가?
- 팀은 고성과를 위한 다음 단계를 적극적으로 이행하는가?

이러한 지표가 빨강, 노랑, 녹색으로 표시되고, 장애물이 명확히 목록으로 적혀 있었기 때문에 화이트보드는 그냥 지나칠 수 없는 상태보고서가 됐다.

경영진들은 화이트보드를 지나치는 짧은 시간에 프로젝트의 상태를 파악할 수 있었다. 보드는 바로 그들의 자리 앞에 있었다.

이 빈틈없는 애자일 관리자는 화이트보드를 셀프 서비스식의 상태보고서 뿐만 아니라 최근 전달된 가치와 새로운 계획, 이러한 전달에 의해 개선된 실제 비즈니스 지표, 팀별로 다음에 수행할 업무를 표시하는 상황판으로 만들었다.

그녀는 각 팀에게 맞춤형 현황 보고서를 만들어 달라고 요청할 수도 있었는데, 그것은 팀의 업무를 방해하고 추가 작업이 될 것이었다. 대신 그녀는 팀이 업무에 집중하고 최대한 애자일 리듬을 유지하도록 했다. 주기적인 상황보고는 각 팀에게 유용한 도구가 됐다. 그들은 공통된 장애물을 논의하고, 해결책을 공유하고, 성취에 대해 칭찬하고, 모든 사람이 각 팀이 지금 무엇을 하고 있고, 그들이 앞으로 어떤 일을 하게 되는지 알 수 있도록 하는 시간이었다. 또한 관리적인 장애물이 팀을 멈추기 전에 "이 일에 도움이 필요한가?"라고 자문하면서 그러한 장애물을 조기에 제거할 충분한 시간을 가질 수 있었다.

어떤 임원이 특정 프로젝트에 대해 질문을 할 때마다, 이 애자일 관리자는 사무실에 있는 상태 게시판을 간단히 가리켰다. 곧 프로젝트 상황에 대한 추가 질문이 사라졌고, 그녀는 건강한 애자일 팀과 함께 장애물을 제거하면서 더 큰 가치를 제공하는 데 집중할 수 있었다. 요컨대 애자일을 향상시킬 수 있었다.

이 비전은 애자일 팀을 직접 관리하지 않으면서도 해야 할 많은 일을 설명한다. 팀을 간접적으로 관리하는 방법을 제공하기 위해 마이크 콘은 CDE^Containers, Differences, Exchanges 모델을 제시했고, 애자일 관리자들은 다음 사항에 대해 통제력을 발휘한다.

- 팀이 작업하는 물리적 위치, 조직 내의 위치, 팀 배정 등의 컨테이너^containers
- 팀원들의 배경 차이, 높은 수준의 상호작용을 할 수 있는 팀원들의 조합을 지향하는 차이^differences
- 팀원 간의 차이와 상호작용에 의해 변경되거나 영향을 받는 변화무쌍한 교류 (Transformational Exchanges, Cohn 2009).

관리자는 CDE를 사용해 팀의 자기 조직화를 방해하지 않고, 외부에서 팀에 적절하게 영향을 미칠 수 있다.

애자일 관리자 역할과 CDE 모델을 염두에 두고 애자일 관리자에게 또 다른 애자일 역할을 제공하라. 애자일 관리자들에게 자기 조직화된 팀이 이전과는 다르게 그들과 상호작용할 필요가 있다고 가르쳐라. 특히 애자일 관리자는 다음을 수행한다.

- 제품 책임자를 통해서만 제품 백로그에 항목을 추가한다.
- 애자일 코치 또는 제품 책임자에게 직접적인 질문을 하거나 관찰 결과를 제공한다.
- 일일 스탠드업 회의 중 침묵을 유지한다.
- 스프린트 리뷰에 참석해 직접적인 피드백을 제공한다.
- 요청 시 장애물을 제거하고 그렇지 않으면 팀이 일을 마무리하도록 내버려 둔다.
- 팀을 괴롭히는 관료주의를 더하기보다는 애자일 팀이 간단한 도구를 통해 요청

사항을 만족할 수 있도록 한다.

제품 책임자와 마찬가지로 애자일 관리자와 "이 역할이 그들에게 흥미가 있는지? 겁이 나는지? 불안한지?" 같은 역할의 특성에 관해 대화하라.

이 역할을 잘 수행하면 팀은 더 많은 제품의 전달이 가능하다는 점을 분명히 하라. 팀의 제품 전달이 더 많아진다는 것은 성공을 의미하고 모두가 승리하는 것이다.

## 애자일 코치 역할 교육하기

마침내 우리는 애자일 코치 역할까지 왔다. 애자일 코치의 역할을 신중하게 생각하고 있겠지만, 이 역할의 책임과 중요함은 몇 마디 문구로는 담을 수 없다는 결론을 내렸을 것이다. 이것은 사실이다. 하지만 이 문구는 우리의 기억을 되살리고, 무언가를 강력하게 만들어 파악하기 쉽도록 하는데 그 목적이 있다. 이러한 구절을 알고 자신의 삶에서 그 의미를 이해하며, 애자일 코치가 되는 것이 무엇을 의미하는지 타인에게 가르칠 때 잘 사용하라. 코칭하는 사람들에게 "애자일 코치는..." 다음과 같다고 말하라.

> **불도저**Bulldozer: 팀이 앞으로 전진하고 있는 길에서 발생한 장애물을 불도저처럼 제거하도록 돕는다(Cohn 2005).
>
> **셰퍼드**shepherd: 팀이 길을 잃고 헤맬 때 애자일 실천법과 원칙으로 되돌아가도록 안내한다(Schwaber 2004).
>
> **서번트 리더**servant leader: 팀이 코치를 섬기기보다는 코치가 팀을 섬겨라(Cohn and Schwaber 2003)
>
> **품질과 성능의 수호자**Guardian of quality and performance: 팀이 그들의 인적 시스템을 정비하는데 도움이 되도록 그들이 무엇을 어떻게 생산하는지 관찰하고 모든 것을 검토하라(Douglas 2007).

**찾아보기** 서번트 리더에 대한 더 자세한 사항은 3장 '자기 자신을 완전히 파악하라'에서 다룬다.

애자일 코치는 팀의 외부 세계와 개인의 내적 사고 및 자극에 세심한 주의를 기울이면서 팀이 예측할 수 없는 바다를 항해하고, 그들에게 일어나는 일에 적응할 수 있도록 도와주며, 그러한 자극이 팀의 자기 조직화를 촉진하도록 조심스럽게 행동한다. 어떤 자극에 따라 무슨 행동을 해야 하는지 도움이 되도록 표 7.2는 애자일 코치의 바람직한 행동과 바람직하지 않은 행동 목록을 제공한다.

팀과 팀을 둘러싼 사람들에게 이 역할에 대한 정의를 가르쳐라. 그런 다음 팀에게 코치가 늘 이 역할을 제대로 수행하고 있는지 혹은 더 훌륭한 애자일 코치가 되고 있는지 확인시켜줘야 한다.

표 7.2 애자일 코치 행동

| 할 것 | 하지 말 것 |
|---|---|
| 가이드 및 퍼실리테이션하기 | 지시 혹은 몰아대기 |
| 모든 사람이 비즈니스 가치 제공에 집중할 수 있도록 지원하기 | 마감 시간을 고수하거나 더 이상 통하지 않는 접근 방법 사용하기 |
| 팀의 전반적인 성과에 큰 관심 갖기 | 팀의 특정 결과에 애착 갖기 |
| 팀에게 고성과에 대한 코칭하기 | 작업의 방향 결정에 참여하기 |
| 모든 팀원의 기술 진보와 성장에 도움이 되도록 하기 | 팀의 유일한 목소리 되기 |

## 역할은 서로 맞물려 있다

각각의 역할은 그 자체로 완벽하고 강력하지만, 하나의 역할만으로는 제 기능을 발휘하지 못한다. 그림 7.4에서 볼 수 있듯이 팀이 놀라운 결과를 만들어내고, 회사가 우위를 확보하기 위한 경쟁무기를 갖추기 위해서는 이 세가지 역할이 함께 잘 운영돼야 한다.

역할이 서로를 돕고 있다는 점에 세심한 주의를 기울이자. 불도저처럼 장애물을 제거하기 위해서는 더 강력한 애자일 코치와 제품 책임자의 역할이 필요하다. 이는 장애물을 제거하는 코치와 애자일 관리자의 책임소재가 모호함을 의미하는 것이 아니다. 이 역할에 대한 책임은 당연히 애자일 코치에게 있다.

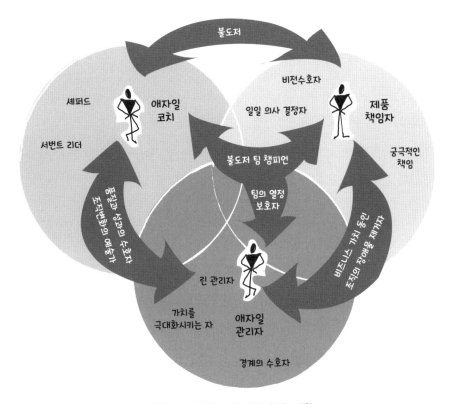

**그림 7.4** 애자일에서 서로 맞물려 있는 역할

역할 간 중첩되는 부분은 항상 이런 패턴으로 움직인다. 한 역할은 다른 역할로부터 지원, 힘, 활력 등의 지원을 받는다. 하지만 다른 역할은 여전히 그 부분에 대한 책임을 가져간다. 그것은 자신의 책임으로부터 도망치고 싶은 유혹을 받을지도 모르는 복잡한 상황 속에서 책임을 분명히 하도록 한다. 책임을 회피할 순 없다.

애자일 코치와 애자일 관리자의 역할이 중첩되는 부분을 살펴보자. 애자일 코치는 팀 경계 내부에서 품질과 성과를 지키는 수호자가 되는 데 온 힘을 쏟고 있다. 애자일 관리자는 팀 경계에서 한 발짝 떨어져 다른 관점으로 품질과 성과를 바라본다. 두 역할 모두 팀이 매번 더 나아지도록 팀을 관찰한 결과를 제공한다. 그러나 애자일 관리자는 조직의 변화를 주도하는 역할을 하며, 이 역할에는 애자일 코치의 지원이 필수적이다. 두 역할 모두 애자일을 사용하거나 조직 내의 장애물과 맞닥트릴 때 경험하게 될 모든 변화를 통해 조직이 한걸음 더 나가도록 상호작용한다.

제품 책임자와 애자일 관리자는 비즈니스 가치 달성이라는 목표에 서로 묶여 있다. 이들은 비즈니스 가치를 이끄는 동인으로서 비즈니스 가치가 팀과 포트폴리오 관리에서 성과를 측정하는 유일한 표준이 되도록 한다. 이 두 역할은 조직의 장애물을 제거하는 데 힘을 합친다. 왜냐하면 조직의 장애물은 가치 전달을 제한하는 큰 장애물이고, 종종 둘이 합심해야 대응이 되는 무시무시한 괴물이기 때문이다.

비록 제품 책임자가 팀의 열정을 보호해야 하는 책임을 가진 역할이긴 하지만, 때로는 외부로부터 밀려드는 온갖 소문과 정치를 막을 수 있을 만큼 크고 두꺼운 방어막을 구성하기 위해서는 애자일 코치, 제품 책임자 및 애자일 관리자의 치밀한 연계가 필요하다.

마지막으로 세 가지 역할 모두 팀 챔피언의 요소를 갖고 있다. 그들 모두는 팀이 노력과 지성 그리고 열정을 쏟는다면 그 어떤 것이라도 해낼 수 있다고 믿어야 한다. 팀 챔피언으로서 세 가지 역할 모두 팀의 현재 상태를 유지할 방법을 찾고, 팀도 그들을 믿도록 도와야 한다.

이 세 가지 역할은 서로 맞물림으로써 팀이 단기간 내에 실제 제품을 생산하려는 팀의 노력을 지원한다. 서로 맞물려 있다는 것은 서로 간의 입장이 다르다는 의미이기도 하다. 그 역할이 서로 맞물려 있다는 것은 세 역할 간에 밀고 당기는 긴장감이 고조될 수 있다는 것이다. 예를 들어 제품 책임자가 팀에게 더 많은 것을 요구하고 팀을 괴롭히게 된다면, 애자일 코치는 팀이 스스로 자신들을 보호할 수 있을 때까지 제품 책임자의 압박으로부터 팀을 보호한다. 이때는 서로 간의 역할로 인해 제품 책임자와 애자일 코치 간의 대화 분위기가 서로 부드럽지 않을 수 있다. 그러나 이런 현상은 정상적이고 필요하다. 모든 역할은 이런 식으로 연관돼 있고, 그 역할 간의 긴장감은 가치 전달을 위한 창의성과 진실을 위해 필요하다.


## 역할의 명확성

애자일에서의 역할은 직함이 아니므로 잘 해내려는 능력과 욕구가 있는 사람은 누구나 맡을 수 있다. 그들은 팀을 둘러싼 조직 구조와는 아무런 관계가 없다. 하지만 비공식적인 역할과 공식적인 직함은 둘 다 존재하며 서로 충돌할 수 있다. 애자일 코치는 이러한 충돌을 경계하고, 사람들이 팀에 대한 역할과 조직 내 직함 간의 건강한 상태를 유지하도록 돕는다.

예를 들면 제품 책임자가 팀원의 직접적인 관리자인 것은 좋지 않다. 역할의 충돌이다. 또한 제품 책임자가 애자일 코치의 상위 관리자인 것도 좋지 않다. 제품 책임자의 역할이 이중으로 충돌하는 상황이다. 어떤 팀은 불분명한 제품 책임자의 다중 역할로 인해 고통받는다. 다음은 상충하는 역할에 대한 예시다.

- 제품 책임자가 프로젝트 관리자 및 애자일 코치의 역할을 동시에 수행(일정 관리의 노예)

- 애자일 코치가 특정 분야 전문가 및 팀원의 역할을 동시에 수행

- 애자일 관리자이자 애자일 코치의 역할 수행

소규모 기업에서는 인간관계가 건강한 경우가 많은데, 팀은 대부분 애자일 코치와 제품 책임자의 역할을 이중으로 맡기지 않는 한 여러 역할을 하는 사람들과 함께 일을 잘할 수 있다. 이 두 역할이 겹치게 되면 팀원들은 특정한 시점에서 누구와 이 문제에 대해서 논의해야 하는지 모르기 때문에 다중 역할은 상호간에 신뢰를 무너뜨린다. 팀원들은 "이 사람이 제품 책임자 입장에서 말하는 것인지, 또는 나를 평가하는 상위 관리자로서 말하는 것인지, 그도 아니면 애자일 코치 입장에서 말하는 것인가?"라고 생각하면서 고민할지 모른다.

불분명한 역할을 드러내기 위해서 애자일 코치이자 『Agile Coaching』의 공동 저자인 레이첼 데이비스는 팀원들이 각 역할의 책임을 함께 검토할 수 있는 방법을 제시했다. 그녀는 각 사람에게 그들이 하는 일과는 다른 역할을 따로따로 종이에 적어 달라고 부탁하는 것으로 시작하라고 조언한다. 팀원들은 메모를 비교하고, 이어지는 대화에서 아무도 소유하지 않았던 역할과 책임 사이의 중복성을 발견하는 경우가 많다(2009).

무언가 해야 할 일이 있는데 누가 해야 할지 명확하지 않을 때는 다음의 방법을 사용하면 역할과 직함이 뒤섞이는 것을 방지할 수 있다. 자신이 그 일을 해야 할 적임자인지 아닌지를 충분히 고민한 후 다음과 같은 질문을 스스로에게 하라. "내가 적임자인가? 만약 일이 잘못된다면 그로 인해 고통받을 사람이 나인가? 이것이 내 책임하에 있는

가? 이 부분이 내가 약속한 것 중에 포함되는가?" 만약 이러한 질문에 하나라도 "그렇다"라고 한다면 그것에 대해 완전히 책임을 갖는 사람을 바로 나 자신인 것이다. 만약 "아니다"라고 한다면 그 역할을 적절한 사람에게 넘겨야 한다.

이 방법을 사용해 애자일 코치 역할에 코치가 책임지지 못할 역할을 맡기지 말아라. 다른 사람들도 똑같이 할 수 있도록 이것을 되도록 많이 알리고 가르쳐라.


## ▌ 요약

7장에서 학습한 주요 내용을 정리해보자.

- 강력한 팀 구성은 애자일 팀에게는 탁월한 성과창출을 위한 원동력이다. 이 시점을 잘 이용하라.

- 팀 구성 중에 애자일을 가르치고, 모든 팀원이 애자일의 핵심을 다시 깨닫게 하라.

- 먼저 팀이 작업에 집중하도록 한 후에 그들이 인간으로서 상호 간에 더 나은 관계를 맺을 수 있도록 도와주면, 어떻게 하면 최상의 자기 조직화를 할지 결정할 수 있다.

- 새로운 팀원이 팀에 합류해 애자일을 교육할 순간이 왔다면 '무겁게'가 아닌 '가볍게' 가르쳐라.

- 모든 사람에게 애자일 역할을 가르치고, 주변 사람들이 자신의 역할을 완전히 완수할 것이라 믿도록 하라. 역할을 충분히 해내지 못한다면 그 역할에 장애가 발생한 것이다.

- 애자일 코치, 제품 책임자 및 애자일 관리자의 역할은 조화와 불협화음으로 서로 맞물려 있다고 예상하라.

- 자신을 위해서라도 끊임없이 역할의 명확성을 추구하고, 다른 사람들도 똑같이 하도록 훈련시켜라.

## ▌추가 자료

- Lyssa Adkins, "Interlocking Roles in Agile", YouTube(https://www.youtube.com/watch?v=4NMu10Ql90Y), 2008

- 마이크 콘, 『경험과 사례로 풀어낸 성공하는 애자일Succeeding with Agile: Software Development Using Scrum』, 최효근, 이기영, 황상철 옮김, 인사이트, 2012

- 로만 피클러, 『스크럼으로 소프트웨어 제품 관리하기Agile Product Management: Creating Products That Customers Love』, 박현철, 류미경 옮김, 에이콘출판, 2013

## ▌참고 자료

- Lyssa Adkins, K. Blake. "Coaching Agile Teams to Constructively Navigate Conflict", 2009 PMI Global Conference Proceedings. Constellation activity adapted from Center for Right Relationship, Organization, and Relationship Systems Coaching training curriculum, 2009

- Barry Boehm, Richard Turner, 『Balancing Agility and Discipline: A Guide for the Perplexed』, Addison-Wesley, 2003

- 마이크 콘, 『경험과 사례로 풀어낸 성공하는 애자일Succeeding with Agile: Software Development Using Scrum』, 최효근, 이기영, 황상철 옮김, 인사이트, 2012

- ────, Certified Scrum Master Workshop, 2005

- ────, 켄 슈와버, "The Need for Agile Project Management", 『Agile Times Newsletter』, Both gentlemen used the term ScrumMaster rather than coach. The application of their ScrumMaster definition to agile coaching is Lyssa Adkins' change, 2003

- Coaches Training Institute, "Co-active coaching training course curriculum", Coaches Training Institute, 2008

- Rachel Davies, Personal correspondence with Rachel Davies, 2009

- L. Gratton, A. Voigt, T. Erickson, "Bridging Faultlines on Diverse Teams", 「MIT Sloan Management Review」, Vol. 48, No. 4, Massachusetts Institute of Technology, 2007

- J. Kouzes, B. Posner, Leadership Challenge Workshop, 2007

- B. Myllerup, Building Scrum and Agile Teams for Efficient and High-Performance Development. Executive brief, www.executivebrief.com/article/building-scrum-agile-teams-efficient-performance-development/P2/, 2009

- 로만 피클러, 『스크럼으로 소프트웨어 제품 관리하기Agile Product Management: Creating Products That Customers Love』, 박현철, 류미경 옮김, 에이콘출판, 2013

- 켄 슈와버, 『Agile Project Management with Scrum(한국어판)』, 박현철, 류미경 옮김, 에이콘출판, 2012

- Jean Tabaka, 『Collaboration Explained: Facilitation Skills for Software Project Leaders』, Addison-Wesley, 2006

- Noel M. Tichy, 『The Cycle of Leadership: How Great Leaders Teach Their Companies to Win』, HarperCollinsBusiness, 2004

- 로라 휘트워스, 카렌 킴지하우스, 헨리 킴지하우스, 필립 샌달, 『코액티브 코칭: 고객과 코치가 함께 성공하는 코칭의 기술Co-Active Coaching: New Skills for Coaching People Toward Success in Work and Life』, 김영사, 2016

# 8장

# 문제 해결자로서의 코치

나는 팀을 위해 문제를 해결하곤 했는데 그로 인해 큰 보상을 자주 받았다. 사실 나는 하루하루의 문제를 해결한 것뿐만 아니라 아직 발생하지 않았지만 발생할 것으로 예상되는 문제를 예측하고 해결한 것에 대해 보상을 받았다. 우리는 그것을 '이슈issue'와 '리스크 관리risk management'라고 불렀다. 사람들은 내가 모든 종류의 문제를 해결할 수 있기 때문에 훌륭한 프로젝트 관리자라고 말했고, 계획 중심의 세계에서는 프로젝트 관리자가 훌륭한 문제 해결사가 돼야함을 증명했다. 누군가 계획을 정확하게 지키고자 할 때에는 다른 누군가는 궁지에 몰려 쫓기듯이 일정을 지키거나 최소한 일정 문제를 해결해야 한다.

과거의 몇몇 일반적인 사례가 이런 경우다. 내 프로그램 관리자였던 그녀는 고객과 제품 인도 일자에 대한 변경없이 거대한 변경 요청을 수용했다고 말했다. 그러고는 내게 "그 문제를 해결해!"라고 말했다.

내 고객은 우리 팀이 제품 개발 명세서를 잘못 파악했기 때문에, 비록 새로운 요구사항을 분석하면서 그것을 수행할 역량을 우리가 보유하지 못해 업무가 더 늘어난다 해도

---

**8장을 끝내면 다음과 같은 질문에 답할 수 있다.**

- 문제 해결은 누구의 일인가? 애자일 코치의 책임은 팀의 책임과 비교했을 때 어디쯤에 위치하는가?
- 애자일 코치가 문제를 탐지하기 위해 사용할 수 있는 도구는 무엇인가?
- 어떻게 애자일 코치가 문제를 분명하게 이해하고, 무엇을 해야 할지 결정할 수 있는가?

제대로 이해하고 있어야 했다고 말했다.

내가 도움을 요청하러 상사에게 가면 그녀는 간단히 "그냥 해결해!"라고 말했다. 두 명의 팀원은 우리가 구축하기로 계획한 시스템의 개발 지시를 쳐다보지도 않았다. 그들은 내게 불평하고 나서 내가 '해결'하기만을 기대했다. 얼마 후 나는 팀을 위해 결정을 내렸지만, 그들이 스스로 해결해야 하는 문제보다 더 많은 것을 풀어가는 내 자신을 발견했다. 어찌됐던 내가 중심이 됐다. 내가 모든 문제를 해결하지 않으면 사람들은 제 기능을 하지 못했다.

내가 애자일 업무를 시작했을 때 나는 문제 해결 기술을 갖고 있었다. 나는 팀원들을 위해 '모든 것에 대한 해결'을 계속했다. 가끔은 팀이 문제가 있다는 사실을 깨닫기도 전에 문제를 해결해버렸다. 나는 그들에게 도움을 주고 있었던 것이다.

이 기간 동안 불굴의 의지를 가진 애자일 멘토인 마이크 비즈도스Mike Vizdos를 알게 돼 운이 좋았다. 마이크는 오랫동안 애자일 분야에서 일해왔고, 수없이 많은 애자일 팀을 위해 일했지만 그가 초보 코치들과 어떻게 소통하는지는 모를 것이다. 그 누구에게도 자신을 증명해야 한다는 강박관념을 느끼지 않는 마이크는 조용하게, 때로는 완전히 묵묵하게 자신의 일을 수행했다. 그가 말을 하기로 했을 때는 빙빙돌려 말하는 것이 아닌 요점으로 바로 들어가기 때문에 때로는 매우 당황스러울 수 있다. 만일 마이크가 팀을 위해 문제를 해결하고 있는 나를 봤다면, 그는 그저 내 사무실에 얼굴을 내밀고는 "정말 그렇게 하고 싶은 거야?"라고 말했을 것이다. 때로는 그것만으로 괜찮았지만, 다른 때에는 문제를 해결하는 데 너무 깊이 빠져버려 '내 자신'을 보지 못했다. 잠시 후 나는 마음이 너무 복잡했다. 내가 문제 해결 모드에서 벗어나자마자 누군가 내 옆에 아주 가까이 서 있는 인기척을 느꼈다. 그는 마이크였다. 내가 그를 알아보자 그는 부드럽게 웃으며 조용히 "또 그러고 있구나"라고 말했다. 꿈에서 깨어난 것처럼 나는 다시 한번 누군가를 위해 어떤 일을 하는 문제 해결 모드에 빠졌음을 깨달았다. 때때로 나는 문제 해결 모드에 너무 빠진 나머지 마이크가 내 옆에 바짝 다가와 있는 것도 느끼지 못했다. 이처럼 문제 해결 모드에 빠지는 것은 참으로 벗어나기 어려운 습관이다.

그런 시간이 지나고 나서 마이크와 나는 멘토와 수습 코치로서 대화를 위해 팀 사무실에서 나왔다. 그는 내게 뼈 있는 말을 했고, 팀의 문제를 해결하려는 끊임없는 욕구로부터 나를 해방시켜줬다. 그는 "그것은 팀의 책임이지 네 책임이 아니야"라고 단도직입적으로 요점을 이야기했다. 그것은 마이크의 의미심장한 눈길과 함께 여러 번 되풀이된 주문 같은 것이었고, 그 주문은 내 머릿속에서 몇 번이고 끊임없이 맴돌다가 사라졌다. 내가 '팀을 위해 문제를 해결'하는 것으로부터 해방됐을 때, 나는 프로젝트 관리자로서의 경험으로는 도저히 메꿀 수 없던 어떤 공백을 팀이 채웠다는 사실을 즉시 알게 됐다. 그것은 바로 새로운 세계, 즉 팀이 스스로 '해결'해야 한다는 의무감을 느끼고, 그것도 나보다 더 잘할 수 있는 애자일 세계였던 것이다. 나는 그들이 잘 해내고 있음을 알게 된 이후 마음이 편해졌다.

그렇기는 하지만 몸에 배어 있는 행동은 쉽게 고치기 어려웠다.

몇 년 후 나는 뛰어난 애자일 코치로서 일을 하면서도 팀을 위해 문제를 해결하는 모드에 또 다시 빠졌다. 나는 팀이 내게 말해주기 전까지 "내가 또 그러고 있었네요."라고 말했다. 나는 "우리가 다른 팀을 만들어야 하는가 아니면 현재 팀에 범위와 사람들을 추가해야 할까?" 혹은 "A팀에서 문제가 있는 사람이 B팀에서 같은 문제를 갖고 있는지 여부를 확인하기 위해 제품 책임자를 교체해야 할까?" 같은 질문을 처리하는 데 있어 팀의 관리자들과 함께 일을 하고 있었다.

이것은 한 치의 의심도 없이 애자일 관리자들이 고민하는 질문인데, 내가 팀 간에 어떤 일이 벌어지는지 잘 알기 때문에 그들은 도와 달라고 나를 불렀다. 그래서 나는 손을 걷어붙이고 나서서 문제를 해결했다. 팀은 결국 논의되는 변화의 바람을 알고 "우리에게 영향을 미치는 결정에 우리를 참여시켜 달라!"고 강하게 말했다. 부끄럽지만 그들을 도와주려고 내가 만든 작업 환경 때문에 용기를 낼 수 있었던 용기 있는 사람들로부터 교훈을 얻었다. 비록 어떤 결정은 궁극적으로 경영진의 요구일지라도 그들은 옳았다. 누구도 그 결과를 함께하는 사람들과 상의하지 않고 결정을 내려서는 안 된다.

내 교훈은 "그 문제를 팀에 가져가라."는 것이다.

"문제를 팀에게 가져가라."는 것은 애자일 코치가 다가오는 위험이나 바로 턱 밑까지 올라온 문제를 전혀 보지 못한다는 의미는 아니다. 절대 아니다. 그것은 단지 더 이상 애자일 코치가 혼자서 위험을 찾아내고, 잠재적인 문제를 식별하고, 대안을 평가하고, 해결책을 선택하며, 실행하지 않는다는 것을 의미한다. 그게 올바른 것이다. 팀이 문제 해결사로서 그들의 정당한 자리를 찾았을 때, 애자일 코치도 자신이 과거에 얼마나 자주 팀의 문제를 잘못 해결했는지를 분명히 알 수 있다.

8장은 코치들이 문제를 명확하게 보고, 팀의 도움을 받을 수 있도록 돕는다. 결국 그들은 문제가 궁극적으로 중요한 사람들이다.


## ▌애자일식 문제 해결 기준

애자일 코치로 일할 때는 문제 해결을 위한 다음의 지시문을 참조하라.

- 문제가 내 주의를 끌거나 내가 문제를 발견한다.
- 잠시 중지(실제로 잠시 중지)하고 문제를 명확하게 볼 수 있도록 고민한다.
- 관련 문제를 팀에게 가져간다.
- 팀이 행동(또는 행동하지 않도록)할 수 있도록 한다.

이건 팀의 약속이지 코치의 약속이 아니다. 팀이 행동을 하든 안 하든 어쨌든 코치의 책임은 아니다. 팀이 계획한 행동을 끝까지 수행하든 아니든 관련된 모든 것은 그들의 책임이지 코치와는 아무런 관계가 없다. 그건 그들의 약속이다. 만약 코치가 문제를 갖고 가서 그들 대신 실행한다면, 코치는 그들이 약속한 것을 하지 않아도 되는 면죄부를 준 셈이다.

여전히 사람들은 코치에게 문제를 가져올 것이고, 주변을 살펴보면 더 많은 문제를 보게 될 것이다. 이런 상황에 대해 코치는 무엇을 해야 할까?


## ▌문제 발생과 추적

문제에 당면했을 때 특히 문제를 가져온 사람이 바로 내 앞에 있다면 바로 해결하려고 하기 쉽다. 해결하고 싶은 유혹이 나를 덮칠 것이다. 유혹을 물리쳐라. 그 대신 나를 바라보는 멍한 눈동자를 피해 고민할 시간을 갖도록 하라. 즉각적인 조치가 필요한 문제는 거의 없으며, 화재나 괴롭힘 혹은 신체적인 손상 같은 문제는 이미 대처 방법을 알고 있다. 인간의 기본적인 예의를 위반하는 경우에도 즉각적인 행동이 필요하다. 그 외의 것에는 여유를 갖도록 하라.

다음으로 잠재적인 문제를 접할 때는 문제 해결을 자제하고, 그것이 실제로 문제가 되는지 확인하라. 내가 스스로를 관리하기 시작했을 때 실제로 일어날까 걱정했던 미래의 문제 중 몇 가지는 발생하지 않았음을 알았다. 너무 많은 일이 너무 빨리 일어나고, 팀이 알아채기도 전에 많은 문제가 그냥 사라진다. 이런 사실을 알았을 때 내가 얼마나 많은 문제를 그들에게 가져가 팀에 불필요한 문제를 만들어 냈으며, 그 당사자가 바로 나였다는 사실을 깨닫는다. 그것은 수많은 헛된 노력과 마음의 고통을 안겨줬다!

즉시 처리하는 행동을 자제한 후에 문제가 현실화되면 그때 처리하라. 만약 정말로 이렇게 할 수 없다면 잠재적인 문제를 팀에 제기하고, 팀원들이 그 문제에 대해 걱정하는지 물어봐라. 그들이 걱정하지 않는다면 그 문제는 버려라. 그들은 나보다 훨씬 더 잘 안다.

하지만 그들이 나보다 더 잘 모른다고 확신한다면 어떻게 해야할까? 만일 새로운 팀원이나 애자일을 처음 접하는 사람과 일을 시작한다면 가르침 스타일의 코칭을 적용하고, 그들이 놓쳤다고 생각하는 내용을 팀에게 가르쳐라. 만약 그들이 애자일 규칙을 위반하고 그들이 '규범 대로' 해야 한다고 당신이 강하게 느낀다면 단호한 태도를 취해야 한다. 그렇지 않으면 그들이 가야할 길에 대한 내 의견일 뿐이고, 결국 그들이 승리한다. 그들은 그 결과를 감수해야 하는 사람들이다.

> **찾아보기**     가르침 스타일과 다른 코칭 스타일에 대한 비교는 4장 '스타일을 변경하라'에서 설명한다.

## 문제는 도처에 있다

문제가 있다고 해서 그 자체가 문제가 되는 것은 아니므로, 팀이 함께 극복하고 성장하고 강해질 수 있는 문제가 온다면 그 기회를 환영하라. 사람들은 코치에게 문제를 가져올 것이고, 코치는 문제를 해결하려 분주할 것이다. 이것으로 충분하지 않다면 문제를 가리키는 증상도 열심히 찾을 것이다. 애자일 코치로서 다음과 같은 증상을 감지하기 위해 다양한 관점을 갖도록 하자.

- **프로세스 레벨**: 우리는 어떻게 애자일을 하는가?

- **품질 및 성과 측면**: 어떻게 하면 팀이 더 나은 것을 만들어낼 수 있을까?

- **팀 역학 차원**: 어떻게 팀이 더 나은 팀이 될 수 있는가?

> 문제는 문제가 있다는 것이 아니다.
> 문제는 문제가 없는 것을 당연시해
> 문제가 있는 것이 문제라고 생각하는
> 것이다 .
>
> - 테오르드 루빈(Theodore Rubin)

이러한 관점에서 용기 내서 "우리는 어디가 약할까?"라는 질문을 신중히 고민해봐야 한다. 이 질문은 새로운 팀과 기존 팀, 저성과 팀과 고성과 팀 등 모든 팀에게 반향을 불러 일으킨다. 모든 팀은 그 질문 다음에 해야 할 일이 있다.

## 프로세스 레벨에서의 문제

프로세스 수준에서 문제를 감지하려면 건강 진단표 health checks를 사용하라. 종종 설문지 형태인 건강 진단표는 우리가 애자일의 기본 요소를 기억하게 하는 필요한 항목과 자질이 나열돼 있다. 이를 통해 우리는 팀이 애자일 프로세스를 잘 준수하는지 다시 한번 살펴본다. 활용할 만한 건강 진단표는 8장의 '추가 자료'에 포함돼 있다.

그 어떤 건강 진단표라도 참신한 관점을 제공한다. 내가 발견한 것 중 대부분은 소프트웨어 개발에 사용되는 스크럼이나 익스트림 프로그래밍에 특화돼 있다. 그것은 소프트웨어 개발 부분에 해당되지 않더라도 소프트웨어를 제품이라는 단어로 대체하기만 하면 좋은 출발점으로 유용하게 사용할 수 있을 것이다. 만약 그렇게 할 수 없거나 다른 종류의 애자일을 사용하고 있다면, 건강 진단표를 기본으로 해서 적용하지 못할 것은 폐기 처분하거나 추가해서 나만의 버전을 만들어라.

건강 진단표를 통한 기본적인 통찰력은 애자일 코치가 이를 이용해 팀의 프로세스를 반영하면서 "우리는 얼마나 애자일하게 하고 있는가?"라고 질문하면서 나온다. 더 풍부한 통찰력은 건강 진단표로 전체 팀과 함께 설문지와 대화라는 두 단계를 수행하면서 나온다. 외부의 동료 코치로부터 도움을 받으면 통찰력이 더 풍요로워진다. 외부의 관점이 새로운 아이디어를 가져올 뿐만 아니라 동료 코치로 인해 완전히 열린 환경을 만들 수 있다. 즉 팀원들이 자유롭게 무엇이든 토론할 수 있고, 심지어 코치(나)에 대해서도 불평할 수 있다.

## 품질 및 성과 측면에서의 문제

숨어 있는 문제를 노출하기 위해서 팀이 함께 만든 제품을 검사하라. 냉정한 시각으로 그들이 만든 제품에 대해 생각해보고 "팀이 진정한 가치를 생성했는가?", "그들이 자랑할 만한 품질인가?"라고 질문하라. 품질과 성과의 수호자로서 애자일 코치는 팀이 만든 제품을 비판적인 시각으로 바라보기 위한 필요한 모든 권한(책임)을 갖고 있다.

그렇다고 해서 애자일 코치가 팀의 제품이나 특정 주제에 대한 전문가가 돼야 하는 것은 아니다. 팀의 제품을 검증하는 테스터나 그 외의 사람들은 이미 팀에 존재한다. 그걸로 충분하다. 그것은 코치가 상식적인 관점에서 품질과 성과 문제를 바라본다는 것을 의미한다. 이런 합리적인 태도로부터 코치는 "이 제품이 햄버거라면 내 아이에게 내놓을까?", "내가 고객이라면 기꺼이 이것을 구매하기 위해 비용을 쓰겠는가?" 등의 질문을 한다.

스스로 질문에 대한 답변을 정직하게 할 수 있어야 코치는 다음 단계인 "어떻게 하면 팀이 더 나은 제품을 만들 수 있을까?"에 대한 질문으로 넘어갈 수 있다.

## 팀 역학 측면에서의 문제

한 팀의 사기를 바닥으로 떨어뜨리는 것은 다른 팀에게도 영향을 미친다. 차이점이 무엇일까? 다른 반응을 조사하고 팀의 감성적인 성숙도에 대해 생각하는 것은 애자일 코치가 팀 역학에 발생한 문제를 탐지하는 데 도움이 될 수 있으며, 특히 "어떻게 하면 팀이 더 나은 팀이 될 수 있을까?"라는 질문에 대해 신중하게 고민할 때 더욱 그렇다.

> 모든 대답을 아는 것보다는 질문 몇 가지를 제대로 아는 것이 더 현명하다.
>
> - 제임스 서버(James Thurber)

뛰어난 애자일 매니저인 엘렌 브라운$^{Ellen Braun}$은 다양한 행동은 팀의 감성적인 성숙의 암시적인 표시이며, 그들에게 발생된 사건을 조정하는 핵심적인 능력이고, '개인의 관심사가 팀의 성과 달성을 지원하는 행동과 일치되도록 움직이게 하는' 변화점에 도달하게 한다(Braun 2010)는 것을 알았다.

**팀 역학 조사** 엘렌은 팀의 행동을 관찰하면서 자신을 반성해보는 용도로 설문 조사 목록을 만들었다. 이 질문을 자신을 반성하는 방법으로 사용함으로써 애자일 코치는 잠재적인 팀 문제나 감성적인 성장을 위한 통찰력을 얻을 수 있다. 이런 질문을 팀이 회고에서 떠오르는 아이디어를 곱씹어 볼 수 있는 재료로 사용한다면 더욱 큰 통찰을 얻을 수 있을 것이다. 팀은 스프린트를 진행하면서 코치의 질문을 통해 성찰할 것이고, 팀 역학에 대한 다음의 내용을 파악하게 된다(Braun 2010).

- 팀이 매일매일 상호작용하면서 얼마나 많은 유머를 사용하는가?
- 팀이 힘들거나 스트레스를 받을 때 보여주는 초기 행동은 무엇인가?
- 팀원(하위 팀원 포함)들 간에 얼마나 자주 상반된 의견을 갖고 논의하는가?
- 팀의 규범에 따라 (상황에 의해 강제되지 않을 경우) 팀 구성원이 일상적인 팀 상호작용 과정에서 얼마나 자주 타협하는가?
- 팀원이 다른 팀원에게 어느 정도까지 피드백을 제공할 수 있는가(부정적 피드백과 긍정적 피드백에 대해 고려)?
- 팀원이 실제로 다른 팀원에게 어느 정도까지 피드백을 제공하는가?
- 팀원이 당신의 성과와 행동에 대한 문제를 당신에게 직접 피드백하지 않고, 다른 팀원과 논의할 가능성은 얼마나 되는가?
- 개인으로서 다른 팀원으로부터 개인 경력 목표(예: 팀원으로부터 새로운 기술을 배우는 것)에 대한 지원을 어느 정도까지 받고 있는가?
- 당신이 업무에서 어려움을 겪고 있다는 사실을 인정해야 한다면 팀원들에게 도움을 요청할 가능성은 얼마나 되는가?
- 당신에게 감정적으로 상처를 준 팀과 개인정보를 공유할 수 있는가?
- 팀 토론에서 팀과의 갈등 또는 의견 불일치를 발생시킬 수 있는 문제 제기를 얼마나 할 수 있는가?
- 상충되는 여러 가지 관점이 있을 수 있는 문제를 팀 토론 주제로 상정할 가능성이 얼마나 되는가?

- 상충되는 의견이 많을 가능성이 있는 문제를 팀의 토론 주제로 가져오면 팀은 얼마나 자주 다양한 측면을 고려해 당신이 해당 문제를 해결할 수 있을 것 같다고 느끼게끔 합의에 도달하는가?
- 당신은 지난 2일 동안 팀 내에서 따뜻함 또는 소속감을 느낀 적이 있는가?
- 당신은 지난 2일 동안 팀 내에서 경멸이나 배척감을 느낀 적이 있는가?
- 팀은 당신이 맡은 일에 얼마나 책임감을 느끼게 하는가?

이러한 질문을 개인이나 팀에 투영해서 생각해본다면 고민할 만한 원초적인 질문이 상당히 많이 나타날 것이다. 그 많은 답변을 놓고 고민하다 보면 해결해야 할 큰 일이 한두개의 주제로 튀어나온다.

**BART 분석**   설문지의 내용이 마음에 들지 않거나 '또 다른 대안'이 필요한 경우, 경계 boundary, 권한authority, 역할role 및 과업task에 대한 분석을 의미하는 BART 분석을 실시해 보라.

---

### 시도해 보기

팀 역학을 반영하기 위해 설문 조사 또는 BART 분석을 사용하라. 팀원들이 그들 자신과 그들의 팀에 대한 이러한 질문에 어떻게 대답하리라고 생각하는가? 이 분석 결과에 대해 고민을 하게 되면 어떤 주제나 문제가 표면으로 드러날 것 같은가? 그런 다음 기회를 봐서 팀에게 동일한 질문을 또 해보고 그들이 무슨 말을 하는지 살펴보자. 그들의 대답은 당신을 놀라게 하고, 그들의 '팀다움(teamness)'의 본질(그들에게 무슨 일이 일어나는지를 정확하게 파악하는 당신의 능력)에 대해 훨씬 더 깊은 성찰을 줄 수도 있다.

---

애자일 코치는 BART 분석을 그룹 관계GR 도메인부터 시작해 팀 역학에 대한 4가지 차원인 경계, 권한, 역할 및 과업이 미치는 영향을 분석한다(Green and Molenkamp 2005).

팀이 잘못된 방향으로 가고 있다면, 문제의 근원은 하나 이상의 차원과 직접적으로 연결돼 있는 경우가 많다.

애자일 코치인 댄 메지크Den Mezick가 애자일 팀의 문제를 찾아 내는데 적용하기 위해 커스터마이징한 BART 분석을 적용해보자(Mezick 2009).

### 역할

- 팀은 사용하는 애자일 프레임워크에서 공식적으로 정의한 모든 역할에 특정 개인을 모두 배정했는가? 예를 들어 오직 한 명의 제품 책임자와 애자일 코치(또는 이러한 역할과 유사한 직책으로)가 있는가? 팀원들은 그들의 역할 정의에 대해 정확히 알고 있는가?

- 모든 공식적인 역할이 그 역할의 경계 내(그 역할을 넘지 않는 선)에서 제대로, 완벽히 수행되고 있는가?

- 애자일 프레임워크에서 정의한 공식적인 하나 이상의 역할을 수행하는 사람이 있는가? 만약 그렇다면 팀에 대한 권한과 경계를 적용하는 데 어떤 영향이 있는가?

- 팀이 공식적으로 역할을 추가했다면 이러한 역할을 그들에게 완전히 설명했는가? 그 역할을 맡은 사람들은 공식적인 역할의 범위 내에서 역할을 제대로, 완벽하게 수행하고 있는가?

### 과제

- 팀은 각자 표현할 수 있는 공유된 멘탈 모델을 통해 팀 목적에 대해 명확하게 이해하고 있는가?

- 팀원들은 달성해야 할 팀의 목적에 필요한 서로 다른 작업의 차별성을 구별할 수 있는가(예를 들어 제품 책임자가 갖고 있는 우선순위가 정해진 제품 백로그)?

- 사람들은 지금과 유사한 상황에 대한 과거의 지식과 경험을 활용하고 있는가? 이것이 당면한 현재 작업에 대한 속성을 바라볼 수 있는 역량에 직접적으로 어떤 영향을 미치는가?

### 권한

- 각 역할에 대한 권한은 명확하게 정의됐고, 모든 사람이 이해하며 준수하고 있는가?

- 팀원들이 공식적인 권한을 적절히 활용하고 있는가? 예를 들어 팀은 일일 스탠드업 미팅에 대한 그들의 권한을 적절히 활용하고 있는가?

### 경계

- 사람들은 애자일 역할에 의해 부여된 권한의 경계 안에서 일하는가? 그렇지 않다면 이러한 권한에 대한 경계 이슈가 미치는 영향은 무엇인가?

- 팀원들은 스프린트 동안 맡은 업무에 대해 서로의 권한을 어떤 방식으로 인정하는가? 권한은 스프린트를 진행하는 동안에 어떻게 변경되는가? 권한은 여러 스프린트를 거치면서 어떻게 변경되는가?

- 팀에서 다양한 업무나 권한의 영역은 무엇으로 표시되는가? 이러한 영역의 경계는 한 명 이상의 팀원들에게 '영역을 식별하기 위한 표식'인가?(Green and Molenkamp 1995)

이러한 질문에 대한 답변을 생각하면서 우리는 애자일 팀이 우선 애자일을 지키도록 한 후에 '시험과 적응'을 통해 지속적으로 애자일을 향상시키도록 코칭한다는 점을 기억하자. 첫째 애자일의 기본을 지키면서 기본적인 애자일 역할을 담당하는 사람들이 해당 역할을 완벽하게 수행하지 못하거나 역할의 경계나 권한을 넘어서는지 찾아보자.

때때로 시험과 적응을 통해 팀은 애자일 역할을 변경하거나 추가한다. 이것을 주의 깊게 살펴보자. 팀은 보통 애자일 역할을 인지하지 못한 상태에서 역할을 변경한다. 사람들은 아무 생각없이 역할을 맡아 수행한다. 이러한 '아무 생각없이 맡은' 역할은 애자일 팀에는 위험 신호다. 그것을 발견했다면 애자일은 팀이 그들의 일을 수행하는 방법에 많은 재량권을 주며, 그에 대한 제한이 별로 없다는 것을 기억하자. 그러나 실행 가능한 애자일 팀을 구성하기 위해서는 팀원들이 합의된 역할과 각 역할에 따르는 경계와 권한을 알아야 한다(Green and Molenkamp 1995).

조사에 대한 질문과 BART 분석을 위한 질문에 대한 원천 자료를 수집하게 되면, 아마도 더 많은 질문이 마음 속에서 떠오르거나 동시에 어떤 예비 결론을 내리고 있을지도 모른다. 수면 아래 도사리고 있던 문제가 나타나거나 혹은 코치를 괴롭히던 상황을 해결할 정답이 될지도 모른다. 조치를 취하기 전에 문제를 어떻게 해결해야 할지 결정하기 위해 한발 뒤로 물러서 표면화된 문제를 명확히 볼 필요가 있다.

## ▍문제를 명확히 보기

만약 문제가 생겼거나 문제를 발견하게 되면 일단 진정하라. 이미 발생한 증상이나 잠재적 원인을 파악하기 위한 심사숙고의 시간이 필요하다. 심사숙고를 위한 몇 가지 전략은 그것에 대한 결정을 다음 날까지 미루거나 스스로에게 자문하거나, 다른 코치들과 상의하거나 지혜를 줄 수 있는 근본 원천으로 다시 돌아가는 방법 등이 있다.

### 결정을 다음 날까지 미뤄라

나는 애자일 팀에서 발생하는 대부분의 문제가 애자일 실천법을 강화하거나 재확인하는 방법을 통해 해결될 수 있음을 발견했다. 비록 가볍기는 하지만 애자일 프레임워크는 놀랍게도 완벽하다. 결론을 다음 날까지 미뤄보자. 긴장을 풀고 푹 자고 일어나면 머리 속에 해결방법이 생겼을지도 모른다. 아마 문제를 해결하기 위한 방법이 애자일 실천법일 수 있고, 애자일 자체의 특성을 재확인하는 깊이 있는 방법일 수도 있다.

한 번은 애자일 관리자가 애자일 코치인 내게 팀이 자신만을 위해 현황 보고서를 작성하도록 부탁했다. 나는 관리자의 요청을 이해하지 못했는데, 우리는 그녀에게 필요한 모든 현황 정보를 제공하는 스프린트 리뷰를 하고 있었기 때문이다. 내가 그 부분에 대해 그녀와 이야기했을 때 그녀는 "글쎄, 스프린트 리뷰는 애자일 팀만을 위한 것이잖아요. 그래서 나는 거기서는 파악할 수 있는 게 많지 않은 것 같아요."라고 말했다. 그 말을 이해하지 못한 나는 왜 스프린트 리뷰의 예정된 수혜자 중 한 명인 그녀가 스프린트 리뷰에서 필요한 정보를 얻지 못하는지를 알아내기 위해 조금 더 깊이 조사했다.

우리는 자신의 스프린트 리뷰 경험을 이야기하면서 그녀의 스프린트 리뷰에 대한 관점을 알게 됐다. 과거 스프린트 리뷰에서는 각 팀원들이 완성된 제품을 시연했고, 팀원들이 해당 제품을 어떻게 만들었으며, 제품을 성공적으로 만들어 내기까지 겪었던 모든 고통과 문제점을 시시콜콜 모두 언급했던 것이다. 그들의 이야기가 끝났을 때 '우리가 왜 이 제품을 만들었는지'에 대해서는 잊혀졌다. 그것으로 애자일 관리자의 스프린트 리뷰에 대한 관심도 동시에 사라져 버린 것이다.

내가 과거의 스프린트 리뷰를 회상해봐도 그녀의 경험이 그리 특별하지 않을 수 있음을 깨달았다. 나는 수많은 이해관계자가 스프린트 리뷰가 시작된 후, 약 10분이 채 지나기도 전에 스마트폰을 만지작거리던 모습을 분명히 기억하고 있다. 그들도 팀을 지원해주기 위해 회의에 참석했지만, 그 회의에서 그들은 기대했던 바를 아무 것도 얻지 못했다고 느꼈을 것이다.

그래서 나는 그날 밤 "이 상황을 해결하기 위해 애자일이 이미 우리에게 제공하는 것이 무엇일까?"라는 생각을 하며 잠을 잤다.

다음날 아침 출근길에 해결 방법이 갑자기 떠올랐다. 우리는 이미 필요한 자료를 갖고 있고, 이미 그것을 하고 있었다. 바로 스프린트 리뷰다. 나는 스트린트 리뷰의 목적을 재확인하는 것만으로 간단하게 해결할 수 있을지 정말 궁금했다.

## 스스로에게 자문하라

누군가 담배를 피우는 의사에게 "의사 선생님, 스스로를 치료하세요."라고 말할지 모른다. 이 말은 애자일 코치에게도 해당된다. 팀에게 사용하는 그러한 강력한 질문을 자신에게도 사용할 수 있다. 문제를 갖고 자리에 앉아 다음과 같은 질문에 대해 깊이 생각해보자.

- 내가 이 세상에서 무언가 할 수 있는 일이 있다면 어떤 것일까?
- 여기서 위태위태한 것이 무엇일까?
- 이미 그 상황이 완벽하게 해결됐다면 어떤 모습일까?

**찾아보기** 강력한 질문이 무엇이고, 어떻게 사용해야 하는지는 6장 '퍼실리테이터로서의 코치'에서 설명한다.

생각하면서 떠오른 즉흥적인 해답을 실행하지 않아도 된다. 사실 만약 그 강력한 질문을 자신에게 한다면 아마도 실제로 실행에 옮기지는 않겠지만, 엉뚱하고 크고 대담한 답변을 생각해낼 수 있을 것이다. 다듬어지지 않은 생각이어도 괜찮다. 그런 생각 중에는 현재 상황을 명확하게 볼 수 있게 하는 특별한 아이디어가 있을 수 있다.

비록 실행에 옮길 수 있는 행동과 아주 멋진 아이디어가 브레인스토밍을 통해 도출돼도, 아직 실제 행동으로 옮기지는 않을 것이다. 그런 행동을 하기 위해서는 팀의 참여가 필요하다.

## 다른 코치와 협력해라

만약 정말로 강력한 질문이 자신에게도 효과가 있기를 원한다면 자신에게 그런 질문을 던질 수 있는 또 다른 애자일 코치와 짝을 이뤄라. 그런 다음 두 사람이 대담한 답변을 브레인스토밍하면서 그 코치가 나를 '크게' 도울 수 있게 하라. 당면한 문제에 대해 예상하지 못한 관점으로 수많은 아이디어를 당신에게 제공하게 하라.

다른 코치와 짝으로 일하는 것은 일반적으로 괜찮은 방법이며 명확한 사례도 있다. 상대방 코치와 상호적인 코칭 관계를 구축해 놓으면 당신의 속을 태우는 문제를 해결할 수 있는 실마리를 찾을 수 있다. 이 해결의 실마리를 만드는 관계를 통해 당신은 객관적인 시각에서 상대방의 조언을 받거나 혹은 한두 개의 도전적인 과제를 받을 수도 있다.

## 근본 원칙을 다시 찾아보라

때로는 내가 가르친 애자일 코치가 이메일을 보내 어떤 문제에 대해 상담을 요청할 수도 있다. 2일 후에 코치와 이야기하기로 약속을 잡을 것이다. 모든 문제가 나름대로 긴급해 보일지도 모르지만, 나는 그 대화를 약 2일 정도는 늦출 것이다.

나는 코치에게 "그동안 애자일 선언과 애자일 이면의 12가지 원칙이 무엇을 의미하는지 검토해보면 어떨까? 팀이 선언문이나 원칙과 다르게 행동하는 것을 찾아봐요. 그리고 고성과 나무를 기억해요? 그것도 다시 한번 보고, 거기서 팀에게서 약해졌다고 느끼는 가치나 고성과 특징이 있는지 찾아보세요."라고 이야기할 것이다.

## 애자일 선언과 12가지 원칙

애자일 선언문과 12가지 원칙의 문구는 소프트웨어 중심적이지만, 소프트웨어 분야가 아니더라도 소프트웨어라는 단어를 제품으로 변경해도 여전히 유효하다. 이 선언문은 그 창시자들이 소프트웨어 중심적이었기 때문에 그들의 근간과 관점이 반영된 것이다.

### 애자일 선언문

우리는 다음을 가치 있게 여긴다.

- 공정과 도구보다는 개인과 상호작용을
- 포괄적인 문서보다는 작동하는 소프트웨어를
- 계약 협상보다 고객과의 협력을
- 계획을 따르기보다 변화에 대응하기를

### 12가지 원칙

우리는 다음 원칙을 따른다.

1. 가치 있는 소프트웨어를 조기에 지속적으로 제공함으로써 고객을 만족시키는 것을 최고 우선 순위로 한다.
2. 개발 작업 후반부일지라도 요구사항 변경을 기꺼이 수용한다. 애자일 프로세스는 변화를 활용해 고객의 경쟁력에 도움이 되게 한다.
3. 2주에서 2개월 주기로 작동하는 소프트웨어를 자주 제공하되, 더 짧은 시간 단위를 선호한다.
4. 프로젝트 전반에 걸쳐 비즈니스 담당자들과 개발자들이 매일 함께 작업해야 한다.
5. 동기가 부여된 개인을 중심으로 프로젝트를 구성한다. 구성원들이 필요로 하는 환경과 지원을 제공하고, 담당 업무를 완수할 것임을 신뢰한다.
6. 개발팀과 개발팀 내부에서 가장 효과적이고 효율적으로 정보를 전달하는 방법은 대면 대화다.
7. 작동하는 소프트웨어가 진척의 주된 척도다.
8. 애자일 프로세스는 지속 가능한 개발을 장려한다. 스폰서와 개발자, 사용자들이 일정한 속도를 계속 유지할 수 있어야 한다.
9. 기술적 탁월성과 좋은 설계에 대한 지속적인 관심으로 기민함을 향상시킨다.
10. 단순성—아직 하지 않은 작업량을 최대한 세분화하는 기술—은 필수적이다.
11. 최고의 아키텍처, 요구사항 및 설계는 자기 조직화된 팀에서 비롯된다.
12. 팀은 정기적으로 더 효과적인 방법을 찾아서 반영한 다음, 그에 따라 업무 활동을 조율하고 조정한다(Beck et al. 2001).

**찾아보기** 고성과 나무를 어떻게 만들고 사용하는지는 2장 '고성과를 기대하라'를 참조한다.

며칠 후 대화가 다시 오고 갈 때쯤이면 대개 내가 바라던 좋은 소식을 듣는다. 코치는 이렇게 말한다. "정말 답이 거기 있었어요! 12가지 원칙 중에 4번이었어요. 우리가 수행하는 업무에서 비즈니스 관련된 사람들을 참여시키지 않았어요. 간단하지만 찾아내는 게 어렵네요."

애자일 선언문과 12가지 원칙, 고성과 나무는 단순한 문구 이상의 고결한 뜻과 애자일의 우수성을 표현하고 있다. 이것은 하루하루를 진단하는 데 유용하게 쓰인다. 감당하기 어려운 문제에 직면했을 때는 이러한 근본적인 원천을 다시 찾아보고, 그들이 제공하고 있는 지혜를 찾아보라.

## 문제를 해결하라

일단 무슨 일이 벌어지는지 알게 됐거나 심지어 그 문제에 대한 생각을 많이 했건 혹은 전혀 하지 않았건 상관없이 문제를 팀에게 가져가라.

팀원과 함께 문제를 해결할 때는 스프린트를 진행하는 역량과 문제 해결 간에 균형을 유지해야 한다. 즉시 검토해야만 할 문제만 스프린트를 진행하는 중간에 제기하라. 그 외의 다른 문제는 회고 때까지 기다린다. 때로는 어떤 문제는 숙성이 덜 되어서 혹은 아직은 명확하게 볼 수 없는 이유로 인해 그 이상의 시간이 흐른 후에야 제기될 수 있다.

**찾아보기** 특히 애자일을 처음 접하는 사람들이라면 애자일에서의 이런 문제 해결 방식이 불편할 수 있다. 관리자들은 해결해야 할 문제가 그들을 너무 압박하기 때문에 애자일식의 문제 해결 방법이 너무 느긋한 방법이 아닌가 생각할지도 모른다. 팀 주변의 다양한 관리자들은 팀 문제를 코치가 빨리 해결하도록 압박하거나 그들 자신이 직접 해결하려고 할지 모른다. 12장 '언제 그 경지에 오를 수 있을까'에서는 성과 측정 목록을 설명한다. 이 목록은 코치의 행동에 대한 탄탄한 근거를 제시하도록 도와준다. 관리자들이 팀을 위해 문제를 해결하려고 노력하는 시점에는 새로운 애자일 관리자 역할을 그들에게 알려줄 코치가 필요하다. 이 새로운 역할에 대한 비전과 문제 해결을 위해 그들을 설득하는 방법은 5장 '멘토로서의 코치'에서 설명한다.

팀이 문제를 해결하도록 하는 많은 방법이 있는데 하나씩 살펴보자.

- 직접 처리한다.

- 애자일을 재확인한다.

- 시스템을 노출시킨다.

- 회고를 활용한다.

- 폭로자를 추가한다.

## 직접 처리하라

문제를 간단하고 쉽게 그리고 직접적으로 해결한다는 것은 코치가 확인한 증상을 있는 그대로 가설로 제시하며, 팀에게 그것에 대해 무엇을 하길 원하는지 질문하는 것을 의미한다.

이것은 코치가 과거에 가장 많이 사용한 방법일지도 모른다. 익숙하긴 하겠지만 문제의 깊은 근원과 지속적인 변화를 원한다면 이 방법으로는 부족하다. 이 방법은 이미 확인한 좁은 범위 내에서만 팀을 문제 해결자로 참여시키는 접근 방법이다. 그러나 문제가 명확하거나 팀이 새로운 지식, 실천법 혹은 새로운 팀원들을 확보하는 것 같은 상황에서는 그런 방법이 필요할 수도 있다.

예를 들어 지난 며칠 동안 팀의 속도가 느려졌음을 알게 됐다고 가정하자. 스토리보드를 참고해보니 전체 작업의 엄청난 양이 동시에 진행되는 듯 보인다. 아마도 "잠시만요. 여러분. 제가 몇 가지를 확인했는데요. 번다운 차트의 선이 좀 평평해진거 같구요. 스토리보드에 있는 대부분의 업무가 동시에 진행되는 것 같아요. 음, 우리가 동시에 너무 많은 일을 한꺼번에 진행하는 것 같은데 여러분은 어떻게 생각하세요?"라고 말할 수도 있다.

가설은 가볍고 열린 마음으로 제시하라. 만약 가설을 너무 자세하게 혹은 너무 진지하게 제시하면 팀이 해당 가설을 받아들이거나 설명을 들으려고도 하지 않을 것이다. 게다가 완전히 개방적이 된다는 것은 코치가 틀렸을 수도 있음을 의미한다. 이렇게 하면 당신은 애자일 팀에 혁신의 가장 중요한 요소인 자신들을 객관적으로 바라보며 다양한 생각을 서로 교환하는 강력한 모델을 만들 수 있다.

## 애자일을 재확인하라

스프린트 리뷰 참석자가 더 많은 현황 정보를 원하도록 남겨둔 팀을 기억하는가? 하루가 지난 후 나는 그 해결책이 스프린트 리뷰의 목적을 재확인하는 것만큼 간단한지 궁금했다. 그것을 알아내기 위해 무척이나 노력했다.

**찾아보기** 스프린트의 목적과 그 외의 애자일의 표준적인 회의 방식에 대해서는 6장 '퍼실리테이터로서의 코치'에서 설명한다. 가치를 최우선순위로 대화하는 방법도 함께 설명한다.

팀이 다음 스프린트 리뷰를 하는 시점에서 나는 스프린트 리뷰가 왜 필요한지에 대한 것, 즉 목적에 대해 다시 교육할 수 있는 기회를 갖게 됐다. 특히 나는 스프린트 리뷰의 목적을 보여주고 대화하는 것에 주목했다. 나는 그들에게 관리자들의 경험을 공유했고 그들이 가치 우선순위에 따라 대화하도록 가르치고, 그 후에 정말 필요한 경우에만 상세한 기술적 사항을 말하도록 제안했다. 그들은 이 아이디어가 관리자가 원하는 별도의 상태 보고서를 추가로 만들지 않아도 되기 때문에 이 방법을 좋아했다. 그들이 해야 할 일은 스프린트 리뷰에서 자신들이 만든 것을 보여주고, 이해관계자로부터 기술적인 것보다는 그들에게 큰 영향을 줄 수 있는 피드백을 받는 것이라는 생각을 갖는 것이다. 가치의 우선 순서에 따라 말하는 것은 우리 모두가 처음부터 비즈니스 가치를 왜 함께 창출해야 하는지에 초점을 맞출 수 있기 때문이다. 스프린트 리뷰에 대한 팀의 이해를 깊게 하는 것이 묘수였다. 자! 문제가 해결됐다.

## 시스템을 노출시켜라

팀 코칭의 초석 중 하나는 코치의 업무를 다음과 같이 정의했다는 것이다.

> 코치의 업무는 시스템을 수리하거나 '고치는' 것이 아니라, 그 본질을 구성원들에게 드러내는 것이다. 시스템의 본질에 대한 새로운 인식으로 무장한 구성원들은 시스템의 작업을 더 잘 수행하기 위해 '대응 가능한' 상태가 될 수 있다. 이

미러링 프로세스<sup>mirroring process</sup>는 시스템의 자체 조정 기능을 강화한다(Center for Right Relationship, 2008).

애자일 팀을 기계가 아닌 하나의 에코 시스템으로 생각한다면, 팀에 문제를 제시할 때 이 원리를 적용할 수 있다.

시스템은 자체적으로 건강 회복을 위해 노력하거나 최소한 한 가지의 추가적인 변화 가능성을 지속적으로 만들어 낸다고 가정하자(Center for Right Relationship, 2008). 이를 감안할 때 애자일 코치의 유일한 업무는 탐색을 유도하는 관찰을 통해 시스템 자체를 드러내는 것이다. 코치로서 관찰한 내용을 간단히 말하고 나서 침묵한다.

사람들은 결국 말할 것이고, 그들이 말을 할 때 코치는 팀이 그들의 (에코)시스템에 대해 서로 더 많이 알 수 있도록 돕는 데 초점을 맞춘다. 대화의 주제가 무엇이 되든 코치는 대화에서 질문을 하고 침묵을 지킨다. 팀원들은 점점 더 많은 것을 밝혀내고, 어떤 일이 일어나는지 더 풍부한 견해를 얻을 수 있다. 자연스럽게 이러한 견해를 기반으로 팀은 바로잡을 필요가 있는 내용을 제대로 해놓기 위해 행동할 것이다.

코치는 팀의 견해를 결론에 이르게 하거나 깔끔하게 마무리하려고 강요할 필요는 없다. 때로는 바로잡을 시점이 되지 않았거나 추가적인 조사를 해보면 아예 바로잡을 필요도 없다고 밝혀지기도 한다. 코치는 팀이 적절한 시기에 자신을 회복하기 위해 움직일 것이라고 믿고, 팀을 그대로 놔두면 된다.


## 회고를 활용하라

일단 문제를 감지하면 문제를 논의할 수 있도록 회고를 설계하라. 팀이 함께 작업을 어떻게 했는지를 다른 측면에서 생각할 수 있게 하는 활동을 선택하라. 때로는 익숙하지 않은 활동은 팀에게 현재 상황을 바라보는 새로운 시각을 제공하거나 지금까지 지켜본 문제를 해결하려고도 할 것이다. 이것은 코치가 회고를 설계하는 데 세심하게 정성을 들여야 한다는 것을 의미한다. "우리가 무엇을 잘 했는가, 무엇을 바꾸고 싶은가, 무엇을 추가하고 싶은가?"라는 공식은 팀원들이 잘 알고 있는 사고 방식에서 벗어나게 할 만큼 고무적이지 않을 것 같다. 그래서 그들이 함께 어떻게 일했는지를 검토할 수 있는 새로운 방법을 제시하기 위해 코치는 자신의 진부한 패턴을 깨뜨려야 한다.

**찾아보기** 강력한 효과를 갖는 회고 설계를 위한 조언은 6장 '퍼실리테이터로서의 코치'에서 설명한다.

좋은 회고 시간을 설계한 후에 휴식을 취하라. 문제가 충분히 크다면 회고에서 다 드러날 것이다. 완벽한 회고 활동을 하지 않아도 된다. 단지 사람들이 서로 다른 사고방식과 관계를 가질 수 있도록 도와주는 무언가를 가질 필요가 있을 뿐이다.

회고에서 문제가 도출되지 않으면 직접 거론해 끄집어내거나, 아직은 때가 되지 않았다고 가정하고 기다리는 선택을 할 수도 있다. 만약 팀이 회고를 하는 동안 서로 관계를 맺고 통찰력을 얻는 충실한 대화를 나누고 있다는 징후가 있다면, 그들이 사고하는 궤적을 따라가면서 코치가 발견한 문제를 그 궤적에 올려놓도록 한다. 그들은 문제에 근접하는 중이다.

만약 팀이 문제에 빠져들지 않고 문제의 겉만 보면서 우왕좌왕하고 있다면, 코치의 중요한 일은 문제를 도출할 수 있는 알찬 대화를 나누도록 팀원들 상호간에 관계를 맺도록 돕는 것이다. 이런 경우에는 그들이 문제에 대한 진정한 대화를 시작할 때까지 혹은 다른 문제나 더 긴급한 문제에 대한 대화를 할 때까지 코치가 감지한 문제에 계속 집중시켜라.

## 폭로자를 추가하라

때때로 문제를 알아냈고 그 문제에 대해 고민을 했으며, 해당 문제의 폭과 깊이를 파악했다고 생각하겠지만 확실하지는 않다. 이런 경우에는 팀(그리고 코치)에게 문제를 드러낼 수 있는 무언가를 팀의 프로세스에 추가하는 것이 도움이 될 수 있다. 그 '무언가'는 팀의 적은 노력으로도 문제를 해결하도록 유도하는 것이다. 예를 들어 휴대용 노트북의 결함이나 즉흥적인 전체 회의 같은 '외부적인 일'에 팀이 많은 작업 시간을 빼앗기는 것 같이 보인다면 페인 스네이크pain snake를 시작하자고 제안할 수도 있다(Schlabach 2008). 업무 자체와는 상관없는 일로 작업이 중단될 때마다 방해물을 종이에 써서 페인 스네이크 벽에 붙인다. 곧 벽에 붙은 종이는 뱀 모양으로 모든 벽을 휘감을 것이다. 큰 노력을 하지 않아도 페인 스네이크는 문제점을 드러낸다. 경험상 사람들은 스프린트 동안은 페인 스네이크가 커져가는 데 별 관심을 두지 않는데, 스프린트에서 업무가 진행되기 때문에 당연한 것 같아 보인다. 그러니 그 뱀을 그냥 내버려둬라. 그러나 회고에서는 페인 스네이크의 세부 내용을 활용해 팀이 문제를 이해하고, 그 문제가 광범위한지 지엽적인지 혹은 큰지 작은지, 또는 쉬운지 어려운지를 알도록 돕는데 노력을 기울여야 한다.

만일 코치가 폭로자를 제안했는데 팀이 활용하지 않으면 어떻게 될까? 조용히 사라지게 내버려둬라. 팀이 하나의 문제를 파악하고 그것을 활용하기 전까지 다른 폭로자를 두세 차례 시도해야 할 수도 있다. 아마도 나중에 그들은 당신이 얼마 전에 소개한 것을 부활시키고 싶어한다는 사실을 깨닫게 될 것이다. 어떤 현명한 사람이 내게 "사람들이 어느 문으로 통과해서 나올지 모르니, 우리는 100개의 문을 만들 필요가 있어요."라고 말했다. 정말이다.


## ▌ 요약

8장에서 학습한 주요 내용을 정리해보자.

- 그건 팀의 약속이지 코치의 약속이 아니다.
- 코치는 다른 사람들로부터 문제를 받거나 스스로 문제를 발견하고 나서, 그것에 대해 곰곰이 생각하기 위해 잠시 멈춘다.
- "우리는 어디가 약하지?"라고 질문할 용기를 갖는 것은 애자일 코치가 해야 할 끊임없는 실천법이자 신성한 의무다.
- 문제를 분명하게 이해했고 곰곰이 생각해 봤지만 별 소득이 없었다면 그 문제를 팀에게 맡겨보라. 팀이 그 문제를 모든 사람이 이해하도록 어떤 관점을 추가하는지 관찰하라. 그런 후에 팀이 무엇을 하고 싶어하는지 질문하라.

## ▌추가 자료

### 프로세스의 건강진단

- 마이크 콘, 『경험과 사례로 풀어낸 성공하는 애자일<sup>Succeeding with Agile: Software Development Using Scrum</sup>』, 최효근, 이기영, 황상철 옮김, 인사이트, 2012

- H. Kniberg, Are You Really Doing Scrum?(www.crisp.se/scrum/checklist)

- B. Vodde, J. Sutherland, Nokia Test(http://jeffsutherland.com/scrum/2008/08/nokia-test-where-did-it-come-from.html)

- jlampl. What is Group Relations Conference?(www.youtube.com/watch?v=N-LuFdBpCGM), 2008


## ▌참고 자료

- Beck at al, Manifesto for Agile Software Development(https://agilemanifesto.org/), 2001

- ───. Principles Behind the Agile Manifesto(https://agilemanifesto.org/principles.html), 2001

- Ellen Braun, Helping Agile Teams Tip Toward Greater Emotional Maturity(https://www.agileconnection.com/article/helping-agile-teams-tip-towards-greater-emotional-maturity), 2010

- Center for Right Relationship. Relationship Systems Coaching Model. Organization & Relationship Systems Coaching core curriculum, 2008

- Zachary Gabriel Green, René J. Molenkamp. The BART System of Group and Organizational Analysis: Boundary, Authority, Role, and Task(www.it.uu.se/edu/course/homepage/projektDV/ht09/BART_Green_Molenkamp.pdf), 2005

- D. Mezick, BART Checkup for Teams(https://newtechusa.net/community-note-bart-checkup-for-teams/), 2009

- Kevin E. Schlabach, Snake on the Wall!(http://agile-commentary.blogspot.com/2008/12/snake-on-wall.html), 2008

# 갈등 중재자로서의 코치

우리는 이런 일이 일어날 것이라는 경고를 받았다. 켄 슈와버와 마이크 비들은 우리에게 예상하고 있으라고 했다. 그들은 사람들이 함께 하는 바로 그 본성, 즉 모두 다른 배경과 관점을 가진 사람들로 인해 무슨 일이 일어날 것이라고 말했다(2001). 애자일 팀과 함께 시간을 보낸 사람이라면 누구나 이를 증명할 수 있다. 그건 바로 갈등이다.

패트릭 렌시오니Patrick Lencioni는 『팀워크의 부활The five Dysfuctions of a Team』(위즈덤하우스, 2021)이라는 저서에서 5가지 함정 중의 하나로 갈등에 대한 두려움을 언급했고, 아무리 좋은 팀이라도 갈등 때문에 힘들어한다고 했다(2002).

---

**9장을 끝내면 다음과 같은 질문에 답할 수 있다.**

- 애자일 코치로서 해결해야 할 갈등에 대한 책임을 어디부터 어디까지로 볼 것인가?
- 팀 내 갈등의 정도를 좀 더 객관적으로 보고, 팀에서도 이를 볼 수 있도록 도울 수 있는 것은 무엇일까?
- 팀에서 벌어지는 갈등 상황에 어떤 방식으로 대응해야 할까?
- 갈등을 해결하기 위해 어떤 방법과 도구를 사용할 수 있는가?
- 한 사람이 다른 사람에 대해 불평할 때 나는 어떻게 해야 할까? 만약 누군가가 나에 대해 불평한다면?
- 우리가 이미 해결한 갈등이 자꾸 반복해서 발생한다면 어떻게 해야 할까?

퍼실리테이터이자 애자일 코치인 진 타바카는 높은 성과를 내는 협업 팀<sup>high performance</sup>의 특징 중 하나는 갈등을 건설적으로 활용하는 것이며, 그들은 건설적인 의견 불일치의 세상에 살고 있다고 했다(2006).

전문가들은 우리가 갈등에 직면하면 그 힘을 좋은 방향으로 전환시키라고 말한다. 그러나 여전히 많은 갈등 해결 모델은 갈등을 마치 해결돼야 할 문제로 간주해 나누고 봉합한 다음, 다시 조립해 놓을 수 있는 기계적인 시스템처럼 다루려고 한다.

애자일 팀에서 발생한 갈등과 관련된 경험은 갈등을 기계적인 것으로 다루는 갈등 모델과 전혀 비슷하지 않았고, 사람들 간의 갈등도 기계적인 메커니즘을 갖춘 모습이 아니었다. 그 갈등은 기계보다는 세찬 바람과 예측 불가능성으로 주변의 모든 것을 공격하며, 갑자기 왔다가 곧바로 소멸해 버리는 열대성 폭풍을 더 많이 닮았다.

우리가 팀원이라고 부르는 평범한 인간들 사이의 이토록 놀랍고 실망스럽고 도전적이며 격노하게끔 만들며, 웅장하고 끊임없는 상호작용에서 나오는 모든 영광과 결점을 매일같이 함께 한다는 것은 인간만이 갖는 강렬한 경험이다. 특히 애자일 팀 코칭과 탁월함을 추구하는 과정에서 갈등의 발생은 필수적이며, 화합과 불협화음 또한 나타날 것이라는 사실은 이미 알고 있다. 갈등 탐색은 팀이 갈등에서 건설적인 의견 불일치로 이동할 수 있도록 도와주는 새로운 사고방식이다.


## ▌ 갈등 속에서 애자일 코치의 역할

팀이 갈등을 해결하도록 코칭하는 것이 코치에게는 낯설거나 불편함을 줄 수도 있다. 해당 주제에 대한 책, 논문, 연구가 풍부함에도 불구하고 내게는 그랬다. 내가 계획 주도형 프로젝트 관리자로서 일할 때는 프로젝트의 각 단계를 넘어갈 때마다 팀원들이 합류했다가 떠났기 때문에 팀이 해결해야 하는 갈등 상황이 그리 많지 않았다. 미미한 갈등 해결 시도가 실패한다 하더라도 큰 손해는 없었을 것이다. 갈등을 겪는 팀원들은 곧 다른 프로젝트로 옮겨갈 것이기 때문이다. 하지만 애자일에서는 팀원들이 프로젝트 내내 함께 한다. 따라서 팀원들은 다른 프로젝트로의 이동은 없지만 갈등은 겪는다.

이를 감안했을 때 애자일 코치는 갈등에 정면으로 맞서고 그 심각성을 능숙하게 판단하며, 신중하게 개입 여부와 개입 방법을 결정하고 관대하게 팀이 갈등을 어떻게 다뤄야 할지 가르치며, 팀이 갈등을 회피함으로써 위대함으로부터 후퇴해 안주하는 것을 용감하게 거부하도록 해야 한다.

코치로서 팀이 갈등을 해결하도록 돕는다. 그들에게 해결 방법을 보여줘야 한다. 팀에 함정과 위험한 장애물을 표시한 방수 처리된 총 천연색 지도를 줄 순 없다. 코치는 그들에게 더 소중하고, 더 강력한 것을 줄 수 있다. 그들이 필요할 때마다 스스로 지도를 만들 수 있는 가이드와 프레임워크를 제공하는 것이다.

## ▌ 갈등의 5단계

애자일 팀에서는 서로에게 사소한 말다툼, 무례한 정도로 눈을 쳐다보는 행동, 깊은 한숨, 감정이 섞인 목소리, 냉담한 침묵, 긴장감이 감도는 공기 등의 갈등은 꾸준히 나타난다. 코치는 감정 없는 유머나 짓궂은 '농담', 남을 헐뜯는 말을 목격할 텐데, 이 모든 건 애자일 팀에서는 정상적인 범위 내에서 일어날 수 있는 일이다.

이러한 행동은 상당한 시간을 함께 보내면서 공동의 역사를 만들어 가는 사람들이 모인 그룹에서는 지극히 평범한 것이다. 이것은 이웃 간에, 지역 커피 전문점에서, 교회 및 애자일 팀에서도 발생한다. 특히 팀 구성원들이 스프린트의 타임박스 압박에 대응하면서 제품을 생산하는 동안 매일같이 여러 시간을 가까이에서 함께 업무를 하는 애자일 팀에서 자주 발생한다.

애자일 팀에 존재하는 갈등은 정상적일 수도 파괴적일 수도 있는데, 이 두 가지를 따로 분리해 말하기는 어렵다. 갈등을 주제로 많은 책을 저술한 작가 스피드 리즈<sup>Speed Leas</sup>는 애자일 코치가 갈등의 심각성을 판단하는 데 사용할 수 있는 프레임워크를 제공한다(1985). 이 모델은 갈등을 좀 더 인간적인 방법으로 깊이 있게 다루고 있어 애자일 팀에게 잘 어울리는 모델이다. 그림 9.1에서 보듯이 '1단계: 해결할 문제'에서 '5단계: 세계 대전'까지 갈등이 단계적으로 형성돼 있다.

5단계: 세계 대전
- 다른 사람을 파괴하라!
- 그 어떤 대화도 하지 않는다.

4단계: 십자군 전쟁
- 자신의 그룹 보호가 최우선이다.
- 언어는 관념적이다

3단계: 경쟁/다툼
- 이기는 자가 문제를 해결한다.
- 언어에는 개인적인 공격이 포함된다.

2단계: 불일치
- 개인의 보호가 협업보다 우선이다.
- 언어는 조심스럽고 해석의 여지가 있다.

1단계: 해결할 문제
- 정보공유와 협업
- 언어는 개방적이고 사실에 근거한다.

그림 9.1 갈등의 5단계

## 1단계: 해결할 문제

우리 모두는 1단계의 갈등이 어떤 느낌인지 알고 있다. 일상적인 불만과 짜증이 이 단계를 구성하고 있으며, 이러한 상황이 고조됐다 사그라지고 왔다가 가면서 우리는 갈등을 경험한다. 이 단계에서 사람들은 다른 의견을 갖거나 서로 오해가 있을 수 있고, 상반된 목표나 가치관이 존재할 수도 있으며, 팀원들이 갈등의 기운을 감지하고 불안해할 가능성이 높다.

1단계에서 팀은 무엇이 잘못됐는지, 그것을 어떻게 고쳐야 하는지를 결정하는 데 초점을 맞추고 있다. 정보는 자유롭게 흐르고 협업은 활발하다. 팀원들은 명확하고 구체적이며 사실적인 단어를 사용한다. 사용하는 언어는 과거형이 아닌 현재형으로 이야기한다. 팀원들은 의사소통이 잘못됐다고 생각되면 서로 확인한다. 아마도 코치는 팀원들이 갈등을 해결해 가는 과정이 느긋해 보인다는 것을 알 수 있다. 편하지는 않지만 감정적으로 충전되는 것도 아니다. 1단계를 고성과 팀을 특징짓는 건설적인 의견 불일치의 단계로 생각하면 된다.

## 2단계: 불일치

2단계에서는 자기보호가 문제의 해결만큼이나 중요하다. 팀원들은 최종적으로 OK가 나오거나 그들이 생각하는 타협점을 찾기 위해 서로 간에 적당한 거리를 유지한다. 그들은 전략을 시험하거나 조언 또는 지원을 요청하기 위해 다른 팀원들과 오프라인으로 대화를 하곤 한다. 이 단계에서 농담의 반은 가시가 돋쳐 있다. 달지는 않지만 여전히 쓰다. 사람들은 적대적이지 않지만 서로를 경계한다. 팀원들이 사용하는 구체적이고 일반적인 단어에서 이러한 감정이 반영된다. 그들은 자신만의 성벽을 세우면서 이슈에 대해 알고 있는 모든 정보를 공유하지 않는다. 사실$^{fact}$은 해석의 보조 역할을 하고, 실제 일어나는 일에 혼란을 일으킨다.

## 3단계: 경쟁/다툼

3단계의 목표는 승리를 하는 것이다. 이전의 갈등과 문제가 해결되지 않은 채로 남아 있다면 복합적인 효과가 발생한다. 가끔 여러 개의 이슈가 모여 더 큰 이슈가 되거나, '원인'을 만들기도 한다. 파벌은 서로 간의 오해가 팽배한 상황이나 사내 정치 싸움이 일어나기 좋은 지점에서 발생한다. 애자일 팀에서는 이런 일이 아주 미묘하게 실제로 발생하는데, 애자일로 일하는 전형적 특징인 우리 모두가 함께 한다는 느낌 때문이다.

> 두 명의 선량한 사람이 원칙에 대해 논쟁할 때 그들은 모두 옳다.
>
> - 마리 폰 에브너 에셴바흐(Marie Von Ebner-Eschenbach)

사람들은 이쪽이든 저쪽이든 어느 한쪽으로 줄을 서기 시작한다. 감정은 그 누군가의 의견을 지지하는 사람들의 '승리'를 위한 도구로 사용된다. 문제와 사람이 동의어가 되면서 다른 사람들이 공격을 받을 수 있다. 팀원들은 자신들의 사례를 만드는데 집중하고, 이러는 사이 언어는 왜곡된다. 그들은 "그는 항상 코드 확인을 잊어버리네." 또는

"당신은 절대 내 말을 귀담아듣지 않아." 같이 지나친 일반화를 하기도 한다. 또 "그들이 무슨 생각하는지 알고 있기는 하지만, 진짜 이슈를 무시하고 있어."라고 섣부른 추정을 하기도 한다. "나는 항상 팀의 이익을 위해 타협해." 또는 "나는 진심으로 항상 모든 사람의 이익을 생각해.", "그들은 고객이 실제 말하는 것을 의도적으로 무시하고 있어."라고 말하면서, 자신들에 대해서는 너그럽게 생각하면서 다른 사람들에 대해서는 특정 부분을 확대 해석하고 나쁘게 바라본다. 대화는 서로를 탓하거나 상대방만을 비난하게 된다. 금방이라도 싸울 듯한 이런 환경에서는 평화적인 이야기는 저항에 부딪히기 쉽다. 사람들은 비난을 넘어설 준비가 돼 있지 않을지도 모른다.

## 4단계: 십자군 전쟁

4단계에서 상황을 해결하는 것은 적절하지는 않다. 팀 구성원들은 이슈의 '반대편'에 있는 사람들이 변하지 않을 것이라 믿는다. 팀원들은 상대방을 팀에서 내쫓거나 팀에서 스스로 나가는 것이 유일한 선택이라고 생각할 것이다. 파벌은 팀 내에서 자리를 잡으면서 또 다른 조직구조로 확고해진다. 파벌은 전체로써 하나의 팀을 식별하는 데 어려움을 주며, 이로 인해 팀의 정체성이 무너질 수 있다. 사람과 지위가 하나로 보여져서 사람들은 그들의 생각보다는 그가 속한 곳을 공격하기도 한다. 이러한 공격은 특정 이슈나 사실보다는 대화의 초점이 되는 이데올로기와 원칙으로 무장한 날카로운 비수가 돼버린다. 이러한 태도는 당연하면서도 가혹하다.

## 5단계: 세계 대전

5단계에서는 "파괴하라!"는 전투의 함성이 울려 퍼진다. 한 쪽이 이기는 것만으로는 충분하지 않다. 다른 사람들은 모든 것을 잃어야 한다. "우리는 다시는 이런 끔찍한 상황이 일어나지 않도록 해야 한다!" 5단계에서는 전투원(일명 팀원)이 서로 해치지 않도록 분리하는 선택만이 존재한다. 어떤 건설적인 결과도 얻을 수 없다.

## ▌ 현재 갈등 수준은 어떻게 되나?

팀의 갈등 수준을 확인하기 위해 애자일 코치는 꾸준히 팀 구성원들과 시간을 보내야 한다. 이는 자연스러운 환경에서 며칠 또는 몇 주 동안에 걸쳐 팀에서 벌어지는 갈등을 직접 관찰하는 것을 의미한다. 여기저기서 몇 분 동안 팀을 관찰하는 것만으로는 충분하지 않다. 코치는 팀의 갈등 수준에 대해 결론을 내리기 전에 반드시 팀과 충분한 시간을 보내면서 무슨 일이 일어나는지 확인해야 한다.

팀에 존재하는 갈등의 수준을 파악하는 것은 고도의 지능이 필요한 과학이 아니다. 이런 활동에는 관찰, 대화, 직관이 필요하다. 그리고 모든 사람은 갈등을 각각 다른 관점에서 본다. 코치에게 주어진 환경에서 팀의 전반적인 갈등 수준을 어렴풋이 파악할 수 있긴 하겠지만, 갈등을 겪는 팀원들은 저마다 다른 갈등 수준에서 행동할 수 있다는 점을 알고 있어야 한다. 바로 그 점이 흥미롭다.

스피드 리즈의 프레임워크는 과거에 했던 판단이나 선입견을 넘어 더욱 객관적으로 팀의 현 상황을 볼 수 있도록 도와줄 것이다. 결국 100% 옳다는 것이 아님을 알고 미지의 영역에서 길을 찾기 위해 최선을 다하면 되는 것이다. 팀에게 완전하면서도 유용한 관심을 줬다고 충분히 느낄 만큼 엄격해야 하며, 바로 거기서부터 시작해야 한다.

팀을 관찰할 때는 갈등의 수준을 측정하는 데 도움을 주는 3가지에 집중해야 한다. 3가지는 불만을 듣고, 에너지를 느끼며, 그들의 언어에 집중하는 것이다.


### 불만을 들어라

팀원이 코치에게 직접 불만을 말할 수 있고, 함께 일하는 공간에서 공개적으로 말할 수도 있다. 또는 복도에서 팀원들이 불만을 서로 '비밀스럽게' 속삭이는 모습을 볼 수도 있다. 팀을 관찰하는 동안 이러한 불만을 해결하기 위한 어떤 행동도 할 필요가 없음을 기억하라. 그렇지만 모든 것을 제대로 만들어 놓고자 하는 생각이 우리 내면에는 있을 것이다. 사람들이 우리에게 불만을 이야기하면 우리는 불만을 해결할 필요가 있다고 생각해 즉각적으로 행동을 하게 된다. 이때를 참아야 한다. 불만을 이야기하는 사람들의 말을 자상하게 들어주고, 코치가 갈등을 전체적으로 파악하고 이해하는 데 충분히 많은 시간을 쏟고 있음을 분명하게 보여줘라.

## 에너지를 느껴라

사무실에 막 들어갔을 때 그 안의 분위기를 잘 파악하라. 기분 좋게 흥얼거리면서 일하거나 서로 간에 협력을 하고 있는지? 사람들이 화이트보드나 컴퓨터 앞에서 함께 움직이며 대화를 하는지? 목적 의식이나 추진력이 있어 보이는지? 또는 사람들이 대화에 끼어들었다가 빠졌다가 하는지? 대화가 조각조각 나뉘어져 일어나는지 혹은 계속 지속되는지? 대화가 멈췄다가 시작하고 또 다시 멈추는 느낌이 있는지? 또는 내면에 숨어 있는 무엇인가 있는지?

아마도 팀 내면에 숨어있는 갈등을 봤을 것이다. 무시하는 척하거나 눈을 돌리거나 곁눈질하기도 하고, 또는 "다른 사람 탓을 하는 건가요? 정말 그렇게 이야기했나요?"같은 말로 대화를 중단시키기도 한다. 팀 사무실의 기운이 이러한 행동으로 인해 무겁게 느껴진다면, 팀의 갈등 단계는 아마도 2단계이거나 더 높을 것임이 틀림없다.

갈등이 수면 아래 있는지 또는 모든 사람이 그 갈등을 눈으로 확인할 수 있게 불거졌는지 제대로 알아채야 한다. 하루 종일 팀의 에너지를 느껴라. "에너지가 변화되기 직전에 무슨 일이 일어났지? 특별한 하나의 사건인지 아니면 계속 누적돼 온 것인가?"같이 에너지가 언제 긍정적으로 보이는지, 언제 부정적으로 보이는지에 주의를 기울이면서 스스로에게 질문하라. 팀이 앞으로 나아가는 긍정적 에너지를 주로 사용하는지 아니면 정체되거나 빙빙 돌기만 하는 부정적 에너지를 사용하는지에 주의를 기울여 살펴라. 에너지를 느끼는 것은 팀의 갈등 단계를 평가하는 데 도움을 줄 수 있는 하나의 단서가 된다.

## 언어에 집중하라

사람들이 무엇을 말하는지, 어떻게 그걸 표현하는지는 애자일 팀의 갈등 수준을 평가하는 핵심 포인트다. 팀에서는 대화가 빈번하게 발생하기 때문에 언어에 집중할 수 있는 많은 기회를 잡을 수 있다. 표 9.1은 각 단계에서 들리는 전형적인 언어 예시다. 사람들이 다양한 수준의 갈등을 겪으면서 서로 대화할 때 그들이 사용하는 단어를 파악하는 것이 도움이 될 수 있다.

표 9.1 사람들이 사용하는 언어는 당신에게 갈등 수준이 어느 정도인지를 알려준다.

| 갈등 수준 | 언어 예시 |
| --- | --- |
| 1단계에서 팀원들은 갈등에 열린 마음으로, 건설적으로 참여한다.<br><br>'자기관리(self-management)' 형태의 대화는 팀원들이 의견을 듣고, 들은 내용을 이해하려 하고, 이해한 것이 사실인지 아닌지 확인하고자 숨김없는 질문과 대답을 지속적으로 주고받는다. | "알았어. 내가 네 이야기를 들어보니 너는 어떤 사실을 잊고 있다고 생각해."<br><br>"우리 서로 오해가 있나? 내가 하는 말을 어떻게 생각해?"<br><br>"그만! 우리가 전에 했던 이야기잖아. 난 이 대화에 지쳤어. 우리가 다시 이야기할 필요가 있다고 생각하는 이유는 뭐야?"<br><br>"아! 네 말이 무슨 뜻인지 알 것 같아. 좋아. 하지만 나는 여전히 네 의견에 동의하지는 않아. 왜냐하면 말이야……."<br><br>"바비, 난 네가 질서를 중요시 여긴다고 생각해. 이게 여기서 중요한 거야? 이런 방식으로 하면 네가 생각하는 질서에 위배되는 거야." |
| 2단계 대화는 자기를 보호하기 위한 공간을 만드는 것으로 변화한다.<br><br>이 수준에서는 말한 것 못지않게 말하지 않은 것도 있을지 모른다. 사람들은 자신을 보호하기 위해 아는 내용을 드러내지 않고, 단지 말의 이치가 맞는지 아닌지 대화를 경계하며 지켜본다. | "네가 지원팀이 우리를 위해 그 일을 했다고 말했을 때 거짓말인 것을 알고 있었는데, 왜 우리에게 말하지 않았어?<br><br>"그래, 내가 이번 빌드(build)를 망쳤어. 그런데 우리는 좀 더 큰 그림을 봐야 해. 한 사람이 빌드를 망친 것보다 더 안 좋은 큰 일이 팀 내부에 있거든."<br><br>"너는 지난 번에도 전혀 효과가 없던 그 일을 똑같이 하고 있어." |
| 3단계에서는 지나친 일반화, 추정, 과장된 입장 같은 왜곡된 언어가 나타나고 실제 문제는 수면 밑으로 가라앉는다. | "만약 그녀가 팀에 없었다면…"<br><br>"그녀가 항상 모든 대화를 이끌어 가네."<br><br>"그들은 항상 지름길로 가고, 우리는 그들의 뒤치다꺼리를 하고 있어."<br><br>"그녀가 왜 요즘 나한테 잘 대해주지? 나를 함정에 빠트리려고 하나?"<br><br>"우리가 더 이상 무엇 때문에 싸우는지조차 모르겠어. 우린 잘 맞지 않는 것 같아." |
| 4단계는 더 이데올로기적이다. | "그들은 절대 바뀌지 않기 때문에 대화할 가치조차 없습니다."<br><br>"그들은 틀렸습니다. 무지하고 단순합니다."<br><br>"우리 편에 설 더 많은 사람이 필요합니다."<br><br>"우리가 맞다!" |
| 5단계는 아주 격렬한 전투 같다 | "우리는 승리해야만 한다. 선택의 여지가 없다."<br><br>"우리 아니면 그들, 둘 중 하나다."<br><br>"이런 일이 다시는 일어나지 않도록 경고해야 한다." |

팀에서 나타나는 갈등 단계를 파악한 후에 코치는 무엇을 해야 할까? 다음에서는 이 질문에 대한 답을 주는 몇 가지 기법을 설명하려 한다. 이 기법은 팀원들이 한창 갈등 중일 때 그들이 갈등을 어떻게 다뤄야 하는지에 도움을 줄 것이다.

## ▌ 갈등 상황에서 무엇을 해야 할까?

갈등을 다룰 때 목표는 그 단계를 점차 낮추는 것이다. 즉 갈등 수준을 한 두 단계 정도 떨어뜨리는 것이다. 애자일 코치로서 첫 번째이면서 가장 중요한 것은 "내가 대응해야만 하는 것인가?"라는 질문에 답하는 것이다.

### 먼저 아무것도 하지 마라

새로운 팀이든 팀이 깨졌든 애자일 팀이 심지어 갈등의 3단계까지 도달했다고 해도 그들은 스스로 갈등을 다룰 수 있다. 그러므로 코치는 잠시 물러나 팀 행동을 지켜보라. 그들이 발전하는지 지켜봐라. 그들을 위해 완벽하거나 완전하게 무언가 해줄 수 없는데도 그들이 갈등을 잘 헤쳐나가고 있다면 간섭하지 말고 그냥 두라. 갈등을 해결하려는 팀의 갈팡질팡한 모습을 보는 불편한 마음을 진정시키는 데 도움이 될 크리스 코리건의 저서 『The Tao of Holding Space』에는 "당신이 한 집단을 위해 해야 할 것은 그들에 대한 걱정거리를 줄이고, 그들이 자신들을 위해 무언가 할 수 있다는 사실을 알게 하는 것이다."라는 문구가 있다(Corrigan 2006).

코치의 완벽한 계획보다 팀이 갈팡질팡하는 편이 더 낫다. 팀의 자기 조직화(또는 재구성)에 대한 지원이 목표라는 점을 기억해라. 코치의 불편함은 아무것도 아니다.

그러나 개입하기로 결정했다면 어떻게 해야 할까? 충분히 오랜 시간 지켜봤고(진실로 긴 시간처럼 느껴졌다면) 상황을 돕기 위해 개입하기로 결정했다면 코치가 활용할 수 있는 방식이 몇 가지 있다. 분석과 적절한 대응, 구조화, 드러내는 것이다. 팀의 자기 조직화를 키우는 방법은 최소한의 것에서부터 강력한 것까지 순서대로 있다.

## 분석하고 반응하기

이 방식은 친숙하면서도 다소 분석적인 느낌을 주기 때문에 애자일 코치가 가장 편안함을 갖는 대응방식이다. 분석하고 대응하기 위해 애자일 코치는 다음의 질문을 고민해봐야 한다(Keip 1997).

- 갈등의 수준은 어떻게 되나?
- 이슈(문제)는 무엇인가?
- A쪽이라면 어떻게 반응해야 할까?
- B쪽이라면 어떻게 반응해야 할까?
- 해결할 수 있는 선택사항은 어떤 것이 있을까?
- (어떤 것이든) 나는 무엇을 해야 할까?

분석 및 반응 모드를 사용할 때는 어느 누구도 전체적으로 갈등을 조망하지 못한다는 사실을 기억하라. 각자의 관점은 모두 유효하고 또 필요하다. 10명의 팀 구성원이 있는 경우, 보는 사람에 따라 적어도 진실일 수도 있는 10개의 관점을 볼 수 있다.

| 찾아보기 | 갈등이 발생했을 때 코치에게서 자동적으로 나오는 반응은 무엇인가? 애자일 코치는 해당 반응에 이름을 짓고, 의식적으로 어떤 반응을 선택할지 혹은 거절할지를 선택하며 팀을 운영할 수 있어야 한다. 3장 '자기 자신을 완전히 파악하라'에서 갈등처럼 팀에 예상치 못한 일이 발생했을 때 근거를 명확히 할 다양한 방법을 참조하라. |

표 9.2 각 단계에서 갈등에 대처하는 방법

| 갈등 수준 | 성공적인 대응 옵션 |
| --- | --- |
| 1단계: 해결할 문제 | **협력하라:** 윈–윈(win–win)할 수 있는 상황을 찾는다. <br> **합의 과정을 거쳐라:** 팀원 모두와 문제에 대해 머리를 맞대고, 누구나 결론에 도달할 수 있음을 배우는 것이다. |
| 2단계: 불일치 | **지원하라:** 다른 사람이 문제를 해결할 수 있도록 권한을 준다. <br> **안정감을 준다:** 협동 게임이나 팀의 공유 가치를 나누는 것 등을 통해 안정감을 다시 찾도록 하라 |

| 갈등 수준 | 성공적인 대응 옵션 |
|---|---|
| 3단계: 경쟁/다툼 | **수용하라:** 문제보다 상대와의 관계가 더 중요할 때는 상대 의견을 수용하라. 이는 단기 전략이며 장기적으로 자주 사용하면 부담이 된다. |
| | **협상하라:** 공유자원을 사용하는 것처럼 나눌 수 있는 것에 대한 갈등이라면 협상으로 해결할 수 있다. 이슈가 사람들이 가진 가치(value) 쪽에 있다면 협상이 통하지 않을 것이다. 가치는 나눌 수 없으며, 한 쪽이 다른 쪽에게 그들이 가진 신념/원칙을 버리라고 침해하는 것과 같다. |
| | **사실을 수집하라:** 사실에 기반해 상황에 대한 자료를 수집하라. |
| 4단계: 십자군 전쟁 | **안전한 구조를 만들어라:** 그들이 갈등 상황을 하위 단계로 낮추고, 하위 단계의 도구를 사용할 수 있을 때까지 한 그룹에서 다른 그룹으로 생각을 전달하는 '왕복 외교'를 사용하라. |
| 5단계: 세계 대전 | 사람들이 서로를 헐뜯지 않도록 필요한 모든 대처를 하라. |

팀이 갈등의 단계를 낮추게 되면, 단계를 낮춤으로써 갈등을 다룰 수 있는 도구에 대한 선택사항이 더 다양해진다.

갈등을 분석하고 대응하는 방법이 신발을 신는 것처럼 편안하게 느껴질 것이다. 코치가 기술과 자신감의 수준에서 최상의 선택을 했다면 그대로 사용하라. 하지만 코치는 책임자 입장에 있기 때문에 이 방법은 고성과 팀을 만들어내는 가장 약한 방법임을 알아야 한다. 또한 분석적 사고에 의존하는 것은 단지 하나의 방법일 뿐이라는 점도 알아야 한다. 코치가 준비됐다고 느끼면 다음 두 가지 대응 방법을 시도해보라.

## 구조화하기

갈등에 대한 대응 모드의 힘을 최대로 얻기 위해서는 애자일의 '뼈대bones'를 활용해야 한다. 뼈대는 팀이 애자일을 통해 최선의 결과를 얻는 방법을 이해하는 데 도움을 주는 원칙, 가치, 역할을 의미한다.

연구에 따르면 팀의 대인관계에서 발생한 갈등을 정면으로 맞서서 해결하려는 것은 잘못된 판단일 수 있다고 한다. 팀의 수행 방식은 상대편이 아닌, 상호작용하는 대인관계에 대한 사람들의 인식에 영향을 준다(Hachman 2002). 우리는 흔히 대인관계 갈등을 해결하면 팀 성과가 좋아질 거라고 생각한다. 그러나 그건 사실이 아니다. 특히 새로운 팀인 경우 애자일 코치가 오리엔테이션을 하는 편이 가장 큰 도움이 될 수 있다. 팀원들의 공통적인 목적은 '구체적인 방법을 배우려는 것'과 '(비공식적인) 역할을 명확히 하는 것'이기 때문에 대인관계를 지향하기보다 오리엔테이션을 하는 편이 새로운 팀에 가장 도움이 된다(Gratton 2007). 이 연구 결과는 우리에게 코치는 성과를 다루는 것이 갈등 해결의 최우선이라는 사실을 말해주고 있다.

애자일 코치는 갈등을 해결함으로써 고성과를 창출하기 위한 수단으로 애자일의 뼈대에 의지할 수 있다. 코칭 전문 용어로 애자일 뼈대는 구조와 유사하다. "사람들의 비전, 목표, 목적 또는 즉시 취할 필요가 있는 행동 같은 것을 상기시키는 장치와 유사하다. 콜라주, 달력, 음성 메시지, 알람 시계 같은 것이 그런 구조 역할을 할 수 있다."(Whitworth et al. 2007)

애자일에는 애자일 방법에 내재된 실천법과 원칙, 애자일 선언, 가치, 스프린트 리뷰 또는 스탠드업 미팅 같은 반복 이벤트의 목적, 역할 정의 및 낭비 제거에 초점두기 등 구조 역할을 할 것이 풍부하다. 이 모든 것은 팀이 더 나은 애자일 프레임워크 내에서 갈등을 잘 다루도록 돕는 구조를 생성하는 토대를 제공한다. 팀이 갈등을 경험할 때 이 구조 중 하나를 선택해 팀에 알려주거나 재확인시켜라. 팀이 갈등의 핵심에 도달하게끔 하는 것이나 영감을 주는 것을 선택하라. 애자일의 단순성과 깊이에서 많은 영감을 얻을 수 있다. 팀이 갈등을 다루는 데 효과가 있을 법한 구조를 멀리서 찾을 필요가 없다.

**찾아보기**　6장 '퍼실리테이터로서의 코치'에서는 표준적인 애자일 미팅의 목적을 설명한다.

예를 들면 다음과 같다. 갈등을 다루는 데 있어 무엇이 최선의 방법인지 선택하지 못할 것 같다면 애자일 선언문 이면의 원칙을 선택할 수도 있다(Beck et al. 2001). 그들은 스스로 원칙을 다시 익히고 적극적인 토론을 한 후에 팀 사무실에서 제일 눈에 띄는 곳에 걸어 둘 크고 선명한 포스터를 작성한다. 이 포스터는 그들이 합의한 좋은 내용, 충분히 좋은 것, 아주 좋은 것, 완벽한 것을 유지하도록 상기시킨다. 그림 9.2는 토론의 결과물인 포스터다.

우리는 이 두 가지의 균형을 유지할 것이다.

민첩성(agility)을
향상시키기 위한
세부사항에 대한
지속적인 관심

단순함:
완료되지 않은 업무를
최대한 중요시하는
것이 필수다.

오늘은 어떻게 했지?

그림 9.2 해결되지 않은 갈등을 다루기 위한 팀 구조의 한 가지 사례

매일의 스탠드업 미팅이 끝난 후 팀은 포스터를 쳐다보면서 "우리는 오늘 이 두 가지 사항에 대해 어떻게 균형을 유지하면서 일을 했지?"라고 서로에게 묻는다.

이 사례처럼 갈등을 간접적으로 다루기 위해 구조를 이용하라. 이러한 구조를 활용해 코치는 갈등을 반드시 해결해야 하는 문제처럼 다루지 않는다. 대신 팀과 함께 애자일 실천법, 가치, 마인드 셋, 비전을 교육하거나 재확인하는 측면에서 갈등을 꺼내고 다룰 수 있다. 이는 코치의 가이드가 징벌적이기보다는 팀원들이 발전적이고 긍정적이게 한다.

이러한 행동이 갈등을 무시하거나 회피하려는 의미는 아니라는 데 주목하라. 코치는 여전히 힘든 문제를 해결하려고 노력하고 있다. 애자일이 가진 최소한의 구조를 활용하면서 이런 것을 통해 애자일의 진정한 의미에 대해 어떻게 생각하는지 팀원들에게 물어보라. 이러한 대응 방법을 적용할 때 팀이 만든 구조가 사람들의 행동지침이 된다. 그렇게 함으로써 코치는 실망보다는 영감을 줌으로써 변화를 일으킨다.

## 드러내기

갈등에 직면했을 때 가장 효과적인 중재는 내가 알고 있는 내용을 드러내는 것이다. 코치가 가진 유익한 지식을 팀에게 전달하라. 그들에게 전체 모델을 공개하라. 현재 갈등의 수준을 보여주는 언어와 평가 방법을 알려줘라. 팀원들에게 그들이 경험한 갈등 수준에서 가장 적절한 선택사항을 즉각적으로 인지하고, 의식적으로 선택할 수 있도록 가르쳐라.

그렇게 하면 코치는 반복적으로 갈등이 발생할 때마다 사용할 수 있는 강력한 자기관리 도구와 프레임워크를 팀에게 제공하는 것이다.

이는 코치가 코칭을 '제대로' 했음을 의미하진 않는다. 특히 팀 구성원이 처음 프레임워크를 배울 때는 코치가 토론에 참여할 필요가 있다. 하지만 코치의 역할은 변경된다. 코치는 갈등과 프레임워크의 내용에 매몰되지 않으면서, 프레임워크의 경계를 지키는 역할에서 자유로울 수 있다. 이러한 역할을 통해 프레임워크가 누군가의 입장에 맞춰져 변경되는지 혹은 다른 사람을 평가하거나 약화시키는 수단으로 사용되지 않고, 의도한 대로 프레임워크가 사용되는지 확인해야 한다.

---

### 시도해 보기

앞으로 팀에 갈등이 발생하면 '해결'하는 대신 갈등을 드러내도록 시도하라. 만약 팀이 스스로 발생된 갈등의 단계를 성공적으로 낮춰가고 있다면 그들에게 주의를 기울이면서 다음의 몇 가지 질문을 던져보라. 코치가 경험한 갈등의 수준은 어느 정도인가? 어떻게 알 수 있나? 갈등의 수준을 낮출 수 있었던 원인은 무엇인가?

만약 그들이 갈등 중에 있고 갈등의 수준이 낮아지지 않는다면 대화에 개입해 같은 질문을 하되, 마지막 질문을 다음과 같이 바꿔서 질문해보라. "현재 겪는 갈등 수준을 낮추기 위해서는 무엇이 필요한가?"

보통 팀에게 새로운 프레임워크를 가르치기에 가장 좋은 시기는 그들이 문제의 한가운데서 가장 필요로 할 때다. 따라서 갈등의 순간에 모델을 알려주고, 팀이 스스로 수정할 수 있는 질문으로 시작하라.

코치는 팀이 프레임워크를 잘 사용하고 유지하는 데 익숙해지면 그 갈등의 루프에서 벗어날 수 있다. 그럼에도 불구하고 계속해서 관찰하는 것이 좋다.

프레임워크를 잘 사용한다면 팀 구성원들은 갈등을 조정해가면서 새로운 차원의 질문을 한다. 그들은 아마도 "우리 수준은 어느 정도일까?", "이렇게 된 원인은 무엇일까?", "우리가 너무 일반화해서 말하는 것 같은데, 건설적인 대화를 위해 수준을 다시 조정해야 할까?" 또는 "우리 서로 당분간 쉬어 볼까?" 같이 말할 수도 있다.

또한 누군가의 갈등이 드러나기도 전에 팀원 스스로 갈등의 수준을 인지하고 조정하기 위해 갈등 프레임워크를 사용하는 모습을 볼지도 모른다. 한 팀원이 다른 팀원에게 "내가 십자군 영역에 해당되는 것 같은데 아마도 좀 뒤로 물러나야 할 것 같아. 너는 내가 이 부분에 얼마나 신경 쓰는지 알고 있겠지만, 내 이런 오만한 태도는 더 이상 도움이 안 된다는 사실을 알았어. 그래서 다른 방법을 시도해 보려고 해."라고 말할지도 모른다.

적극적으로 갈등을 조정하고 정기적으로 수준을 낮춰가는 팀은 되도록 1단계에서 해결하는 법을 배울 수 있다. 그들은 건설적인 의견 충돌의 세계에 살고 있다. 최고의 아이디어를 제안하거나 새로운 가능성을 찾기 위해 이런 불편함을 충분히 견뎌낸다. 이같은 행동을 통해 그들은 갈등을 높은 성과를 창출하는 지렛대로 활용한다.


## ▍ 불만을 옮겨라

건설적인 갈등은 일반적이면서 유용하다는 것을 애자일 코치는 팀에게 알려준다. 그러나 표면 바로 아래에서 들끓고 있는 갈등은 분명히 건설적이지 않으며, 갈등 사이에서 불만이 표출되기도 한다.

팀원들은 애자일 코치의 업무 중 하나가 일에 방해가 되는 장애를 제거하는 데 중점을 두고 있다는 사실을 알기 때문에 종종 코치는 불평하는 사람들의 목표가 되기도 한다. 만약 어떤 애자일 코치가 공인 스크럼 마스터 과정을 수강했다면 다음과 같은 전형적인 불만 시나리오를 사용해 불평하는 사람들을 다루기 위한 연습을 했을 것이다.

- 한 팀원이 한 아키텍트의 몸에서 체취가 나서 같이 일할 수 없다고 이야기한다. 여름이 오면 아키텍트의 냄새 때문에 팀원들이 프로젝트 사무실에서 나가버릴까 걱정을 하고 있다. 팀 코치로서 어떻게 해야 하나?

- 한 개발자가 씩씩대면서 조$^{Joe}$라는 개발자가 이번 빌드를 또 망쳤다고 말한다. 그는 조가 대충 일하며 자기밖에 모른다고 확신하고 있다. 팀의 나머지 사람들도 그를 팀에서 내보내려 하고 있으며, 그 준비가 됐다고 말한다. 팀 코치로서 어떻게 해야 하나?

- 한 팀원이 프로젝트 사무실에서 개인 전화를 하는 선임 테스트 담당자에 대해 불평한다. 그녀는 그가 하루에도 몇 번씩 큰 소리로 사적인 통화를 하는 것에 화가 나 있다. 그녀는 그가 무례하고 도덕성이 의심스럽다고 생각하며 개인적인 통화를 멈추길 원한다. 팀 코치로서 어떻게 해야 하나?

나는 이러한 시나리오 중 하나를 실제로 겪었다. 그것은 몸에서 나는 냄새에 관한 것이었다. 농담이 아니라 애자일 코치로서 나는 문제를 '해결'하는 것이 나의 업무라 생각했고, 악취가 나는 그녀에게 가서 말했다. 그것은 불편하고 끔찍했으며 나는 내 앞에서 무너지는 그녀의 얼굴을 보면서 내 기분도 밑바닥으로 내려 앉았다. 그러나 그 시간은 빨리 지나가 버렸고, 비교적 내게도 힘들지 않게 거기서 끝났다. 그녀는 좀 더 스스로를 알게 됐고, 그녀의 체취도 좋아졌으며 모두가 행복해졌다. 간접적인 대처 방법은 효과가 있었고, 최소한 표면적으로는 그래 보였다. 그리고 나는 팀을 위해 최선을 다했다고 생각했다. 내가 정말 그랬을까?

나는 간접적인 방법이 효과가 있다거나 그 반대로 전혀 효과가 없다는 주장을 들어보지는 못했다. 그러나 가해자와 불만을 제기하는 팀원 사이의 내용을 중간에서 전달하면서 양쪽 상황에 대해 완전히 파악하지 못하고 있다고 확신하게 됐다. 실제로 중계자로시 양쪽 팀에 분열을 강화하는 역할을 했던 것이다. 냄새와 관련된 문제는 아마 사소한 위반의 문제일지도 모르지만, 많은 다른 상황에서는 매우 큰 영향을 줄지도 모른다.

대부분의 불만은 이보다 더 복잡한 상황에서 나타나며 양측 모두가 잘못하는 게 특징이다. 분명하게 구분 지을 수 없는 이러한 상황에서 옳고 그름을 따지는 건 사람들에게 상처를 주고, 서로 헐뜯고 인정받지 못하는 상황과 분열을 가져와 감정을 극에 달하게 한다. 이건 매우 일반적인 상황이다. 그들은 불평하는 사람에게서 들은 내용을 가해자에게 전달하는 코치보다 더 나은 것을 요구한다.

당신에게 누군가 불만을 제기할 때 다음 3단계의 중재 과정을 시도해보라(Keip 2006). 불만을 제기한 팀원에게 다음과 같이 질문하라.

1. "당신은 _____에 대한 걱정과 느낌을 공유했습니까?"

   만약 그렇지 않은 경우 그렇게 하도록 권장하라. 아마도 그가 안절부절하며 초조함을 느끼는 것을 극복하는 데 도움이 될 것이다. 만약 그들이 그것을 꺼리거나 실행할 의지가 없다면 2단계 개입으로 넘어가라.

2. "_____는 당신의 걱정이 무엇인지 알아야 하는데, 내가 같이 가면 도움이 되겠습니까?"

   만일 그렇다면 언제 어디에서 할지 계획을 세워라. 불만을 제기한 팀원에게 코치는 뉴스를 전하는 사람이 아닌, 도덕적인 지원을 할 것임을 알려라. 그들이 여전히 긴장한다면 코치와 함께 시도하게 하라. 그들이 자신들의 의사를 직접적으로 표현하기를 꺼린다면 3단계 개입으로 넘어가자.

3. "_____에게 이런 문제가 있다고 당신은 말할 수 있습니까?"

   가능하다면 불만 제기자가 혼자 또는 코치를 동반해 직접적으로 불평이나 고충을 해결하도록 해라. 어떻게 해서든지 한쪽이 다른 쪽에게 말하고, 그는 또 다른 누군가에 대해 이야기하는 삼각구도를 피해라.

3단계 개입을 진행하게 되면 코치는 불평의 '중계자'로 주목을 받고 상황은 계속 이어지게 된다. 만약 3단계 개입이 유일한 대안이라면 절대 익명으로 불만을 옮기지 말고, 불만을 제기한 사람이 누구인지를 공개할 것임을 불만을 말한 사람에게 알려라.

만약 코치가 익명의 불만을 전달한다면 조작될 수 있으며, 이는 팀원들이 뒤에서 쑥덕거리는 것을 허용한 것이나 마찬가지다. 이건 좋지 않다. 건강한 애자일 팀은 용기와 존중을 바탕으로 한다. 코치는 스스로 명분을 지키고 그것을 팀원들에게서도 기대한다는 점을 분명히 해라.

만약 불만 제기자가 세 가지 옵션을 모두 거절한다면 가장 힘들고 어렵겠지만 "문제 삼기를 중단해라". 실제로 문제로 받아들이지 마라. 애자일 코치로서 기억해야 할 것은 높은 성과를 내는 팀을 만드는 데 많은 시간과 노력을 들였다는 점이다. 일시적인 팀의 화합이나 문제가 해결됐다는 찰나의 느낌은 코치(또는 팀)에게 중요하지 않다. 이러한 관점에서 모든 불만사항이 해결을 요구하는 것은 아니라는 걸 알 수 있다.

때때로 사람들은 무언가를 분출할 필요가 있다. 코치는 그들의 이야기를 들어주며 그들이 이야기를 꺼내도록 도와주는 현명하고 침착한 사람이다. 이것은 치유의 문을 열어준다. 그들이 불만을 터트리는 동안 충분히 듣는 것이 필요할 수도 있다.

어떤 때는 사람들이 코치를 그들의 잡담에 초대하려고 한다. 잡담이 해롭지는 않지만 코치가 있고 싶어하는 곳은 아니다. 코치는 험담을 하고 싶어하는 사람은 불평을 해결하고 싶어하지 않는다는 것을 알아야 한다. 충분히 듣고 그들이 불평을 해결할 준비가 되지 않은 것처럼 보인다는 관찰 결과를 그들에게 알려주고, 어떠한 조치도 취하지 않을 것임을 알려라.

아니면 사람들이 코치에게 불평을 늘어놓음으로써 코치를 그들의 전쟁에 참여시킬 수도 있다. 참여하지 말라. 코치는 "비난하지 않고 문제를 해결할 준비가 됐습니까?"라는 질문에 대해 명확하고도 긍정적인 답변을 할 수 없기 때문에 그 전쟁에 참여하지 않겠다고 말하라. 실제로 세 가지 질문을 했을 때 거부 반응이 보이면 잠시 멈추고 다음 질문을 하라. 사실 세 가지 질문을 하면서 저항을 느낀다면 잠시 멈추고 이 질문으로 전환하라. "비난 없이 이것을 해결할 준비가 됐는가?" 대부분의 사람들은 "예"라고 말하며 이야기를 계속 이어간다. "예"라고 말한 후 "그러나"라고 말하는지 주의를 기울여라. 예를 들면 "예, 나는 비난 없이 이 문제를 해결하고 싶었지만, 제프Jeff가 고집이 너무 세서 듣지 않았다."고 말한다. "하지만…"이라는 표현이 들어가 있다는 것은 문제를 해결하기 위해 누군가를 비난하지 않고는 해결이 안 된다는 것을 의미한다. 그들이 이야기를 계속하도록 하고, 그 문제도 그대로 두라.

만성적인 불만 제기자는 특별관리를 해야 한다. 같은 사람이 계속해서 불만을 제기하지만 코치가 제공하는 해결 옵션을 행동으로 옮기지 않는다면, 코치는 그들의 행동을 만성적인 것으로 간주해야 한다. 불평가에게 팀과 개인에 대한 분노가 어떤 파괴적인 영향을 미치는지 생각해보라고 하라. 만성적인 불평가에게 많은 '프리패스'를 제공할 수 있지만, 불만 처리 부서(코치)는 그들이 불평하는 상황을 시정하기 위한 조치를 수행할 의지가 없다면 아예 문을 닫아버릴 수 있음을 알려라.

## 불만의 대상이 되는 경우

불만을 공정하게 처리하는 것이 불편할 수 있다. 어느 누구도 대립을 좋아하는 사람은 없으며, 특히 그들을 위해 다른 사람을 끌어들이지 못할 때는 더욱 그렇다. 코치가 공공장소에서 불평을 처리할 때는 여러 가지 상황을 혼합할 수 있고, 사실 그렇게 함으로써 코치 자신이 불평의 대상이 되는 경우를 발견할 수도 있다. 누군가 코치에 대해 익명의 불만을 전달할 경우, 다음 질문을 통해 대화가 건설적으로 이뤄지도록 하라.

"내가 당신에게 이것에 대해 어떻게 느끼는지 물어봐도 될까요? 이것은 당신에게도 관심사인가요?"

"난 '불평가'와 대화하는 것을 환영합니다. 우리가 대화할 수 있게 도와주겠습니까?"

애자일 코치로서 팀이 높은 성과를 달성하도록 돕는 행동을 해야 하는 점을 기억하라. 이런 점에서 모방은 명확히 가장 잘 배울 수 있는 학습의 한 방식이다. 코치 자신에 대한 불만을 정면으로 받아들이고, 제기된 익명의 불만을 절대 거절하지 마라. 그런 후 무슨 일이 일어나는지 보라. 가장 좋은 결과는 한 팀원이 다른 팀원으로부터 "당신의 고민을 그녀와 상의해봤습니까?"라는 말을 듣는 것이다.

## ▌ 해결할 수 없는 갈등

어떤 갈등은 해결할 수 없다는 느낌을 받아본 적이 있는가? 갈등을 빚고 있는 팀원들의 문제를 해결한 후 갈등은 사라진 것처럼 보이지만 계속 반복된다. 새로운 상황으로 이어지거나 다른 수준의 갈등 강도로 보일지 모르지만, 갈등은 팀의 문 앞에 다시 등장한 낯익은 방문객이다. 만약 팀이 유머를 스트레스 해소를 위한 도구로 사용한다면 해당 갈등 상황을 빈정거리는 반농담으로 바꿀 수도 있다. "좋아요, 팀원 여러분 그냥 여러분께 알려주고 싶습니다. 줄리는 또 다시 절 미워하네요." 거의 결혼 생활을 하는 것처럼 들리지 않나요?

### 애자일 팀은 친밀하다

존 가트맨John Gottman 박사가 30년 간 연구한 결혼생활의 성공과 실패에 대한 결과는 다음과 같다. 결혼 문제의 69%는 지속된다(1999). 그 문제는 해결되지 않으며, 해결할 방법이 없다. 극단적으로 이혼과 재혼을 반복함으로써 영구적인 문제를 다른 문제와 바꿀 수도 있다.

결혼에서의 갈등, 즉 매우 개인적이고 친밀한 관계에 대한 정보가 애자일 팀과 어떻게 관련되는가? 이에 대한 답을 얻기 위해 건강한 애자일 팀에서 하루 동안 일어나는 일상적인 대화를 들어보자. 유방 조영술(X선을 이용한 유방암 검진 촬영)을 하고 난 뒤 연로하신 부모의 반응, 시부모의 방문으로 인한 혼란, 다가오는 휴가 계획, 아이 양육에 대한 조언 등의 이야기를 들을 것이다. 건강한 팀에서는 팀원들이 훨씬 더 깊은 친밀감을 갖고 서로 이야기하는 것을 들을 수 있다. 그들은 다가오는 성과 평가에 대한 두려움, 그들이 느끼는 팀의 가치, 개인 성장의 목표와 팀의 업무가 일치하는지 아닌지를 논의한다. 애자일 팀의 관계는 친밀하다. 해결할 수 없는 갈등의 현실은 결혼 생활에서의 사정과 유사하다.

전문 코칭의 세계에서 가트맨 박사의 연구는 모든 종류의 그룹에 적용된다(Center for Right Relationship 2008). 비즈니스 파트너, 팀, 조직 등에서 발생한 일부 갈등은 간단하게 해결할 수 없다는 코칭의 관점 측면에서 유사하다. 절망적으로 들리겠지만 희망을 잃지 마라. 해결할 수 없는 갈등이 존재하는 것은 사실이지만, 코치는 모든 것을 잃는 것이 아닌 '출구'가 있음을 가르친다.

갈등을 풀고 해결하는 데 주력하기보다는 집단 내 긍정성을 높여 갈등을 헤쳐나가는 것이 '출구'다. 간단히 말해서 긍정성의 증가는 팀원들 사이에서 긍정적인 상호작용의 수를 증가시키는 것을 의미한다. 애자일 공동체에서 우리는 그들이 해결할 수 없는 갈등을 겪을 때, 길을 따라올 수 있도록 같은 생각과 도구를 팀에게 적용할 수 있다.

> 불의는 없어질 수 있지만 인간의 갈등과 자연적 한계를 없앨 수는 없다.
> 사회생활의 갈등과 자연의 한계는 통제하거나 초월할 수 없다.
> 그러나 견뎌내고 살아남을 수 있다.
> 인생과 함께 춤을 추거나 본질적 한계와 도전에 대한 창조적 반응은 가능하다.
>
> - 샤론 웰치(Sharon Welch)

해결할 수 없는 갈등이 존재할 것으로 예상되며 그것이 정상적임을 팀에게 가르침으로써 첫발을 내딛는다. 그들에게 해결할 수 없는 갈등을 성공적으로 극복하는 방법은 그들 사이의 긍정적인 상호작용의 수를 증가시켜 갈등이 발생했을 때 이를 해결하는 데 도움을 주는 것이라고 말해라.

과학적 연구가 이것을 증명한다. 15년 전으로 거슬러 올라가 여러 개의 동시다발적인 연구를 통해 개인이나 팀 및 결혼에 대한 긍정적 혹은 부정적 비율을 추론했다. 결혼의 경우 '마법의' 비율은 다섯 가지 긍정적 상호작용 대 하나의 부정적 상호작용이었다(Gottman 1994). 팀의 경우 높은 성과는 3대 1이며, 최고 성과는 5대 1이다(Losada and Heaphy 2004). 그것이 우리가 갈등의 소용돌이치는 바다에 떠 있으면서 인생의 한쪽에 머물러 있어야 할 이유다. 적어도 3대 1이고, 5대 1이라면 더욱 좋다. 제안한 긍정에 대한 허용치를 받았는가? 코칭하는 팀원들은?

팀의 긍정적 혹은 부정적 비율을 높이기 위해서는 그들의 오해가 생성되는 상황을 줄이고, 공유 비전을 사용하라.

## 오해가 쌓이는 것을 막아라

가끔 팀원들이 서로의 옆을 스쳐가면서 이야기하는 내용에 주목한 적이 있는가? 어쩌면 그들은 서로를 진정으로 이해하기 위해 듣는 것보다 더 많은 이야기를 하는 것일지도 모른다. 그렇지 않다면 팀원들의 목소리를 더 들어야 할 것이다. 누군가 할 말은 있지만 말하기를 두려워할 수 있다. 이것을 모르고 팀이 행동하면 그 팀원은 굴욕 속에 남겨진다.

그들의 코치로써 대화의 질에 주의를 기울이기 때문에 이런 상황에 주목하지만, 아마도 일에 몰두하는 팀은 알아차리지 못할 것이다. 코치는 그들이 서로 간의 대화를 경청하도록 도움으로써 팀원들은 대화에서 핵심을 듣는 방법을 학습할 수 있다. 이렇게 하면 오해의 소지를 피하고, 관계에서 긍정성을 높일 수 있을 것이다. 이 모든 것이 해결할 수 없는 갈등을 처리하게 만든다.

## 동의 및 합의 확인

동의와 합의 확인이라는 간단한 두 가지 도구를 사용하면 오해를 피하고, 그 결과 그룹의 긍정성을 높이는 데 도움이 된다. 듣고자 하는 목소리가 모두 들리고, 그룹이 일반적으로 공유된 결론을 향해가고 있는 것처럼 들리면 동의에 대한 확인을 사용하라. 반대로 모든 목소리가 들리지 않거나 팀이 공유된 결론으로 가고 있는지 불분명할 때는 합의한 사항에 대한 확인을 사용해라.

코치는 회고 중에 있고, 팀은 스탠드업 시간을 오후 1시로 변경할지 여부를 논의 중이라고 가정하자. 코치는 대화를 하면서 대부분의 사람들이 말을 했고, 아무도 말을 듣지 않았거나 무시당하지 않았음을 알게 된다. 그룹 전반의 에너지가 낙관적으로 느껴지며, 서로의 호흡이 맞는 것 같다. 이럴 경우 오후 1시로 스탠드업을 옮기는 데 반대하는 사람이 있느냐는 동의에 대한 확인을 요청할 수도 있다. 의도적으로 부정적으로 표현한 이 질문은 팀 구성원이 명시적으로 이의 제기를 할 수 있도록 허용한다.

스탠드업 시간을 오후 1시로 옮기는 것에 대한 대화는 다른 어조를 취할 수 있다. 몇몇 팀원이 스탠드업 시간의 이동에 찬성하며, 회의 시간 변경의 장점을 이야기했다고 하자. 다른 사람들은 사소한 우려를 제기했고 우려사항은 논의됐다. 어느 순간 누군가 한 마디 하려고 했지만 하지 못했다. 이때 코치는 대화를 통해 팀이 함께 움직이지 않고 있음을 직감할 수 있다. 코치는 여기에 무언가 있을 것이라고 생각한다. 어떤 필요나 우려가 말하지 않은 채로 남아 있다. 이 경우 동의에 대한 확인을 요구할 수 있다. 전문 퍼실리데이터이면서 코치인 진 타바카는 손가락 거수<sup>fist of five</sup>로 합의 사항을 확인하는 방법에 관해 설명한다(2006). 이렇게 말해보자. "오후 1시로 스탠드업을 변경하자는 생각을 해보죠. 동의에 대한 확인을 해봅시다. 준비됐나요? 하나, 둘, 셋." 셋에 각 팀원은 1개에서 5개의 손가락을 보여주며 손을 들어 회의 내용에 동의하는 손가락을 보여준다. 그 의미는 다음과 같다.

> 손가락 다섯 개: 나는 이 아이디어가 좋다. 내가 직접 생각했으면 좋았을 텐데…
>
> 손가락 네 개: 나는 이 아이디어에 만족하고 우리가 그것을 생각해 내서 기쁘다.
>
> 손가락 세 개: 나는 이 아이디어를 지지한다(이것이 합의의 정의다.).
>
> 손가락 두 개: 나는 이것에 대해 의구심이 있어서 지지하는 데 어려움이 있다.
>
> 손가락 하나: 나는 심각하게 불안감을 갖고 있다. 지지할 수도 같이 할 수도 없다.

그러고 나서 모든 사람이 하나 또는 두 개의 손가락이 있는지 주위를 둘러본다. 만약 있다면 그들의 관점을 이야기할 수 있게 한다. 모든 사람이 동시에 양심적으로 '투표'를 하기 때문에 팀원들은 다른 사람의 투표에 흔들리지 않는다. 이런 식으로 손가락 거수법은 종종 들리지 않는 목소리를 표면화하고, 대화 분위기를 지배하는 팀원들을 무력화시키는 데 도움을 준다.

동의 및 합의에 대한 확인은 팀원이 발언할 수 있도록 하고, 팀이 경청하도록 하며, 서로에 대한 전반적인 이해도를 높이고 팀의 긍정성을 높이는 두 가지 방법이다.

## 공유 비전을 사용하라

비즈니스 파트너를 코칭할 때 '갈등 이면의 꿈'을 드러내는데 도움이 되는 활동이 종종 업무 관계를 개선하는 데 활용된다(Center for Right Relationship 2008). '갈등 이면의 꿈'에서는 우선 왜 파트너십이 좋은 생각이었는지에 대한 이유를 찾는 활동을 통해 파트너들을 코칭한다. 그렇게 함으로써 그들은 '꿈'의 흥분을 기억하고, 파트너십의 목적에 대한 큰 그림을 다시 생각해본다. 큰 그림의 목적을 염두에 두고, 그들은 종종 해결할 수 없는 갈등이 이차적이거나 어쩌면 중요하지 않을 수도 있음을 알게 된다.

애자일 팀은 일반적으로 갈등의 시기에 서로 의지할 자발적인 관계를 형성하진 못한다. 대부분의 팀은 관리자가 만들고 팀원들에게 통보되기 때문에 팀은 함께 할 '꿈'을 갖지 못한 채로 짧은 기간에 제품을 만들어야만 한다. 그렇다고 해서 팀이 공유된 꿈이 없어야 한다는 뜻은 아니다.

**찾아보기** | 팀에는 여러 수준의 목표가 필요하다. 7장 '교사로서의 코치'는 팀 목표의 여러 수준과 팀이 함께 추구하는 '꿈'을 포함해 각각의 목표가 중요한 이유를 제시한다. 팀을 조직하는 시점은 이러한 목표를 설정하고 나중에 상황이 어려워질 때 사용할 수 있게 하기 위한 좋은 시기다.

공유된 꿈, 즉 비전은 해결되지 않은 갈등으로 인해 팀이 정상 궤도에 벗어났을 때, 다시 최상의 상태와 최고의 팀으로 다시 돌아오도록 길을 빛추는 등불이 된다. 비전은 팀이 성공한 것으로 간주되기 위해 충족해야 할 사업 목표와는 크게 다르다. 이것은 그보다 더 큰 것이다. 코칭의 관점에서 이 비전은 'A' 어젠다로 불리며(Whitworth et al. 2007), 종종 팀이 함께 하기로 결정한 것을 요약한 선언문으로 표현된다. 몇 가지 예시가 있다.

> "우리는 서로의 강점에 맞추고 약점을 축소하면서 협업, 옳은 것을 위한 열정, 뛰어난 창의성을 통해 고객 경험을 성공적으로 개선해 나갈 것이다."

> "올해 우리는 고객과 외부 파트너가 우리의 중점사항에 모두 동의하는 것을 유지하고자 한다. 이렇게 중점사항에 집중하는 것은 우리의 성과와 일하는 방식 모두를 향상시킬 것이라는 믿음 때문이다."

> "신규 고객을 유치하는 웹사이트를 제공하고, 회사가 경험해 본 최고의 교차기능 팀이 될 것이다. 우리는 사람들이 '어떻게 그렇게 했어요?'라고 묻길 원한다."

해결할 수 없는 갈등이 생기면 팀 사무실 벽에 걸린 비전 선언문을 가리키며 그들이 꿈을 다시 상기하도록 하라. 이 방법이 효과가 없을 경우 다음 질문을 해보라. 우리가 한 팀으로 만든 비전은 여전히 유효한가? 현재의 갈등은 무슨 의미인가? 비전을 회상했을 때 갈등은 여전히 문제가 될까? 때로는 팀원들은 겸연쩍어하면서 서로 쳐다보며 한바탕 웃음으로써 갈등은 사라진다. 때로는 대화가 뒤따르기도 하는데, 아마도 비전에 대한 존중의 의미로 갈등을 해소하거나 또는 비전이 부실하거나 무의미해졌을 경우 비전을 바꾸기 위해 대화할지 모른다. 어떤 경우든 공유된 비전을 갖는 것은 팀이 해결할 수 없는 갈등은 정상적이며, 비전을 신호등처럼 사용하는 한 갈등을 해결해 나갈 수 있다는 사실을 알게 한다.

## ▌갈등의 마지막 말

이러한 기법은 마법 같은 해결책이 아니다. 갈등의 프레임워크를 알고, 대응방안을 선택하고, 불만을 처리하고, 팀의 긍정적인 면을 증가시키는 것 그 자체는 갈등을 해결하지 못한다. '마법'은 코치가 팀의 행동에 부여한 기술과 마인드 셋으로 나타난다. 벽에 걸린 비전 선언문이 대화를 유도하고 의도된 영향을 미치는 것을 알 수 있다. 대화를 통해 팀은 현재 진행 중인 갈등이 함께하는 것의 작은 부분임을 알게 된다. 혹은 팀원이 파괴적인 갈등으로 치닫는 자신을 발견했을 때 더 나은 방법을 선택해 팀에게 사과하거나 혹은 팀원들이 서로에게 큰 소리로 불평하면서 불만을 해결하려는 그 순간 그게 진짜 마법이다.

## ▌요약

9장에서 학습한 주요 내용을 정리해보자.

- 갈등을 해결하는 것은 코치의 일이 아니다. 그들이 갈등 상황을 보고 그것에 대해 무엇을 해야 할지 선택하도록 돕는다.
- 갈등이 있을 때는 팀에 세심한 주의를 기울이고, 개입 여부를 의식적으로 결정한다.
- 5가지 단계의 갈등을 활용해 상황을 더 객관적으로 보라. 준비가 되면 팀이 사용할 수 있도록 5단계를 공개하자.

- 애자일 팀에서 발생하는 많은 갈등을 해결할 수 없다. 팀에게 많은 갈등과 함께 하는 방법을 제공하라.

## ▌추가 자료

- 존 가트맨, 낸 실버Nan Silver, 『행복한 결혼을 위한 7원칙The Seven Principles for Making Marriage Work』, 노동욱, 박윤영 옮김, 문학사상, 2017
- Speed B. Leas, 『Discover Your Conflict Management Style』, Alban Institute, 1998

## ▌참고 자료

- Beck at al, Manifesto for Agile Software Development(https://agilemanifesto. org/), 2001
- ──────. Principles Behind the Agile Manifesto(https://agilemanifesto.org/ principles.html), 2001
- Center for Right Relationship. Relationship Systems Coaching Model. Organization & Relationship Systems Coaching core curriculum, 2008
- Chris Corrigan, 『The Tao of Holding Space』, www.archive.org/details/ TheTaoOfHoldingSpace, 2006
- J. 리처드 해크먼J. Richard Hackman, 『성공적인 팀의 5가지 조건Leading Teams: Setting the Stage for Great Performances』, 최동석, 김종완 옮김, 교보문고, 2006
- M. Keip, Handout from conflict class conducted at First Unitarian Universalist Church of Richmond, Virginia, in 2007(adapted from Leas 1998), 2006
- ──────, Adapted from "carrying complaints" intervention path handout from conflict class conducted at First Unitarian Universalist Church of

Richmond, Virginia, in 2007, 2006

- ───. Handout showing the "analyze and respond" steps of conflict resolution from conflict class conducted at First Unitarian Universalist Church of Richmond, Virginia, in 2007, 1997

- S. Leas, Moving Your Church Through Conflict. Alban Institute, 1985

- Speed B. Leas, 『Discover Your Conflict Management Style』, Alban Institute, 1998

- 패트릭 렌시오니, 『팀워크의 부활The five Dysfuctions of a Team』, 서진영 옮김, 위즈덤하우스, 2021

- Marcial Losada, Emily Heaphy, "The Role of Positivity and Connectivity in the Performance of Business Teams: A Nonlinear Dynamics Model", 「American Behavioral Scientist」, Vol. 47(6), pp. 740~765, 2004

- 켄 슈와버, 마이크 비들, 『스크럼: 팀의 생산성을 극대화시키는 애자일 방법론 Agile Software Development with Scrum』, 박일, 김기웅 옮김, 인사이트, 2008

- Jean Tabaka, 『Collaboration Explained: Facilitation Skills for Software Project Leaders』, Addison-Wesley, 2006

- John Gottman, 『What Predicts Divorce: The Relationship Between Marital Processes and Marital Outcomes』, Lawrence Erlbaum, 1994

- 존 가트맨, 『결혼 클리닉: 결혼과 부부치료를 과학의 경지로 올려놓은 21세기 임상보고서The Marriage Clinic: A Scientifically Based Marital Therapy』, 정동섭 외 3인 옮김, 창지사, 2014

- 로라 휘트워스, 카렌 킴지하우스, 헨리 킴지하우스, 필립 샌달, 『코액티브 코칭: 고객과 코치가 함께 성공하는 코칭의 기술Co-Active Coaching: New Skills for Coaching People Toward Success in Work and Life』, 김영사, 2016

# 10장

# 협업 지휘자로서의 코치

고등학교 때 나는 개러지 밴드garage band[1]의 일원이었다. 동창회에서 누군가 내게 그 사실을 상기시켜 줄 때까지 잊고 있었다. "우리가 정말 내 생각만큼 별로였나?"라고 그가 물었고, 나는 "음… 우리 꽤 나빴지"라고 했다. 그렇지만 우리는 거기에 모든 것을 바쳤다. 우리는 친구집에서 매일 연습했지만 진전은 없었다. 각자의 악기에서 들려오는 삑삑거리는 소리나 불협 화음을 떠올리며 우리는 록음악을 하고 있다고 확신했지만 진짜 록밴드처럼 들릴 가능성은 희박했다. 몇 년 후 왜 우리가 결코 대성공을 거둘 수 없는지 분명히 알 수 있었다. 함께 연주하는 것보다는 각자의 악기 소리를 내고 조율하는 데만 관심이 있었다. 함께 소리를 모아서 실제 연주를 하는 밴드를 만드는 데는 어떤 노력도 기울이지 않았다. 열심히 연습했지만 우리는 각자의 악기를 연주하는 십대들로 남았다. 그래도 여전히 그때를 생각하면 행복한 시간이었다.

> **10장을 끝내면 다음과 같은 질문에 답할 수 있다.**
>
> - 협력과 협업의 차이는 무엇일까? 왜 중요한가?
> - 어떻게 하면 각 팀원이 협력과 협업을 배울 수 있도록 도울 수 있을까? 팀의 협업에 대한 근육을 어떻게 만들어 줄 수 있을까?
> - 팀의 아이디어가 영감을 주지 못하는 이유는 무엇이며, 어떻게 해야 할까?
> - 팀이 협업하는 데 도움이 되는 실질적인 연습은 무엇일까?

---

1 학교나 지역에서 아마추어 연주자들이 모여 결성한 소규모 밴드를 이르는 말 – 옮긴이

비록 몇 년 동안 음악 밴드는 하지 않았지만 나는 음악을 좋아하는데, 특히 교향곡을 좋아한다. 음악은 내 감각을 즐겁게 만들어주지만 사실 나는 지휘자를 보기 위해 교향곡을 즐긴다. 지휘자가 공중에서 지휘봉을 흔들면서 오보에 연주자에게 신호를 보내고 바이올린은 조용하게 만들며, 프렌치 호른에게 강하게 들어오라고 하는 엄한 얼굴을 할 때 나는 넋을 잃고 앉아 있다. 자기 나름대로 뛰어난 연주자들은 교향곡에서 각자 자신의 악기를 어떻게 연주해야 하는지 알고, 함께 영혼을 휘젓는 음악을 창조한다. 그러나 그들은 지휘자가 최종적으로 표현하는 지휘봉을 따른다. 지휘자들은 훌륭하다. 하지만 지휘자는 상하이 사중주단Shanghai Quartet에 비하면 아무것도 아니다. 난 단 한 번 들었지만 그 경험은 몇 년 동안 계속 남아있다. 남편과 함께 상하이 사중주단의 연주를 듣기 위해 연주홀에 도착했을 때 무대는 얕은 반원형으로 네 개의 의자만 놓여 있었다. 얼마 후 연주가들이 악기를 들고 무대에 올랐다. 그들은 자리에 앉았고 몇 초 후에 연주를 시작했다. 내가 소리에 깜짝 놀라 자리에서 벌떡 일어났기 때문에 남편이 나를 쳐다봤다. 그를 돌아봤을 때 나도 그의 얼굴에서 놀란 표정을 봤다. 그의 표정은 상상하지 못했던 일이란 걸 말해줬다. 네 사람이 앉아 있었고, 아무도 서로를 쳐다보지 않았고, 카운트다운도 하지 않았으며, 숨을 크게 한번 쉬고는 연주를 시작했다.

그들이 연주할 때 각자 정확히 같은 순간에 악기를 연주했는데 깜짝 놀랄 만한 큰 소리가 연주홀을 가득 채웠다. 그들은 연주를 하면서 스스로 음악을 관리하고, 곡이 진행되는 대로 변화시키면서 정확하게 연주했다. 지휘자가 필요하지 않았다. 음악은 대단히 장엄했고, 나는 한 곡이 끝나고 다음 곡이 시작되기를 기다릴 수가 없었다.

그때마다 똑같은 일이 벌어졌다. 아무 일도 일어나지 않았는데 갑자기 네 개의 악기에서 음악이 터져 나왔고, 서로 완벽히 타이밍을 맞췄지만 어느 누구도 리드하거나 작은 끄덕임조차 하지 않았다.

이런 경험은 처음이었다. 그것은 내게 팀의 본질을 되돌아보게 했다. 상하이 사중주단처럼 매끄럽게 협력하는 팀은 그 누구도 막을 수 없을 것이다. "팀이 이런 능력을 개발하려면 무엇이 필요할까?"를 곰곰이 생각했다.

10장에서는 팀과 협업을 수행하는 데 필요한 내용을 살펴본다. 어쩌면 그들은 각각 리듬이 맞지 않는 대화로 고등학교 밴드처럼 자신만의 주장을 하고 있을지 모른다. 그들은 개별적으로는 이미 뛰어난 협력자일 것이고, 코치나 A팀의 팀원이 지휘하는 교향곡을 연주하고 있을 수 있다. 두 경우 모두 점점 더 나아지는 방법이 그 뒤에 있다.

## ▌협력 또는 협업?

팀에 협업 기술을 제공하기 전에 다음과 같은 선택이 필요하다. 협력cooperation이 우리에게 도움이 될 것인가, 아니면 목표 달성을 위해 협업collaboration이 필요한 것인가? 팀이 직면한 문제 중 일부는 협력을 통해, 일부는 협업을 통해 해결되므로 팀은 본인들에게 알맞은 균형을 찾아야 한다. "전체는 개별 부분의 합보다 크다."는 협력에 대한 오래된 격언이 있다. 협업은 부분의 합을 산출한다. 이 중 팀의 상황에 적합한 접근 방법을 결정하는 데 도움이 되는 프레임워크가 무엇인지 자세히 살펴보자.

팀이 맡은 작업에 혁신이 필요하지 않고, 그들이 애자일 방식을 기계적으로 사용하는 데 만족하는 경우 협력을 중단할 수 있다. 이건 부끄러운 일이 아니다. 협력은 한 팀원에서 다른 팀원으로, 팀과 더 넓은 조직 간에 진행 중인 작업 흐름이 원활하게 이뤄지도록 한다. 협력할 때 팀은 모든 팀원들의 노력을 세밀하게 조정함으로써 공동의 약속을 향해 나아간다. 사람들은 서로 무방비 상태로 대화하고, 주기적으로 실제적인 결과를 얻으면서 그들의 전체와 부분에 대한 이해를 쌓는다.

코칭하는 팀이 협력에 능숙해지고 혁신적일 필요가 없다면, 특히 당면한 문제가 상상력을 요구하거나 창의력을 통한 돌파구가 필요하지 않은 경우 협업이 아닌 협력을 선택하는 편이 올바른 방향일 수 있다. 일하기 쉽고 훨씬 덜 감정적이고 시간에 집중적인 협력은 우리에게 '무료'로 제공된다. 이는 애자일 업무 방식에 내재돼 있다.

특히 협력은 대부분의 조직이 애자일 이전에 일했던 방식에 비해 큰 발전이 있음을 알려준다. 협력을 통해 적어도 사람들은 당면한 문제를 해결하기보다 더 큰 책임을 부여하게끔 고안된 긴 이메일로 상호작용하지는 않는다. 그들은 다른 사람에 의해 할당된 과제를 수행하기보다는 자신의 계획을 함께 만들어 내는 것을 추구한다. 적어도 그들은 오늘 다뤄야 할 일을 이야기하기 위해 지금부터 일주일 후의 회의를 예약하는 대신, 문제를 직시하고 그 순간에 해결한다. 살아있는 상호작용, 양방향 대화, 진정한 이해와 진보는 모두 협력의 특징이다.

협력이 매우 좋고 효과가 좋아서 협력이 협업이라고 생각하며 속을 수 있다. 이전에 경험했던 것보다 훨씬 낫기 때문에 그 차이를 알게 될 때까지 속게 된다. 협업은 기본적으로 협력이 필요하지만 혁신적이고, 돌파력 있고, 획기적으로 놀라운 결과를 도출하는 필수 요소가 추가된다. 애자일 블로거이자 애자일 관리에 관한 책의 저자 위르헌 아펄로는 이러한 요소에 대해 다음과 같이 정의를 했다(2009).

> 시스템 속성을 시스템의 개별적인 부분으로 추적할 수 없을 때, 그것을 창발적 특성emergent property이라고 한다. 당신의 두뇌는 창발적 특성을 갖고 있다. 그것은 개별 뉴런에서 거슬러 추적할 수 없다.
>
> — 위르헌 아펄로

협업도 마찬가지다. 갑자기 떠오른 아이디어는 그 기원을 추적할 수 있는 직접적인 방법이 없다. 협업할 때 팀원들은 자신들의 타버리고 잊혀진 개인 비전의 잿더미 위에서 그들 중 누구도 혼자서는 상상할 수 없던 소중한 비전에 대한 아이디어를 만들어 낸다. 이것은 용기 있는 공유와 전체가 부분의 합보다 클 수 있는 환경을 만든다. 애자일 코치는 이 환경이 성장할 수 있는 분위기를 조성한다.


## ▌협력에서 협업으로

협업을 향해 나아가기 시작하려면 우선 협력을 구축해야 한다.

아마 서로 대화하고 있는 그 팀이 고등학교 밴드의 연주처럼 들리는 것을 알아차렸을 것이다. 그들의 대화는 부자연스럽고 생기가 없어 보이거나, 모든 사람이 말하지만 아무도 듣지 않는 서로가 마구잡이로 내뱉는 소리의 불협 화음처럼 들린다. 이 단계에서는 자신의 '악기'를 연주하는 법을 배우는데 모든 주의를 기울이는 것이 필요하므로 팀원들이 전체 사운드에 대해 많은 것을 생각할 수 있으리라고 기대하지 말아라. 고등학교 밴드를 위한 애자일 코치로서의 업무는 각자가 협력하는 데 필요한 기술을 배우도록 돕는데 중점을 두는 것이다.

일단 팀원들이 기본적인 협력 기술을 터득하고 그들 자신의 악기를 통제하게 되면, 비로소 연주는 교향곡처럼 들릴 기회를 갖게 된다. 지휘자의 지휘봉을 들어라. 팀이 대화에서 조용한 사람들에게 신호를 보내고, 목소리 큰 사람들의 말을 가라 앉히고, 모두가 힘을 낼 수 있게끔 격려하자. 이 단계에서 코치는 팀원들의 대화를 엮어주는 접착제 역할을 하며, 그들이 말한 낡은 생각에서 벗어날 수 있도록 격려해준다. 팀원들의 지휘자로 코치는 팀의 교향곡에서 나오는 훌륭한 소리를 발견하고, 팀이 이제 협업할 수 있다는 사실을 깨달으면서 미소를 짓게 될 것이다.

그러나 지휘자를 두는 것이 그들이 갈 수 있는 길을 제한하기 때문에 코치는 팀이 지휘자 없는 현악 사중주단이 되도록 돕는 것을 목표로 삼아야 한다. 아무도 그들에게 출발하라고 지시할 필요가 없다. 그들은 연습을 통해 이미 어떻게 해야 하는지 알고 있다. 누구도 부드러운 소리를 내라고 하거나 고압적으로 소리를 지르며 조용하게 만들 필요가 없다. 그들은 스스로를 관리할 수 있다. 어느 누구도 다른 사람의 생각을 기억해내게 하거나 대화가 품격 있는 연주곡처럼 흐르도록 할 필요가 없다. 단지 그렇게 하는 것이 그들에게는 평범한 일이 됐기 때문이다.

고등학교 개러지 밴드에서 교향곡을 거쳐 현악 사중주로 가는 것은 큰 요구사항처럼 보일 수 있다. 한 번에 한 걸음씩 가자. 각자의 악기로 시작해 잘 연주하게 하라. 그런 의미에서 이는 개별적인 협업자를 만드는 것이다.

## ▌개별 협업자를 만들어라

협업 또는 협력할 수 있는 것은 태어날 때부터 소수에게 주어지는 재능이 아니다. 두 가지 모두 일련의 기술을 배우는 데서 비롯되는데, 모두 제2의 천성이 될 때까지 연습할 수 있다. 사실 우리는 오래 전에 우리가 알아야 할 대부분을 배웠다. "착하게 굴어라. 나눠 가져라. 일부러 그런 게 아니더라도 누군가를 다치게 하면 미안하다고 말해라." 등 어린 시절 배운 교훈을 떠올려보라.

코치로서 할 일은 오래전에 배운 교훈을 다시 일깨우고, 그것이 어른이 된 그들에게 유익하도록 도와주는 것이다. 아마도 "누군가를 다치게 했을 때 미안하다고 말하라."는 말보다 "자신의 감정에 책임을 져라."는 어른의 말을 사용할 것이다. 성인이 사용하는 언어로만 바꼈지 같은 규칙이다.

이러한 기술을 팀원들에게 제공하고, 기술이 철저하게 몸에 베일 때까지 연습하도록 독려하라. 품질과 성과의 수호자로서 코치는 필수적인 기술을 가르치고, 다시 깨우치게 하는 완벽한 자리에 있다.

팀원에게 집중하면서 팀원들의 개인별 수준을 유지해야 한다. 왜냐하면 협업자에게 협력은 필수이며 먼저 협조를 해야 하기 때문이다. 그들이 견고한 협력자이자 협업자가 될 수 있도록 다음 네 가지를 제공해라. 그들에게 협력 기술을 가르치고, 그들이 준비되기를 기대하고 그들의 자아를 격려하며, 협업할 영역을 설정하라.

## 협력 기술을 가르쳐라

협업하기 위해서는 각자가 개인의 책임에서 시작해 어떻게 팀에 협조하고 공헌해야 하는지를 배워야 한다. 그들에게 전달해야 할 것은 '팀워크'를 개인의 기술로 만드는 특정한 태도와 행동의 집합이지, 복권 당첨 같이 운이 있어야 가능한 그룹의 역동성으로 인한 애매모호한 결과가 아니다."(Avery 2001).

『Teamwork is an individual skill』이라는 책은 팀원들에게 다른 사람들과 잘 협력할 수 있는 중요한 행동과 태도를 선택하는 방법을 가르쳐준다. 이 중에는 다음 같은 내용이 있다(Avery 2001).

- '대응 능력'에 동의하는 것, 즉 삶에서 일어나는 모든 일에 부정하거나 비난하기보다는 의도적으로 대응하기로 선택하는 것을 의미
- 진정한 '팀 플레이어'는 결코 '맹목적으로 따르지' 않기 때문에 상대방의 침묵이 암묵적인 동의를 전달했을 때를 눈치채는 것
- 실현 가능한 해결책 쪽으로 그룹이 움직이는 것에 거부권을 행사하거나 책임을 인정하는 것
- 자신의 의식적, 무의식적 의도의 상호작용을 인식하기 위해 자신의 행동을 반성하는 것

- '건설적인' 비판을 하는 대신 동정심을 갖고 진실을 말하는 것

크리스토퍼 에이버리의 책은 변화를 유도하는 개인적인 성찰과 수월하든 힘들든 변화하려는 행동을 실행 가능한 것으로 만들라는 교훈을 준다. 이 두 가지는 팀원들이 협조의 기술 목록을 개발하는 데 도움을 준다. 팀원들을 1:1로 코칭할 때나 팀의 전반적인 협조 역량을 다루는 회고를 계획할 때 이러한 내용을 소개하라.

## 팀원들이 준비되길 기대하라

협력의 토대를 마련한 후 우리는 협업의 기술과 마인드 셋을 가르치는 단계로 넘어간다. 여기서 가장 먼저 가르쳐야 할 첫 번째 개념은 협업이 팀원 개개인의 마음과 생각에서 시작된다는 것이다. 협업이 각 개인 마음 속에서 시작되기 때문에, 모든 팀원은 협업을 준비해야 하는 직업적인 의무가 있다. 공연장에서 배운 격언은 다음과 같다. 시간을 어기지 않았다는 사실은 이미 늦었다는 것이다(Devin 2009). 즉 협업할 마음이 준비되지 않은 상태에서 정시에 몸만 일터에 도착했다는 것은 그냥 늦은 것이다. 준비되지 않았다는 뜻이다.

'정시'에 정확히 도착한다는 것은 팀원이 그날 작업에 필요하고, 관련된 모든 일을 위해 마음을 깨끗이 비웠음을 의미한다. 이것은 각 개인이 자신을 채우던 잡동사니를 깨끗이 비우고, 그날에 몰입하는 데 도움을 주는 무언가를 발견하는 것이 필요하다. 내가 진행한 협업 관련 세미나에서 30명의 참가자들은 5분 이내에 75가지 이상의 아이디어를 도출했다. 그들 중에는 클래식 음악을 듣거나 별 의미 없는 소리를 내거나 예술작품을 보기도 하고, 개와 산책하고 아침을 먹기도 하고, 읽을 거리를 보거나 계단을 세면서 오르기도 하고, 커피를 마시고 헤비메탈을 듣고 거울 속의 자신을 들여다보거나 숲 속의 바위에 앉아있기도 했다. 이 중 어느 것도 과격하거나 하기 어려운 것은 없다. 모두 개인적인 행동이고 이전부터 많이 행해진 것이다. 그래서 그들은 어떻게 해야 하는지 알고 있다. 이 모든 것은 사람의 마음을 차분하게 해주고, 다른 사람들과 함께 할 수 있도록 해준다.

만일 팀원들이 정시에 몸 이상의 것과 함께 도착해서 스탠드업 회의를 한다면 어떤 모습일까? 만약 그들이 제시간에 몸과 마음이 함께 와서 하루 동안 이뤄질 작업을 미리

준비한다면 그들의 대화에 어떤 차이가 있을까? 그들이 더 많이, 더 나은 아이디어를 얻을 것이라고 생각하는가? 시도해보고 관찰해보자.

팀원들이 업무를 시작하기 전에 협업을 위한 준비를 한다고 기대하고, 그것을 할 수 있는 방법을 브레인스토밍할 수 있도록 도와라. 그런 다음 협업을 위한 준비를 지속적으로 실행하도록 하라. 그들이 뿔뿔이 흩어져 있거나 주의가 산만하다면 "하루를 준비하는 회의를 진행하려면 몇 분 정도가 더 필요한가요?"라고 간단히 물어보라.

## 팀원들의 자아를 고무시켜라

훌륭한 협업자가 되려면 자신의 개성을 경시하면 안 된다. 협업과 혁신으로 이어지는 아이디어와 꿈을 만들어내기 위해서는 팀원들이 자신의 개성을 드러낼 필요가 있다. 『Artful Making: What Managers Need to Know About How Artists Work』의 저자는 다음과 같이 말한다.

> 예술적인 창조(협업)는 허영심을 허물고, 그룹 구성원들의 개별적인 자아의 구축이 필요하다. 첫 번째 단계는 차이를 배우고 내면화하며, 자아와 허영심을 새로운 용어로 받아들이는 것이다. 허영심은 우리가 자신의 모습을 혹은 우리가 좋아하는 모습을 타인에게 보여주려는 내면의 욕구다. 허영심은 내가 미장원에서 머리를 손질한 모습이 타인에게 어떻게 비춰지는지를 걱정하게 한다. 반면에 자아는 내가 누구인지, 한 개인으로써 나를 인지하는 것이므로 누가 내 머리 손질에 대해 뭐라 하든 상관하지 않는 것이다(Austin and Devin 2003).

이러한 정의에 따라 팀원들이 사회적 용인의 필요성은 낮추고, 자신의 가치를 유지하도록 격려해야 한다. 팀원들이 함께 일할 때 그들의 자아를 찾도록 도와주며, 그것을 강하게 유지되도록 허영심은 집에 두고 오도록 격려한다. 그리고 그들이 둘 사이의 차이를 구별할 수 있도록 도움을 줘라.

## 협업 영역을 설정하라

『Radical Collaboration』에서 저자는 협업을 지원하거나 방해하는 태도를 취하기 위한 개인의 선택인 '그린 존green zone'과 '레드 존red zone'을 소개한다(Tamm and Luyet 2004). 표 10.1의 그린 존과 레드 존의 태도를 읽으면서 팀원들이 얼마나 많이 표시하는지 살펴보라.

표 10.1 그린 존과 레드 존: 협업을 지원하거나 방해하기 위한 개인적인 선택

| 그린 존에 있는 사람 | 레드 존에 있는 사람 |
| --- | --- |
| 자신이 처한 삶의 상황에 대해 책임을 진다. | 자신의 삶의 상황에 대해 다른 사람을 탓한다. |
| 방어적이지 않은 태도를 추구한다. | 위협적이거나 잘못됐다고 느낀다. |
| 심리적으로 쉽게 위협받지 않는다. | 방어적으로 대응한다. |
| 서로의 성공을 위해 노력한다. | 다른 사람의 방어 기제를 촉발시킨다. |
| 비난보다는 해결책을 찾는다. | 수치심, 비난, 고발을 사용한다. |
| 힘보다는 설득력을 발휘한다. | 자신이 만들어내는 적대감의 징후를 파악하지 못한다. |
| 자신의 관심사에 대해 단호하지만 융통성이 없지는 않다. | 사각지대에 대한 인식이 낮다. |
| 단기적이고 장기적인 것을 모두 생각한다. | 피드백을 구하지도 않고, 그것에 가치를 두지 않는다. |
| 피드백을 환영한다. | 다른 사람을 문제 또는 적으로 간주한다. |
| 갈등을 인간의 자연스러운 한 부분으로 본다. | 갈등을 싸움으로 보고 어떤 대가를 치르더라도 승리하려고 한다. |
| 어려운 문제를 차분하고 직접적으로 이야기한다. | 놓아주지 않거나 용서하지 않는다. |
| 자신의 행동에 따른 결과에 책임을 인정한다. | 높은 수준의 불만과 경멸을 상대방에게 전달한다. |
| 더 깊은 수준의 이해를 지속적으로 추구한다. | 단기적 이점과 이익에 초점을 맞춘다. |
| 배려하는 태도로 소통한다. | 다른 관점으로 인해 희생된 느낌을 보인다. |
| 승리보다 우수성을 추구한다. | 흑과 백, 옳고 그름으로 생각한다. |
| 경청을 잘 한다. | 효과적으로 경청하지 못한다. |

협업을 방해하는 태도를 선택한 팀원을 밝히기 전에 그린 존과 레드 존의 특성을 다시 읽어보라. 이 중 어느 것이 적용되는지 신중하게 생각하라. 그린 존의 태도는 얼마나 되는가? 다른 사람들이 이러한 방식으로 내게 진실을 말할까? 사람들이 내가 일하는 방식을 알 수 있을까? 어떤 상황에서 레드 존의 태도가 내게 나타나는가? 팀과 협력하는

능력에 어떤 영향을 주는가? 잠시 멈추고 처음으로 돌아가서 자신을 투영시켜보면서 다시 읽어보라.

개인적인 성찰을 마친 후 다음과 같은 사항을 알아두자. 나는 항상 완벽할 필요가 없고, 항상 그린 존에 머무를 수 없다. 나도 인간이고 내 결점도 팀에 유익하다. 그러나 의식적으로 그린 존에 머물게 할 수 있는 본보기를 만들고, 레드 존의 함정에 빠졌을 때도 여기서 회복할 수 있는 사례를 설정하라. 스스로 그린 존을 선택한다는 것은 사람들이 의식적으로 협업하려는 태도를 선택하게끔 하는 환경을 만들겠다는 의지를 강력하게 나타내는 것이다.

**찾아보기** 팀에게 그린 존에 머무르도록 가르치려면 스스로 먼저 그렇게 해야 한다. 이것은 자신의 단점을 직시하고 노력함을 의미한다. 3장 '자기 자신을 완전히 파악하라'는 이것을 정확하게 수행하고 정신적으로도 그런 상태에 도달하기 위한 아이디어를 제공한다.

협업 분위기를 조성하려면 먼저 그린 존에 있어라. 그런 다음 팀이 그린 존에 머물도록 코칭하겠다는 의사를 밝혀라. 그렇게 함으로써 코치는 그린 존의 태도를 향상시키고, 레드 존의 태도를 약화시키는 환경을 조성한다. 이를 통해 그린 존이 지극히 정상적이고 기대되는 태도라는 입장을 취하라. 그것은 코칭을 통해 유지될 것이다. 반대로 레드 존은 회복돼야 함을 알리고, 팀원들이 레드 존에 진입했을 때 이를 알아차리도록 코칭해 협업하는 그린 존으로 돌아갈 수 있게 하라.

팀원들이 서로 협업할 수 있게 되면 아이디어가 흐르기 시작한다. 팀원 간의 협업이 물 흐르듯이 잘 될 때는, 실제로 채택할 수 있는 수많은 아이디어와 심지어는 그들이 절대 채택하지 않을 그런 아이디어까지도 나올 수 있다. 이 모든 아이디어는 진정한 혁신이 일어나기 위해 필수적인 것이다.

경험상 많은 팀이 여기서 삐걱거린다. 그들은 이전보다 더 많은 아이디어를 내놓기는 하지만 종종 더 많은 추가 아이디어를 제시하지 못하거나, 아이디어 자체가 다소 시시한 것으로 코치와 제품 사용자를 만족시키지 못할 수도 있다. 이런 상황을 보면 사람들이 빠른 속도와 편협한 사고를 야기시키는 직장과 학교 생활로 인해 수년간 창의성의 가뭄이라는 영향 아래에 있음을 인식하라.

## ▌잉여 아이디어가 필요하다

우리가 팀을 모아 놓고 "이제 협업해도 괜찮아요. 자, 이제 멋진 아이디어를 모두 들어 봅시다."라고 말하면 아이디어가 고갈돼 버린다. 당연하다. 잉여 아이디어는 창의적인 환경과 개방성, 호기심으로 가득 차 가능성을 탐구하려는 의지가 필요하다. 주변의 평범한 팀원들에게 얼마나 개방성과 호기심을 느끼는가?

마케팅 전문가이자 창조적 사고의 대가인 세스 고딘Seth Godin은 다음 같은 통찰력을 제공한다.

> 누군가가 호기심을 갖는 것이 얼마나 어려운지 과소평가되기 쉽다. 7년, 10년 심지어 15년 동안 학교에서 당신은 호기심을 갖지 않아야 했다. 호기심이 많은 사람은 계속해서 벌을 받았다. 나는 그게 마법의 단어를 말하는 문제라고 생각하지 않는다. 갑자기 '펑'하면서 무슨 일이 일어나면 당신은 이제 호기심이 생긴다. 5년, 10년 또는 15년의 과정을 거쳐 당신의 목소리를 찾기 시작하고, 마침내 가장 안전한 것이 위험하고, 가장 위험한 것은 안전하게 행동하는 것임을 깨닫기 시작한다. 일단 알아차리면 조용하지만 끈질긴 호기심의 목소리가 영원히 사라지지 않는다. 그리고 아마도 호기심은 우리를 자신의 평범함에서 위대함으로 이끌 것이다(Godin 2009).

게다가 팀원들은 숨쉴 여유조차 없이 업무에서 업무로, 스프린트에서 스프린트로 혹은 릴리스에서 릴리스로 이동하는, 끊임없이 개발에 대한 압박을 받는 상황에서는 누군가가 계속 호기심을 들이부어도 획기적인 아이디어를 제시하지 못할 것이다. 다음의 내용을 생각해보자.

> 조직 내에 존재하는 도전은 많은 사람이 그것을 유지해야 한다고 강제적으로 느끼게끔 만드는 빠른 속도에서부터 출발한다. 종종 팀은 멈추는 방법을 모르거나 정상적으로 함께 일을 하는 방법에서 무언가를 연기하거나 보류시키는 방법을 모르는 것 같다. 그러나 돌파구는 사람들이 잠시 멈추고 그들이 생각했던 가정사항을 점검할 때 나온다(Singe et al. 2004).

호기심이나 창의력이 부족하다면, 팀원들에게 주의를 환기시키고 창의성이 흐르게 하기 위해 어떤 아이디어가 있는지 확인해보자고 하라. 일상적인 일이라도 새롭게 보면서 호기심을 느끼는 연습을 하도록 하자. 호기심이 생겼을 때를 놓치지 말고, 호기심이 충만했을 때 그들이 쏟아내는 생각에 관해 논평을 해보자. 이를 돕기 위해 10장의 뒷부분에서 좀 더 심도 있게 다루는 시리어스 게임<sup>serious play</sup>를 소개한다.

애자일은 많은 사람이 유지하는 바쁨의 속도를 해결할 비책을 제공해 왔다. 애자일에서 스프린트 리뷰와 회고는 잠시 멈춤을 제공함으로써 돌파구를 마련하도록 하는 중요한 역할을 한다.

> **찾아보기** 스프린트 리뷰 및 회고는 6장 '퍼실리데이터로서의 코치'에서 설명한다. 목적이 충족됐는지, 팀이 그들에게 필요한 잠깐의 멈춤을 했는지 여부를 스스로에게 질문함으로써 이러한 의식의 효과를 측정해보자.

특히 회고에서는 팀원들에게 습관적인 사고방식을 중단하라고 요청해보자. 과거 스프린트를 새롭게 보고 인식하지 못했던 가정사항을 발견할 수 있도록 다양한 각도에서 협업하는 방식을 되돌아보는 데 도움이 되는 활동을 설계하자. 종종 가정사항은 다른 관점을 듣고, 그 사실이 이전 스프린트를 보는 여러 가지 방법 중 하나였음을 깨닫기 전까지는 사실로 받아들인다. 사람들이 자신의 가정사항을 도출해낼 수 있도록 다른 관점을 이끌어내기 위해 노력하라. 가정사항을 드러내기 시작하면 새롭게 일하는 방식이나 심지어는 탁월함을 갖춘 제품을 만들어 내기 위한 색다른 아이디어를 찾을 수도 있다.

이 활동을 통해 각자가 팀 전체와 가장 잘 협업할 수 있는 방법을 알 수 있도록 도와주며, 곧 팀은 협업할 수 있는 기반(근육)을 구축하는 데 필요한 도움을 받을 준비를 하게 된다.


## ▌ 팀의 협업 기반을 구축하라

팀의 협업을 위한 근육(기반)은 팀이 골치가 아프지만 즐겁게 업무에서 협업하게 하는 힘을 갖고 있다. 강한 근육을 만들기 위해서는 연습이 필요하다. 그들이 안전하게 연습하는지, 너무 많거나 적지도 않은 적정한 무게로 스스로 운동하는지 확인하기 위해 코치가 필요하다. 그게 바로 당신이다.

팀이 협업하는 힘을 구축하는 동안 코치의 코칭은 교향악의 지휘자와 같다. 코치는 팀원들이 협업할 수 있도록 도와줘야 하지만, 영원한 지휘자가 될 필요는 없다. 그들이 협업을 위한 대화를 스스로 관리하기 시작하면 즉시 지휘봉을 내려놓도록 하자.

그러나 초기에는 팀 전체가 어느 정도 수준이 될 때까지 지휘자의 위치를 확고히 하라. 팀 수준의 협업을 시작하도록 도운 후 다음과 같은 협업을 위한 행동으로 옮겨가자.

- 말 못했던 사항을 이야기하라.
- 팀워크를 붕괴시키지 말고 구축하라.
- 모든 목소리를 경청하라.
- 협업에 대한 친밀도를 키워라.
- 협업이 나타날 것이라는 믿음을 가져라.
- 난관에서 벗어나라.
- (진지하게) 함께 하라.

이 모든 과정을 통해 서로 협력하고 협업하는 행동을 받아들이도록 도우면서, 협업을 옹호하는 사람들과 방해하는 사람들 모두가 자신들의 행동을 다시 한번 생각해볼 수 있도록 그들의 거울이 되게 노력하라.

## 팀 수준의 협력으로 시작하자

시작 초기부터 팀이 협력하기 위해 서로에 대해 알아야 할 사항을 찾도록 도와줘라. 이를 위해 각 개인이 팀에 제공하는 자신의 기술, 재능, 욕망, 업무 선호도 등을 알 필요가 있다. 그들은 서로를 인간적으로 먼저 알아야 하고, 그 다음은 직장 동료로서 알아야 한다. 이는 그들이 일을 수행하기 위한 자기 조직화를 하는 기반이 된다.

**찾아보기** 7장 '교사로서의 코치'에서 팀이 서로의 기술, 재능, 욕구, 업무 선호도를 알 수 있도록 하는 학습 활동을 설명한다.

일을 완수하는 데 있어 팀원들은 함께 달성하기로 약속한 짧은 목표를 서로 공유하기 때문에 협력해야 한다. 목표를 공유하면 '서로의 일'이 되며, 우리는 이러한 방식으로 서로 상호 의존하기를 원한다. 상호 의존한다는 것은 서로 공유한 목표를 달성하고, 자긍심을 갖게 하는 제품을 만들어낼 수 있는 최선의 방법에 대해 대화해야 한다는 것을 의미한다. 그들이 이런 방식으로 업무를 진행하면 좋은 아이디어가 떠오르게 된다.

점차 협력을 시작하면서 공개적으로 팀원들이 각자 기업 내에서의 역할이나 직함에서 벗어나 교차 기능적cross-functional인 행동을 하도록 한다. 예를 들어 기술 문서 담당자가 오늘 작성해야 할 기술문서가 없어 한가하다면, 그에게 오늘 완료해야 하는 어떤 업무라도 진행해 달라고 하든가 혹은 비즈니스 규칙을 정의해 달라고 구두로 요청할 수도 있다.

만약 기술 문서 담당자의 기술과 재능 밖의 일이라고 해도 "이 비즈니스 규칙을 정의하는 업무나 다른 사람이 완료해야 하는 일을 맡아줄 수 있나요?"라고 물어보라. 왜 이 업무를 할 수 있는지 혹은 왜 할 수 없는지에 대해 다른 팀원들이 대화에 참여할 수 있는 열린 공간에서 대화하라. 어쩌면 그들 모두 함께 그 담당자가 할 수 있는 업무를 찾을 수도 있다. 이제 더 많은 작업이 진행될 것이고, 모든 사람은 자신의 역할 외의 다양한 일을 함께하는 긍정적인 사례를 많이 볼 수 있게 된다.

분명히 사람은 서로 바꿔 쓸 수 있는 부품이 아니며, 각 팀의 교차 기능적 역량은 팀에 현재 존재하거나 새롭게 부상한 기술이나 재능에 따라 달라진다. 이 대화가 팀을 좀 더 교차 기능적으로 만드는 방향으로 진행된다면 성공한 것이다. 우리는 데이터베이스 관리자가 특정 기술이 없고 해당 기술을 획득하고 싶지 않다고 해도, 광고판에 그래픽을 디자인하도록 만들지는 않을 것이다. 우리는 사람들이 원하는 대로, 팀이 필요로 하는 대로 그들의 역할과 직책의 한계를 넘어설 수 있도록 사람들의 인식을 넓히고자 하는 것이다. 필요한 것은 강력한 동기부여다.

이 공개 대화를 통해 일부 팀원들은 과거에 받은 교육이나 훈련을 뛰어넘는 기술을 쌓는 것이 차별화된 이점이 될 수 있음을 깨달았을 수 있다. 아마도 다른 이들은 팀의 다학제적multidisciplinary 기술이 부족해 팀의 성과 전달 능력이 제한될 것이라고 결론지을 수도 있다. 이러한 정보를 바탕으로 제품 백로그에 다양한 학문에서의 교차 훈련을 통한 사용자 스토리 작성을 추가하거나 관리자에게 다양한 교육 기회를 제공하도록 요구하는 데 이용할 수 있다. 공개적으로 교차 기능적인 업무에 대한 대화를 즐긴다는 것은 교차 기능적으로 그리고 상호 의존적으로 비즈니스에 대한 이해도를 높이고, 그들이 건강한 팀임을 알리며 협력을 시작했다는 신호라고 할 수 있다.

다음과 같은 행동이 일어났다면, 팀이 협력을 하기 시작했다는 신호임을 알 수 있다.

- 그들의 대화는 대게 메시지가 사람이나 이메일을 통해 전달될 때 발생하는 오해가 아니라 서로에 대한 상호 이해를 창출하는 풍부하면서, 매우 빈번한 상호 교환을 특징으로 한다.
- 팀원들은 방어벽을 쌓지 않고 어려운 작업의 본질에 대해 이야기 나눈다.
- 서로가 함께 잘 만들기 위해 노력하면서 작업 중인 제품이 한 팀원에서 다른 팀원으로 부드럽게 전달된다.

이런 행동은 팀을 더 높고 나은 결과를 함께 창출할 수 있는 능력을 갖추도록 팀을 한 단계 더 도약시킨다. 이는 애자일의 기본 작동 원리가 우리에게 준 엄청난 개선을 의미한다. 비록 팀 환경이 매력적이고 편안하더라도 그들 또는 코치가 그 상태에 너무 오래 머무르지 않게 하라. 그들이 이러한 협력 특징을 보인다면 협업을 향해 나아갈 수 있도록 촉구하라. 그들은 이제 협업을 위한 기반을 구축한 것이다.

## 말하지 못한 이야기를 하게 하라

처음 만들어지는 협업 기술 중 하나는 팀원들이 자신을 나약하게 느끼거나 불편하게 만드는 것에 대해 거리낌 없이 이야기하도록 허용하는 것이다. 내가 함께 일한 대부분의 조직에는 결코 약해 보이거나 심지어 지금 하는 일보다 더 나은 성과를 낼 수 없다는 것을 조금이라도 보여줘서는 안 된다는 느낌이 들었다. 항상 110%의 노력을 기울이고, 완전히 바쁘다는 모습을 모든 사람에게 100% 보여줘야 했다. 얼마나 무시무시한 가식인가! 그러나 애자일 코치들에게는 이런 금기 사항의 존재는 팀원이 말할 수 없는 이야기를 꺼내 놓을 수 있는 대화의 시작점을 제공한다.

스탠드업 미팅에서 누군가 자신이 가진 예상치 못한 능력을 언급하지 않았음을 처음 알아차렸을 때 팀 전체에 "내가 오늘 일을 도와줄 시간이 있어."라고 말하라고 코칭하자. 예상치 못한 능력은 애자일 팀에게는 선물이며, 우리는 그 능력이 낭비되는 것을 원하지 않기 때문에 더 많은 작업을 할 수 있는 역량이 있음을 크고 자랑스럽게 선언해야 한다고 가르쳐야 한다. 사람들이 '약점'(나는 110%의 성과를 내지 못하고 있고 누군가 나를 따라올까 두렵다)을 선언(이봐, 나는 오늘 팀을 위해 다른 무언가를 할 시간이 있어)으로 바꿔 말할 수 있도록 명시적으로 허용함으로써 코치는 그들이 말할 수 없는 것을 말하도록 돕는다.

여기 또 다른 상황이 있다. 몇몇 팀원이 몇 시간 동안 혼자서 고군분투하는 상황을 알게 됐다. 아마도 그들은 정말 목적을 추구하고 있거나 혹은 열심히 하는 척 의도적으로 보이기 위해 앉아 있을 수도 있다. 이런 상황이 내가 코칭하던 한 팀에서 발생했다. 내가 팀원들에게 관찰한 내용을 제공했을 때 몇몇 팀원들은 쉬워 보이는 업무를 한동안 제대로 파악하지 못했고, 팀에게 자신의 '약점'을 보여주기가 부끄러워서 좌절감을 느끼며 많은 시간을 보냈다고 실토했다. 몇 가지 논의를 거쳐 팀은 팀 규범에 새로운 기준을 추가하기로 결정했다. 다른 사람에게 요청하기 전에 30분 이상 머리 싸매고 있지 말자. 이 규범은 사람들이 도움을 요청하는 데 필요한 명확한 근거를 만든 것이다. 실제로 팀 사무실은 새로워진 활력과 긍정적인 기운으로 가득 찼고, 사람들이 하루에 몇 번씩 고개를 들고 "누구 나 좀 도와줘…."라고 말한다. 결과는? 더 많은 일을 더 잘 완료했고, 해당 시점까지 부족했던 '함께하는 것'이라는 느낌이 더욱 강해졌다.

만약 이런 여러 가지 상황이 자신의 팀에 일어나지 않는다면 더 깊이 파고들어라. 항상 일어나는 일이지만 사람들이 말하기를 두려워하는 이유를 찾아라. 그들이 말하지 못했던 내용을 이야기하도록 도와라. 그렇게 함으로써 그들이 항상 "모두 함께 하고 있다."는 가식을 포기하도록 돕는다. 이는 그들이 진정한 협업을 위해 다른 사람들의 아이디어를 기반으로 더 발전시키는 중요한 역량인 다른 사람에 대한 심리적인 경계심을 낮추게 한다.

## 팀워크를 무너뜨리지 말고 구축하라

팀이 대화를 나눌 때 각각의 아이디어가 어떻게 진행되는지 주목하라. 다른 팀원들이 해당 아이디어에 대해 고민한 후에 다음 아이디어의 원천 재료로 사용하는가? 아니면 아이디어를 즉시 분석해 갈갈이 찢거나 타인에게 저격 당하거나 또는 숭배의 대상이 되는가?

"아이디어에 무슨 문제가 있지?"라고 먼저 묻는 '문제찾기식' 접근법으로 새로운 아이디어를 맞이하는 습관이 있다면 그 접근 방식을 좀 바꿔달라고 요청한다. 그 대신 '재구상re-conceive'이라 불리는 또다른 접근법을 사용하자.

> 협업자들은 서로의 기여에 비춰 문제나 과정을 재구상해 자신의 생각과 결합할 재료로 활용함으로써, 새롭고 예측 불가능한 아이디어를 만들어낸다(Austin and Devin 2003).

마지막 부분에 다시 한번 주목하자. 재구상을 통해 팀은 새롭고 예측할 수 없는 새로운 아이디어를 만들어낸다. 놀라운 결과를 얻으려면 예측할 수 없는 것이 필요한데, 애자일로도 가능하지만 보장하지는 않는다. 놀라운 결과를 볼 기회를 높이려면 아이디어에서 문제점을 찾는 것이 아니라 아이디어를 만든 곳에서 아이디어를 재구상하도록 독려해야 한다.

**찾아보기** 건강한 애자일 팀에 대한 코치의 근본적인 기대치만으로도 놀라운 결과를 낼 수 있다. 2장 '고성과를 기대하라'는 그것을 어떻게 해야 하는지 설명한다.

그러기 위해서는 팀이 서로에 대해 경계를 낮추고, 말하지 못하는 사항에 대해 이야기를 계속하도록 코칭해야 한다. 특히 '실패에 대한 내성 강화, 권력행사의 자제, 규칙을 강요하기보다는 팀 프로세스 참여'를 통해 이야기할 수 있도록 하는 안전감을 조성해야 한다(Austin and Devin 2003). "하지 말라"는 소리는 애자일 코칭의 정의에 반하지만, 코치도 인간이기 때문에 사용할 수 있다는 점을 제외하고는 언급할 가치가 없다. 만약 자신이 여기 해당된다면 스스로를 잠시 멈춰 팀이 필요로 하는 것 이상의 잉여 아이디어를 도출하는 데 집중하자.

잉여 아이디어를 창출할 수 있는 가능성이 높은 애자일 팀은 서로 환경과 배경이 다르고, 세상을 바라보는 방식도 서로 다른 사람들로 구성돼 있다. 사람들 모두가 재구상에 참여하는 것이 필요하다. 따라서 애자일 코치는 팀이 "다른 관점에서 토론하고 공감하며 시너지를 낼 수 있도록 도와야 한다. 왜냐하면 자신이 아는 것보다 더 많이 말하거나, 아는 것보다 적게 말하는 이 두 가지 유형의 행동이 시너지를 죽이기 때문이다."(Avery, 2001) 정말 그렇다.

시너지를 죽이는 살인자를 다루기 위해 팀의 모든 목소리가 들리도록 열심히 노력하라. 교향곡에서 모든 악기 소리가 주변에 울려 퍼지게 각자의 역할을 담당하는 것처럼 말이다.

## 모든 목소리를 경청하라

교향악 지휘자가 플루트를 좀 길게 불게 하고 트럼펫을 조용하게 하는 것처럼, 팀 대화에서도 애자일 코치는 침묵하는 사람들을 끄집어내고, 대화를 지배하는 사람들은 자중시켜야 한다. "마르셀Marcel이 몇 분째 말하려고 시도하는데 아무도 눈치채지 못하고 있네요." 또는 "우리는 몇몇 사람의 이야기만 들었는데, 왜 나머지 사람들의 말을 듣지 않죠?"라고 직접적으로 말하라. 손가락 거수법 같은 간접적인 기법도 유용하다(Tabaka 2006). 손가락 거수법은 사람들이 말한 내용에 동의하는 정도를 나타내기 위해 하나에서 다섯 개의 손가락으로 비언어적 '투표'를 시작한다. 투표를 끝낸 후 팀은 사람들이 왜 그렇게 투표했는지 이유를 찾고, 모든 팀원이 이유에 대해 이야기한다.

팀이 협업을 위한 대화를 진행할 때 제품 및 프로세스 레벨 모두에서 손가락 거수법을 사용하자. 제품을 대화의 결과라고 생각하고, 제품을 생산하기 위한 팀원들 간에 진행되는 대화를 프로세스라고 생각하자.

> 그 누구도 휘파람으로 교향곡을 연주할 수 없다. 교향곡은 오케스트라가 연주해야 한다.
>
> - H. E. 루콕(H. E. Luccock)

예를 들어 팀이 회사에서 새롭게 여는 매장의 개장행사에 유명 인사를 참석시키는 문제를 논의했는데, 지금까지 소수의 사람들만 대화에 참여한 경우 다음과 같이 말할 수 있다. "나는 여러분의 대화에서 뭔가를 파악했어요. 다들 어떻게 생각하는지 봅시다. 내가 말하는 문장에 대해서 손가락 거수법을 이용해 봅시다. '나는 이 대화가 즐겁고, 내 의견을 자유롭게 제시하고 있다고 생각한다.' 준비 됐죠? 하나, 둘, 셋"

'셋'에 사람들은 자신의 손을 들어 손가락 개수로 그 문장에 대한 자신의 동의 수준을 표시한다. 만약 그들이 해당 대화가 매우 유익했고, 자유롭고 편하게 그들의 의견을 제시했다면 다섯 손가락을 모두 세울 것이다. 만약 말이 진실이 아니라면 그들은 손가락 하나만 표시한다. 만약 그 문장에 대해 중간 정도만 동의한다면 자신이 동의하는 정도를 적당한 손가락 개수로 표시할 것이다. 일단 투표를 하고 나면 팀원들에게 주위를 둘러보게 하자. 손가락 하나 또는 두 개를 올린 사람에게 왜 그 문장에 동의하지 않는지 이유를 이야기하도록 하자. 그런 다음 대화가 계속 진행되게 하라.

**찾아보기**  손가락 거수법의 기술은 9장 '갈등 중재자로서의 코치'에서 설명하고 있다.

만약 모든 팀원이 세 개 이상의 손가락을 들었다면 코치는 "좋아요, 확인해줘서 고맙습니다. 제가 잘못 알고 있었네요. 계속하시죠."라고 말할 것이다. 만일 누군가가 코치가 실제로 느끼는 것보다 더 높게 투표했다는 확신이 들면 나중에 일대일로 솔직한 대화를 하도록 하자. "나는 당신이 즐겁고 자유롭게 당신의 생각을 제시하고 있냐고 물어봤을 때, 손가락 한두 개를 들 것이라 확신했는데 아니었네요. 왜죠?"

모든 팀원이 자신의 생각을 대화에서 모두 제시했고, 대화를 지배한 사람들이 다른 사람들의 생각을 반영하지 않고 특정 생각으로 결론을 몰아가고 있다면 이번에는 제품 수준에서 같은 기술을 사용할 수 있다. 아마도 이렇게 말할지도 모른다. "바로 결론을 도출하는 것 같네요. 자, 우리가 어디쯤 있는지 한번 봅시다. '나는 어떤 고객들이 개장 행사에서 유명 인사들과 사진을 찍을지 결정하기 위해 추첨을 해야 한다는 생각에 전적으로 지지한다.'라는 내용에 대해 손가락 거수법을 진행해 봅시다. 준비됐나요? 하나, 둘, 셋." '셋'에 사람들은 투표를 하고, 주위를 둘러보고, 하나나 두 개의 손가락을 표시한 사람들을 대화에 참여시킨다. 대화가 점점 없어지고 여전히 조용한 사람들과 말이 너무 많은 사람으로 나뉘면 이번에는 손가락 거수법을 프로세스 레벨로 진행을 계속한다. "저는 모든 사람이 이 생각에 정말 동의하는 것으로 생각되네요. 자, 다음은 '우리는 가장 혁신적인 아이디어를 얻었다.'에 손가락 거수법을 사용해 보시죠." 투표를 마친 후 대화를 하게 하고 거기서부터 다시 시작해보자.

조용한 사람들과 말이 많은 사람을 직접 다루기로 선택하든, 투표방법을 사용해 공을 굴리든 팀이 개방성과 투명성을 가지면 문제가 되지 않는다. 대화가 그들의 관심에 불균형을 만들어 스스로 그것을 시작할 때까지 무언가(개방적이고 투명한)를 계속하라. 일단 그들이 시작하면 모든 사람의 목소리를 경청하는 규범을 만들 것이다.

초기에는 그들에게 지휘자가 필요할 수 있겠지만, 그들에게 도움이 영원히 필요하지는 않을 것이다. 대화를 스스로 관리하기 시작하면 지휘자 역할에서 손을 떼라. 지휘자의 지휘봉에 의존하는 것을 깨뜨린다면, 그들에게 코치가 상상했던 것보다 더 훌륭한 교향곡을 만들어 내는 기적을 허락한 것이다.

## 협업 친밀도를 키워라

애자일 팀에 대한 과거 경험과 그룹 관계에 대한 연구를 기반으로 댄 메지크는 다음과 같이 말한다.

사람들 사이의 진정한 협업에는 약간의 지적 및 사회적 친밀감이 필요하다. 양 당사자가 신뢰하고, 개방적이고, 상호수용 및 존중하는 '영역' 또는 '현장'에서 기꺼이 일하겠다는 신호를 보낼 때 친밀한 상태에 도달한다. 친밀한 팀은 인지 적으로 친밀할 가능성이 있다. 이 상태에서 대부분의 팀 구성원들은 다른 팀원 의 인지 스타일을 이해하고, 다른 구성원이 커뮤니케이션과 새로운 정보를 어 떻게 인식하고 감지하는지 예측할 수 있다. 인지적으로 친밀한 팀원은 새로운 자료에 대한 인식에서 개인 및 그룹 수준의 오해를 감지하고 예측할 수 있으며, 신속하게 개입해 그룹 수준에서 이해를 빠르게 할 수 있도록 이끌어 낼 수 있다 (Mezick 2009).

**찾아보기**  8장 '문제 해결자로서의 코치'에서 경계, 권한, 역할 및 작업에 기반한 BART 모델이라는 진단 도구를 설명한다. 팀에 문제가 있지만 꼭 찍어 말하기 어려운 경우에 이 진단 도구 를 사용하자.

아마도 협업 팀이 상대방과 정신을 공유해 서로의 문장을 완성하는 모습을 본 적이 있 을 것이다. 팀원들 또한 누가 '길에서 벗어났는지' 즉시 감지하고, 공개적으로 그 사람 을 다시 대화로 끌어들이기 위해 노력한다. 팀이 이런 친밀감을 만들어내도록 격려하 고, 그런 말을 부끄러워하지 않도록 만들어라. 친밀감은 창조적인 노력을 통해 강력한 개성으로부터 사람들을 분리시켜 밀접하게 함께 일하는 환경을 완벽하면서도 적절히 설명하는 단어다.

## 협업이 나타나리라는 믿음을 가져라

애자일 코치가 팀에 가장 도움이 되기 위해서는 개인이 안고 있는 문제에서 자유로워 야 한다. 그렇게 함으로써 코치는 팀이 함께 협업할 때 참고할 수 있는 강력한 모델을 제공한다. 협업은 한 사람이 그룹에 자신의 아이디어를 제시하고, 해당 아이디어가 더 큰 아이디어의 한 부문이 될 수 있도록 할 때 효과가 있다. 이러한 방식으로 자신의 주 장에 대해 힘을 빼는 것은 자신의 아이디어가 선택되는 것이 이기는 것이라고 생각하 는 많은 사람에게는 도전적인 일이다.

**찾아보기** 팀 목표를 유지하고 고성과를 추구하면서 자신의 의견도 함께 제시하는 방법은 3장 '자기 자신을 완전히 파악하라'의 주제다

자신의 의견이 채택되기를 고수하는 것은 부정적인 자기 성취 예언을 만들어낸다. 팀원이 그들의 생각을 꽉 움켜쥐고 다른 사람들과 섞이고 합쳐지기를 거부한다면, 더 크고 좋은 아이디어가 도출되지 못한다. 집단 아이디어가 나오지 않기 때문에 팀원의 협업과 관련된 변화도 나타나지 않는다. "봤지? 어쨌든 협업을 통해 더 나은 방법을 얻지 못했기 때문에 노력할 가치도 없어." 같이 팀원들은 말할 것이다.

협업의 힘과 아름다움은 그것이 일어났을 때 너무나 감동적이어서 소중히 여기고 믿어야 할 것이 된다. 협업이 일어나는 것을 본 팀은 그것이 일어나리라고 믿고 완전하고 공개적으로 공유할 수만 있다면, 무언가 대단한 일이 나타날 것이라는 일종의 믿음을 만들어낸다. 일단 팀이 협업의 묘미를 경험하게 되면 협업의 힘을 존중해 강하게 주장하던 개인 의견을 점차 줄이는 강력한 동기를 부여한다. 부정적인 자기 충족 예언을 깨는 것은 어디서부터는 시작돼야 하는데, 그게 바로 당신이다.

팀이 협업의 기회를 잡을 수 있도록 길을 밝혀 도와줘라. 팀에게 도움이 되지 않을 때는 당신의 주장을 버리고, 그들을 더 큰 약속이 있는 새로운 곳으로 이끌어라. 코치로서 자신의 주장을 밀어붙이기보다는 협업의 대리인으로서 자신의 위치를 강화하는 말과 행동을 통해 투명하게 이를 실천하라. 그들이 믿음을 잃었을 때는 팀이 그들 주변에 퍼지는 협업에 대해 열린 자세를 취하고, 공유하고 관찰하도록 격려함으로써 그들이 회복하도록 도와라.

## 난관에서 벗어나라

우리가 탐구해 온 모든 협력과 협업 기술을 잘 활용하는 팀도 여전히 곤경에 처할 수 있다. 그들의 대화는 괜찮은 것 같다가도 갑자기 깊은 수렁La Brea Tar pits에 빠져 허우적댄다. 각각의 대화를 통해 고통스럽게 전진하고자 하지만, 그들의 대화는 그럴수록 더욱 힘들어진다.

아이디어가 다시 흐를 수 있도록 그들이 다시 서로 접촉할 수 있는 방법을 제공함으로써 팀이 난관에서 벗어나도록 도와줘라. 우선 그런 상태를 파악해 알려줘라. "모두 주목하세요. 여러분의 대화가 부자연스러운 것 같아요. 현재 상태를 약간 흔들어 놓을 수 있는 행동을 해서 창의적인 상태로 되돌아와야 할 것 같은데, 좋은 생각 없나요?" 내가 지도했던 한 팀에서는 그룹 활동을 제안했었다. 활동이라고 제안했지만 사실 사내에 있는 커피숍으로 가는 계단을 걷는 정도였는데, 그것이 그들의 관점을 바꾸고 신선한 공기를 들이마시는 역할을 해 효과가 있었다. 가는 동안에 사람들은 서로의 아이에 대해 물었고 농담을 나누며 박장대소를 했는데, 그들의 이전 대화가 어떻게 무거워졌는지 경탄할 정도였다. 이런 활동을 통해 누군가는 다음 단계의 협업을 위한 대화의 완벽한 출발점이 되는 '말도 안 되는' 아이디어를 떠올릴 것이다. 이렇게 해서 대화의 깊은 수렁을 뛰어 넘었다.

또는 즉흥 게임도 팀의 대화가 정체됐을 때 위기를 벗어나는 데 도움을 줄 수 있다. 즉흥 게임은 종종 동료 '배우'들이 내게 주는 선물을 받고, 그 선물을 다음 아이디어에 활용하는 특징이 있다. 아무리 이상한 말을 하거나 게임에 그 어떤 것을 가져와도 즉흥 연주자는 흔쾌히 그것을 받아들이고, 그 기반 위에서 무언가를 향상시켜 간다.

**시도해 보기**

다음 번에 팀이 옴짝달싹 못하게 되면, 즉흥 게임에 대한 인터넷 백과사전 웹사이트(예: http://improvencyclopedia.org/games/index.html)를 방문해서 팀이 무작위로 할 수 있는 게임을 선택하게 하라. 사람들이 서로의 아이디어를 기반으로 하는 게임은 그들이 틀에 박힌 대화를 깨뜨리고, 협업이 다시 일어날 수 있도록 하는 데 도움을 줄 것이다.

때때로 팀은 시로 접촉을 하지 않아서 교착상태에 빠지기도 한다. 대화는 너무 빨리 진행돼 몇몇 팀원은 대화를 따라오지 못하기도 한다. 이 상황에 도움이 되는 두 가지 활동은 서클 카운팅circle counting과 사일런트 마인드 매핑silent mindmapping 방법이 있다.

나는 협업이 어떤 집단의 열기에 의해 방해받는 것을 볼 때, 팀원들이 원을 그리고 숫자를 셀 것을 제안한다. 공연장에서 착안한 이 활동은 사람들이 서로 다시 접촉할 수 있도록 돕는다. 모두가 원을 그리며 서서 눈을 감고 하나부터 세기 시작한다. 여기에는 규칙이 있다. 사람들이 말하는 순서나 어떤 패턴을 사용하지 않으면서 다음 숫자를 무작위로 말하는 게임이다. 한 번에 한 명 이상이 동시에 말을 하면 한 명부터 다시 시작해야 한다. 이 게임의 목적은 한 팀으로서 그들이 동시에 말하지 않고, 다시 시작해서 어디까지 숫자를 셀 수 있는지 보는 것이다. 그러기 위해서는 서로에게 관심을 집중해야 하고, 각자가 다음 번호를 말할 차례가 됐음을 느낄 수 있도록 전체 그룹과 긴밀히 접촉해야 한다. 팀은 처음에는 힘들지만 시간이 지나면서 점점 더 잘하게 된다. 그들은 협업을 위한 대화가 지나치게 많이 진전됐을 때 잠시 쉴 수 있는 휴식을 갈망하게 한다.

사일런트 마인드 매핑은 팀이 협업의 일관성을 잃었을 때 서로 다시 긴밀한 접촉을 할 수 있도록 도와준다. 이 방법은 간단하다. 모든 팀원이 마커를 가져와서 큰 차트나 화이트보드에 조용히 마인드 맵 방식으로 자신의 생각을 그리기 시작한다. 마인드 맵을 조용히 그린다는 게 요령이다. 그들이 마인드 맵을 그리는 제약조건을 지키게 되면, 그들은 더 많은 아이디어를 얻을 수 있으며 마인드 맵에 더 많은 내용을 추가하려면 다른 사람의 아이디어에 관심을 기울여야만 한다는 사실을 알게 된다. 각자는 이 활동의 리더이자 동시에 팀원으로서 마인드 맵을 그려야 한다. 잠시 후 팀원들은 서로가 다시 접촉하고 있으며, 마인드 맵 그림을 계속 그리거나 해당 아이디어를 갖고 다시 대화를 할 준비가 됐음을 알게 된다.

난관을 돌파하기 위한 아이디어 도출의 핵심 요소로 이 모든 기법을 업무 현장에서 할 수 있는 '활동'으로 도입하자.

## 진지하게 함께 하라

나는 진지하다. 게임은 모든 사람이 참여할 수 있는 협력의 결과를 가져온다. 이것은 내가 팀에게 제품 백로그에 있는 항목의 상대적인 크기를 추정하기 위해 플래닝 포커 planning poker를 가르쳤을 때 처음으로 명확해졌다. 처음에 우리는 플래닝 포커의 대상인 제품, 추정된 크기에만 초점을 맞췄고, 팀은 손쉽게, 자신 있게 수행했다. 우리가 주목한 것은 플래닝 포커를 하는 동안 발생하는 집중적인 대화가 앞으로의 일에 대한 풍부한 공통의 이해를 만들어낸다는 점이다. 이 발견은 이 게임의 큰 장점으로 인식됐다. 그 때부터 팀은 두 가지 혜택을 모두 받았음을 확신했다. 그들은 스스로 "우리 모두가 추정된 크기에 동의하는가? 우리 모두가 방금 크기를 추정한 항목의 목적과 접근방법을 적절히 설명할 수 있는가?" 같은 질문을 스스로에게 했다.

플래닝 포커는 애자일 팀이 하는 시리어스 게임 중 하나다. 이 게임은 인기가 많으며, 팀에 실제 업무를 완료하는 데 활용하는 첫 번째 게임으로 소개할 수도 있으며, 그 외의 다른 시리어스 게임도 있다.

포레스터 리서치Forrester Research는 이러한 게임에 대한 조사를 실시했다. 결과는 어땠을까? 포레스터는 시리어스 게임을 진지하게 받아들였다. 2008년 가을 포레스터는 "게임을 진지하게 받아들일 시간이 왔다It's Time to Take Games Seriously."와 "시리어스 게임이 매우 중요한 요구사항을 도출한다Serious Games Uncover Serious Requirements."는 제목으로 연구결과를 발표했다. 이 보고서는 직장 내에서 실행되는 게임이 진지한 결과를 만들 뿐만 아니라 회의 형태의 대화에서 발생되는 많은 단점을 극복하게 한다고 결론을 내리고 있다(Keitt and Jackson 2008; Keitt and Grant 2008).

> 시리어스 게임은 진지하게 관심을 쏟을 만하다. 이 게임을 통해 제품에 대한 의사결정을 내리기 위해 고객, 파트너 및 내부 이해관계자 간에 충분한 정보를 수집하는 것을 포함해서 제품 요구사항과 관련된 많은 문제를 피할 수 있다. 게임은 비교적 간단한 활동일 뿐만 아니라 제품에 대한 의사결정에서 많은 논쟁을 해결하기 위해 가벼운 접촉을 하게끔 하는 데 활용도 가능하다(Keitt and Grant 2008).

포레스터는 계속해서 콜게이트 파몰리브Colgate-Palmolive와 베리사인VeriSign이라는 두 거대기업이 잉여의 아이디어를 창출하기 위해 어떻게 시리어스 게임을 활용했고, 그 후 아이디어를 고객이 구매할 만한 제품에 대한 아이디어로 분류했는지 설명했다(Keitt and Grant 2008).

그들이 조사한 게임 중 하나는 온라인 버전인 '바이 어 피쳐Buy A Feature'라는 게임인데, 고객이 실제로 무엇을 원하고 구매할지를 도출해 내는 수십 가지의 이노베이션 게임

Innovation Game 중 하나다. '바이 어 피쳐'와 '이노베이션 게임'은 특히 제품 책임자가 목표 달성을 위한 제품 비전과 방향을 설정하는 자신의 역할을 더 잘 수행하기 위해 고안된 도구다. 코칭을 하는 제품 책임자에게 이 게임을 알려주도록 하라.

애자일 팀의 협업을 강화하기 위해 애자일 코치는 다양한 팀 이벤트에 이노베이션 게임을 사용할 수 있다. 애자일 코치인 마이크 그리피스Mike Griffiths는 스프린트와 릴리스 계획 수립을 퍼실리테이팅할 때 3가지의 다른 이노베이션 게임을 사용한다. 게임은 계속적으로 스프린트나 릴리스에서 달성할 공유 비전을 만들어내고, 그 비전에서부터 거꾸로 세부사항을 채워 나가면서 '우리의 돛에 순풍을 불어줄 힘'과 '우리를 난파시킬 힘'을 고려하게끔 한다(Griffiths 2007).

나는 애자일을 가르칠 때 이노베이션 게임을 사용한다. 나는 사람들이 애자일이 그들의 회사에서 작동하지 않으리라고 믿는 이유를 알아내는 데 효과적인 '스피드 보트Speed Boat'라는 게임을 발견했다. 다만 이 게임은 일반적으로 정답이 없는 것처럼 보이는 오랜 조직적인 역기능을 보여주기 때문에 분위기가 급격히 침울해질 수 있어 이 게임을 오래하진 않는다.

그 대신 우리는 건강한 애자일 팀원, 팀 또는 조직의 이점을 알리는 '프로덕트 박스Product Box'를 작성하는 게임을 진행한다. 사람들이 프로덕트 박스를 만들면서 애자일이 자신과 조직에 무엇을 해줄 수 있는지에 대한 깊은 믿음을 갖게 된다. 가장 좋은 경우는 참여자들이 애자일 측면에서 뭔가 희망적이고 공감하는 것을 발견하게 된다. 그러나 가장 일반적인 경우라도 개인적인 혹은 개인과 연관된 비전을 만들 수 있다. 비전을 통해 참여자들은 애자일을 '원하지 않는' 이유를 해결하는 무수히 많은 유용한 방법을 찾을 수 있다. 그들은 애자일이 작동하고, 할 수 있고, 해야 하는 방법을 보고, 다른 사람들이 그렇게 하도록 설득하기 위한 새로운 관점을 알게 된다.

게임은 본질적으로 협업을 강화하고, 사람들이 자신의 일에 완전이 몰입해 최고의 아이디어를 제공할 수 있도록 도와주며, 그중 일부는 게임을 하는 과정에서 나올 때도 있어 놀라기도 한다. 팀이 협업할 수 있도록 게임에 대해 진지하게 생각해보자.

## 그들이 할 수 있을 때까지 요청하라

팀이 이러한 협업 기술과 실천법을 자신의 업무에 반복해서 사용하는 동안 코치는 지속적으로 그들에게 업무에 계속해서 사용하라고 외쳐야 한다(Avery 2001). 팀원에게서 협업을 약화시키는 요소를 보게 된다면 그들을 불러내서 지금 했던 것을 똑같이 해보라고 요청하라. 요청할 때는 공개된 장소에서 가볍게 해야 한다. 그 누구를 혼내는 것이 아니라 단지 "잠깐만요. 내가 여기서 지금 뭔가 봤는데요. 혹시 못 봤어요?"라고 말하라.

## ▍협업의 핵심을 드러내라

일단 팀이 협업의 기술을 습득하게 되면 그들은 코치가 지휘하는 교향곡에서 지휘자가 없는 현악 사중주로 나갈 준비가 된 것이다. 그들은 협업의 기술보다는 서로 완벽하게 일치된 진정한 협업을 하기 전까지 계속해서 코치가 가르친 협업과 관련된 기술을 더 연마할 필요가 있다. 지휘자 없이 연주하는 현악 사중주의 제1바이올린 연주자인 아놀드 스타인하르트Arnold Steinhardt는 서로 '조율'한다는 것이 무엇을 의미하는지 알려준다.

> 공연에서 우리는 모스 부호를 4가지 방향으로 내보낸다. 시그널을 보내고, 중요한 눈짓을 하고, 어떤 것이 특히 잘 되거나 전혀 되지 않을 때 미소를 짓거나 눈썹을 치켜 올린다. 마이클Michael은 데이비드David가 계획한 대로 연주하지 않자 그의 눈을 굴렸고, 그들이 내면의 음성을 연주할 때는 존John과 마이클이 시선을 고정했다. 또는 데이비드가 어려운 첼로 독주를 하면서 턱을 앞으로 내밀며 연주하는 모습을 보기도 한다. 이러한 시각적 교환은 훌륭한 요리의 향신료처럼 우리 공연에 필수적이고 활력을 주는 요소다(Steinhardt 1998).

혁신을 함께 추구하는 데 있어 코칭하는 팀에게 '필요하고 활력을 주는 요소'는 무엇일까? 오직 자신들만이 발견할 수 있다. 팀원들이 그렇게 할 수 있도록 우선 돕기를 중단하자. 그들에게는 지휘자 없이 가야 할 시점이라고 말하고 지휘봉을 내려놓겠다고 알려라. 조용하게 목소리를 내거나 즉흥 게임을 요구하지도 말고, 서로의 아이디어를 기반으로 도출해내는 것도 하지 말자. 그들은 이 모든 일을, 더 나아가 많은 일을 스스로 할 것이다. 코치는 지휘자 역할을 해야 할 순간이 발생할 경우를 대비해 그 장소에 있을 수 있지만, 현악 사중주의 소리와 능력을 기대하고 있음을 그들에게 알려라.

일단 팀이 숙련된 협업자가 되면 팀에 협업의 핵심을 알려주자. 우리는 이미 10장에서 협업에 대한 격언을 살펴봤다. 정시는 이미 늦는다. 나머지는 팀에게 제시하고 협업의 핵심에 대해 팀원들이 진정한 협업과 관련된 격언에 어떻게 반응하는지 알아보자.

- 협업이 유일한 방법은 아니지만, 혁신이 필요한 경우 가장 직접적인 방법이다.
- 협업은 지금 현재 진행 중이며, 자신이 협업하는 동안에만 존재한다.
- 협업하려면 자신과 동료 작업자가 무엇을 그 파티에 가져오는지 알아야 한다.
- 업무에 대한 사랑과 열정으로 가득 차오르는 것은 협업의 전제조건이며 의무다. 사랑과 열정으로 가득 차오르게 하는 것은 자신이 선택하고 만들고 실천해야 할 기술이다.
- 문제가 생겼을 때 이를 해결하기 위해 사람을 바꿔야 한다면, 아직 문제를 이해하지 못한 것이다(Devin 2009).

## ▌ 요약

10장에서 학습한 주요 내용을 정리해보자.

- 고등학교 개러지 밴드에서 교향곡으로, 또 현악 사중주로 가는 길은 연습이 필요하다. 팀이 그렇게 할 수 있도록 팀 사무실을 제공하자.
- 팀이 일을 수행하기 위해 협업이 필요한지 여부를 의식적으로 결정하자. 그렇지 않다면 협력을 고수하고, 그 일을 잘하도록 하는데 집중하자.
- 협업을 구축하기 시작할 때는 먼저 개인에게 초점을 맞추고 진행하자
- 팀이 협업을 위한 대화를 하는 경우에는 새로운 기술을 제공하거나 연습을 돕기 위해 개입하자.
- 팀이 비협조적인 행동으로 되돌아갈 경우 '요청'을 사용하라.
- 가능한 한 빨리 그 중심에서 벗어나 팀이 스스로 협력할 수 있게 하라.

- 숙련된 협업 팀에게 협업의 핵심을 알려주고, 각 협업에 관한 격언이 가진 숨은 의미를 찾도록 격려하자.

## ▌추가 자료

- Robert D. Austin, Lee Devin, 『Artful Making: What Managers Need to Know About How Artists Work』, Prentice Hall, 2003
- Christopher Avery, M. Aaron Walker, E. O'Toole Murphy, 『Teamwork is an Individual Skill: Getting Your Work Done When Sharing Responsibility』, Berrett-Kohler, 2001
- Jean Tabaka, 『Collaboration Explained: Facilitation Skills for Software Project Leaders』, Addison-Wesley, 2006
- J. Tamm, R. Luyet, 『Radical Collaboration: Five Essential Skills to Overcome Defensiveness and Build Successful Relationships』, HarperCollins, 2004
- Arnold Steinhardt, 『Indivisible by Four: A String Quartet in Pursuit of Harmony』, Farrar, Strauss and Giroux, 1998

## ▌참고 자료

- 위르헌 아펄로, Self-Organization vs. Emergence(www.noop.nl/2009/10/self-organization-vs-emergence.html), 2009
- Robert D. Austin, Lee Devin, 『Artful Making: What Managers Need to Know About How Artists Work』, Prentice Hall, 2003
- Christopher Avery, M. Aaron Walker, E. O'Toole Murphy, 『Teamwork is an Individual Skill: Getting Your Work Done When Sharing Responsibility』, Berrett-Kohler, 2001

- Lee Devin, Personal conversation during a collaboration session in which Lee Devin and Lyssa Adkins designed the Build Your Team's Collaboration Muscle seminar. Richmond, VA, 2009

- 세스 고딘, 2008. 『트라이브스Tribes: We Need You to Lead Us』, 유하늘 옮김, 시목, 2020

- M. Griffiths, Release and Iteration Planning with Innovation Games, Leading Answers blog(http://leadinganswers.typepad.com/leading_answers/2007/03/release_and_ite.html), 2007

- T. J. Keitt, T. Grant, 「Serious Games Uncover Serious Requirement」, Forrester Research, 2008

- ——, P. Jackson, 「It's Time to Take Games Seriously」, Forrester Research, 2008

- Dan Mezick, Collaborative Intimacy: From Good to Great Collaboration (www.newtechusa.com/resources/CollaborativeIntimacy.pdf), 2009

- 피터 셍게Peter Senge, C. 오토 샤머C. O Scharmer, 조셉 자와스키Joseph Jaworski, 베티 수 플라워즈Betty Sue Flowers, 『미래 살아있는 시스템: 분석에서 통찰로 지식에서 지혜로Presence: An Exploration of Profound Change in People, Organizations, and Society』, 현대경제연구원 옮김, 지식노마드, 2006

- Arnold Steinhardt, 『Indivisible by Four: A String Quartet in Pursuit of Harmony』, Farrar, Strauss and Giroux, 1998

- Jean Tabaka, 『Collaboration Explained: Facilitation Skills for Software Project Leaders』, Addison-Wesley, 2006

- J. Tamm, R. Luyet, 『Radical Collaboration: Five Essential Skills to Overcome Defensiveness and Build Successful Relationships』, HarperCollins, 2004

# 3부

# 자신을 더 많이 파악하라

# 11장

# 애자일 코치의 실패, 회복 및 성공 유형

나는 11장에서 소개하는 실패의 함정을 겪어봤기 때문에 많은 애자일 코치가 실패하는 유형을 잘 알고 있다. 또한 다른 코치들의 성공적인 코칭 모습을 지켜봐 왔고, 팀이 야생의 상태와 같아도 뛰어난 성과를 창출하도록 도움을 주는 방법을 애자일 코치들에게 물어봤기 때문에 애자일 코치의 성공 요인도 잘 알고 있다. 오랜 시간이 지나면서 성공과 실패의 일반적인 유형을 분류할 수 있었다. 11장에서는 다양한 성공과 실패의 유형을 살펴봄으로써 이 유형이 코칭에서 어떤 작용을 하는지 알아보도록 한다.

인간의 본성이겠지만 내 경우엔 성공 유형보다는 실패 유형을 찾기가 쉬웠다. 실패 유형은 턱에 있는 여드름처럼 잘 보였다. 그 여드름을 무시하거나 화장으로 감추는 대신 세심한 주의를 기울였으며, 코칭에서 발생하는 모든 실패 유형을 확인하고 무엇이 문제인지 확인했다. 이 방법을 반복할수록 나는 실패 유형을 마스터할 수 있게 됐다. 실패의 나락으로 떨어뜨리는 덫에 덜 걸릴수록 팀은 더 좋은 결과를 얻기 시작했다. 내가 새로운 실패의 유형을 알아낼수록 실패에 덜 빠지게 됐다.

> **11장을 끝내면 다음과 같은 질문에 답할 수 있다.**
>
> - 실패하는 애자일 코치의 공통점은 무엇인가?
> - 실패는 왜 발생하고 극복하는 방법은 무엇인가?
> - 성공하는 애자일 코치의 공통적인 유형은 무엇이고, 어떻게 알 수 있을까?
> - 성공하는 애자일 코치가 되기 위해서는 무엇을 해야 할까?

실패의 함정에 덜 빠질수록 성공 유형이라는 좋은 패턴이 당신이 진행하는 코칭에서 발생하게 된다. 이러한 것을 알아차리고 이름을 붙여 규칙적인 패턴으로 만들면 더 자주 기억하고 쉽게 표현할 수 있다.

가벼운 마음으로 11장을 읽어보자. 실패와 성공 유형은 풍자와 심한 과장, 혹은 페르소나 같은 것이어서 그 속의 눈물겨운 진실을 깨닫게 되면 우리는 마침내 웃을 수 있다.

## ▌애자일 코칭의 실패 유형

애자일 코칭에 대한 실패 경험은 나를 실패 유형의 전문가로 만들었다. 다음의 다양한 유형은 내가 하나 이상 겪어본 적이 있었던 것으로 자신이 어느 유형에 해당되는지 확인해보길 바란다.

 **스파이** 다음 번 회고 주제를 선정하기 위해 팀을 관찰하다가 슬그머니 야반도주한다.

 **갈매기** 스탠드업 미팅에 갑자기 나타나서는 팀을 관찰한 내용이나 조언을 남기고 떠나버린다.

 **의견가** 팀의 입장에서 자신의 의견을 자주 제시하지만, 팀이 훌륭한 토론을 하는 데 필요한 객관성은 상실했다.

 **관리자** 회의, 요청, 기타 행정업무 등을 위한 불필요한 중계자 역할로 팀 독립성을 악화시킨다.

 **허브** 팀 구성원 간 의사소통과 팀에 부여된 과업을 조정하는 중심 역할을 한다.

**나비** 팀에서 팀으로 왔다 갔다 하면서 조언을 하든가 철학적인 질문을 던지는 데 시간을 낭비한다.

 **전문가** 팀 업무의 세부사항에 관여해 팀이 숲이 아닌 나무만 보게 한다.

 **잔소리꾼** 팀이 스탠드업 미팅을 시작하거나 스토리보드를 업데이트하거나, 맡은 업무를 완수하라고 계속 '잔소리'를 해댄다.

본인의 코칭에 해당하는 유형이 있는가? 우리 모두는 이런 유형 또는 이와 비슷한 유형을 통해 행동한다. 그러나 우리는 가장 훌륭한 의도를 갖고 행동한다. 팀의 디자인과 관련된 논의가 소강 상태로 접어들었을 때 우리는 전문가적인 의견을 그들에게 제시하면서 논의에 뛰어든다. 번다운 차트는 남아 있는 작업을 업데이트하지 않아 밋밋해 보이며, 팀에게 작업 카드를 최신 상태로 유지하라고 계속 잔소리를 해댄다. 이것이 끝이 아니다. 이러한 실패 유형을 드문드문 사용하게 되면 팀에 치명적인 결과를 초래하지는 않지만, 이런 실패 유형을 자주 사용하게 된다면 팀의 자기 조직화 능력을 떨어뜨린다. 이것이 엄청난 파괴적 효과를 가져온다.

비록 좋은 의도가 있었겠지만, 예를 들어 허브 같은 코칭을 지속적으로 하고 있다면 결과적으로 팀은 마이크로매니징micro-managing에 의존하게 된다. 혹은 나비 유형처럼 코칭한다면 팀에게 주기적으로 버려진다는 감정이나 홀로 남겨진다는 느낌을 주게 된다. 이런 행동을 습관적으로 하면 코치의 행동이 팀을 운영하는 중심이 되며, 이는 실패 유형으로 인한 악영향이 이미 팀 내에 발생하고 있음을 의미한다. 모든 것의 중심이 코치에게 있으면 안 되는 이유다.

## ▌실패 유형은 어디서부터 오는가?

실패 유형은 코치의 자아 혹은 지속적인 부분적 관심(또는 둘 다)이 동작하고 있을 때 나타난다.

자아는 코치의 판단, 지성, 계획, 지각, 현실 인식이 복합적으로 작용하면서 위험을 무릅쓰고 자신의 생각을 말하는 자신감을 갖게 한다. 자아는 이런 식으로 일반적이고 유용하며 자연스럽다. 우리는 모두 자아를 하나씩 갖고 있으며, "내가 무엇을 생각하고 있지?", "내가 무엇을 해야 하지?", "어떤 아이디어에 집중해야 하지?", "사람들은 나를 어떻게 생각하지?"라는 목소리를 들을 때 우리는 '나'에 집중하게 된다.

'나'에 대한 생각이 아무런 확인 작업도 없이 지속되면 "그들은 왜 내가 보는 것을 못 보지?", "만약 그들이 잘하지 못하면 나는 무엇을 해야 하지?", "사람들은 내 팀을 어떻게 생각하지?", "팀원들은 나를 코치로서 어떻게 평가할까?"처럼 어느 순간에 '나'를 중심으로 사고가 바뀌게 된다.

나를 중심으로 생각하는 모든 것 뒤에는 두려움이 있다. 팀이 가야할 길을 제대로 모른다는 두려움과 실패할지 모른다는 두려움 또는 팀원의 능력이 충분하지 않다는 두려움, 그리고 그 두려움은 팀의 성과가 좋지 않을 때 내게 나쁜 영향을 끼칠지 모른다는 생각을 자양분으로 해서 자라난다. 두려움으로 인해 코치는 팀에게 어떤 일이 일어날지, 그들이 무엇을 생각해낼지, 얼마나 잘 할 수 있을지에 대해 고민할 시간을 충분히 주지 못하게 되고 결국 그 두려움은 또 다른 두려움을 낳는다.

허브, 관리자, 의견가, 전문가, 잔소리꾼은 '나'에 대한 생각에 집중할수록 실패에 한 걸음 더 가까이 다가가게 한다. 위에 제시된 각각의 실패 유형은 팀이 너무 멀리 벗어나서 실패하지 않도록 할 의도가 있었지만, 이는 코치를 나쁘게 보이게 할 수 있다. 또한 팀이 큰 성과를 내지 못하게 하는 대가를 치를 수 있다.

실패 유형의 또 다른 조짐은 멀티태스킹과 부분적 관심의 지속이라는 형태로 나타난다. 진화론적으로 봤을 때 둘 다 모두 상당히 새롭고, 과학자들은 우리에게 인간의 신경계가 그것을 다루기 위해 만들어지지 않았다고 말한다(Kabat-Zinn 2006). 당신은 아마도 한 번에 여러 가지 일을 수행하는 멀티태스킹에 익숙할지도 모른다. 부분적 관심의 지속이라는 새로운 용어는 아마 알 수도 있을 것이다. "당신의 문제를 이야기하는 동안 나는 이 이메일에 답변을 쓰거나 내게 말하는 동안에 스마트폰을 보거나 SNS를 하거나 이메일 프로그램을 보고 있을게. 잠깐만, 누군가 내가 관심있는 사항을 이야기하고 있네. 아까 이야기하던 거 다시 한번 이야기 해줄래?"라는 경험을 이미 했을 수 있다.

이는 멀티태스킹 같지만 나를 7일 내내, 24간 내내 'ON' 상태로 만들어 내가 그 다음으로 관심을 쏟을 사람이나 사물을 지속적으로 주변에서 찾게 만든다.

---

### 시도해 보기

만약 그렇게 하는 것에 편안함을 느끼거나 내가 지도하는 팀이 애자일에 충분히 익숙하다면, 한 번에 두세 팀을 지도해도 괜찮다. 때로는 마음먹은 대로만 할 수 있다면 여러 팀을 한 번에 코칭하는 것도 가능하다.

부분적 관심의 지속으로 이끄는 실패 유형을 경험하지 않으려면, 제품 책임자들을 코칭할 때 사용하는 기법인 비즈니스 가치 중심의 사고 기법을 자신에게 활용해야 한다. 즉 팀의 백로그를 향상시키고, 비즈니스 가치에 기반해 우선순위를 결정해야 한다. 팀이 대부분의 시간을 가장 우선순위가 높은 비즈니스 가치를 가진 것에 사용하고, 그 다음에는 두 번째 우선순위에, 세 번째 비즈니스 가치에는 시간을 쓸 여유가 없을지도 모른다. 코치가 애자일 팀과 함께할 때는 그들에게 코치의 완전한 관심과 존재감을 줘야 한다.

---

부분적인 관심의 지속은 코치가 여러 팀을 동시에 코칭하거나 서로 다른 팀을 차례로 코칭할 때 발생한다. 이는 결국 갈매기, 스파이, 나비의 실패 유형이 된다. 이것은 팀을 충분히 코칭하고 있지 않음에도 불구하고 충분히 잘하고 있다는 착각에 빠지게 한다.


## ▌실패 유형으로부터 회복

실패 유형을 피하거나 회복하는 방법은 간단하면서도 어렵다. 두려움을 믿음으로 바꿔야 한다.

팀원들을 믿어라. 팀원들이 코치가 생각하는 것과는 다르게 행동을 하더라도 그들이 무엇을 해야 할지 잘 알고 있다고 믿어라. 그들이 실수해 막다른 골목에 다다르거나 절망에 빠지는 상황을 애써 막으려 하지 말고, 그들이 실패를 딛고 다시 시도함으로써 옳은 길을 찾을 수 있다고 믿어라. 팀원들이 나와 고객들을 놀라게 하고 기쁘게 하기 위해 스스로 최선을 다해 최고가 될 수 있다고 믿어라. 혹시 그들이 실패하더라도 실패에서 배우고 극복해 나중에는 더 잘 하리라고 믿어라.

분명 팀에 대한 믿음을 갖기가 쉬운 일이 아니다. 팀에 믿음을 갖게 되면 이는 내게 도움을 줄 것이다. 애자일 프레임워크는 실패를 극복함으로써 극복을 위한 자체 메커니즘을 갖게 된다. 그러한 메커니즘을 가진 팀은 "만약 우리가 실패할 거라면 빠르게 실패하자."를 팀의 슬로건으로 정할 것이다. 스프린트는 기간이 정해져 있어 팀이 오랜 시간이 지난 후에 실패하거나 매우 큰 영향을 가져올 결과물이 실패하지 않도록 해주기 때문에 팀과 코치가 실패를 무덤덤하게 대하게 될 것이다. 그리고 만약 그간의 노력이 실패하더라도 그 실패를 바로 알려준다. 이런 방법을 통해 애자일은 신뢰를 제공한다.

이제 다음 단계로 넘어가보자. 신뢰를 쌓기 위해서는 팀에 무슨 일이 일어나는지, 그리고 무엇을 노력하고 있는지에 관심을 가져야 한다.

신뢰 + 관심 = 훌륭한 코칭(또는 적어도 훌륭한 코칭의 가능성을 높이는 토대)

신뢰를 얻거나 관심을 갖는 단 하나의 유일한 방법은 없지만, 시도해 볼 만한 몇몇 지침으로 "마음 챙김을 하자, 호기심을 갖자, 관점을 넓게 가져라, 다른 사람과 쌍을 이뤄라, 성공을 연습하라"가 있다.

## 마음 챙김을 하자

마음 챙김을 하는 것은 실패 유형을 회피하는 데 도움이 된다. 마음 챙김을 실천하면 팀과 혼연일체가 되는 법을 배우고, 자기인식이 높아지는 것을 알 수 있다. 팀과 함께하는 것과 자기 인식은 실패 유형이 언제 시작되는지 알게 해준다

내게 있어 마음 챙김이란 머릿속의 잡념을 잠재우는 것이며, 이를 통해 중요한 것을 명확하게 생각하고 관찰할 수 있도록 해준다. 마음 챙김의 시작은 숨쉬기부터 하면 된다. 조용히 앉아서 몸 안에 들어오고 나가는 숨에 집중하자. 만약 이 방법이 도움이 된다면 1에서 4까지 세면서 호흡하고, 다시 한번 호흡을 시작해라. 많은 상념이 떠오르면 그저

생각을 그냥 놔두고, 다시 숨을 세면서 호흡에 집중하라. 많은 생각으로 인해 혼란스러울 때는 다시 호흡에 집중하라. 이 작업을 계속 반복해서 하라. 우리는 마음에게 마음을 챙기는 기술을 가르치고 있다. 지속적으로 하다 보면 인내와 기술이 발전할 것이고 그럼 더 쉬워진다(Devin).

---

**찾아보기** 　3장 '자기 자신을 완전히 파악하라'에서는 코칭에서 마음 챙김을 위한 다양한 기법과 실용적인 조언을 찾을 수 있다.

---

잠시 후 나는 마음 속의 여유가 생겼음을 알아차릴 수 있을 것이고, 이제 자신의 내부에서 일어나는 일보다는 팀이 필요로 하는 것에 집중할 수 있다. 추가로 생긴 이 역량을 통해 나는 애자일 팀과 나 자신을 명확히 볼 수 있다. 내 실패 유형은 명확해질 것이고, 매번 더 빠르고 더 빨리 그 함정에 빠지고 있는 자신을 알게 될 것이다. 이것은 내가 매번 더 빠르고 더 빨리 실패로부터 회복할 수 있다는 것을 의미한다.

## 호기심을 갖자

일하는 동안 팀을 관찰하면서 무슨 일이 일어나는지 호기심을 가져라. 팀 내부에서 무슨 일이 일어나려고 하는 거지? 팀이 어디로 가고 있는 거지? 그 팀이 유용하다고 생각하는 것은 뭐지? 그러고 나서 무슨 일이 더 벌어지는지 알아보라.

당신의 판단이나 가정에 선입견을 갖지 말고, 팀 내부에 뭐가 있는지 명확히 살펴볼 수 있는 시간을 가져라. 그런 후에 내게는 무슨 일이 일어나는지 알아보라. 어떤 실패 유형이 발생하는지? 어떤 기분인지? 두려움이 당신에게 동기를 부여하는지? 신뢰는 어디로 갔는지? 무엇에 집중하고 있는지?

---

**찾아보기** 　팀을 신뢰한다는 것이 코치의 머리를 쉬게 한다는 의미는 아니다. 여전히 팀과 팀 주변에서 일어나는 모든 상황을 알아차려야 한다. 이 책에 제시된 모든 기술을 사용하든 혹은 자신만의 기술을 사용하든 그 모든 것이 신뢰를 기반으로 발현되도록 하라. 신뢰를 쌓는 한 가지 방법은 호기심을 갖는 데서 오는데, 이 호기심은 문제 해결의 핵심 방법이고, 이는 8장 '문제 해결자로서의 코치'에서 자세히 다루고 있다.

---

신뢰와 관심이 다시 생기면 호기심이 그들에게 무슨 일이 일어나는지 그리고 내 안에서 무슨 일이 일어나는지에 대한 명확한 이미지를 갖다 줄 것이고, 그렇게 되면 실패 유형은 설 자리가 없을 것이다.

### 관점을 넓게 가져라

애자일 팀과 함께 하는 삶을 거대한 풍경화로 상상한다면 오늘은 어떤 모습인가? 아마도 지평선을 가리고 있는 황량한 언덕으로 볼 수도 있을 텐데, 그것은 내가 오늘 애자일 팀에 대해 느끼고 있는 감정이며 당신 자신에게 "내가 무엇을 해야 할지 모르겠어. 팀은 별로 신경 쓰는 것 같지 않아. 팀은 게을러서 특별한 일을 하려고 하지 않아."라고 생각할 수 있다. 아마도 이런 견해는 자신을 잔소리꾼으로 만들 수도 있다.

이제 뒤로 좀 물러나서 더 긴 시간과 더 넓은 환경에서 애자일 팀의 현재 상황을 확인해보라. 자신이 애자일 팀이 겪는 삶의 과정을 함께 하고 있다고 상상해보라. 이 관점에서 보면 아래에 보이는 황무지 언덕은 흥미롭고 다양한 삶 속에 있는 하나의 슬픈 점일 뿐이다. 나는 그들이 과거에 경험한 고난과 역경을 확인할 수 있다. 또한 아마도 곧 마주할 미래에는 이 땅에 세차게 흐르고 있는 강물을 확인할 수 있다. 그곳에서도 실패가 도사리고 있겠지만, 팀이 실수하지는 않을 것이다. 세상은 그 자체가 아름다운 것이다.

이제 팀이 공유한 비전 선언문으로 다시 가보자. 그들이 함께 하고자 원했던 이유를 음미해보자. 오늘의 이 상쾌하고 특별한 경험을 통해 하루를 시작하자. 내가 잔소리꾼이 되든 또는 다른 실패 유형에 빠져들어도 그대로 놔둬라.

**찾아보기** 비전 선언문을 작성하고 활용하는 것은 7장 '교사로서의 코치'에서 찾을 수 있다.

더 넓은 시야를 확보하는 것은 **메타뷰**meta-view라고 불리는 표준 코칭 기법인데, 이 기법은 팀원들이나 당신 자신이 앞뒤가 꽉 막힌 상황에 처했을 때 활용할 수 있다 (Whitworth et al. 2007).

## 다른 사람과 쌍을 이뤄라

우리는 팀원들에게 "한 사람보다는 두 사람이 함께 하는 게 낫다."라고 이야기하면서 다른 사람과의 협업을 가르친다. 코치들도 다른 코치와 협업하면 유리하다. 실패 유형이 자신을 사로잡기 시작할 때 내가 신뢰하는 동료들과 협업하라. 이 사람들은 내가 처한 어려움을 동정하는 사람들이다. 그들은 전에 이미 경험했기 때문에 내가 어떻게 느끼는지 알고 있다. 또한 그들은 당신이 자체 모니터링 및 자체 조정할 수 있는 팀을 위해 고성과를 추구한다는 점을 상기시켜 준다. 그리고 새로운 목표를 확실히 염두에 두고 '나' 중심의 사고를 잠시 뒤로 미룬 뒤, 관심과 코칭 역량을 신뢰에 집중시켜라.

## 성공을 연습하라

실패 유형에서 회복하다 보면 아직 인지하지 못한 성공 유형이 나타난다. 이러한 성공 유형은 내가 특히 잘 하는 일이나 팀의 자기 조직화 능력 향상, 혹은 일을 잘 마무리했음을 알아차렸을 때 나타난다. 그 성공 유형을 찾아봐라. 자신에게서 발견하고 이름을 짓고 습관을 바꿔라. 성공 유형을 알아차리고 기뻐하라. 성공 유형은 코치의 명함이자 좋은 코치로서 그리고 팀의 소중하고 유용한 한 부분으로서 자신에 대한 독특한 표현이다.

다른 코치들에게도 주의를 기울이고, 그들의 성공 유형을 훔치는 데 부끄러워하지 마라. 실패 유형보다 더 자연스럽게 느껴질 때까지 이 성공 유형을 연습하라. 그렇게 함으로써 그것은 자동적이면서도 가장 유용한 반응이 된다.

## ▌애자일 코치 성공 유형

성공 유형은 소리 소문 없이 오기 때문에 당신 자신이나 다른 사람들 속에서 성공적인 코칭을 관찰할 때 작지만 강력한 것을 찾아라. 다음 중 어느 것이 코칭에 영향을 미치는지 살펴보라.

**마술사** 무엇이 있는지 보여주지만, 보이지 않는 것에 대한 질문을 한다.

 **어린아이** 삶과 삶 속의 모든 것에 대한 끊임없는 호기심을 갖고, 순순하게 "왜요?"라고 질문한다.

 **귀** 모든 것을 듣지만 모든 것에 반응하지 않음으로써 사람들이 성장할 수 있는 여지를 준다.

 **방해꾼** 일을 즐겁고 가볍게 만들며, 사람들이 안주하지 않도록 균형을 약간 깨뜨려 버린다.

 **현명한 바보** 사람들을 깨우치는 멍청한 질문을 한다.

 **포도나무 덩굴** 팀이 알아차리지 못할 만큼 천천히 움직이면서, 팀이 애자일의 핵심으로 돌아가도록 끌어당긴다.

 **몽상가** 향후 만들어질 가능한 미래를 용감하게 말한다.

 **메가폰** 모든 목소리, 특히 억압받는 사람들의 목소리를 확실히 듣게 한다.

이러한 성공 유형과 기타 성공 유형을 활성화하려면 질문부터 시작하라. 우선 "이러한 성공 유형을 언제 사용하는 것이 내게 자연스럽게 느껴질까?" 같이 자신에게 먼저 질문하라. 그런 다음 팀에 질문하고, 팀이 현재 주변 상황에 대해 질문할 수 있도록 도와

라. 표 11.1은 코치가 다양한 성공 유형을 내재화했을 때 그들에게 말할 수 있는 몇 가지 질문을 제공한다.

표 11.1 자신의 코칭에서 성공 유형이 일상화되도록 도와주는 질문

| 이 성공 모드는… | 마치 ~처럼 들린다. |
| --- | --- |
| 마술사 | "여기 마주한 또 다른 현실은 무엇인가? |
| 어린아이 | "궁금한데…" |
| 방해꾼 | "이봐, 조(Joe), 네가 정말 어떻게 생각하는지 말해봐."<br>"그럼 우리 그냥 여기 앉아 있을 거야? 아니면 뭐라도 할 거야?" |
| 현명한 바보 | "무엇 때문에 이렇게 되는 겁니까?"<br>"여기서 무엇이 진실인가?", "네?" |
| 몽상가 | "우리가 상상하는 그대로라면 어떤 기분일까?"<br>"지금 무슨 일이 벌어지는 거야?"<br>"뭐가 나오려고 이러는 거지? " |
| 메가폰 | "또 다른 생각을 이야기 해보실래요?"<br>"누가 먼저 말해 볼까요? " |

몇 가지 성공 유형은 조용하다. 귀와 포도 덩굴은 묵묵히 일한다. 이 두 유형이 작용하면 팀원들은 변화가 일어났음을 인식하지만 원인이 정확히 무엇인지는 알 수 없다. 시간이 흐르면서 경청하는 여유가 생기고 차분한 대화가 가능해질 때 해당 문제의 핵심과 만들어진 변화를 이야기하고 아주 정확한 견해를 밝힐 수 있겠지만, 모든 성공 유형이 코칭에 적용됐기 때문에 어떤 성공 유형이 작용했는지는 알 수 없다.

이 중에서 어느 성공 유형을 채택할 것인가? 자신 안에서 어떤 성공 유형이 발현됐는지를 알아내고 기뻐할 것인가? 다른 유형이라면 그 성공 유형에 어떤 이름을 붙이겠는가?

## 연습 또 연습하라

애자일 코칭에 능숙해진다는 것은 연습을 의미하고 실패도 의미한다. 그리고 또 다시 실패를 딛고 더 연습한다. 하룻밤 사이에 실패 유형에서 애써 벗어나기 위해 노력할 필요는 없다. 성공하기 위해 10가지의 새로운 성공 유형을 만들어낼 필요도 없다. 그게

뭐든 간에 다음 단계를 향해 정진한다면 점점 더 좋아진다. 내가 연습하는 그것이 나 자신이 된다.

> 성공하기 위해서는 성공에 대한 당신의 열망이 실패에 대한 두려움보다 더 커야 한다.
>
> - 빌 코스비(Bill Cosby)

아마도 자신의 코칭에서 실패 유형을 파악해내는 것만으로도 지금 자신에게 충분한 변화일 것이다. 어쩌면 자신이 경험한 실패 유형이 큰 도약을 의미하는 것일 수도 있다. 계속 전진하고 늘 인지하고 있으며 자신을 너그럽게 대하라. 신뢰하고 관심을 집중하는 것이 자신에게 새로운 힘의 근원을 만들어 줄 것이다. 내게는 확실히 그랬다.

스트레스가 많은 상황에 놓이게 되면 자신이 갖고 있던 오래된 반사 동작으로 되돌아갈지 모른다고 예상하라. 그러나 만약 주의를 기울인다면 새로운 목소리가 내게 새로운 진실을 말할 수 있다. 스트레스에 대한 반응이 일상적인 행동이 될 필요는 없다. 스트레스를 받더라도 결국 연습을 통해 실패 유형을 피할 수 있다. 하지만 지금 당장은 자신의 위치를 파악하라. 그냥 파악만 한 다음 잠깐 멈춰라. 회복할 준비가 됐을 때 연습하고 또 연습하라.

또한 습관과 태도는 전염성이 있다는 사실을 기억하라. 팀원들은 코치가 제공하는 것이 무엇이든 집어 들고 그것을 널리 전파한다. 만약 코칭이 실패 및 성공 유형의 사이를 왔다 갔다 하는 것이라고 생각한다면 몽상가 혹은 잔소리꾼? 마법사 혹은 스파이? 메가폰 혹은 의견가? 중 어떤 유형을 선택할지 고민하라. 선택은 자신의 몫이다.

## ▌요약

11장에서 학습한 주요 내용을 정리해보자.

- 실패 유형은 발생하지만 거기에 자신의 코칭을 소모하진 말아라.
- 실패 유형에 대처하려면 신뢰와 관심을 높여라.
- 본인 및 다른 사람들에게 발생하는 성공 유형을 파악하고 이름을 만들어라.
- 자신의 위치를 파악한 후 다음 단계를 진행하라. 연습 밖에 없다.

## ▌추가 자료

- Jon Kabat-Zinn, 『Wherever You Go, There You Are: Mindfulness Meditation in Everyday Life』, Hyperion, 2005

- L. Stone, "Continuous Partial Attention—Not the Same as Multitasking", 「Business Week」, https://www.bloomberg.com/news/articles/2008 -07-23/continuous-partial-attention-not-the-same-as-multi-tasking

## ▌참고 자료

- Lee Devin, A random collection of favorite acting exercises. Unpublished manuscript

- Jon Kabat-Zinn, 『Coming to Our Senses: Healing Ourselves and the World Through Mindfulness』, Hyperion, 2006

- 로라 휘트워스, 카렌 킴지하우스, 헨리 킴지하우스, 필립 샌달, 『코액티브 코칭: 고객과 코치가 함께 성공하는 코칭의 기술Co-Active Coaching: New Skills for Coaching People Toward Success in Work and Life』, 김영사, 2016

# 12장

# 언제 그 경지에 오를 수 있을까?

천리길도 한 걸음부터 시작하지만 그 천리길에도 종착지는 있다. 누가 애자일 코치가 되기 위해 영원히 노력할 수 있을까? 우리가 배우고 성장하는 일반적인 과정과 마찬가지로 애자일 코치가 되는 것도 종착지점은 있다. 그렇다고 성공 지점에 도착했다고 해도 그 누구도 "당신은 성공 지점에 도착했습니다."라고 알려 주지 않는다. 우리는 코칭 능력을 개발하기 위해 지속적으로 공부하고, 새로운 기술을 코칭에 접목시키는 과정을 반복할 뿐인다. 그렇게 지속적으로 노력하고 어느 지점에 도달해 한숨을 돌릴 수 있는 시간이 됐을 때 비로소 뒤를 돌아볼 수 있게 되고, 그때서야 애자일 팀이 어떻게 변화됐는지 확인할 수 있다. 그때가 되면 "그래, 내가 잘 했구나"라는 것을 느낄 수 있다.

자신이 한 일에 뿌듯함을 느끼는 것도 잠시일 뿐, 코칭 능력을 키우기 위해 배워야 할 내용이 세상에는 너무나 많고 배울수록 팀에 도움을 더 많이 주게 된다. 그래서 우리는 우리가 이룬 것을 잠시 동안 감상하는 여유를 가진 다음 동기부여를 하고, 더 나은 코칭 스킬을 배우기 위해 발걸음을 다시 옮기게 된다.

**12장을 끝내면 다음과 같은 질문에 답할 수 있다.**

- 언제쯤 애자일 코치라고 당당히 말할 수 있을 만큼 경험과 기술을 쌓을 수 있을까?
- 코칭 능력의 효과성을 측정하기 위한 방법은 무엇인가?
- 애자일 코칭의 결과와는 상관없는 부분을 평가하는 회사에 어떻게 대처해야 하는가?
- 다른 사람들이 내가 수행하는 애자일 코칭의 진가를 알아보게 할 수 있을까?

애자일 코치를 하면서 걷게 되는 길은 자신만의 독특한 여정이라고 할 수 있다. 두 명의 애자일 코치를 봤을 때 그들이 같은 방식으로 코칭을 하는 법이 없으며, 두 코치가 겪는 기쁨과 어려움도 같지 않다.

12장에서는 코칭의 길을 가는 데 있어 도움이 되는 몇 가지 표식을 배워보고자 한다. 그 표식은 코치가 코칭이라는 길을 제대로 가고 있음을 확인시켜 주며, 자신이 나중에 어느 지점에 도달해 뒤를 돌아봤을 때 그 순간을 제대로 느낄 수 있게 도와줄 것이다.

## ▌ 애자일 코칭의 기술

코치가 되고 싶어하는 교육생들을 교육할 때 내가 가진 코칭 기술을 교육시간이 끝나기 직전까지 절대 알려주지 않는다. 사실 좋은 코칭을 위한 일종의 방법으로 교육생들에게 알려준 '코칭 체크리스트'를 초보 코치들이 좋은 코칭을 위한 처방전처럼 여기는데 놀라곤 한다. 그러니 12장에서 알려주는 기술을 자신을 얽매는데 사용하지 말고 나만의 코칭을 명확히 하는데 사용하길 바라며, 성공과 실패를 통해 코치로서 자신의 목소리를 내도록 하라. 애자일 코치에 대한 다른 사람들의 생각을 무조건적으로 받아들이면 내 팀에 적합한 코칭을 못할 수도 있기 때문에 무조건적으로 수용하지 마라. 이 책의 내용까지도 말이다.

체크리스트의 사용과 남용에 대한 경고를 잘 이해하고, 이미 코칭에 대한 경험과 자신만의 독특한 코칭에 대한 목소리를 내고 있다면 내가 작성한 일련의 코칭 체크리스트는 더 큰 도움을 줄 것이다. 여기에 제시된 기초적인 내용은 추후에 어떤 부분을 강화하고 싶은지를 확인할 수 있는 중간 측정지표가 될 것이다.

목록의 내용을 잘 해낸다면 애자일 코치가 되기 위한 기본적인 능력은 가졌음을 알 수 있다.

- 애자일 실천법 전수
- 애자일 팀 착수
- 1:1 팀원 코칭
- 전체 팀 코칭

- 제품 책임자 코칭
- 외부인 코칭
- 변화를 통한 팀 코칭
- 고성과를 내기 위한 방법 지도
- 팀원의 아이디어를 우선적으로 수용
- 자기 자신 알기
- 모델링된 애자일 가치와 원칙
- 갈등 다루기
- 지속적인 학습과 성장
- 지식과 경험의 나눔

비록 코칭의 길 앞에 큰 산이 기다린다 하더라도 12장에 제시된 경험과 기술을 잘 익힌다면 가고자 하는 코칭의 길을 좀 더 수월하게 갈 수 있게 도와줄 것이다. 그것을 즐겨라.

## 애자일 실천법 전수

팀에 애자일 실천법과 애자인 선언문의 가치를 지속적으로 활기차고 유용하게 유지하려는 욕구를 심어줬다면 자신을 애자일 코치라고 말해도 좋다. 팀이 이 같은 욕구를 갖고 있는지 다음을 통해 알 수 있다.

- 애자일 실천법을 활용했을 때의 예상되는 이점을 안다.
- 팀원들이 개발 중인 제품이나 자신들의 팀워크에 대해 회고했을 때 애자일 선언문과 12가지 원칙을 지키고 있다(Beck et al. 2001).
- 팀이 애자일 실천법을 변경하더라도 애자일 선언 및 시험과 적응의 순환고리가 여전히 유지되고 있다.

주요 애자일 실천법과 그 장점은 표 12.1을 통해 확인할 수 있다. 애자일 팀에 애자일 실천법을 스며들게 하려면 이 목록을 참고하라.

## 애자일 팀 착수

애자일 팀 구성과 운영을 성공적으로 시작했다면 자신을 애자일 코치라고 불러도 좋다. 왜냐하면 애자일 팀의 시작을 위해 코치는 팀의 목적을 수립하고 다양한 어젠다와 활동을 시도했으며, 계획을 세우고 실행했으며, 다양한 시도의 결과를 통해 향후 계획을 조정했다. 이렇게 함으로써 이미 코치는 애자일의 가치를 지키면서도, 팀에게 의미가 있는 착수 경험을 전달하는 방법을 알고 있다.

**찾아보기**  애자일 팀을 시작하는 방법과 구체적인 코칭 목표 및 활동에 대한 자세한 내용은 7장 '교사로서의 코치'에서 확인할 수 있다.

표 12.1 애자일 실천법과 기대되는 이점

**제품 백로그**

주어진 일정 내에 개발할 모든 사용자 스토리가 포함돼 있다.

제품 책임자는 비즈니스 가치에 따라 사용자 스토리를 우선순위화했다.

우선순위를 정하는 가장 중요한 척도는 첫 번째 비즈니스 가치를 가능한 한 빨리 제공하는 것이다.

백로그는 살아 있고 변경되며 자주 갱신되고 우선순위를 재설정한다.

제품 책임자는 작업이 리더십의 방향 및 제품 비전과 일치하도록 한다.

**스프린트 계획**

사용자 스토리의 우선순위에 따라 계획한다.

모든 일은 투명하게 공유한다.

팀은 합의된 업무만 진행한다.

**스프린트 백로그/번다운 차트**

스프린트 백로그에 있는 작업만 진행한다.

번다운 차트를 매일 갱신한다.

번다운 차트는 팀이 '스프린트 백로그를 모두 완료' 하지 못하고 있거나 스프린트가 끝나기 전에 모두 완료했을 때, 상호 간의 대화를 이끌어내기 위해 사용한다.

**장애물 제거**

지금 당장 고쳐야 것이 있다. 장애물이 머물 자리는 없다.

**타임박스된 스프린트**

시작과 끝을 의미한다.

팀이 기간을 통제한다.

시간의 압박을 받는다.

팀을 곤란하게 하지 않으면서 우선순위나 방향을 전환하기 위한 리더십을 발휘한다(리더십 발휘는 스프린트 사이에서 발생하기 때문).

**회고**

팀이 지속적으로 개선할 수 있게 하는 잘 계획되고 효과적인 회의다.

팀은 매번 스스로를 조율할 수 있는 에코 시스템으로 생각한다.

**스프린트 리뷰**

특별한 기법이 필요하지 않지만 매우 영향이 큰 회의다.

제품 책임자 및 모든 외부자(고객, 스폰서, 이해관계자, 관리자 등)와 결과를 '공유'한다.

### 스토리/태스크 보드

팀에서 이뤄지는 모든 상태를 표시하고 팀원들의 현재 상황을 전달하기 위해 사용한다.

팀이 상호 간의 조정이나 작업 순서 지정을 촉진하기 위해 사용한다.

### 스탠드업 미팅

스탠드업 미팅은 팀 동료 간에 효과적이고, 상호 간의 지원 및 건설적인 압박으로 작용한다.

세밀한 조정이 일어난다.

팀원들은 업무에 장애가 되는 사항을 언급하고 이를 해결한다.

### 릴리스 계획

모든 사람은 이번 릴리스에 추가적으로 포함된 비즈니스 가치를 잘 알고 있다.

누구나 릴리스 계획에 따른 향후 계획을 이야기할 수 있다.

고객과의 약속은 스프린트가 아닌 릴리스를 통해 지켜진다.

고객과의 상호작용은 일정 중심에서 가치 중심으로 변화한다.

릴리스 계획은 팀의 업무 진행 속도와 새로운 기능에 따라 자주 조정된다.

## 1:1 팀원 코칭

팀원들과 1:1로 코칭 대화를 하는 데 필요한 기술에 능숙해지고, 쉽고 비공식적인 방식으로 대화할 수 있으며, 대화에서 상대방이 변화를 느낄 때 스스로를 애자일 코치라고 해도 좋다. 각 팀원이 가진 능력과 고민을 파악하고, 그들에게 변화가 필요하다는 점을 인지시키고 변화하려는 욕구를 갖게 할 수 있어야 훌륭한 애자일 코치가 될 수 있다.

## 전체 팀에 대한 코칭

애자일 코칭에 대한 비전(불도저, 셰퍼드, 서번트 리더, 품질과 성과의 수호자)을 완전히 실천하고 있을 때 자기 자신을 스스로 애자일 코치라고 해도 좋다

이것은 팀이 한 번에 하나의 스프린트에 집중하게 하는 형태를 취할 수 있다. 혹은 팀 대화에 세심한 주의를 기울여 팀이 비전을 향해 진정으로 협력하고 다양한 방법 중에 가장 간단한 방법을 찾도록 해준다. 아니면 한 팀원이 거침없는 행동을 취함으로써 다음 번에도 같은 상황이 닥쳤을 때 팀원들이 그렇게 행동할 수 있는 용기를 준다. 팀이 목적을 잃었을 때 팀에 공유된 비전을 상기시키는 것이다. 이외에 팀이 엄청난 결과를 만들어낼 수 있도록 수천 가지의 도움을 줌으로써 팀이 자신들을 훌륭한 애자일 팀이라는 자신감을 갖게 해준다.

**찾아보기** 팀, 팀원, 제품 책임자 및 외부인을 코치하는 데 필요한 기술에 대한 자세한 내용은 5장 '멘토로서 코치'에서 확인할 수 있다.

셰퍼드, 불도저, 서번트 리더, 품질과 성과의 수호자로서 애자일 코치가 가져야 할 비전은 7장 '교사로서의 코치'에서 더 확인할 수 있다.

## 제품 책임자 코칭

제품 책임자가 중요한 역할을 할 수 있도록 적극적으로 코칭하고 있다면 자신을 애자일 코치라고 불러도 좋다. 제품 책임자에게 다음과 같은 코칭을 할 수 있다.

**팀과의 상호작용**: 제품 책임자는 팀에 도전의식을 북돋우는 것과 괴롭히는 것 사이의 미묘한 선을 감지할 수 있으며, 팀이 이 선을 넘으려 한다면 뒤로 잠시 물러날 수 있다. 팀 능력을 끌어올리기 위해 제품 책임자와 팀 간의 관계 향상을 위한 방법을 제시하고, 팀의 자기 조직화를 방해하는 행동을 하지 않도록 코치해야 한다.

**비즈니스 가치 중심 사고**: 제품 책임자는 항상 "지금 우리에게 가장 큰 비즈니스 가치가 무엇인가?"라는 질문을 던지며 비즈니스 가치 중심적인 의사결정을 내린다. 그들은 비즈니스 가치 기준에 충족하지 못하는 일, 예를 들면 불필요하거나 중요하지 않은 회의나 결정 또는 세부사항 등은 옆으로 밀어버리거나 아예 없애기도 한다. 제품 책임자는 오직 훌륭한 제품을 만드는 데 필요한 업무에 직접적인 관심을 가지며, 장기적인 가치가 단기적인 의사결정에 의해 침해받지 않도록 지속적으로 노력한다.

**제품 백로그 작성, 손질**grooming **및 사용**: 제품 백로그는 살아 있는 유기체다. 제품 책임자는 새로운 아이디어와 외부 영향에 적응하기 위해 제품 백로그를 사용한다. 제품 백로그는 점점 더 실제적인 요구사항으로 변화되고, 이 요구사항이 명확해지면 가장 가치 있는 결과를 탄생시킨다. 모든 이해관계자는 원하는 기능이 다른 기능과 비즈니스 가치 및 생성 가능성 측면에서 어떻게 비교되는지 확인하기 위해 제품 백로그를 볼 수 있는 위치를 알고 있다.

**장애물 제거**: 제품 책임자는 팀 및 애자일 코치와 함께 기꺼이 협력해 팀의 추진력이나 결과의 품질을 방해하는 장애물을 제거한다.

이해관계자 관리: 제품 책임자는 제품과 관련된 다양한 이해관계자의 요구에 대응하기 위해 제품 백로그를 개방적이고 투명하게 유지한다. 또한 제품 책임자는 제품의 비전을 위해 이해관계자들과 긴밀한 관계를 유지한다. 제품 책임자는 모든 이해관계자의 목소리를 모아 하나의 명확한 목소리로 만들어 팀이 다음에 어떤 것을 만들어야 하고, 또 그것이 향후 릴리스에서 어떻게 배포될지를 명확히 알도록 한다.

팀이 제품 책임자를 설득력 있는 비전을 향해 나아가고, 현실을 강하게 장악하면서 팀에게서 위대함을 기대하는 긍정적인 힘으로 볼 때, 제품 책임자를 잘 코칭했다는 사실을 알게 된다. 팀은 그러한 제품 책임자를 매우 중요하게 여긴다.

코치는 단순히 팀과 제품 책임자의 관계를 넘어 제품 책임자와 속 깊은 대화를 하게 될 때 제품 책임자와의 관계가 긍정적이고 실행 가능한 코칭 관계를 형성했음을 알 수 있다. 특히 코치가 제품 책임자와 비즈니스 상황 및 중대 결정을 내리는 대화에 참여할 때 더 잘 느낄 수 있을 것이다.

## 외부인 코칭

팀 외부의 스폰서, 관리자 및 이해관계자와 코칭에 관해 많은 대화를 나눠왔다면 자기 자신을 애자일 코치라고 불러도 좋다. 대화를 통해 팀의 좋거나 나쁜 상호작용에 대해 외부인들에게 알려주고 그들이 팀의 탁월한 결과 창출과 모멘텀을 위해 어떻게 지원해야 하는지 알려준다. 또한 그들이 가장 본질적이고 가치 있는 것을 구성한 다음 경쟁우위를 확보하기 위해 애자일을 활용하는 방법을 알려주고, 그들이 한 단계 더 높은 곳으로 갈 수 있도록 코칭한다.

모든 외부인은 팀의 계획과 진행상황, 더 나은 성과를 위해 무엇을 노력하고 있는지를 제품 책임자를 통해 전달받는다. 앞서 제품 책임자가 팀과 제품을 대표할 수 있도록 코칭했고, 그것을 통해 외부인들은 제품 책임자가 팀의 대표로써 위와 같은 가치 있는 정보를 제공할 것이라고 기대할 수 있다.

## 변화를 통한 팀 코칭

변화나 원치 않는 상황으로 인해 절망에 빠져 있는 팀에 변화를 유도하고, 역량을 향상시켜 활력을 되찾도록 도움을 줬다면 자신을 애자일 코치라고 불러도 좋다. 팀이 변화하려 노력하려 할 때 분명히 팀을 다시 좌절시킬 일이 발생하면 팀은 새로운 기술을 도입하려 할 것이다. 그 일은 위에서 내려오는 지시일 수도 있고, 제품 책임자가 떠나는 결정일 수 있다. 만약에 이런 일이 발생하지 않으면 분명 다른 어떤 일이 일어날 것이다.

뛰어난 애자일 코치는 팀이 이런 상황에 닥쳐 주저앉을 때 애자일 원칙과 실천법, 가치를 이용해 팀과 팀원을 코치함으로써 그들이 제자리로 돌아올 수 있게 할 수 있다.

> **찾아보기** 팀의 수준을 탐색하고 수준에 맞는 코칭 스타일에 관한 내용은 4장 '스타일을 변경하라'를 참고하라.
> 팀이 높은 성과를 내기 위해서는 적절한 목표가 필요한데, 그 목표를 설정하는 방법은 2장 '고성과를 기대하라'를 참고하라.
> 팀원들과 대화를 통해 아이디어를 창출하고 의사결정을 내리는 방법은 6장 '퍼실리테이터로서의 코치'를 참고하라.
> 팀에서 발생하는 문제를 해결하는 방안은 8장 '문제 해결사로서의 코치'를 참고하라.
> 팀에서 발생하는 갈등에 대한 내용은 9장 '갈등 중재자로서의 코치'를 참고하라.

## 고성과를 창출하기 위한 유도

당신이 적극적으로 개입해 도와준 팀이 더욱 더 좋은 성과를 내고 있다면 자신을 애자일 코치라고 불러도 좋다. 팀이 성과 향상을 위한 그들만의 여정을 항해할 때, 코치는 팀원 개인, 팀, 제품, 회사에게 이익을 가져올 길을 가도록 독려한다.

## 팀원의 아이디어를 우선적으로 수용

코치 자신의 아이디어나 결정보다 팀이 제시한 아이디어와 의사결정을 우선적으로 수용하고 있다면 자신을 애자일 코치라고 불러도 좋다. 자신의 아이디어가 더 나았는지 여부는 중요하지 않다. 팀이 스스로 아이디어를 내고 팀을 위해 스스로 결정하는 방법을 배우는 것이 더 중요하다. 이미 잘 알고 있듯이 자신이 스스로 결정을 하게 되면 해당 결정을 더욱 잘 따르게 되며 의욕을 주기 때문이다.

## 자기 자신 알기

자신의 필요에 의해서나 무의식적인 반사적 행동이 아닌 완전한 자기 인식을 통해 팀에게 현재 필요한 것을 제공할 때 스스로를 애자일 코치라고 불러도 좋다. 코치는 팀을 위해 존재한다

## 모델링된 애자일 가치와 원칙

어떤 상황에 접근하는 자신만의 방식에 애자일의 가치가 반영돼 있다고 여기거나, 자신이 행동하는 방식에서 애자일을 잘 활용한다고 느끼거나 또는 더 나은 결과를 창출하는 데 있어서 새롭거나 더 깊이 있는 기술을 배우면서 팀원들이 더 협업을 하게 됐다면, 팀이 코치를 능력 있고 성공적인 애자일리스트의 역할 모델이라고 생각할 것인데 이때 자신을 애자일 코치라고 불러도 좋다. 이러한 현상은 코치로서 애자일의 역할 모델을 잘 수행했다는 증거다.

## 갈등 다루기

팀이 갈등을 겪고 있는 상황에서 그 갈등을 극복하고 협력을 위한 하나 이상의 갈등 해결 모델을 배우고 사용했을 때 자신을 애자일 코치라고 불러도 좋다. 단순히 갈등이 발생했을 때 바로 개입하지 않고 적절한 시기를 알고 중재를 할 수 있을 때 코치가 갈등 중재를 잘하고 있는 것이다. 팀에 갈등이 발생했을 때 코치의 도움을 필요로 하지 않고 스스로 해결하는 단계에 도달하게 된다면 코칭을 잘 한 것이다.

## 지속적인 학습과 성장

학습과 성장에 대한 끝없는 갈증과 팀원들이 성장하는 모습을 보고 싶은 욕구를 갖고 있다면 자신을 애자일 코치라고 불러도 좋다. 많은 훈련은 자신을 단련시키고 팀을 코치하는 데 도움을 준다. 마음이 그중에 무엇을 택하든 새로운 것을 많이 배워라. 새로

배운 기술을 팀에게 적용하고 팀이 좋은 성과를 내는 것을 확인함으로써 코치는 지속적인 학습과 성장의 중요성을 알 수 있다.

학습과 성장을 위한 시간은 애자일 코치가 되기 위한 신성한 시간이며, 바빠졌다는 이유로 그 시간을 등한시하면 안 된다. 사람은 항상 시간이 부족하다! 바쁜 와중에도 시간을 내어 코칭에 대한 주제를 찾고 블로그를 읽고 책을 확인하고, 웹사이트 링크를 클릭해 새로운 정보를 습득하고, 다가오는 애자일 컨퍼런스의 주제도 읽어보면서 자신의 것으로 습득하는 시간을 계획하고 실천하는 것이 중요하다.

주기적인 측정을 통해 내 코칭 능력이 어느 수준인지 확인할 수 있으며, 부족한 부분을 확인하고 새로운 아이디어를 접할 수 있다. 또한 자신의 팀이 더 나은 결과를 창출하도록 만들기 위해 팀을 어떻게 코칭했는지 정확하게 자주 확인할 수 있다.

### 지식과 경험의 나눔

자신이 겪은 경험과 어려움을 이겨내는 방법 및 학습을 통해 배운 지식을 다른 사람들에게 공유하기 시작했을 때 자신을 애자일 코치로 불러도 좋다. 가능하다면 애자일 커뮤니티의 오프라인 모임에 참석하고, 그것이 불가능하다면 온라인으로라도 참석하기 바란다. 만약 지역 내에 커뮤니티가 없다면 하나 만들기 바란다. 새로운 정보를 얻기 위해 회의에 참석하고 참석자들의 지식을 배우는 기회를 갖는 것이 좋다. 또한 다른 사람들과 나눌 나만의 정보가 있다면 같이 공유하라. 이런 컨퍼런스 참석을 통해 자신의 능력을 발전시키는 기회를 갖도록 하라.

## ▌그 외 기술

앞서 제시된 기술은 애자일 코칭이 '무엇인지' 즉 애자일 코치가 일상 업무에서 무엇을 하는지 구체적으로 제시한 것이다. 사람들이 애자일 코치의 능력을 판단할 때 코치의 행동 유형이나 말투 같은 '어떻게'도 코칭을 하는 '무엇' 만큼이나 중요하다.

## 관리자가 아닌 코치로서 자신을 평가하라

"결과로 말하라. 다른 사람들에게 업무를 지시하라." 이 두 문장은 관리직 채용 공고나 인사 고과 기준에서 흔히 볼 수 있는 문장이다. 애자일 코치가 되기 전에 나는 "직원들을 지휘하고 통제하라."는 문구가 포함된 직업을 갖기도 했다.

통제하려는 욕구는 대부분 사람들의 가치를 회사의 성과 관리 프로세스에 의해 측정하는 방식에서 크고 명확하게 나타난다. 평가 시에 직원에 대한 통제를 강화하기 위해 기존 기준에 새로운 기준을 추가하기도 한다. 성공한 많은 애자일 코치는 팀이 높은 성과를 냈고, 새로운 명확성과 목적에도 불구하고 "직원들을 지휘하고 통제하라."는 기준이 측정항목에 있다는 사실에 경악을 금치 못했다.

훌륭하게 진행된 애자일 코칭은 팀 밖에서는 확인할 수 없으며, 심지어 팀원들도 눈치채지 못할 수 있다. 팀원들은 팀이 성공하는 데 코치의 코칭이 어떤 역할을 했는지 피부로 느끼기는 어렵다. 즉 애자일 코치의 코칭으로 인해 더 좋은 결과를 만들어냈는지 팀이 알기도 어렵지만, 경영진조차도 애자일 팀이 만들어낸 결과가 코칭으로 인한 것인지 아닌지 아는 것도 거의 불가능하다. 이러한 이유로 애자일 코치는 종종 관리자로부터 "팀이 엄청난 성과를 낸 것을 알고 있지만, 그 성과 달성에서 코치로서 어떤 기여를 했나요?"라는 질문을 받는다.

만약 자신이 코칭을 잘 하고 있다면, 이 질문에 대답하기가 불가능할 것이다. 어떤 팀원이 좋은 성과를 낸다고 해서 같은 질문을 해당 팀원에게 했을 때, 팀의 성과물에서 좋은 성과를 낸 부분을 정확하게 짚어 보여주기 어려운 상황과 같다. 왜냐하면 팀의 성과물은 특히 소프트웨어 코드, 새로운 프로세스, 마케팅 계획 등은 팀 내에서 전체적으로 공유가 되며, 그 성과물을 '내 것'과 '당신 것'으로 구분하기가 쉽지 않기 때문이다.

특히 코치의 업무 성과물은 눈에 보이지 않기 때문에 확인하기가 더욱 어렵다. 팀 성공의 결과로부터 코칭의 성과를 확인하는 것은 어렵지만, 종종 회사 내의 성과 검토 회의에서는 코칭의 성과 측정을 요구하기도 한다.

관리자들의 성과와 팀을 이끈 성과가 훌륭한 애자일 코칭 때문인지 아닌지 판단할 수 없음에도 불구하고, 코칭의 성과를 측정하는 모델이 존재하고 그 방식대로 측정하고 있다. 그러나 슬프게도 해당 모델은 손쉽게 접근할 수 있는 '리더'라는 정의로 잘못 사용되고 있다.

회사에서 사용하는 리더와 관리자들의 성과측정 기준을 애자일 코칭에 맞도록 나 자신부터 변경할 수 있다. 나부터 훌륭한 애자일 코칭의 새롭고 유용한 측정 기준을 제시하고 설명한다면 상황은 변화될 수 있다. '다른 사람들의 업무 성과'를 통해 평가받기를 거부하고, 그 대신 '그 누구도 다른 사람들의 성과를 통해 직접적으로 평가를 받을 필요가 없다는 분위기'를 만들면서 변화를 주도하라.

애자일 코치로서 자신의 능력, 스타일 및 영향에 대해 생각해보고, 표 12.2의 내용을 참고해 자신이 얼마나 애자일 코칭을 잘하고 있는지 측정해보자.

표12.2 애자일 코칭의 성과 측정

| 지양해야 할 점 | 지향해야 할 점 |
| --- | --- |
| 성과 달성을 위해 팀을 지휘 팀원들에게 업무를 지시 | 지시나 지휘를 하지 않고, 팀이 자연스럽게 좋은 결과를 내도록 드러내지 않고 코칭 |
| 예측이 가능하도록 팀 작업을 통제 | 팀이 본인들이 선택한 업무를 완료하고, 약속한 결과에 책임지도록 분위기 조성 |
| 회사의 규칙을 준수 | 회사의 규정이 가치 전달을 제한할 때 이에 대한 도전 |
| 문제를 경영진에게 즉각 보고 | 사람들과 함께 문제를 완벽히 해결하면서 나아갈 수 있도록 진행 |
| 입증되고 안전한 대안을 선호 | 팀이 실험하고 실패하며, 그로부터 학습할 수 있는 안전한 환경 조성 |
| 계획에 따른 제품의 전달 | 팀이 변경하고 매우 정확한 자신들의 계획에 따라 제품을 전달하도록 코칭<br>비즈니스 가치 전달만이 오직 중요한 성과 측정 기준이 되는 환경 조성 |
| 유효성이 검증된 전략 및 절차의 준수 | 팀이 각 상황을 새롭게 바라보고, 익숙한 환경에서도 획기적인 결과를 창출하도록 창의성과 역량 키우기 |
| 책에 제시된 대로 애자일 적용 | 책에 있는 대로 진행하는 것이 가장 좋지만, 불완전한 상황에서도 최소한의 개선을 얻기 위해서는 애자일에서 가장 강력한 문장이라도 희생할 수 있음을 알기 |

애자일 코칭의 성과 측정 기준으로 자신을 평가하기 시작하면, 다른 사람들 역시 같은 기준으로 평가하기 시작할 것이다. 새로운 과업의 시작 시점에서 애자일 코칭에 대해 기대하는 사항을 상세하게 설명하기 위해 이러한 측정 기준을 사용하면, 사람들이 애

자일 코칭이 제대로 수행됐는지 아닌지를 알 수 있다. 이렇게 된다면 사람들은 코치가 변화시키기 시작한 환경에 대해 무엇을 기대할 수 있을지 그리고 평가를 어떻게 해야 할지를 아는 데 도움을 줄 수 있다.

만약 자신이 깊숙이 뿌리가 박힌 성과 관리 프로세스를 가진 회사에서 일하고 있다면, 애자일 코칭을 공식적으로 인정받기까지는 많은 시간이 걸릴 것이다. 그렇다고 좌절하지 말고 자신 스스로를 평가하고, 팀이 창출한 진정한 성과와 그 성과에 공헌한 것에 만족하기 바란다. 자신이 충분히 지휘나 통제를 하지 못해 팀이 창출한 결과가 만족스럽지 못한 것 같다는 자책감으로 혼란스럽다면 팀이 창출한 결과를 팀원들에게 있는 그대로 이야기해주되, 달성하지 못한 결과는 코치의 책임이 아니라는 점을 알려줘야 한다.

그런 문화는 나 자신이 포기하지 않는다면 분명히 변화될 것이다.

## 자신의 성공을 이야기하라

회사는 코치의 영향력을 보지 못하며, 때로는 코치 자신도 확인할 수 없다. 코치의 성과를 다른 사람들에게 얘기하고 표출하는 활동을 하지 않는다면 코치의 정량적 및 정성적인 개인적 가치는 급격히 하락할 수 있다.

그러므로 자신이 어떤 부분을 도왔는지, 팀이 내 코칭에 얼마나 만족했는지, 어떤 부분에 변화를 줬는지 등의 목록을 매주 노트에 작성하는 습관을 들여라. 해당 기록은 다른 누구도 보지 않을 것이므로 자신이 작성하고 싶은 대로 자유롭게 작성하면 된다.

그림 12.1은 코치가 확인해야 할 주간 가치 목록의 예를 보여준다.

매주 코칭에 대한 내용을 기록하면 나는 정직하게 내 성공을 주장할 수 있다. 이 기록은 코치가 개인적으로 전달한 가치를 다시 확인시켜주며, 달성이 불가능한 성과에 직면했을 때에도 사리분별을 명확히 하는 데 도움을 준다. "당신은 이번 주에 어떤 일을 하셨어요?"라는 질문을 받았을 때 제시할 수 있는 작지만 큰 결과물을 갖게 된 것이다.

매주 이 목록을 작성하는 것은 코치가 전달한 코칭의 가치와 성장과 개선이 필요한 부분을 알려준다. 코치는 아마도 관리자와 가치를 함께 확인하면서 그것을 도출할 수 있는데, 이는 성과 관리의 방향을 변경하는 데도 도움을 받을 수 있다.

다른 사람들이 나를 어떻게 평가를 하는지와는 상관없이 스스로 자신의 성과를 평가해야 한다. 팀을 떠나게 됐을 때도 팀원들과 같이 보낸 시간을 되돌아보며 자신이 한 성과를 측정하고 무엇이 부족한지 목록을 작성하라. 자신을 냉정히 평가하면서 자신이 팀에 준 영향을 고려하라. 그림 12.2는 코칭이 거의 끝나갈 무렵에서의 개인적인 회고 사례를 보여준다.

**이번 주에 내가 낸 성과:**

- 제품 책임자가 스폰서와 의견 일치를 하도록 도왔다. 그녀는 비전과는 다르게 팀에게 방향을 제시해 주는 것을 알지 못했다.
- 애자일 팀의 성과물이 운영 팀에 미치는 모든 영향을 나타내는 프로그램 수준의 스파게티 다이어그램을 그리기 시작했다. 모두가 그 다이어그램에 모든 영향을 표시했고, 하루 만에 다이어그램을 완성했다. 그러나 프로그램 관리 팀은 해당 그림을 완성하는 데 한 달이나 걸렸다.
- PMO 책임자가 애자일 팀의 릴리스 계획을 통합한 '일정'을 작성하는 것을 도와줬다. 그녀는 더 이상 팀에 일정을 재촉하지는 않을 것이다.
- 제품 책임자와 신규 애자일 코치에게 새로운 기능을 위한 제품 백로그 작성 방법을 가르쳤다. 그들은 지금 엄청 열심히 하고 있다.
- 새로운 팀을 만들었다. 좋은 출발을 하고 있는 듯하다.
- 프로그램의 변화관리 팀이 작업 일정에 대한 마감 시간을 직접 내려 보내지 않고, 마감 일정에 대해 그들이 애자일 팀과 협의하도록 만들었다. 변화관리 팀에게는 엄청난 변화다!
- 애자일 관리자는 자신이 너무 지시를 많이 한다는 점을 스스로 깨우쳤다. 이 코칭은 효과가 있다!

**그림 12.1** 애자일 코치의 주간 가치 확인

**내가 가져온 변화…**

- 그 팀은 회사의 관리자들이 인정하는 거대한 변화를 만들었다. 그들은 애자일이 아니었다면 어떠한 제품도 만들어 내지 못했을 것이라고 말했다.
- 3명의 유능한 애자일 코치들을 양성했다. 그중에 한 명은 자신의 애자일 코칭 능력을 발견하지 못했다면 회사 내 정치 싸움의 희생양이 됐을 것이다.
- 두 팀은 성공적으로 제품 책임자를 변화시켰다.
- 팀은 무심코 받아들였던 여러 일 중에서 불필요한 업무를 더 자주 발견한다.
- 나는 규모가 큰 신규 프로그램을 애자일로 수행해야 하는지를 결정하는 중요 역할을 맡았고, 이 일을 소수의 프로그램 관리 팀과 함께 진행했다.
- 운영 팀은 이제 자신들이 흥미로운 일을 하기 위해서 애자일을 사용하며, 많은 운영 작업을 더 빠르게 수행하는 방법을 알게 됐다.
- 내가 떠난 지 두 달 후, 애자일을 반대했던 모든 팀원이 운영 팀으로 옮겨가면서 그쪽에서도 애자일을 계속 활용하기로 결정했다는 소식을 들었다. 6명 중에 3명은 애자일 코치가 되고 싶어한다. 와우~ 이건 예상하지 못했는데!

**내가 제대로 하지 못한 일…**

- 상위 관리자들은 애자일 팀의 능력을 활용해 성과를 내며, 신속한 변화를 이끌어 내는 방법을 모른다. 그들은 애자일을 단순히 또 다른 유형의 프로젝트 관리 방법론이라고 생각한다.
- 새로운 애자일 코치들과 제품 책임자들은 장애물을 뛰어 넘는 방법에 대한 도움을 받지 못한 채 홀로 조직의 높은 장벽과 씨름하고 있다.
- 상위 관리자들은 애자일 코치로 변화하지 못했고, 애자일의 '다음 단계'로 넘어가지 못했다. 그들은 단지 자신들의 무능력을 가려줄 자신만의 애자일 방법론을 만드느라 바쁘다.

**나 스스로 성장한 것…**

- 나는 적어도 4명(수습 애자일 코치 3명, 제품 책임자 1명)에게 긍정적인 영향을 줬다.
- 나는 팀에게 회고에서 사용할 수 있는 수많은 도구를 제공했고, 팀이 협업하도록 도왔다.
- 나는 훌륭한 코치라는 소리를 많이 들었다.
- 나는 이제 애자일 팀을 넘어 관리자들을 코칭할 수 있는 역량을 갖췄다.

그림 12.2 애자일 코치의 코칭 경험에 대한 개인적 회고

회고한 내용을 군이 코칭이 끝날 때까지 기다렸다가 작성할 필요는 없다. 회고 내용을 작성하는 활동은 언제 해도 무방하지만, 습관이 되면 엄청난 강점이 될 것이다.

## 자신의 성과를 검토하라

자신이 애자일 코치로서 어떤 '경지'에 도달했는지 확실히 알 수 있는 방법은 간단하다. 코치로서 준 영향을 확인하면 된다. 팀과 상호작용하거나 팀에 통찰력을 줬거나 혹은 어려운 질문을 했을 때 그 후에 어떤 일이 발생하는지 확인하라. 팀이 더 좋은 아이디어를 냈는지 혹은 더 간단한 아이디어를 냈는가? 그들의 행동에는 이유가 명확한가? 팀은 비즈니스 가치를 제공하기 위해 필요한 '어떤 힘'을 요구하는가?

1:1 코칭을 할 때는 그 사람과 나눈 대화의 영향을 그 즉시, 혹은 며칠이나 몇 주가 지난 후에 반드시 확인하라. 또한 내가 코칭하는 팀원들에게 코칭의 영향을 물어볼 용기를 가져라. 코칭의 영향에 대해 물어볼 질문은 "당신이 업무를 바라보는 방식에 변화가 있었나요?", "새로운 아이디어가 생겼나요?", "당신이 수행하는 업무에서 변화된 것이 있나요?" 등이다.

애자일 코치로서 자신의 영향력을 확인하고, 잘한 일과 실패한 코칭을 확인하고 평가하라. 그 누구도 자신을 공정하게, 더 가혹하게 평가를 해 줄 수 없다. 오직 나만이 내가 그 '경지'에 도달했는지 확인할 수 있다.

## ▌요약

12장에서 학습한 주요 내용을 정리해보자.

- 애자일 코칭 기법의 목록은 내가 나만의 애자일 코칭 여정을 잘 가고 있는지 확인하는 표식이다. 이 표식을 자신에게 맞도록 수정하고, 내가 설정한 길을 제대로 걷고 있는지 확인하라.
- 관리자가 아닌 코치로서 자신을 평가하라. 관리적 측면에서의 성공 측정 기준을 애자일 측면에서의 성공 기준으로 변경하고, 다른 사람들도 해당 기준을 사용하도록 독려하라.
- 애자일 팀에 제공한 가치를 충분히 인식할 수 있도록 본인의 성공적인 코칭을 주변에 많이 알려라.
- 자신의 코칭 능력을 공정하게 자주 평가하고, 능력 향상을 위해 지속적으로 노력하라.

## ▌추가 자료

- Dorothy Strachan, 『Making Questions Work: A Guide to How and What to Ask for Facilitators, Consultants, Managers, Coaches, and Educators』, Jossey-Bass, 2006

## ▌참고 자료

- Beck et al, Manifesto for Agile Software Development(https://agilemanifesto.org/), 2001
- ——, Principles Behind the Agile Manifesto(https://agilemanifesto.org/principles.html), 2001
- 노자Lao Tzu, 『도덕경Tao te ching』

# 13장

# 당신만의 여정이다

모든 애자일 코치는 그들만의 독특한 여정을 통해 코치로 태어난다. 비록 애자일 프레임워크를 제외하고는 애자일 코치가 걷는 여정에서 공통점이 많지는 않지만, 코치 한 명 한 명에게 애자일 코칭의 힘과 아름다움을 보여주는 순간이 오는 것 같은 공통점도 있는 것 같다. 어떤 사람들에게는 감성적 지성의 발견을 통해 그들이 자신의 전체 경력에서 무시했던 부분을 깨달을 수 있다. 어떤 사람들은 인간관계가 작용하는 구조를 최종적으로 이해했거나 팀에게 업무 지시를 일일이 하지 않아도 된다는 깨달음을 얻기도 한다. 또 다른 사람들은 지금까지 습관적으로 해온 자신의 지휘-통제 습관이나 결과물에 초점을 둠으로써 혁신을 억눌렀던 상황에 대해 다시 생각해보기도 한다.

13장은 서로 다른 애자일 코치 6명의 개인적인 이야기를 소개한다. 비록 그들의 배경, 경험 및 관점은 다르지만, 비즈니스 요구사항을 가시적인 결과물로 만들기 위해 사람들이 함께 협업하도록 만들어주는 인간적 방식인 애자일 코칭을 사랑한다는 데는 의견이 일치한다. 애자일 코치들은 자신만의 방법으로 팀이나 자신이 속한 조직에 애자일의 잠재력을 널리 퍼뜨리면서 자신만의 독특한 목소리를 내왔다.

> **13장을 끝내면 다음과 같은 질문에 답할 수 있다.**
>
> - 애자일 코치가 되기 위한 다른 코치들의 여정은 어떠했는가?
> - 애자일 코치들은 애자일로부터 무엇을 깨달았는가?
> - 애자일 코치 6명의 여정을 통해 얻은 깨달음이 내 여정에 어떤 도움을 줄까?

이제 애자일 코치 6명이 경험한 그들만의 코칭 여정을 따라가보자.

## ▍애자일 코치의 여정

13장에 소개된 애자일 코치들의 경험을 통해 교훈적이거나 영감을 주는 부분을 발견할 수 있을 것이다. 아마도 그들의 경험이 여러분의 것과 유사할 수 있고 혹은 그들과 완전히 다를 수 있다.

만약 자신만의 애자일 코칭 경험이 있다면 그걸 다른 코치들과 공유해도 좋다. 그들에게 애자일을 통해 무엇을 배웠고, 어떤 점이 중요한지 이야기해보라.

### 레이첼의 여정: 코치는 더 나은 방법을 찾아내 철저히 학습하고 적용한다

레이첼 데이비스는 2000년부터 애자일을 적용하고 있으며, 업계에서 열리는 컨퍼런스에서도 잘 알려진 발표자다. 몇 년 동안 그녀는 비영리 단체인 애자일 얼라이언스<sup>Agile</sup> <sup>Alliance</sup>의 이사로 애자일 커뮤니티에서 활동했으며, 리즈 세들리와 함께 출간한 『Agile Coaching』의 공동 저자다. 그림 13.1은 레이첼의 애자일 코칭 여정을 보여준다.

그림 13.1 레이첼 데이비스의 애자일 코칭 여정

다음은 레이첼이 쓴 자신의 경험담이다.

사람들에게 애자일 적용을 독려하게 된 동기는 1990년대로 거슬러 올라간다. 그때만 해도 전통적인 폭포수 방법론을 적용하면서 팀이 오랜 시간을 일하고 있었지만, 프로젝트가 제때 끝나지 않으면 그동안의 모든 노력은 곧 쓸모 없는 것이 돼 버렸다. 그래서 사람들을 존중하면서도 소프트웨어를 제대로 전달할 수 있는 접근법을 찾기 시작했다.

2000년도로 넘어오면서 나는 익스트림 프로그래밍을 우연히 접했다. 나는 이 반직관적인 접근법에 매료돼 이 접근법을 잘 알기 위해 내 모든 열정을 쏟아 부었다. 나는 성공적인 개발 팀의 관리자 일을 그만두고, 개발자로서 XP 팀에 합류해 짝 프로그래밍pair programming을 했고, 테스트 주도 개발을 적용하는 방법을 배울 수 있었다. 요상한 사회적 실험에 참여한다고 느끼는 날도 있었지만, 내가 그 실험에서 좋아했던 것은 매일 무언가 배우고, 비즈니스의 한 부분으로 통합되는 소프트웨어를 매주 이관할 수 있다는 점이었다.

나는 애자일이 어떻게, 왜 잘 작동되는 것인지에 대해 깊은 관심을 갖게 됐다. 나는 전문가들과 실무자들로부터 애자일을 배우기 위해 사용자 그룹과 컨퍼런스에 참석했다. 또한 내가 알고 있는 정보를 공유하고 싶었고, 유사한 행사에서 내 경험을 자랑스럽게 이야기하고 싶었다.

컨퍼런스에서 발표한 이후 2003년에는 애자일 코치로서의 첫 임무를 맡았다. 애자일을 실천하는 데는 이론과 경험이 풍부했지만, 코칭에 대해서는 아는 것이 거의 없음을 곧 깨달았다. 내가 익숙하고 잘 아는 것에서 벗어나 새로운 내용을 배워야 했다. 나는 유명한 애자일 코치들이 팀이 처한 상황을 이해하는 데 시간을 들이지 않고, 팀에게 '책에 적혀있는 대로'만 하라고 강요만 하다가 조직에서 쫓겨나는 모습을 봤다.

그보다 더 최악의 상황은 내가 코칭할 팀이 애자일에 관심이 전혀 없다는 것이다. 그 팀은 애자일을 적용하도록 관리자로부터 압박을 받고 있었다. 더욱 놀랐던 것은 애자일로의 전환이 직원 감축이나 구조조정 계획과 결부돼 있다는 점이다. 이로 인해 IT 조직 내에서의 신뢰와 사기는 밑바닥이었다.

"어떻게 하면 애자일로 업무를 하는 것에 관심이 없는 팀을 코칭할 수 있을까?"에 대한 해답을 찾기 위해 나는 애자일 커뮤니티를 찾았다. 솔트레이크 시티Salt Lake City에서 열린 애자일 개발 회의에 참석했고, 워드 커닝햄Ward Cunningham, 앨리스테어 콕번Alistair Cockburn, 린다 라이징Linda Rising 같은 많은 애자일 영웅과 대화하는 것은 매우 즐거웠다. 그중에서 제임스 쇼어James Shore가 경험한 내용은 내게 특별한 의미로 다가왔다. 그의 경험을 통해 나는 애자일로의 변화는 시간이 필요하며, 코치가 인내심을 갖고 천천히 움직여야 한다는 것을 이해하는 데 도움이 됐다.

나는 스크럼을 기반으로 한 훨씬 간단한 접근방식에 초점을 맞추기로 했다. 나는 사용자 스토리를 작성하고, 회고를 진행하고, 업무의 진척을 가시화하는 방법에 대해 내가 알고 있는 모든 내용을 팀과 함께 공유하면서 시간을 보냈다. 나는 개발 팀이 업무 담당자들과 최종 사용자들을 만나도록 격려했고, 그렇게 함으로써 개발 팀이 작업 결과에 더 강한 연관성을 느끼도록 했다. 점차적으로 그들은 내가 보여준 기법을 흡수해 자기 것으로 만들기 시작했다.

1년이 지난 후, 나는 여러 팀이 기본적인 수준의 애자일을 학습할 수 있게 팀 단위로 코칭했고, 기업 외부에 있는 협력업체의 팀도 코칭했다. 코칭 작업을 하면서 많은 사람이 내가 자신들의 이야기에 귀 기울여주고, 그들에게 무엇을 하라고 지시하기보다는 수행 가능한 활동을 찾도록 도와주는 것에 고마워함을 알 수 있었다. 때로는 그들이 겪는 문제의 해결책을 공유할 수 있는 다른 팀과 연결시켜주곤 했는데, 이를 통해 수많은 애자일 실천 커뮤니티가 생겨나기 시작했다.

몇 달이 지나면서 나는 이러한 1:1 상호작용과 팀 회고가 애자일 코치가 어떤 변화의 씨앗을 뿌릴 때라는 점을 이해하게 됐다. 나는 내가 뿌린 모든 변화의 씨앗이 뿌리를 내릴 것이라고 기대하진 않는다. 다만 각각의 씨앗에서 새싹이 돋고, 잎이 무성해진 후에 열매를 맺기 위해서는 시간이 걸린다는 사실을 알고 있다. 즉 무리 없는 일정한 속도로 일하고 팀이 그 과정을 주도하도록 하는 것이 내가 하는 코칭의 핵심이다.

– 레이첼 데이비스

## 댄의 여정: 애자일 코치의 여정은 자신의 슈하리 단계를 거친다

댄 메지크는 애자일 기업가 정신과 그룹으로 일하는 방법을 배우는 것에 엄청난 열정을 가진 사람이다. 기술 전문 훈련가이자 애자일 코치인 댄은 애자일 코네티컷과 애자일 보스턴 사용자 그룹을 모두 운영하고 있으며, 영국의 애자일 지지자들에게 최근 애자일 철학을 이끄는 리더들을 소개하기도 했다.

**그림 13.2** 댄 메지크의 애자일 코칭 여정

열혈 기술자인 댄은 모든 프로그래밍 기술을 흡수했다. 댄이 그 많은 프로그래밍 기술을 배우게 된 것은 바로 '호기심' 때문이었는데, 이 호기심이 "왜 스크럼이 잘 될까?"에 대한 답을 찾는 것으로 옮겨졌다. 댄은 프로그래밍에만 애자일을 적용하는 것에 그치지 않고, 청소년 하키 코칭에서 부모-코치 타임아웃Parent-Coach Timeout 프레임워크에 애자일을 적용함으로써 부모와 코치 및 선수들이 청소년 스포츠에서 훨씬 더 큰 만족과 흥미를 가질 수 있게 했다. 그림 13.2는 댄의 애자일 코칭 여정을 묘사하고 있다.

다음은 댄이 쓴 자신의 경험담이다.

> 본격적인 내 애자일 여정에 대한 이야기를 하기 전에 나를 잠시 소개하면 나는
> 컴퓨터 공학 학위가 있고 부전공으로 경영학을 공부했다. 나는 9년간의 컴퓨터

프로그래밍 경력을 포함해 소프트웨어 개발에서 다양한 역할을 맡은 경험이 있다. 나는 소프트웨어 관련 특허를 갖고 있고, 거의 50명의 프로그래머들이 5개의 직접적인 보고서를 작성하는 다중 프로젝트를 직접 관리해본 경험도 있다. 전문 개발자들에게 최신 소프트웨어 도구 사용법을 강의한 경험도 풍부하다. 마지막으로 나는 개인과 집단의 심리적 특성에 대해 오랫동안 관심을 가져왔다.

나는 2006년에 이 모든 경력을 갖고 로웰 린드스트롬Lowell Lindstrom의 CSM Certified ScrumMaster 수업에 참가했다. 스크럼을 배우는 다른 모든 사람처럼 나는 내가 모든 것을 알고 있다고 생각했다. 그러나 얼마간의 시간이 지나면서 내가 스크럼에 대해 잘 알지 못한다는 사실을 깨달았다. 그날 하루 동안 이런 느낌은 계속 반복됐고, 그러는 동안 나는 몇 번의 "아하~"를 겪었다. 그중 몇 가지는 다음과 같다.

슈Shu 단계의 신참으로서 로웰 린드스트롬의 CSM 수업 중에 나는 우리 모두가 논의하던 문제를 해결하기 위해 스크럼을 수정하는 방법을 제안했다. 로웰은 내게 스크럼에 대해 직접적인 경험이 있느냐고 물었다. 나는 "아니오"라고 대답했고, '지금 당장'이라는 직접적인 경험의 진짜 가치를 생각해보는 계기가 됐다.

**찾아보기**  완벽한 학습을 위한 슈-하-리 단계에 대한 설명과 이 단계가 팀을 코칭하는 데 어떤 의미가 있는지는 4장 '스타일을 변경하라'에 설명돼 있다.

그 후에 내가 스크럼에 대한 직접적인 경험을 쌓았을 때, 나는 애자일 사고의 상당 부분이 기업가적 사고와 많이 닮았다는 사실을 깨달았다. 유사한 부분은 바로 관찰을 통해 학습한다는 경험적 접근에 관한 것이었다.

이런 경험과 하Ha 단계에 도달한 나는 컨퍼런스에서 스크럼의 공동 창시자인 제프 서덜랜드Jeff Sutherland를 만났고, 그에게 '애자일 사고가 기업가적 사고'와 비슷한지 질문했다. 제프는 7초 이상 발 아래 카펫을 내려다보며 내 질문을 곰곰이 생각했다. 그러고는 고개를 들어 "그게 맞는 것 같네요. 하버드 비즈니스 리뷰에 실린 다구치와 노나카의 기고 글에서 저자들은 팀이 이런 식으로 일할 때는 '스타트업처럼 행동한다.'고 말했어요"라고 답했다. 그의 대답은 내 생각이 맞다는 것을 확인시켜줬고, 나는 흥분했다. 나는 2007년 애자일 컨퍼런스에서 '애자일과 기업가 정신의 유사 패턴'이라는 제목으로 발표를 했다.

그런 후에도 나는 여전히 하$^{Ha}$ 단계에 있었는데, 대형 보험회사에서 코칭할 기회가 왔다. 대형 보험회사에서 코칭하는 동안 나는 그룹 수준에서 발생하는 이상한 행동을 발견했고, 그룹과 그룹 간의 업무 절차를 연구하기 시작했다. 나는 그룹 관계 이론group relations theory은 '그룹으로써 살아남기 위한' 그룹의 제일 중요하면서도 무언의 합의가 이뤄진 작업에 관한 것이라고 생각하고 있었다. 2009년 그룹 관계$^{GR}$ 컨퍼런스에 참석한 후에야 스크럼에서 명확히 정의한 경계boundary, 권한authority, 역할role 및 과업task이 스크럼을 강력하게 하는 속성이라는 점을 깨달았다. 나는 스크럼과 BART에 대한 이러한 통찰력을 2008년과 2009년 애자일 컨퍼런스에서 공유했다.

현재 나는 리$^{Ri}$ 단계에 있다고 생각한다. 내가 리 단계에 있다고 말하는 즉시 새로운 경험을 하게 될 것이고, 더 알아야 할 것이 있고, 애자일과 스크럼에 대해 많이 알지 못한다는 것을 깨닫게 될 것이다.

– 댄 메지크

## 리사의 여정: 애자일 코치는 반성한다

나는 리사 앳킨스다. 거의 15년 동안 계획 중심의 프로젝트 관리자로 일한 후, 내 직장 생활의 마지막 5년은 애자일 팀을 지도하고 가르치는 데 보냈다. 지금까지 이 책의 일부분이라도 읽어봤다면 이미 내 코칭 여정의 일부분을 이해했을 것이다. 지금부터 소개할 이야기는 내 모든 이야기를 정리해서 각각의 단계에서 내게 무슨 일이 일어났었는지에 대한 것이다.

그림 13.3은 나의 애자일 코칭 여정을 보여준다.

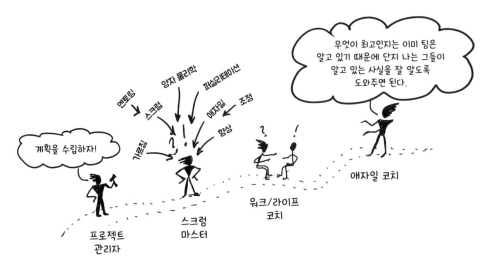

그림 13.3 리사 앳킨스의 애자일 코칭 여정

애자일 코치가 되기 위한 나의 여정은 즐겁고 고통스러웠는데, 무엇보다도 '신의 계시' 같았다. 나는 전 세계가 프로젝트 관리 방법론을 처음으로 공식화하고, PMI가 방법론을 반복 가능한 프로세스로 전환할 무렵에 프로젝트 관리자로 일하기 시작했다. 나는 그 대세에 편승해 훌륭한 계획 중심의 프로젝트 관리자가 됐고, 결국 프로그램 관리자와 PMO의 책임자가 됐다.

내가 계획 중심의 프로젝트 관리자였을 때, 나는 예전 경험에 의한 트라우마가 없음에도 불구하고 모든 것을 '계획하고 통제'해야만 하는 사람처럼 보였을 것이다. 그러나 우리는 프로젝트를 시작한 첫 날부터 두 손을 뒤로 묶인 채 업무를 하는 것처럼 이미 지연된 일정을 따라잡기 바쁜 불리한 입장에 있었다. 사람들은 한 개가 아닌 여러 프로젝트로부터 끊임없는 압박을 받고 있었다. 이 모든 프로젝트는 비즈니스 성공에 매우 중요했다. 적어도 우리는 그렇게 들었고, 나는 그 일을 완수하기 위해 모든 일을 계획하고 통제하면서 사람들을 열심히 몰아 댔다. 나는 그런 일을 당연하다고 생각했지만, 사람들이 나를 그렇게 생각하지 않았던 모양이다. 그들은 나를 보고 "그녀는 네가 그 일을 끝마치기 전까지는 결코 퇴근해도 된다고 말하지 않을 거야."라든가 "그녀는 벨벳으로 만들어진 망치를 휘두르는데, 겉은 부드럽지만 속은 강철로 돼 있어."라는 등 내 면전에서 이런 말을 했고, 나는 그런 말을 강인하고 추진력 있으며 진지함의 대명사처럼 받아들였다. 즉 내 경력 전성기의 슬로건은 "일을 계획하고, 계획한 대로 일하라."였다.

지금 생각해보면 나는 프로젝트를 약속한 시점에 예산 내에서 요구사항을 모두 만족시켰지만, 기뻐하는 고객은 아무도 없었다. 심지어는 고객의 만족은 그 당시에는 성공의 기준도 아니었다. 그리고 나는 그 프로젝트와 그들의 삶을 맞바꾼 사람들을 많이 봤다. 그들은 누구나 합리적이라고 동의하는 시간을 넘어 많은 일을 함으로써 야구 경기나 생일 파티, 혹은 일요일 오후의 여유로움을 희생했다. 비록 그들이 '자신들 스스로' 결정을 내렸음에도 불구하고, 나는 마음 속으로는 내가 속한 시스템이 그들에게 그러한 선택을 하도록 압력을 행사했음을 알고 있다. 우리 팀에서 발생한 이혼(3번)과 가족들과 함께 보내지 못한 시간, 비현실적인 기대와 '더 높은' 요구로 나를 몰아붙인 고객들과 회사 관리자들, 이 모든 것이 "더 열심히 일하고 개인적인 비용은 무시하라."는 하나의 생각으로 요약되는 것 같았다.

그리고 나는 지쳐서 일하던 옷을 입은 채, 싱크대에는 설거지를 마치지 못한 접시와 집안의 모든 불을 켜 놓은 채 어린 딸을 침대에 눕히고 그 옆에서 쪽잠을 잤다. 다음 날 일할 수 있을 정도의 잠이긴 했지만, 돌이켜 생각해보면 나는 우리 모두가 할 수 있는 최선의 노력을 쏟지 못하도록 하는 수렁에 빠진 것 같은 느낌을 가졌다. 단지 이번 프로젝트를 끝내고 다음 번 프로젝트로 옮겨가는 기계와 같았다.

그동안 나는 훌륭한 프로젝트 관리자로서 경영진과 고객들뿐만 아니라 팀원들로부터도 많은 칭찬을 받았다. 내가 계획 중심의 프로젝트 관리자로서 팀원들을 어떻게 대했는지 생각하면서 왜 그 사람들이 나와 함께 계속 일하기를 원했을까 궁금했다. 지금도 그들은 나와 함께 일하지만 그들이 과거에 경험한 프로젝트 관리자는 나보다 더 비인간적이었다고 추측할 뿐이다. 프로젝트 관리자와 프로젝트의 팀원들은 그렇게 일하는 것이 '정상'이라고 생각했을 것이다. 그들은 아마도 '인간적인' 것과 관련 있는 다른 방법론을 전혀 접해보지 못했기 때문일 것이다.

나는 우연히 다음 프로젝트가 스크럼을 적용해 진행될 것이고, 스크럼 마스터의 역할을 할 거라고 들었다. 스크럼 멘토의 도움을 받으면서 나는 팀이 스크럼을 통해 업무를 진행하도록 도울 수 있었다. 그것은 내게 힘들고 거의 고통스러운 일이었지만 또한 그래서 가치가 있었다. 나는 사람들이 얼마나 효율적이며 신속하게 품질을 생각하면서 일을 진행할 수 있는지에 대해 놀랐다. 개인의 희생없이 반복적인 스프린트를 통해 팀이 해야 할 일을 자신들이 결정하고 계획할 수 있다는 사실에 놀랐으며, 그것에 안도감을 느꼈다.

내가 스크럼 마스터로 도움을 주는 두 팀의 팀원들이 "소프트웨어 릴리스 당일에 당신이 라식 수술을 한다는 사실은 큰 문제가 안 돼요. 어서 가보세요! 우린 잘 할 수 있어요." 그리고 그들은 그렇게 했다. 이틀 후에 새로운 시력을 얻어 업무에 복귀할 때까지 나는 전화를 한 통화도 받지 않았고, 무슨 일이 있었는지도 몰랐다. 두 번의 릴리스는 모두 성공적이었고, 팀은 다음으로 높은 가치를 지닌 작업으로 넘어갔는데, 이 모든 작업은 내가 그들에게 무엇을 해야 할지 말하거나 릴리스 과정에서 각 개인의 역할 조정도 하지 않았다.

나는 스크럼 팀에서 가장 소심한 사람이 큰 소리로 말하기 시작하고, 총명함을 인정받고 나서 다른 리더나 팀 구성원 사이에서 자신의 정당한 위치를 차지하면서 그룹의 리더가 됐을 때 경외심을 느꼈다. 특히 그녀가 공식적인 팀 내 위치로 인해 수행해야 할 역할뿐만 아니라 자신의 모든 재능을 팀에 제공하면서 그녀의 얼굴에서 비치는 미소와 그녀가 지금 해당 그룹에게 주는 생명의 에너지를 느꼈다.

나는 업무 경력 내내 지휘와 강요를 하던 관리자였던 그녀가 스스로 뒤로 한발 물러나서 팀을 우선하는 모습을 보면서 다시 경외감을 느꼈다. 이것은 "관리하고 통제하라."는 커다란 압박 속에서 일궈낸 자그마한 승리가 아니었다. 그녀는 팀의 공간으로 들어가 해당 공간을 그들의 생각과 방향과 그녀의 리더십으로 가득 채움으로써 보상받았다. 그녀는 그들을 존경했고 나는 그녀를 존경했다.

이 모든 경외감 넘치는 경험을 통해 나는 스크럼에 단지 새로운 프로젝트 관리 방법론 그 이상의 더 깊은 무언가가 있음을 믿게 됐다. 그 본질을 포착하기 위해 나는 많은 새로운 아이디어로 머리를 채우기 시작했다. 나는 다양한 애자일 리스트의 블로그를 읽고 거기에서 영감을 받고, 호기심을 자극하는 주제로 이어갔다. 그 결과 나는 촉진, 역할극, 갈등 조정, 즉흥연기, 가르치기, 의사결정 과학, 양자 물리학, 리더십, 비폭력적 의사소통, 명상, 멘토링, 서번트 리더십 등 많은 내용을 조금씩 배웠다. 나는 새로운 아이디어 하나하나에 내가 이 당시 애자일 코치로써 팀을 코칭하면서 한 경험을 함께 녹여내기 시작했다. 내가 이 아이디어를 우리 팀에게 제공하기 시작하면서 나는 이러한 다양한 영역에서의 기술과 마인드 셋을 제공하는 것이 단지 통제하는 새로운 방법일 뿐이라는 느낌을 갖게 되면서 당황했다. 만약 내가 조심하지 않는다면 나는 그들을 너무나 많은 새로운 아이디어에 빠져들게 할 수 있을 것이고, 그들은 다시 한번 다른 누군가의 지시와 통제로 인해 팀의 기능은 마비될 것이다. 그 즈음에 코치 동료 중 한 명이 내게 "너는 자신을 코치라고 부르지만 진정한 코치는 아니다."라고 말했다.

이런 진실에 직면하고 나는 첫 번째로 워크 라이프 코칭 수업을 들었고, 애자일 팀 코칭에 100% 적용할 수 있는 기술을 제공할 수 있는 새로운 세계를 발견했다. 정말 대박이었다! 그리고 나는 팀이 자신들의 길에서 벗어나지 않으면서 내가 던져 준 새로운 아이디어와 자신들이 설정한 주제에 집중할 수 있게 하는 방법을 배웠다. 그때부터 애자일이 삶에 도움을 줄 수 있고, 그들의 삶을 바꿔 놓을 수 있다는 내가 알게 된 애자일의 깊은 의미를 타인과 공유했다. 이제 나는 팀이 정말로 무엇이 최선인지 알고 있다는 것을 확신한다. 그들의 애자일 코치로서의 내 일은 그들이 알고 있다는 사실을 알도록 돕는 것이다.

– 리사 앳킨스

## 마틴의 여정: 애자일 코치는 자신을 회고한다

마틴 컨스는 처음으로 공인 스크럼 코치 자격을 취득한 3명의 코치 중 한 명이며, 공인 스크럼 트레이너이기도 하다. 나는 2009년 봄에 한 스크럼 모임에서 마틴을 만났고, 그 즉시 그와 함께 일하고 싶었다. 그 이후로 그는 호주에 있었고 나는 미국에 있었기 때문에 우리는 위치와 시간적인 제약사항의 극복을 위해 비디오 채팅으로 서로의 훈련과 코칭 팁 및 교훈 등을 공유했다. 나는 마틴이 팀을 코칭할 때 자신을 팀에 진실되게 보여주면서 묵묵히 그들의 훌륭한 역할 모델이 되어주는, 매우 진실하고 좋은 자질을 갖춘 사람이라고 생각한다. 그림 13.4는 마틴의 애자일 코칭 여정을 보여준다.

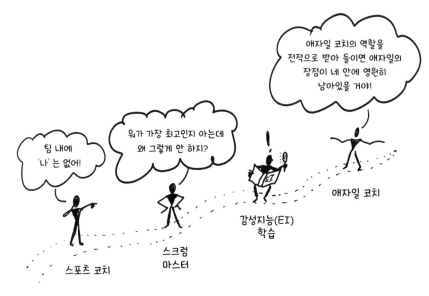

그림 13.4 마틴 컨스의 애자일 코칭 여정

다음은 마틴이 쓴 자신의 경험담이다.

> 코치로서의 여정은 꽤 감성적이었다. 코치로서의 첫걸음은 과연 내가 코치였나 싶을 정도로 역량평가를 제대로 받지 못한 채 다른 사람들보다 일찍 '코치'라는 직함을 달았다.
>
> 어쨌든 나는 내가 그럴 만한 능력이 있고, 또한 당연히 애자일에 대해서는 누구보다 많이 알고 있기 때문에 '코치'라는 직함이 주어진 것이라고 스스로를 위안했다. 내가 이전에 경험한 직장이나 프로젝트의 계층 구조에서 내 역할은 내가 제시한 해결책의 효과에 대한 보고서를 작성하고, 내 설명을 곁들여 관리자들을 만족시켜 내가 진행하는 일에 대한 그들의 지원을 받아내는 것이었다. 나는 이런 생각을 애자일에도 똑같이 적용하고 행동했는데, 효과에 관한 보고서를 팀원들로 대체한 것뿐이다.

사람들이 애자일 사고방식을 갖도록 영향을 미치는 내 역량에 한계가 있다는 것이 내 자신의 태도 때문임을 깨닫는 데 2년이 걸렸다. 사람들은 나를 "내가 최고의 솔루션을 알고 있지. 자, 한 번 들어봐. 그것 봐. 애자일에 대한 지식이 정말 멋지지?" 이런 식으로 경험했다. 이렇게 행동했으니 내가 그들에게 영향을 끼칠 거라는 생각은 망상에 불과했다.

나는 더 많은 것을 배울 필요가 있었다. 몇 시간 동안 인간의 행동과 조직의 역학 관계를 연구한 끝에 나는 마침내 감성지능에 관한 데이비드 골먼(David Goleman)의 글에서 내 애자일 코치로의 여정에 도움이 될 만한 내용을 발견했다(Goleman et al. 2003).

감성지능(EI, Emotional Intelligence)은 인간의 동기부여, 표현, 역동성을 새로운 차원에서 이해하는 데 도움을 줬다. 이제 감성지능은 효과적인 대인관계를 만들기 위한 필수요소로 자리잡았고, 그것을 개선하는 것이 다른 사람들을 애자일로 전환시키는 데 있어서 필수적이라는 것을 깨달았다.

나는 개인을 있는 그대로의 한 사람으로 인식하고 그들의 의견을 존중하며, 그들의 개인적 신념과 개인적인 목표에 대해 더 많이 배울 필요가 있다는 사실을 깨달았다. 그래서 나는 사람들에게 변화를 일으키고 내가 원하는 영향을 주기 위해 사람들과의 관계 형성에 집중하기 시작했다. 나는 골먼의 감성지능 모델을 내 시험과 적응 모델에 적용해 봤고, 거기서 많은 것을 배울 수 있었다.

그중에서 나는 코치가 된다는 것은 통찰력과 자신의 마음이나 태도에 대한 자신감과 성찰에 관한 욕구가 필요하다는 것을 배웠다. 처음으로 내 자신의 마음속을 들여다보기 시작했을 때, 내가 본 것에 그다지 감동받지 못했다. 나는 소프트웨어를 개발할 때 팀 중심의 개발 방법이 얼마나 효과적인지, 권한위임을 받은 팀이 복잡한 문제를 해결하는 방법을 결정할 때 팀이 얼마나 생산적인지도 가르쳐 왔다. 내가 깨달은 것은 내가 가르치고 퍼실리테이팅하고 있는 애자일 팀원들보다 더 자기 중심적인 욕망에 의해 동기 부여된 사람처럼 행동하고 있다는 사실이었다.

나는 정말 내 자신에게 화가 났고, 내가 가르치는 것을 연습할 필요가 있었다.

거기서 나는 문제의 핵심을 발견했다. 나는 코칭보다는 그들을 가르치고 있었다. 이 두 단어에는 큰 차이가 있다. 코칭을 하기 위해서는 팀의 정서와 조화를 이뤄야 하고, 그것을 통해 그들의 문제점과 의견에 완전히 공감해야 한다. 따라서 경청이 매우 중요하다. 나는 이 점을 기억하면서 사람들의 이야기를 경청하기 시작했고, 사람들이 어떻게 느끼고 생각하는지를 이해를 한 후에 왜 그런지를 알기 위해 우리 모두에게 질문하기 시작했다.

애자일 코치로서 우리는 변화가 항상 기분 나쁜 영향을 끼친다는 것을 반드시 인식할 필요가 있다. 우리는 한 팀의 영역에 들어가서 변화에 저항하는 반응을 경험할 때, 우리가 해 줄 것은 아무것도 없음을 알고 있다. 우리는 그 저항을 개인적인 것으로 받아들이면 안 된다. 우리는 팀에 있는 사람들의 과거 경험을 존중하고, 그들이 본인들의 장점을 활용해 애자일의 팀 정신을 확립하도록 도와야 한다.

애자일 코치가 물어봐야 할 질문은 "다른 곳에 집중하기 전에 한 사람에게 얼마나 시간을 투자해야 하는가?"이다. 이 질문에 대한 대답은 내가 할 게 아니다. 코치는 사람들에게 결과 지향적인 접근법과 결과의 공동 소유, 좋은 것과 나쁜 것 등과 같은 애자일의 개념을 가르친다. 이것을 통해 코치는 사람들에게 그들이 개인의 필요와 신념에 의해 애자일 방식으로 일을 하기 위한 결정을 내리는 데 도움되는 정보를 제공한다. 누군가에게 그들의 행동이나 사고방식을 바꾸고 싶은 욕구를 불어넣기가 결코 쉬운 일이 아니지만, 코치들은 반드시 해야만 한다. 나는 이것을 달성하는 가장 좋은 방법은 모범 사례를 보여주는 것이라고 생각한다. 예를 들어 우리가 채택한 실천법의 결과를 가장 먼저 관찰하기 위해서는 모든 개개인의 의견을 존중해야 한다.

아까도 말했지만 애자일 코치가 되는 것은 감성적인 여정이지만 그럴 만한 가치가 있었다. 애자일 코치가 된다는 것은 큰 장점이 있다. 모든 팀 구성원이 그들의 능력을 최대한 발휘해 일할 수 있는 환경을 조성하고, 비즈니스 요구에 진정으로 부응하는 놀라운 솔루션을 만들어내는 데 도움을 줄 수 있다. 그것보다 더 좋은 것이 있겠는가?

하지만 팀의 성공을 축하하는 동안에도 코치는 그들의 뒤에서 축하를 할 뿐 결코 그들의 성공을 마치 자신 때문에 성공한 것처럼 이야기하지 말아라. 코칭에 의한 진정한 성공은 팀의 역량과 그들에 대한 당신의 영향력이 계속 높아지는 것이다. 잘 마무리가 된 업무에 대한 칭찬은 모두 팀원들의 것이다. 그 대신 팀의 성공이 어떻게 그들을 전보다 더 똘똘 뭉친 팀으로 만들었으며, 새로운 프로젝트를 수행할 역량이 이전보다 더 높아졌는지를 기뻐해야 한다.

내가 진정으로 소중히 여기는 것 중의 하나가 코치의 역할이다. 내가 애자일 코치가 되기 전에 한 번은 전국 리그를 준비하는 육상선수 팀을 지도한 적이 있다. 이 일은 엄청 힘들었는데 몇 년 동안 우리는 매일 밤 서로 함께 훈련했다. 우리가 이겼을 때 내 동료의 얼굴에 나타난 기쁨을 봤고, 그간의 모든 힘들었던 일이 영원한 보상을 내게 주는 경험을 했다. 우승은 팀 전체의 노력이 필요했고 각자가 모든 노력을 바쳤으며, 우리가 함께 이룬 성과로 이어졌다. 지금 애자일 팀과 함께 이런 종류의 위대함이 작업하는 곳에서 매일매일 일어나고 있다. 나는 애자일 코치의 역할을 할 수 있어서 너무 감사하고, 이를 통해 실제 결과물에 대한 감사한 마음이 계속적이고 반복적으로 매번 되살아난다.

끝으로 애자일 코치의 역할을 전적으로 수용하면, 애자일의 많은 장점이 당신에게 영원히 남을 것이라고 조언하고 싶다.

‒ 마틴 컨스

## 캐시의 여정: 애자일 코치는 코칭하는 방법을 배운다

캐시 하먼Kathy Harman을 우연히 만났을 때 그녀는 '최고의 비즈니스 분석가로 모든 사람이 만나보고 싶어하는' 사람이었다. 서로 연락이 끊어진 지 오래된 후에 우리는 전문적인 코칭이라는 주제로 우연히 다시 만나게 됐다. 그 기간 동안 우리는 각자 코칭으로 가는 길을 찾았고, 코칭 분야의 컨퍼런스에서 동료로 소개됐다. 그 이후 캐시와 나는 마스터 애자일 코치로서 함께 일했고, 사람들, 팀 및 조직이 원하는 위대한 결과를 얻기 위해 애자일을 가장 잘 활용할 수 있는 방법을 찾았다. 그림 13.5는 캐시의 애자일 코칭 여정을 묘사하고 있다.

**그림 13.5** 캐시 하먼의 애자일 코칭 여정

다음은 캐시가 쓴 자신의 경험담이다.

나는 다른 많은 사람과 유사한 방법으로 애자일 코칭을 하게 됐다. 나는 수년 동안 프로젝트 관리자로 일했고 매우 성공적으로 업무를 완료한 애자일 팀의 팀원으로도 일했으며, 애자일 교육을 받아 결국에는 스크럼 마스터 자격증을 취득했다. 그때 나는 "팀을 성공으로 이끌 준비가 돼 있다."고 생각했다. 나는 팀에 동기를 부여하는 데 능숙했고, 경영진에게 풍부한 정보를 제공함으로써 그들을 만족시켰고, 마이크로소프트 프로젝트Microsoft Project를 자유자재로 다뤘으며, 다양한 애자일 방법에 충분한 경험을 갖고 있었다.

나는 몇 개의 팀을 지도했는데 그들은 지독하게도 관리하기 어려웠다. 그들은 내가 과거에 함께 일했던 팀보다 더 관리하기 힘들었다. 그들은 특별히 애자일의 모든 실천법을 수행하길 원하지도 않았고, 내가 시키는 대로 항상 하는 것도 아니었다. 나는 그들의 스탠드업 미팅을 위해 끊임없이 잔소리했지만, 그들은 스프린트 리뷰나 회고에는 조금도 관심이 없었다. 나는 우리가 완료해야 할 업무에 대한 책임을 더욱 더 무겁게 받아들였다. 애자일 코칭은 힘든 일이었다!

다행히 내 라이프 코칭에 대한 강렬한 관심이 애자일 코칭에서 약간은 멀어지게 했다. 나는 성공 무제한 네트워크<sup>Success Unlimited Network</sup> 코칭 프로그램에 등록했고, 코칭 역량을 얻기 위해 1년 이상을 깊은 연구에 몰두했다. 적극적인 경청, 강력한 질문, 인지력 키우기, 진척 관리, 책임감 등 라이프 코칭의 근간을 이루는 실천법을 서서히 흡수하면서 멘토링을 받았다. 나는 내가 애자일 팀과 많은 문제를 일으킨 이유를 곧 깨달았다. 나는 팀원들을 지도하는 것이 아니라 관리하고 있었다.

내가 라이프 코칭 교육을 받는 중에 애자일 코치 역할을 맡을지 고민해보라는 제안을 받았다. 개인 코칭을 선호했기 때문에 팀을 코칭하는 것을 처음에는 거절했다. 그러나 그 후 나는 "만약 내가 전통적인 코칭 원칙을 애자일 환경에서 팀에 적용한다면 어떤 결과가 나올까?"라는 호기심이 생겼다. 나는 그 자리를 받아들였고, 이미 그곳에서 전문적인 코칭 기법을 활용해 애자일 코칭의 토대를 성공적으로 다져놓은 경험 많은 애자일 및 라이프 코치를 찾아냈다. 그 덕분에 나는 내가 하고 싶은 코칭 환경에 완전히 빠져들 수 있었다.

나는 즉각적으로 애자일 코칭 능력의 차이를 느꼈다. 나는 라이프 코치로 훈련을 받아왔기 때문에 팀이 스스로 자기 관리를 하도록 돕는 애자일 코칭의 비전을 더 잘 이해했다. 나는 개인 코칭 기법을 팀 코칭으로 쉽게 가져왔다. 즉 제안하는 대신 질문하고, 팀이 성공할 수 있는 지식을 갖고 있다는 사실을 받아들이고, 긍정적인 전망과 접근법을 적용하기 시작했다. 나는 팀이 해당 교훈을 어떻게 그리고 언제 그들 스스로 알게 되는지 직접 경험했다. 나는 팀이 그들을 성공시키거나 문제를 일으키는 역동성을 이해하도록 도왔고, 그러한 인식을 형성하는 것은 팀원들이 현재와 과거의 차이점을 파악하며, 그들이 고성과를 낼 수 있도록 하는 독특한 팀의 정체성을 어떻게 만드는지를 알아내는 데 도움이 됐다.

복수심에 불타 규칙이나 계율을 내뱉는 '애자일 수호천사'가 되기보다는 나는 팀원들이 어떻게 행동하고, 말하고, 상호작용하는지를 지켜봤고, 그들에게 무슨 일이 일어날지 알게 했다. 한 팀은 팀 빌딩 활동을 원했고, 다른 팀은 그런 활동에 별로 관심이 없는 대신 더 나은 팀을 만드는 데 도움이 되는 구체적인 과정을 원했다. 전자를 위해 게임과 실습을 소개했고, 그들이 배운 내용을 이해하도록 도왔다. 후자를 위해서는 그들이 고성과 팀이 되기를 원하는 과정을 만들기 위해 지도했다. 내가 아니라 그들이 고성과 팀이 되기 위한 프로세스를 개발했다. 나는 그들을 돕기 위한 도구나 기술을 소개했지만, 그때마다 팀원 스스로가 관련된 도구나 기술의 사용이 자신들의 결정에 의한 것인지를 물었다. 그건 내가 아니라 그들의 문제였다! 팀마다 접근 방식은 서로 매우 달랐지만 자신들만의 스타일로 고성과 애자일 팀을 만들었다. 그들은 애자일을 자신들의 대표적인 방법으로 내세우게 됐고, 팀 성공을 위해 헌신했다. 팀 내에서 개방적인 의사소통과 높은 상호간의 신뢰감, 매우 높은 집중력을 갖게 됐다.

그 과정에서 나는 팀과 마찬가지로 많은 교훈을 배웠다. 내가 시도한 모든 기법이 효과가 있는 것은 아니었지만, 성공하지 못한 것은 성공한 것만큼 많은 것을 내게 가르쳐줬다. 팀을 성공으로 이끄는 것은 일종의 교향곡을 지휘하는 활동같이 합리적인 길이 있다. 팀원 개개인이 중요한 역할을 하지만 진정한 아름다움은 팀 전체가 하나가 돼 성공적으로 임무를 완수하는 것이다. 통제의 필요성은 자연스럽게 버리고, 애자일 프레임워크가 제대로 작동한다는 강한 신뢰감과 팀 구성원들이 조화롭게 하나의 팀으로 만들어내는 능력을 믿는다. 나는 개인 코칭에서 발견했던 만족감과 풍요로움 같은 새롭고 흥분되는 부분을 애자일 팀을 코칭하면서도 발견했다. 그리고 가장 좋았던 부분은? 그건 바로 진정한 애자일 코치가 되는 것이 전혀 힘든 일처럼 느껴지지 않았다는 것이다.

– 캐시 하먼

## 당신의 여정

우리 여섯 명의 애자일 코치의 여정 중 마지막에는 당신의 이야기가 시작된다. 지금 당신 자신의 여정은 어디에 있으며 무엇을 배웠는가? 당신의 코칭에 탐구하고 통합하기를 바라는 내용은 무엇인가? 애자일 팀을 코칭할 때 무엇이 중요했는가?

그림 13.6은 자신의 애자일 코칭 여정을 직접 그리도록 준비돼 있다. 잠시 시간을 내어 내가 어디에 있었는지, 어디로 가고 있는지 그리고 지금까지의 여정을 형성해 온 다양

한 코칭 이벤트를 그려보라. 지금 당장 그려보자. 다음 번에 도착할 애자일 코칭의 정상은 어디인가? 애자일 코칭에 대한 좌우명은 무엇인가?

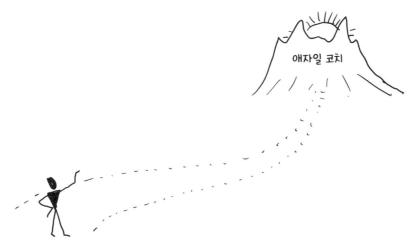

**그림 13.6** 당신의 애자일 코칭 여정

자신만의 애자일 코칭 여정을 그린 후 다른 사람들에게 이 그림을 공유하면 그들은 당신이 목표를 달성할 수 있도록 도움을 줄 것이다. 당신의 이야기는 아마도 더 높은 목표를 달성하도록 그들에게 영감을 줄 수도 있다. 얼마나 기분 좋은 일인가!

그리고 그 여정에서 경험한 내용을 내게도 공유해주길 바란다. 나는 당신의 여정이 무척이나 궁금하다.

## ▌요약

13장에서 학습한 주요 내용을 정리해보자.

- 이건 여러분 자신의 여행이다. 그래서 가치 있게 만들어야 한다. 당신은 훌륭한 애자일 코치가 될 것이다.

## ▌추가 자료

- Michele Sliger, Light Bulb Moments(www.sligerconsulting.com/lightbulb-moments)

## ▌참고 자료

- Daniel Goleman, R. Boyatzis, A. McKee, 『The New Leaders: Transforming the Art of Leadership』, Sphere, 2003

# | 찾아보기 |

# 애자일 팀 코칭

스크럼 마스터, 애자일 코치, 프로젝트 관리자를 위한

발 행 | 2022년 1월 28일

지은이 | 리사 앳킨스
옮긴이 | 용 환 성·김 낙 일·오 민 정·이 두 표

펴낸이 | 권 성 준
편집장 | 황 영 주
편 집 | 이 지 은
디자인 | 송 서 연

에이콘출판주식회사
서울특별시 양천구 국회대로 287 (목동)
전화 02-2653-7600, 팩스 02-2653-0433
www.acornpub.co.kr / editor@acornpub.co.kr

한국어판 ⓒ 에이콘출판주식회사, 2022, Printed in Korea.
ISBN 979-11-6175-611-0
http://www.acornpub.co.kr/book/coaching-agile

책값은 뒤표지에 있습니다.